11.95

Yale Linguistic Series

BEGINNING POLISH

VOLUME TWO

Drills

Survey of Grammar

Index

REVISED EDITION

by Alexander M. Schenker

New Haven and London, Yale University Press

This work was developed pursuant to a contract
between the United States Office of Education
and Yale University and is published with permission
of the United States Office of Education,
Department of Health, Education, and Welfare.

Printed in the United States of America by
The Murray Printing Co., Westford, Mass.

Published in Great Britain, Europe, Africa, and Asia (except Japan)
by Yale University Press, Ltd., London. Distributed in Australia
and New Zealand by Book & Film Services, Artarmon, N.S.W.,
Australia, and in Japan by Harper & Row, Publishers, Tokyo Office.

CONTENTS

1. Alphabet 2. Writing in longhand 3. Word division 4. Word
stress 5. Classification and description of vowels 6. Classification and description of consonants 7. Functional classification of
consonants 8. Spelling of soft consonants 9. Restrictions in the

DRILLS

INTRODUCTORY NOTE

These drills are designed specifically for classroom instruction. Their purpose is to supplement, rather than continue, Volume I of Beginning Polish. They expand the pattern drills given in the Sentences of Volume I and add to the illustrations provided in the Grammar. Paralleling the structure of Volume I, they are arranged in twenty-five lessons, which are divided in turn into sections devoted to grammatical or lexical points taken up in the lesson. Each section is introduced by a brief statement of its content, followed by a specimen of the drill, enclosed in a rectangular frame. The main body of the drill contains a series of triggering words or phrases listed on the left-hand side of the page and a set of students' responses given on the right-hand side. In working with the drills in the classroom, the right-hand side should be covered or the book should be closed altogether. In the latter instance the tutor reads the triggering word or phrase and the student responds with the appropriate pattern. All the drills are available on tape through the Yale Language Laboratory, 111 Grove Street, New Haven, Connecticut 06510.

ĆWICZENIA   DRILLS

A. Drill for the demonstrative pronoun <u>to</u> 'this, that, it.'   Note that in sentences
   of this type the distinction between 'near by' and 'further away' is not made.

> Tutor: gazeta
>
> Student: To jest gazeta.

1.	gazeta	To jest gazeta.
2.	ściana	To jest ściana.
3.	mapa	To jest mapa.
4.	lampa	To jest lampa.
5.	tablica	To jest tablica.
6.	podłoga	To jest podłoga.
7.	sufit	To jest sufit.
8.	stół	To jest stół.
9.	kosz na śmiecie	To jest kosz na śmiecie.
10.	okno	To jest okno.
11.	krzesło	To jest krzesło.

B. Drill for the interrogative pronoun <u>co</u> 'what.'   Note that the order of the
   pronoun and the verb is not inverted.

> Tutor: biurko
>
> Student a: Co to jest?
>
> Student b: To jest biurko.

1. biurko
    a. Co to jest?
    b. To jest biurko.

2. długopis
    a. Co to jest?
    b. To jest długopis.

3. lusterko
    a. Co to jest?
    b. To jest lusterko.

4. ołówek
    a. Co to jest?
    b. To jest ołówek.

5. pióro   a. Co to jest?
                                   b. To jest pióro.

6. zdjęcie   a. Co to jest?
                                   b. To jest zdjęcie.

7. zeszyt   a. Co to jest?
                                   b. To jest zeszyt.

8. portmonetka   a. Co to jest?
                                   b. To jest portmonetka.

9. kosz   a. Co to jest?
                                   b. To jest kosz.

10. puderniczka   a. Co to jest?
                                    b. To jest puderniczka.

C. Drill for the singular and plural forms of the Polish verb 'to be.'   Note that
   the pronoun to is used with singular and plural nouns.

> Tutor: ściana, drzwi
>
> Student: To jest ściana, a to są drzwi.

1. ściana, drzwi   To jest ściana, a to są drzwi.

2. ołówek, nożyczki   To jest ołówek, a to są nożyczki.

3. pióro, okulary   To jest pióro, a to są okulary.

4. portmonetka, pieniądze   To jest portmonetka, a to są
                                   pieniądze.

5. okulary, nożyczki   To są okulary, a to są nożyczki.

D. Drill for negative particle nie in demonstrative sentences. Note that in
   Polish the negative particle nie precedes the verb.

> Tutor: To jest zeszyt.
>
> Student: To nie jest zeszyt.

1. To jest zeszyt.   To nie jest zeszyt.

2. To jest zdjęcie.   To nie jest zdjęcie.

3. To jest tablica.   To nie jest tablica.

4. To jest ściana.   To nie jest ściana.

5. To jest sufit.   To nie jest sufit.

6. To jest stół.   To nie jest stół.

7. To jest okno.   To nie jest okno.

8. To są nożyczki.   To nie są nożyczki.

9. To są okulary.   To nie są okulary.

10. To są drzwi.   To nie są drzwi.

E. Drill for interrogative sentences marked by rising intonation and for negative answers. Note that nie corresponds to the English 'not' or 'no.'

> Tutor: To jest puderniczka.
>
> Student a: To jest puderniczka?
>
> Student b: Nie, to nie jest puderniczka.

1. To jest puderniczka.   a. To jest puderniczka?
                                      b. Nie, to nie jest puderniczka.

2. To jest portmonetka.   a. To jest portmonetka?
                                      b. Nie, to nie jest portmonetka.

3. To jest podłoga.   a. To jest podłoga?
                                      b. Nie, to nie jest podłoga.

4. To jest pióro.   a. To jest pióro?
                                      b. Nie, to nie jest pióro.

5. To jest ołówek.   a. To jest ołówek?
                                      b. Nie, to nie jest ołówek.

6. To jest okno.   a. To jest okno?
                                      b. Nie, to nie jest okno.

7. To jest mapa.   a. To jest mapa?
                                      b. Nie, to nie jest mapa.

8. To jest lusterko.   a. To jest lusterko?
                                      b. Nie, to nie jest lusterko.

9. To są drzwi.   a. To są drzwi?
                                      b. Nie, to nie są drzwi.

10. To są nożyczki.   a. To są nożyczki?
                                      b. Nie, to nie są nożyczki.

F. Drill for interrogative particle czy used in questions calling for a yes-or-no
   answer. Note that the word order is the same as in a statement.

> Tutor: lampa
>
> Student a: Czy to jest lampa?
>
> Student b: Tak, to jest lampa.

1. lampa   a. Czy to jest lampa?
                                      b. Tak, to jest lampa.

2. krzesło   a. Czy to jest krzesło?
                                    b. Tak, to jest krzesło.

3. kosz   a. Czy to jest kosz?
                                    b. Tak, to jest kosz.

4. kosz na śmiecie   a. Czy to jest kosz na śmiecie?
                                    b. Tak, to jest kosz na śmiecie.

5. gazeta   a. Czy to jest gazeta?
                                    b. Tak, to jest gazeta.

6. długopis   a. Czy to jest długopis?
                                    b. Tak, to jest długopis.

7. biurko   a. Czy to jest biurko?
                                    b. Tak, to jest biurko.

8. okulary   a. Czy to są okulary?
                                    b. Tak, to są okulary.

9. pieniądze   a. Czy to są pieniądze?
                                    b. Tak, to są pieniądze.

G. Drill for interrogative sentences with the particle czy 'or' in questions
   offering a choice of answers.

> Tutor: gazeta, zeszyt
>
> Student: To jest gazeta, czy zeszyt?

1. gazeta, zeszyt   To jest gazeta, czy zeszyt?

2. podłoga, sufit   To jest podłoga, czy sufit?

3. ściana, tablica   To jest ściana, czy tablica?

4. okno, drzwi   To jest okno, czy drzwi?

5. stół, krzesło   To jest stół, czy krzesło?

6. portmonetka, puderniczka   To jest portmonetka, czy
                                       puderniczka?

7. nożyczki, okulary   To są nożyczki, czy okulary?

8. pieniądze, zdjęcie   To są pieniądze, czy zdjęcie?

9. długopis, pióro   To jest długopis, czy pióro?

10. puderniczka, lusterko   To jest puderniczka, czy lusterko?

H. Drill for interrogative sentences with czy . . . czy offering a choice of answers.

> Tutor: gazeta, zeszyt
>
> Student: Czy to jest gazeta, czy zeszyt?

1. gazeta, zeszyt   Czy to jest gazeta, czy zeszyt?

2. podłoga, sufit   Czy to jest podłoga, czy sufit?

3. ściana, tablica   Czy to jest ściana, czy tablica?

4. okno, drzwi   Czy to jest okno, czy drzwi?

5. stół, krzesło   Czy to jest stół, czy krzesło?

6. portmonetka, puderniczka   Czy to jest portmonetka, czy
                                      puderniczka?

7. nożyczki, okulary   Czy to są nożyczki, czy okulary?

8. pieniądze, zdjęcie   Czy to są pieniądze, czy zdjęcie?

9. długopis, pióro   Czy to jest długopis, czy pióro?

10. ołówek, lusterko   Czy to jest ołówek, czy lusterko?

I. Drill for the negative particles ani . . . ani, 'neither . . . nor,' in compound negation in answer to questions offering a choice.

> Tutor: Czy to jest biurko, czy stół?
>
> Student: To nie jest ani biurko, ani stół.

1. Czy to jest biurko, czy stół?   To nie jest ani biurko, ani stół.

2. Czy to jest pióro, czy długopis?   To nie jest ani pióro, ani długopis.

3. Czy to jest podłoga, czy sufit?   To nie jest ani podłoga, ani sufit.

4. Czy to jest ściana, czy tablica?   To nie jest ani ściana, ani tablica.

5. Czy to jest gazeta, czy mapa?   To nie jest ani gazeta, ani mapa.

6. Czy to jest okno, czy drzwi?   To nie jest ani okno, ani drzwi.

7. Czy to jest ołówek, czy nożyczki.   To nie jest ani ołówek, ani nożyczki.

J. Drill for conjunction a indicating mild opposition.

> Tutor: okno, drzwi
>
> Student: To jest okno, a to są drzwi.

1. okno, drzwi   To jest okno, a to są drzwi.

2. lusterko, puderniczka   To jest lusterko, a to jest
                                 puderniczka.

3. zdjęcie, mapa   To jest zdjęcie, a to jest mapa.

4. stół, krzesło   To jest stół, a to jest krzesło.

5. okulary, lusterko   To są okulary, a to jest lusterko.

6. ołówek, długopis   To jest ołówek, a to jest długopis.

7. gazeta, mapa   To jest gazeta, a to jest mapa.

8. biurko, ściana   To jest biurko, a to jest ściana.

K. Drill for the conjunctions <u>tylko</u> and <u>ale</u> indicating opposition. Note that <u>jest</u> and <u>są</u> agree with the first noun in the sentence.

Tutor: pióro, ołówek, długopis

Student a: To nie jest ani pióro, ani ołówek, tylko długopis.

Student b: To nie jest ani pióro, ani ołówek, ale długopis.

---

1. pióro, ołówek, długopis

   a. To nie jest ani pióro, ani ołówek, tylko długopis.
   b. To nie jest ani pióro, ani ołówek, ale długopis.

2. ściana, sufit, podłoga

   a. To nie jest ani ściana, ani sufit, tylko podłoga.
   b. To nie jest ani ściana, ani sufit, ale podłoga.

3. portmonetka, puderniczka, okulary

   a. To nie jest ani portmonetka, ani puderniczka, tylko okulary.
   b. To nie jest ani portmonetka, ani puderniczka, ale okulary.

4. gazeta, zeszyt, mapa

   a. To nie jest ani gazeta, ani zeszyt, tylko mapa.
   b. To nie jest ani gazeta, ani zeszyt, ale mapa.

5. stół, biurko, krzesło

   a. To nie jest ani stół, ani biurko, tylko krzesło.
   b. To nie jest ani stół, ani biurko, ale krzesło.

6. ściana, tablica, drzwi

   a. To nie jest ani ściana, ani tablica, tylko drzwi.
   b. To nie jest ani ściana, ani tablica, ale drzwi.

7. ściana, drzwi, tablica

   a. To nie jest ani ściana, ani drzwi, tylko tablica.
   b. To nie jest ani ściana, ani drzwi, ale tablica.

8. drzwi, ściana, tablica

   a. To nie są ani drzwi, ani ściana, tylko tablica.
   b. To nie są ani drzwi, ani ściana, ale tablica.

L. Drill.

```
┌─────────────────────────────────────────────┐
│  Tutor:        gazeta                        │
│  Student a:  Czy to jest gazeta?             │
│  Student b:  Tak, to jest gazeta.            │
│  Student c:  Nie, to nie jest gazeta.        │
└─────────────────────────────────────────────┘
```

1. gazeta

    a. Czy to jest gazeta?
    b. Tak, to jest gazeta.
    c. Nie, to nie jest gazeta.

2. ściana

    a. Czy to jest ściana?
    b. Tak, to jest ściana.
    c. Nie, to nie jest ściana.

3. mapa

    a. Czy to jest mapa?
    b. Tak, to jest mapa.
    c. Nie, to nie jest mapa.

4. lampa

    a. Czy to jest lampa?
    b. Tak, to jest lampa.
    c. Nie, to nie jest lampa.

5. tablica

    a. Czy to jest tablica?
    b. Tak, to jest tablica.
    c. Nie, to nie jest tablica.

6. podłoga

    a. Czy to jest podłoga?
    b. Tak, to jest podłoga.
    c. Nie, to nie jest podłoga.

7. sufit

    a. Czy to jest sufit?
    b. Tak, to jest sufit.
    c. Nie, to nie jest sufit.

8. stół

    a. Czy to jest stół?
    b. Tak, to jest stół.
    c. Nie, to nie jest stół.

9. kosz na śmiecie

    a. Czy to jest kosz na śmiecie?
    b. Tak, to jest kosz na śmiecie.
    c. Nie, to nie jest kosz na śmiecie.

10. okno

    a. Czy to jest okno?
    b. Tak, to jest okno.
    c. Nie, to nie jest okno.

11. krzesło

    a. Czy to jest krzesło?
    b. Tak, to jest krzesło.
    c. Nie, to nie jest krzesło.

M.   Drill.

> Tutor: gazeta, zeszyt
>
> Student a: To jest gazeta, a to jest zeszyt.
>
> Student b: To nie jest ani gazeta, ani zeszyt.

1. gazeta, zeszyt
    - a. To jest gazeta, a to jest zeszyt.
    - b. To nie jest ani gazeta, ani zeszyt.

2. lampa, kosz na śmiecie
    - a. To jest lampa, a to jest kosz na śmiecie.
    - b. To nie jest ani lampa, ani kosz na śmiecie.

3. podłoga, sufit
    - a. To jest podłoga, a to jest sufit.
    - b. To nie jest ani podłoga, ani sufit.

4. ściana, tablica
    - a. To jest ściana, a to jest tablica.
    - b. To nie jest ani ściana, ani tablica.

5. okno, drzwi
    - a. To jest okno, a to są drzwi.
    - b. To nie jest ani okno, ani drzwi.

6. stół, krzesło
    - a. To jest stół, a to jest krzesło.
    - b. To nie jest ani stół, ani krzesło.

7. portmonetka, puderniczka
    - a. To jest portmonetka, a to jest puderniczka.
    - b. To nie jest ani portmonetka, ani puderniczka.

8. zdjęcie, pieniądze
    - a. To jest zdjęcie, a to są pieniądze.
    - b. To nie jest ani zdjęcie, ani pieniądze.

N.   Drill.

> Tutor: gazeta, zeszyt
>
> Student a: Czy to jest gazeta, czy zeszyt?
>
> Student b: To nie jest gazeta, to jest zeszyt.

1. gazeta, zeszyt
    - a. Czy to jest gazeta, czy zeszyt?
    - b. To nie jest gazeta, to jest zeszyt.

2. lampa, kosz na śmiecie
    - a. Czy to jest lampa, czy kosz na śmiecie?
    - b. To nie jest lampa, to jest kosz na śmiecie.

3. podłoga, sufit
    - a. Czy to jest podłoga, czy sufit?
    - b. To nie jest podłoga, to jest sufit.

4. ściana, tablica   a. Czy to jest ściana, czy tablica?
                                  b. To nie jest ściana, to jest tablica.

5. okno, drzwi   a. Czy to jest okno, czy drzwi?
                                  b. To nie jest okno, to są drzwi.

6. stół, krzesło   a. Czy to jest stół, czy krzesło?
                                  b. To nie jest stół, to jest krzesło.

7. portmonetka, puderniczka   a. Czy to jest portmonetka, czy puderniczka?
                                  b. To nie jest portmonetka, to jest
                                        puderniczka.

8. zdjęcie, pieniądze   a. Czy to jest zdjęcie, czy pieniądze?
                                  b. To nie jest zdjęcie, to są pieniądze.

O. Drill.

Tutor: gazeta, mapa

Student a: Co to jest?

Student b: To jest gazeta, a to jest mapa.

Student a: Czy to jest gazeta?

Student b: Naturalnie, to jest gazeta.

---

1. gazeta, mapa   a. Co to jest?
                                  b. To jest gazeta, a to jest mapa.

                                  a. Czy to jest gazeta?
                                  b. Naturalnie, to jest gazeta.

2. ołówek, pióro   a. Co to jest?
                                  b. To jest ołówek, a to jest pióro.

                                  a. Czy to jest ołówek?
                                  b. Naturalnie, to jest ołówek.

3. okno, drzwi   a. Co to jest?
                                  b. To jest okno, a to są drzwi.

                                  a. Czy to jest okno?
                                  b. Naturalnie, to jest okno.

4. portmonetka, puderniczka   a. Co to jest?
                                  b. To jest portmonetka, a to jest
                                        puderniczka.

                                  a. Czy to jest portmonetka?
                                  b. Naturalnie, to jest portmonetka.

5. lusterko, zdjęcie   a. Co to jest?
                                  b. To jest lusterko, a to jest zdjęcie.

                                  a. Czy to jest lusterko?
                                  b. Naturalnie, to jest lusterko.

6. ściana, tablica   a. Co to jest?
                                      b. To jest ściana, a to jest tablica.

                                      a. Czy to jest ściana?
                                      b. Naturalnie, to jest ściana.

7. biurko, stół   a. Co to jest?
                                      b. To jest biurko, a to jest stół.

                                      a. Czy to jest biurko?
                                      b. Naturalnie, to jest biurko.

8. sufit, lampa   a. Co to jest?
                                      b. To jest sufit, a to jest lampa.

                                      a. Czy to jest sufit?
                                      b. Naturalnie, to jest sufit.

9. podłoga, kosz na śmiecie   a. Co to jest?
                                      b. To jest podłoga, a to jest kosz na
                                         śmiecie.

                                      a. Czy to jest podłoga?
                                      b. Naturalnie, to jest podłoga.

P. Drill.

+---+
| Tutor: gazeta, mapa |
| Student a: Czy to jest mapa? |
| Student b: Skąd! To nie jest mapa. Przecież to jest gazeta.|
+---+

1. gazeta, mapa   a. Czy to jest mapa?
                                      b. Skąd! To nie jest mapa. Przecież to
                                         jest gazeta.

2. ołówek, pióro   a. Czy to jest pióro?
                                      b. Skąd! To nie jest pióro. Przecież to
                                         jest ołówek.

3. okno, drzwi   a. Czy to są drzwi?
                                      b. Skąd! To nie są drzwi. Przecież to
                                         jest okno.

4. portmonetka, puderniczka   a. Czy to jest puderniczka?
                                      b. Skąd! To nie jest puderniczka.
                                         Przecież to jest portmonetka.

5. lusterko, zdjęcie   a. Czy to jest zdjęcie?
                                      b. Skąd! To nie jest zdjęcie. Przecież
                                         to jest lusterko.

6. ściana, tablica   a. Czy to jest tablica?
                                      b. Skąd! To nie jest tablica. Przecież
                                         to jest ściana.

7. biurko, stół
    a. Czy to jest stół?
    b. Skąd! To nie jest stół. Przecież to jest biurko.

8. sufit, lampa
    a. Czy to jest lampa?
    b. Skąd! To nie jest lampa. Przecież to jest sufit.

9. podłoga, kosz na śmiecie
    a. Czy to jest kosz na śmiecie?
    b. Skąd! To nie jest kosz na śmiecie. Przecież to jest podłoga.

ĆWICZENIA   DRILLS

A. Drill for possessive adjectives. Note the correlation between the gender
of the singular noun and the shape of the accompanying adjectives.

> Tutor: Czyja to jest gazeta?
>
> Student a: To jest pańska gazeta.
>   (speaking to a man)
>
> Student b: To jest moja gazeta.

1. Czyja to jest gazeta?   a. To jest pańska gazeta.
                                     b. To jest moja gazeta.

2. Czyja to jest portmonetka?   a. To jest pańska portmonetka.
                                     b. To jest moja portmonetka.

3. Czyja to jest puderniczka?   a. To jest pańska puderniczka.
                                     b. To jest moja puderniczka.

4. Czyja to jest lampa?   a. To jest pańska lampa.
                                     b. To jest moja lampa.

5. Czyje to jest pióro?   a. To jest pańskie pióro.
                                     b. To jest moje pióro.

6. Czyje to jest lusterko?   a. To jest pańskie lusterko.
                                     b. To jest moje lusterko.

7. Czyje to jest zdjęcie?   a. To jest pańskie zdjęcie.
                                     b. To jest moje zdjęcie.

8. Czyje to jest biurko?   a. To jest pańskie biurko.
                                     b. To jest moje biurko.

9. Czyj to jest zeszyt?   a. To jest pański zeszyt.
                                     b. To jest mój zeszyt.

10. Czyj to jest długopis?   a. To jest pański długopis.
                                     b. To jest mój długopis.

11. Czyj to jest ołówek?   a. To jest pański ołówek.
                                     b. To jest mój ołówek.

12. Czyj to jest stół?   a. To jest pański stół.
                                     b. To jest mój stół.

13. Czyje to są okulary?   a. To są pańskie okulary.
                                     b. To są moje okulary.

14. Czyje to są nożyczki?   a. To są pańskie nożyczki.
                                     b. To są moje nożyczki.

15. Czyje to są pieniądze?   a. To są pańskie pieniądze.
                                  b. To są moje pieniądze.

16. Czyje to są drzwi?   a. To są pańskie drzwi.
                                  b. To są moje drzwi.

B.   Drill for possessive adjectives.

> Tutor: To jest pańska gazeta?
> Student: Nie, to nie jest moja gazeta.

1. To jest pańska gazeta?   Nie, to nie jest moja gazeta.

2. To jest pańska portmonetka?   Nie, to nie jest moja portmonetka.

3. To jest pańska mapa?   Nie, to nie jest moja mapa.

4. To jest pańska lampa?   Nie, to nie jest moja lampa.

5. To jest pański zeszyt?   Nie, to nie jest mój zeszyt.

6. To jest pański długopis?   Nie, to nie jest mój długopis.

7. To jest pański ołówek?   Nie, to nie jest mój ołówek.

8. To jest pański stół?   Nie, to nie jest mój stół.

9. To jest pańskie pióro?   Nie, to nie jest moje pióro.

10. To jest pańskie krzesło?   Nie, to nie jest moje krzesło.

11. To jest pańskie lusterko?   Nie, to nie jest moje lusterko.

12. To jest pańskie zdjęcie?   Nie, to nie jest moje zdjęcie.

13. To są pańskie pieniądze?   Nie, to nie są moje pieniądze.

14. To są pańskie okulary?   Nie, to nie są moje okulary.

15. To są pańskie nożyczki?   Nie, to nie są moje nożyczki.

C.   Drill for sentences indicating presence and for those indicating absence. Note that in the former the noun is in the nominative, whereas in the latter it is in the genitive. Note also that the expression nie ma is used with singular and plural nouns.

> Tutor: Tu jest mapa.
> Student: Tu nie ma mapy.

1. Tu jest mapa.   Tu nie ma mapy.

2. Tu jest puderniczka.   Tu nie ma puderniczki.

3. Tu jest pani Wanda.   Tu nie ma pani Wandy.

4. Tu jest ołówek.   Tu nie ma ołówka.

5. Tu jest zeszyt.   Tu nie ma zeszytu.

6. Tu jest pan Karol.   Tu nie ma pana Karola.

7. Tu jest lusterko.   Tu nie ma lusterka.

8. Tu jest zdjęcie.   Tu nie ma zdjęcia.

9. Tu jest pióro.   Tu nie ma pióra.

10. Tu są okulary.   Tu nie ma okularów.

11. Tu są nożyczki.   Tu nie ma nożyczek.

12. Tu są drzwi.   Tu nie ma drzwi.

D. Drill for demonstrative sentences and sentences indicating presence.
Note that in both types the noun is in the nominative.

> Tutor: To jest gazeta.
>
> Student: Tu jest gazeta.

1. To jest gazeta.   Tu jest gazeta.

2. To jest portmonetka.   Tu jest portmonetka.

3. To jest pani Wanda.   Tu jest pani Wanda.

4. To jest ołówek.   Tu jest ołówek.

5. To jest długopis.   Tu jest długopis.

6. To jest pan Karol.   Tu jest pan Karol.

7. To jest pióro.   Tu jest pióro.

8. To jest zdjęcie.   Tu jest zdjęcie.

9. To jest lusterko.   Tu jest lusterko.

10. To są okulary.   Tu są okulary.

11. To są nożyczki.   Tu są nożyczki.

12. To są pieniądze.   Tu są pieniądze.

E. Drill for negated demonstrative sentences and sentences indicating absence.
Note that in the former the noun is in the nominative, whereas in the latter
it is in the genitive.

> Tutor: To nie jest gazeta.
>
> Student: Tu nie ma gazety.

1. To nie jest gazeta.   Tu nie ma gazety.

2. To nie jest portmonetka. Tu nie ma portmonetki.

3. To nie jest mapa.	Tu nie ma mapy.
4. To nie jest zeszyt.	Tu nie ma zeszytu.
5. To nie jest długopis.	Tu nie ma długopisu.
6. To nie jest ołówek.	Tu nie ma ołówka.
7. To nie jest krzesło.	Tu nie ma krzesła.
8. To nie jest pióro.	Tu nie ma pióra.
9. To nie jest zdjęcie.	Tu nie ma zdjęcia.
10. To nie są okulary.	Tu nie ma okularów.
11. To nie są nożyczki.	Tu nie ma nożyczek.
12. To nie są pieniądze.	Tu nie ma pieniędzy.

F. Drill for the nominative and genitive cases of nouns with possessive adjectives.

> Tutor: Pańskiej gazety tu nie ma.
>
> Student: Mojej gazety tu nie ma, ale pańska gazeta tu jest.

1. Pańskiej gazety tu nie ma.	Mojej gazety tu nie ma, ale pańska gazeta tu jest.
2. Pańskiej portmonetki tu nie ma.	Mojej portmonetki tu nie ma, ale pańska portmonetka tu jest.
3. Pańskiej lampy tu nie ma.	Mojej lampy tu nie ma, ale pańska lampa tu jest.
4. Pańskiego zdjęcia tu nie ma.	Mojego zdjęcia tu nie ma, ale pańskie zdjęcie tu jest.
5. Pańskiego pióra tu nie ma.	Mojego pióra tu nie ma, ale pańskie pióro tu jest.
6. Pańskiego lusterka tu nie ma.	Mojego lusterka tu nie ma, ale pańskie lusterko tu jest.
7. Pańskiego długopisu tu nie ma.	Mojego długopisu tu nie ma, ale pański długopis tu jest.
8. Pańskiego zeszytu tu nie ma.	Mojego zeszytu tu nie ma, ale pański zeszyt tu jest.
9. Pańskiego stołu tu nie ma.	Mojego stołu tu nie ma, ale pański stół tu jest.
10. Pańskich pieniędzy tu nie ma.	Moich pieniędzy tu nie ma, ale pańskie pieniądze tu są.
11. Pańskich okularów tu nie ma.	Moich okularów tu nie ma, ale pańskie okulary tu są.

12. Pańskich nożyczek tu nie ma.   Moich nożyczek tu nie ma, ale pańskie
                                      nożyczki tu są.

G. Drill for adverbs gdzie, 'where,' tu, 'here,' tam 'there,' in sentences in-
    dicating presence.

Tutor: Gdzie jest pan Jan?

Student a: Tu jest pan Jan.

Student b: Pan Jan jest tam.

---

1. Gdzie jest pan Jan?   a. Tu jest pan Jan.
                                   b. Pan Jan jest tam.

2. Gdzie jest pan Karol?   a. Tu jest pan Karol.
                                   b. Pan Karol jest tam.

3. Gdzie jest pan Michał?   a. Tu jest pan Michał.
                                   b. Pan Michał jest tam.

4. Gdzie jest pan Ryszard?   a. Tu jest pan Ryszard.
                                   b. Pan Ryszard jest tam.

5. Gdzie jest pan Tomasz?   a. Tu jest pan Tomasz.
                                   b. Pan Tomasz jest tam.

6. Gdzie jest pan Andrzej?   a. Tu jest pan Andrzej.
                                   b. Pan Andrzej jest tam.

7. Gdzie jest pan Jerzy?   a. Tu jest pan Jerzy.
                                   b. Pan Jerzy jest tam.

8. Gdzie jest pan profesor?   a. Tu jest pan profesor.
                                   b. Pan profesor jest tam.

9. Gdzie jest pani Chełmińska?   a. Tu jest pani Chełmińska.
                                   b. Pani Chełmińska jest tam.

10. Gdzie jest pani Anna?   a. Tu jest pani Anna.
                                   b. Pani Anna jest tam.

11. Gdzie jest pani Marta?   a. Tu jest pani Marta.
                                   b. Pani Marta jest tam.

12. Gdzie jest pani Zosia?   a. Tu jest pani Zosia.
                                   b. Pani Zosia jest tam.

H. Drill for adverbs już, 'already,' jeszcze, 'still,' nigdzie, 'nowhere.'

Tutor: Pan Jan już jest.

Student a: Pana Jana jeszcze nie ma.

Student b: Pana Jana nigdzie nie ma.

---

1. Pan Jan już jest.   a. Pana Jana jeszcze nie ma.
           b. Pana Jana nigdzie nie ma.

2. Pani Wanda już jest.   a. Pani Wandy jeszcze nie ma.
           b. Pani Wandy nigdzie nie ma.

3. Pan Jurek już jest.   a. Pana Jurka jeszcze nie ma.
           b. Pana Jurka nigdzie nie ma.

4. Pani Maria już jest.   a. Pani Marii jeszcze nie ma.
           b. Pani Marii nigdzie nie ma.

5. Pan Michał już jest.   a. Pana Michała jeszcze nie ma.
           b. Pana Michała nigdzie nie ma.

6. Pani Krystyna już jest.   a. Pani Krystyny jeszcze nie ma.
           b. Pani Krystyny nigdzie nie ma.

7. Pan Ryszard już jest.   a. Pana Ryszarda jeszcze nie ma.
           b. Pana Ryszarda nigdzie nie ma.

8. Pani Janina już jest.   a. Pani Janiny jeszcze nie ma.
           b. Pani Janiny nigdzie nie ma.

I. Drill for the possessives pański, 'your (to a man),' pana, 'your (to a man),' pani, 'your (to a woman).' Note that pański is a possessive adjective, whereas pana and pani are the genitives of pan 'sir' and pani 'madam.'

> Tutor: Gdzie jest pańska gazeta?
>
> Student a: Gdzie jest pana gazeta?
>
> Student b: Gdzie jest pani gazeta?

1. Gdzie jest pańska gazeta? a. Gdzie jest pana gazeta?
           b. Gdzie jest pani gazeta?

2. Gdzie jest pańska lampa? a. Gdzie jest pana lampa?
           b. Gdzie jest pani lampa?

3. Gdzie jest pańska portmonetka? a. Gdzie jest pana portmonetka?
           b. Gdzie jest pani portmonetka?

4. Gdzie jest pańskie pióro? a. Gdzie jest pana pióro?
           b. Gdzie jest pani pióro?

5. Gdzie jest pańskie krzesło? a. Gdzie jest pana krzesło?
           b. Gdzie jest pani krzesło?

6. Gdzie jest pańskie zdjęcie? a. Gdzie jest pana zdjęcie?
           b. Gdzie jest pani zdjęcie?

7. Gdzie jest pański zeszyt? a. Gdzie jest pana zeszyt?
           b. Gdzie jest pani zeszyt?

8. Gdzie jest pański długopis? a. Gdzie jest pana długopis?
           b. Gdzie jest pani długopis?

9. Gdzie jest pański ołówek?   a. Gdzie jest pana ołówek?
                                       b. Gdzie jest pani ołówek?

10. Gdzie są pańskie pieniądze?   a. Gdzie są pana pieniądze?
                                       b. Gdzie są pani pieniądze?

11. Gdzie są pańskie okulary?   a. Gdzie są pana okulary?
                                       b. Gdzie są pani okulary?

12. Gdzie są pańskie nożyczki?   a. Gdzie są pana nożyczki?
                                       b. Gdzie są pani nożyczki?

J.   Drill for emphasis through changes in word order.

Tutor: Tu nie ma pańskiej gazety.

Student a: Pańskiej gazety tu nie ma.

Student b: Gazety pańskiej tu nie ma.

Student c: Nie ma tu pańskiej gazety.

Student d: Tu pańskiej gazety nie ma.

---

1. Tu nie ma pańskiej gazety.   a. Pańskiej gazety tu nie ma.
                                       b. Gazety pańskiej tu nie ma.
                                       c. Nie ma tu pańskiej gazety.
                                       d. Tu pańskiej gazety nie ma.

2. Tu nie ma pana mapy.   a. Pana mapy tu nie ma.
                                       b. Mapy pana tu nie ma.
                                       c. Nie ma tu pana mapy.
                                       d. Tu pana mapy nie ma.

3. Tu nie ma pani pióra.   a. Pani pióra tu nie ma.
                                       b. Pióra pani tu nie ma.
                                       c. Nie ma tu pani pióra.
                                       d. Tu pani pióra nie ma.

4. Tu nie ma pańskiego zdjęcia.   a. Pańskiego zdjęcia tu nie ma.
                                       b. Zdjęcia pańskiego tu nie ma.
                                       c. Nie ma tu pańskiego zdjęcia.
                                       d. Tu pańskiego zdjęcia nie ma.

5. Tu nie ma pana zeszytu.   a. Pana zeszytu tu nie ma.
                                       b. Zeszytu pana tu nie ma.
                                       c. Nie ma tu pana zeszytu.
                                       d. Tu pana zeszytu nie ma.

6. Tu nie ma pani ołówka.   a. Pani ołówka tu nie ma.
                                       b. Ołówka pani tu nie ma.
                                       c. Nie ma tu pani ołówka.
                                       d. Tu pani ołówka nie ma.

7. Tu nie ma pańskich okularów.   a. Pańskich okularów tu nie ma.
                                       b. Okularów pańskich tu nie ma.
                                       c. Nie ma tu pańskich okularów.
                                       d. Tu pańskich okularów nie ma.

8. Tu nie ma pana pieniędzy.   a. Pana pieniędzy tu nie ma.
                                    b. Pieniędzy pana tu nie ma.
                                    c. Nie ma tu pana pieniędzy.
                                    d. Tu pana pieniędzy nie ma.

K.   Drill for the vocative of personal names.

Tutor: Pan Adam
Student: Jak się pan ma, panie Adamie?

1. pan Adam   Jak się pan ma, panie Adamie?

2. pan Aleksander   Jak się pan ma, panie Aleksandrze?

3. pan Bolesław   Jak się pan ma, panie Bolesławie?

4. pan Henryk   Jak się pan ma, panie Henryku?

5. pan Jacek   Jak się pan ma, panie Jacku?

6. pan Jan   Jak się pan ma, panie Janie?

7. pani Anna   Jak się pani ma, pani Anno?

8. pani Barbara   Jak się pani ma, pani Barbaro?

9. pani Ewa   Jak się pani ma, pani Ewo?

10. pani Irena   Jak się pani ma, pani Ireno?

11. pani Maria   Jak się pani ma, pani Mario?

12. pani Katarzyna   Jak się pani ma, pani Katarzyno?

L.   Drill for the genitives of personal names.

Tutor: Jan, Ryszard
Student a: Dzisiaj jest pan Jan i pan Ryszard.
Student b: Dzisiaj jest pan Jan, ale nie ma pana Ryszarda.
Student c: Dzisiaj nie ma ani pana Jana, ani pana Ryszarda.

1. Jan, Ryszard   a. Dzisiaj jest pan Jan i pan Ryszard.
                         b. Dzisiaj jest pan Jan, ale nie ma pana
                            Ryszarda.
                         c. Dzisiaj nie ma ani pana Jana, ani
                            pana Ryszarda.

2. Andrzej, Michał   a. Dzisiaj jest pan Andrzej i pan Michał.
                         b. Dzisiaj jest pan Andrzej, ale nie ma
                            pana Michała.
                         c. Dzisiaj nie ma ani pana Andrzeja, ani
                            pana Michała.

3. Anna, Krystyna
    a. Dzisiaj jest pani Anna i pani Krystyna.
    b. Dzisiaj jest pani Anna, ale nie ma pani Krystyny.
    c. Dzisiaj nie ma ani pani Anny, ani pani Krystyny.

4. Marta, Zofia
    a. Dzisiaj jest pani Marta i pani Zofia.
    b. Dzisiaj jest pani Marta, ale nie ma pani Zofii.
    c. Dzisiaj nie ma ani pani Marty, ani pani Zofii.

5. Alfred, Teresa
    a. Dzisiaj jest pan Alfred i pani Teresa.
    b. Dzisiaj jest pan Alfred, ale nie ma pani Teresy.
    c. Dzisiaj nie ma ani pana Alfreda, ani pani Teresy.

6. Felicja, Edward
    a. Dzisiaj jest pani Felicja i pan Edward.
    b. Dzisiaj jest pani Felicja, ale nie ma pana Edwarda.
    c. Dzisiaj nie ma ani pani Felicji, ani pana Edwarda.

7. Jakub, Julia
    a. Dzisiaj jest pan Jakub i pani Julia.
    b. Dzisiaj jest pan Jakub, ale nie ma pani Julii.
    c. Dzisiaj nie ma ani pana Jakuba, ani pani Julii.

8. Halina, Jan
    a. Dzisiaj jest pani Halina i pan Jan.
    b. Dzisiaj jest pani Halina, ale nie ma pana Jana.
    c. Dzisiaj nie ma ani pani Haliny, ani pana Jana.

M. Drill for the genitive of personal names. Note that the use of the forms jest and są depends on their position in the sentence.

Tutor: Roman, Józef

Student a: Dzisiaj jest pan Roman i pan Józef.
           Pan Roman i pan Józef dzisiaj są.

Student b: Dzisiaj nie ma pana Romana i pana Józefa.
           Pana Romana i pana Józefa dzisiaj nie ma.

---

1. Roman, Józef
    a. Dzisiaj jest pan Roman i pan Józef.
        Pan Roman i pan Józef dzisiaj są.
    b. Dzisiaj nie ma pana Romana i pana Józefa.
        Pana Romana i pana Józefa dzisiaj nie ma.

2. Elżbieta, Helena   a. Dzisiaj jest pani Elżbieta i pani Helena.
     Pani Elżbieta i pani Helena dzisiaj są.
b. Dzisiaj nie ma pani Elżbiety i pani Heleny.
     Pani Elżbiety i pani Heleny dzisiaj nie ma.

3. Leon, Jadwiga   a. Dzisiaj jest pan Leon i pani Jadwiga.
     Pan Leon i pani Jadwiga dzisiaj są.
b. Dzisiaj nie ma pana Leona i pani Jadwigi.
     Pana Leona i pani Jadwigi dzisiaj nie ma.

4. Irena, Jacek   a. Dzisiaj jest pani Irena i pan Jacek.
     Pani Irena i pan Jacek dzisiaj są.
b. Dzisiaj nie ma pani Ireny i pana Jacka.
     Pani Ireny i pana Jacka dzisiaj nie ma.

N. Drill.

Tutor:	Czy pańska gazeta jest tu, czy tam?
Student a:	Mojej gazety nie ma ani tu, ani tam.
Student b:	Mojej gazety nigdzie nie ma.

1. Czy pańska gazeta jest tu, czy tam?
     a. Mojej gazety nie ma ani tu, ani tam.
     b. Mojej gazety nigdzie nie ma.

2. Czy pańska portmonetka jest tu, czy tam?
     a. Mojej portmonetki nie ma ani tu, ani tam.
     b. Mojej portmonetki nigdzie nie ma.

3. Czy pański zeszyt jest tu, czy tam?
     a. Mojego zeszytu nie ma ani tu, ani tam.
     b. Mojego zeszytu nigdzie nie ma.

4. Czy pański długopis jest tu, czy tam?
     a. Mojego długopisu nie ma ani tu, ani tam.
     b. Mojego długopisu nigdzie nie ma.

5. Czy pański ołówek jest tu, czy tam?
     a. Mojego ołówka nie ma ani tu, ani tam.
     b. Mojego ołówka nigdzie nie ma.

6. Czy pańskie pióro jest tu, czy tam?
     a. Mojego pióra nie ma ani tu, ani tam.
     b. Mojego pióra nigdzie nie ma.

7. Czy pańskie lusterko jest tu, czy tam?
     a. Mojego lusterka nie ma ani tu, ani tam.
     b. Mojego lusterka nigdzie nie ma.

8. Czy pańskie zdjęcie jest tu, czy tam?
     a. Mojego zdjęcia nie ma ani tu, ani tam.
     b. Mojego zdjęcia nigdzie nie ma.

9. Czy pańskie okulary są tu, czy tam?
     a. Moich okularów nie ma ani tu, ani tam.
     b. Moich okularów nigdzie nie ma.

10. Czy pańskie nożyczki są tu, czy tam?
     a. Moich nożyczek nie ma ani tu, ani tam.
     b. Moich nożyczek nigdzie nie ma.

11. Czy pańskie pieniądze są tu, czy tam?
     a. Moich pieniędzy nie ma ani tu, ani tam.
     b. Moich pieniędzy nigdzie nie ma.

O. Drill.

```
Tutor:      Czy tu jest ołówek i pióro?
Student a:  Tak, tu jest i ołówek, i pióro.
Student b:  Tu jest ołówek, ale nie ma pióra.
```

1. Czy tu jest ołówek i   a. Tak, tu jest i ołówek, i pióro.
    pióro?   b. Tu jest ołówek, ale nie ma pióra.

2. Czy tu jest puderniczka   a. Tak, tu jest i puderniczka, i lusterko.
    i lusterko?   b. Tu jest puderniczka, ale nie ma lusterka.

3. Czy tu jest gazeta i   a. Tak, tu jest i gazeta, i zdjęcie.
    zdjęcie?   b. Tu jest gazeta, ale nie ma zdjęcia.

4. Czy tu jest zeszyt i mapa?   a. Tak, tu jest i zeszyt, i mapa.
                                b. Tu jest zeszyt, ale nie ma mapy.

5. Czy tu są okulary i   a. Tak, tu są i okulary, i nożyczki.
    nożyczki?   b. Tu są okulary, ale nie ma nożyczek.

6. Czy tu są pieniądze i   a. Tak, tu są i pieniądze, i portmonetka.
    portmonetka?   b. Tu są pieniądze, ale nie ma portmonetki.

P. Drill

```
Tutor:      Czy tu jest ołówek i pióro?
Student a:  Tu nie ma ołówka, ale jest pióro.
Student b:  Nie, tu nie ma ani ołówka, ani pióra.
```

1. Czy tu jest ołówek i   a. Tu nie ma ołówka, ale jest pióro.
    pióro?   b. Nie, tu nie ma ani ołówka, ani pióra.

2. Czy tu jest puderniczka   a. Tu nie ma puderniczki, ale jest lusterko.
    i lusterko?   b. Nie, tu nie ma ani puderniczki, ani lusterka.

3. Czy tu jest gazeta i   a. Tu nie ma gazety, ale jest zdjęcie.
    zdjęcie?   b. Nie, tu nie ma ani gazety, ani zdjęcia.

4. Czy tu jest zeszyt i   a. Tu nie ma zeszytu, ale jest mapa.
    mapa?   b. Nie, tu nie ma ani zeszytu, ani mapy.

5. Czy tu są okulary i   a. Tu nie ma okularów, ale są nożyczki.
    nożyczki?   b. Nie, tu nie ma ani okularów, ani nożyczek.

6. Czy tu są pieniądze i   a. Tu nie ma pieniędzy, ale jest portmonetka.
    portmonetka?   b. Nie, tu nie ma ani pieniędzy, ani portmonetki.

Q.   Drill.

> Tutor: Czy pana Jana nie ma?
>
> Student a: Nie, pan Jan jeszcze jest.
>
> Student b: Owszem, pan Jan już jest.

1. Czy pana Jana nie ma?   a. Nie, pan Jan jeszcze jest.
                                b. Owszem, pan Jan już jest.

2. Czy pana Karola nie ma?   a. Nie, pan Karol jeszcze jest.
                                b. Owszem, pan Karol już jest.

3. Czy pana Michała nie ma?   a. Nie, pan Michał jeszcze jest.
                                b. Owszem, pan Michał już jest.

4. Czy pana Jerzego nie ma?   a. Nie, pan Jerzy jeszcze jest.
                                b. Owszem, pan Jerzy już jest.

5. Czy pani Wandy nie ma?   a. Nie, pani Wanda jeszcze jest.
                                b. Owszem, pani Wanda już jest.

6. Czy pani Marii nie ma?   a. Nie, pani Maria jeszcze jest.
                                b. Owszem, pani Maria już jest.

R.   Drill.

> Tutor: Czy jest pan Jan?
>
> Student a: Nie, pana Jana jeszcze nie ma.
>
> Student b: Nie, pana Jana już nie ma.

1. Czy jest pan Jan?   a. Nie, pana Jana jeszcze nie ma.
                                b. Nie, pana Jana już nie ma.

2. Czy jest pan Karol?   a. Nie, pana Karola jeszcze nie ma.
                                b. Nie, pana Karola już nie ma.

3. Czy jest pan Michał?   a. Nie, pana Michała jeszcze nie ma.
                                b. Nie, pana Michała już nie ma.

4. Czy jest pan Jerzy?   a. Nie, pana Jerzego jeszcze nie ma.
                                b. Nie, pana Jerzego już nie ma.

5. Czy jest pani Wanda?   a. Nie, pani Wandy jeszcze nie ma.
                                b. Nie, pani Wandy już nie ma.

6. Czy jest pani Maria?   a. Nie, pani Marii jeszcze nie ma.
                                b. Nie, pani Marii już nie ma.

S.   Drill for <u>proszę</u> <u>pana</u> (<u>pani</u>) 'sir (ma'am).'

Tutor: ołówek

Student a: Proszę pani, czy to jest pani ołówek?

Student b: Nie, proszę pana.

---

1. ołówek   a. Proszę pani, czy to jest pani ołówek?
                       b. Nie, proszę pana.

2. zeszyt   a. Proszę pani, czy to jest pani zeszyt?
                       b. Nie, proszę pana.

3. długopis   a. Proszę pani, czy to jest pani długopis?
                       b. Nie, proszę pana.

4. gazeta   a. Proszę pani, czy to jest pani gazeta?
                       b. Nie, proszę pana.

5. portmonetka   a. Proszę pani, czy to jest pani portmonetka?
                       b. Nie, proszę pana.

6. mapa   a. Proszę pani, czy to jest pani mapa?
                       b. Nie, proszę pana.

7. pióro   a. Proszę pani, czy to jest pani pióro?
                       b. Nie, proszę pana.

8. krzesło   a. Proszę pani, czy to jest pani krzesło?
                       b. Nie, proszę pana.

9. zdjęcie   a. Proszę pani, czy to jest pani zdjęcie?
                       b. Nie, proszę pana.

10. pieniądze   a. Proszę pani, czy to są pani pieniądze?
                       b. Nie, proszę pana.

11. okulary   a. Proszę pani, czy to są pani okulary?
                       b. Nie, proszę pana.

12. nożyczki   a. Proszę pani, czy to są pani nożyczki?
                       b. Nie, proszę pana.

ĆWICZENIA   DRILLS

A. Drill for the accusative of nouns. Note that the accusative of feminine
    nouns differs from the nominative, whereas the accusative of other nouns
    coincides with the nominative.

> Tutor: To jest fajka.
>
> Student: Mam fajkę.

1. To jest fajka.   Mam fajkę.

2. To jest książka.   Mam książkę.

3. To jest zapalniczka.   Mam zapalniczkę.

4. To jest popielniczka.   Mam popielniczkę.

5. To jest papier.   Mam papier.

6. To jest notes.   Mam notes.

7. To jest zegarek.   Mam zegarek.

8. To jest tytoń.   Mam tytoń.

9. To jest lekarstwo.   Mam lekarstwo.

10. To jest pudełko.   Mam pudełko.

11. To są papierosy.   Mam papierosy.

12. To są zapałki.   Mam zapałki.

13. To są cygara.   Mam cygara.

B. Drill for the genitive replacing the accusative after a negated verb.

> Tutor: Mam fajkę.
>
> Student: Nie mam fajki.

1. Mam fajkę.   Nie mam fajki.

2. Mam książkę.   Nie mam książki.

3. Mam zapalniczkę.   Nie mam zapalniczki.

4. Mam popielniczkę.   Nie mam popielniczki.

5. Mam papier.   Nie mam papieru.

6. Mam notes.   Nie mam notesu.

7. Mam zegarek.   Nie mam zegarka.

8. Mam tytoń.   Nie mam tytoniu.

9. Mam lekarstwo.   Nie mam lekarstwa.

10. Mam pudełko.   Nie mam pudełka.

11. Mam papierosy.   Nie mam papierosów.

12. Mam zapałki.   Nie mam zapałek.

13. Mam cygara.   Nie mam cygar.

C.   Drill for the genitive of nouns.

> Tutor: gazeta, ołówek
>
> Student: On nie ma ani gazety, ani ołówka.

1. gazeta, ołówek   On nie ma ani gazety, ani ołówka.

2. pióro, długopis   On nie ma ani pióra, ani długopisu.

3. fajka, tytoń   On nie ma ani fajki, ani tytoniu.

4. papierosy, zapalniczka   On nie ma ani papierosów, ani
                               zapalniczki.

5. książka, notes   On nie ma ani książki, ani notesu.

6. papier, ołówek   On nie ma ani papieru, ani ołówka.

7. lusterko, pudełko   On nie ma ani lusterka, ani pudełka.

8. okulary, zegarek   On nie ma ani okularów, ani zegarka.

D.   Drill for the accusative and genitive of nouns.

> Tutor: On (ona) ma gazetę i książkę.
>
> Student a: On (ona) ma gazetę, ale nie ma książki.
>
> Student b: On (ona) ma książkę, ale nie ma gazety.

1. On ma gazetę i książkę.   a. On ma gazetę, ale nie ma książki.
                                    b. On ma książkę, ale nie ma gazety.

2. Ona ma portmonetkę i   a. Ona ma portmonetkę, ale nie ma
   puderniczkę.   puderniczki.
                                    b. Ona ma puderniczkę, ale nie ma
                                       portmonetki.

3. On ma ołówek i zeszyt.   a. On ma ołówek, ale nie ma zeszytu.
                                    b. On ma zeszyt, ale nie ma ołówka.

4. Ona ma długopis i notes.   a. Ona ma długopis, ale nie ma notesu.
                                    b. Ona ma notes, ale nie ma długopisu.

5. On ma krzesło i biurko.

    a. On ma krzesło, ale nie ma biurka.

    b. On ma biurko, ale nie ma krzesła.

6. Ona ma lekarstwo i pudełko.

    a. Ona ma lekarstwo, ale nie ma pudełka.

    b. Ona ma pudełko, ale nie ma lekarstwa.

7. On ma zapałki i cygara.

    a. On ma zapałki, ale nie ma cygar.

    b. On ma cygara, ale nie ma zapałek.

8. Ona ma papierosy i zapałki.

    a. Ona ma papierosy, ale nie ma zapałek.

    b. Ona ma zapałki, ale nie ma papierosów.

9. On ma fajkę i popielniczkę.

    a. On ma fajkę, ale nie ma popielniczki.

    b. On ma popielniczkę, ale nie ma fajki.

10. Ona ma gazetę i ołówek.

    a. Ona ma gazetę, ale nie ma ołówka.

    b. Ona ma ołówek, ale nie ma gazety.

11. On ma książkę i pióro.

    a. On ma książkę, ale nie ma pióra.

    b. On ma pióro, ale nie ma książki.

12. Ona ma zapalniczkę i papierosy.

    a. Ona ma zapalniczkę, ale nie ma papierosów.

    b. Ona ma papierosy, ale nie ma zapalniczki.

13. On ma papier i mapę.

    a. On ma papier, ale nie ma mapy.

    b. On ma mapę, ale nie ma papieru.

14. Ona ma ołówek i notes.

    a. Ona ma ołówek, ale nie ma notesu.

    b. Ona ma notes, ale nie ma ołówka.

15. On ma tytoń i zapałki.

    a. On ma tytoń, ale nie ma zapałek.

    b. On ma zapałki, ale nie ma tytoniu.

16. Ona ma zeszyt i pióro.

    a. Ona ma zeszyt, ale nie ma pióra.

    b. Ona ma pióro, ale nie ma zeszytu.

17. On ma papierosy i fajkę.

    a. On ma papierosy, ale nie ma fajki.

    b. On ma fajkę, ale nie ma papierosów.

18. Ona ma okulary i zegarek.

    a. Ona ma okulary, ale nie ma zegarka.

    b. Ona ma zegarek, ale nie ma okularów.

19. On ma cygara i pudełko.

    a. On ma cygara, ale nie ma pudełka.

    b. On ma pudełko, ale nie ma cygar.

20. Ona ma zapałki i papierosy.

    a. Ona ma zapałki, ale nie ma papierosów.

    b. Ona ma papierosy, ale nie ma zapałek.

E.   Drill for verbs in the first and third person singular.

Tutor:	Mam się dobrze.
Student:	Ma się dobrze.

1. Mam się dobrze.   Ma się dobrze.

2. Mówię za dużo.   Mówi za dużo.

3. Słucham pana.   Słucha pana.

4. Dużo palę.   Dużo pali.

5. Nazywam się Zieliński.   Nazywa się Zieliński.

6. Rozumiem panią.   Rozumie panią.

7. Wiem co to jest.   Wie co to jest.

F.   Drill for adverbs.

> Tutor: owszem
>
> Student: Owszem, tak się mówi.

1. owszem   Owszem, tak się mówi.

2. naprawdę   Naprawdę tak się mówi.

3. niestety   Niestety, tak się mówi.

4. naturalnie   Naturalnie, tak się mówi.

5. na pewno   Na pewno tak się mówi.

6. oczywiście   Oczywiście, tak się mówi.

7. jeszcze   Jeszcze tak się mówi.

8. no pewnie   No pewnie, tak się mówi.

G.   Drill for proszę o with accusative 'request for' and proszę 'politeness
     formula when complying with a request.'

> Tutor: Proszę o fajkę.
>
> Student: Proszę, to jest fajka.

 1. Proszę o fajkę.   Proszę, to jest fajka.

 2. Proszę o papier.   Proszę, to jest papier.

 3. Proszę o notes.   Proszę, to jest notes.

 4. Proszę o książkę.   Proszę, to jest książka.

 5. Proszę o zegarek.   Proszę, to jest zegarek.

 6. Proszę o zapalniczkę.   Proszę, to jest zapalniczka.

 7. Proszę o tytoń.   Proszę, to jest tytoń.

 8. Proszę o lekarstwo.   Proszę, to jest lekarstwo.

 9. Proszę o papierosy.   Proszę, to są papierosy.

10. Proszę o zapałki.   Proszę, to są zapałki.

11. Proszę o cygara.   Proszę, to są cygara.

H. Drill for <u>proszę</u> with the genitive of <u>pan</u>, <u>pani</u> used to attract someone's attention, and for <u>przepraszam</u> with the accusative of <u>pan</u>, <u>pani</u> used to beg forgiveness for an interruption.

> Tutor: Proszę pana, czy pan ma gazetę?
>
> Student: Przepraszam pana, czy pan ma gazetę?

1. Proszę pana, czy pan ma gazetę?   Przepraszam pana, czy pan ma gazetę?

2. Proszę pana, czy pan ma zapałki?   Przepraszam pana, czy pan ma zapałki?

3. Proszę pana, czy pan ma nożyczki?   Przepraszam pana, czy pan ma nożyczki?

4. Proszę pana, czy pan ma notes?   Przepraszam pana, czy pan ma notes?

5. Proszę pani, czy pani ma książkę?   Przepraszam panią, czy pani ma książkę?

6. Proszę pani, czy pani ma zapalniczkę?   Przepraszam panią, czy pani ma zapalniczkę?

7. Proszę pani, czy pani ma zegarek?   Przepraszam panią, czy pani ma zegarek?

8. Proszę pani, czy pani ma papier?   Przepraszam panią, czy pani ma papier?

I. Drill for <u>pan</u>, <u>pani</u> with the third person singular in addressing a person. Note the word order in b.

> Tutor: Mam pióro.
>
> Student a: Czy pan ma pióro?
>
> Student b: Ma pani pióro?

1. Mam pióro.   a. Czy pan ma pióro?
                               b. Ma pani pióro?

2. Palę papierosy.   a. Czy pan pali papierosy?
                               b. Pali pani papierosy?

3. Mam zegarek.   a. Czy pan ma zegarek?
                               b. Ma pani zegarek?

4. Rozumiem po polsku.   a. Czy pan rozumie po polsku?
                               b. Rozumie pani po polsku?

5. Palę fajkę.   a. Czy pan pali fajkę?
                               b. Pali pani fajkę?

6. Mam zapalniczkę.   a. Czy pan ma zapalniczkę?
                                   b. Ma pani zapalniczkę?

7. Mam papier.   a. Czy pan ma papier?
                                   b. Ma pani papier?

8. Palę cygara.   a. Czy pan pali cygara?
                                   b. Pali pani cygara?

9. Mam lekarstwo.   a. Czy pan ma lekarstwo?
                                   b. Ma pani lekarstwo?

10. Mam zapałki.   a. Czy pan ma zapałki?
                                   b. Ma pani zapałki?

J.   Drill for pan, pani in addressing someone and in talking about someone.

```
Tutor:      mapa
Student a:  Czy pan ma mapę?
Student b:  Nie mam, ale pan Wacław ma.
```

1. mapa   a. Czy pan ma mapę?
                                   b. Nie mam, ale pan Wacław ma.

2. gazeta   a. Czy pani ma gazetę?
                                   b. Nie mam, ale pani Alicja ma.

3. portmonetka   a. Czy pan ma portmonetkę?
                                   b. Nie mam, ale pan Wacław ma.

4. zdjęcie   a. Czy pani ma zdjęcie?
                                   b. Nie mam, ale pani Alicja ma.

5. lusterko   a. Czy pan ma lusterko?
                                   b. Nie mam, ale pan Wacław ma.

6. krzesło.   a. Czy pani ma krzesło?
                                   b. Nie mam, ale pani Alicja ma.

7. pióro   a. Czy pan ma pióro?
                                   b. Nie mam, ale pan Wacław ma.

8. zeszyt   a. Czy pani ma zeszyt?
                                   b. Nie mam, ale pani Alicja ma.

9. długopis   a. Czy pan ma długopis?
                                   b. Nie mam, ale pan Wacław ma.

10. ołówek   a. Czy pani ma ołówek?
                                   b. Nie mam, ale pani Alicja ma.

K.   Drill for pan, pani in addressing someone and in talking about someone.

```
Tutor:    Przepraszam, pan rozumie?
Student:  Tak, rozumiem, ale pani Maria nie rozumie.
```

1. Przepraszam, pan rozumie? Tak, rozumiem, ale pani Maria nie
   rozumie.

2. Przepraszam, pan słucha? Tak, słucham, ale pani Maria nie słucha.

3. Przepraszam, pan wie? Tak, wiem, ale pani Maria nie wie.

4. Przepraszam, pan pali? Tak, palę, ale pani Maria nie pali.

5. Przepraszam, pan ma Tak, mam książkę, ale pani Maria nie ma
   książkę? książki.

6. Przepraszam, pan mówi Tak, mówię po polsku, ale pani Maria nie
   po polsku? mówi po polsku.

L. Drill for the demonstrative adjectives <u>ten</u> 'this, that' and <u>tamten</u> 'that
over there.'

> Tutor: Ten pan mówi po polsku.
>
> Student: Tamten pan nie mówi po polsku.

1. Ten pan mówi po polsku. Tamten pan nie mówi po polsku.

2. Ten pan pali cygara. Tamten pan nie pali cygar.

3. Ten pan ma papierosy. Tamten pan nie ma papierosów.

4. Ten pan słucha, co się mówi. Tamten pan nie słucha, co się mówi.

5. Ten pan nazywa się Morgan. Tamten pan nie nazywa się Morgan.

6. Ten pan wie, co to jest. Tamten pan nie wie, co to jest.

M. Drill for <u>pan</u> in addressing someone and <u>ten pan</u> in talking about someone.

> Tutor: Pan mówi po polsku?
>
> Student: Ten pan mówi po polsku?

1. Pan mówi po polsku? Ten pan mówi po polsku?

2. Pan pali cygara? Ten pan pali cygara?

3. Pan ma papierosy? Ten pan ma papierosy?

4. Pan słucha, co się mówi? Ten pan słucha, co się mówi?

5. Pan nazywa się Morgan? Ten pan nazywa się Morgan?

6. Pan wie, co to jest? Ten pan wie, co to jest?

N. Drill for the pronouns <u>nic</u> 'nothing,' <u>on</u> 'he,' and <u>ona</u> 'she.' Note that in Polish <u>nic</u> requires a negated verb.

Tutor: mam
Student a: On nic nie ma.
Student b: Ona nic nie ma.

1. mam
    a. On nic nie ma.
    b. Ona nic nie ma.

2. palę
    a. On nic nie pali.
    b. Ona nic nie pali.

3. mówię
    a. On nic nie mówi.
    b. Ona nic nie mówi.

4. wiem
    a. On nic nie wie.
    b. Ona nic nie wie.

5. rozumiem
    a. On nic nie rozumie.
    b. Ona nic nie rozumie.

O. Drill for subordinate clauses with <u>że</u> 'that' and <u>czy</u> 'whether.'

Tutor: Wiem, że pan pali.
Student: Nie wiem, czy pan pali.

1. Wiem, że pan pali.   Nie wiem, czy pan pali.
2. Wiem, że pan słucha.   Nie wiem, czy pan słucha.
3. Wiem, że pan ma.   Nie wiem, czy pan ma.
4. Wiem, że pan rozumie.   Nie wiem, czy pan rozumie.
5. Wiem, że pan wie.   Nie wiem, czy pan wie.
6. Wiem, że pan tak tylko mówi. Nie wiem, czy pan tak tylko mówi.

P. Drill for <u>zdaje się</u> 'it seems.'

Tutor: Przepraszam pana, czy pan ma gazetę?
Student: Zdaje się, że nie mam gazety.

1. Przepraszam pana, czy   Zdaje się, że nie mam gazety.
   pan ma gazetę?

2. Przepraszam pana, czy   Zdaje się, że nie mam zapałek.
   pan ma zapałki?

3. Przepraszam pana, czy   Zdaje się, że nie mam nożyczek.
   pan ma nożyczki?

4. Przepraszam pana, czy   Zdaje się, że nie mam notesu.
   pan ma notes?

Q. Drill for <u>na pewno</u> 'certainly' and <u>może</u> 'maybe.'

Tutor: Czy on pali?

Student: Nie wiem na pewno. Może pali.

---

1. Czy on pali?   Nie wiem na pewno. Może pali.

2. Czy on ma zegarek?   Nie wiem na pewno. Może ma.

3. Czy on mówi po polsku?   Nie wiem na pewno. Może mówi.

4. Czy on to rozumie?   Nie wiem na pewno. Może rozumie.

5. Czy on już wie?   Nie wiem na pewno. Może wie.

6. Czy on jeszcze słucha?   Nie wiem na pewno. Może słucha.

R. Drill for <u>owszem</u> negating a negative assumption in the question and for
    <u>niestety</u> 'unfortunately.'

Tutor: Czy pan nie ma gazety?

Student a: Owszem, mam gazetę.

Student b: Niestety, nie mam gazety.

---

1. Czy pan nie ma gazety?   a. Owszem, mam gazetę.
                                   b. Niestety, nie mam gazety.

2. Czy pan nie ma popielniczki?   a. Owszem, mam popielniczkę.
                                   b. Niestety, nie mam popielniczki.

3. Czy pan nie ma portmonetki?   a. Owszem, mam portmonetkę.
                                   b. Niestety, nie mam portmonetki.

4. Czy pan nie ma długopisu?   a. Owszem, mam długopis.
                                   b. Niestety, nie mam długopisu.

5. Czy pan nie ma papieru?   a. Owszem, mam papier.
                                   b. Niestety, nie mam papieru.

6. Czy pan nie ma zeszytu?   a. Owszem, mam zeszyt.
                                   b. Niestety, nie mam zeszytu.

7. Czy pan nie ma zdjęcia?   a. Owszem, mam zdjęcie.
                                   b. Niestety, nie mam zdjęcia.

8. Czy pan nie ma pieniędzy?   a. Owszem, mam pieniądze.
                                   b. Niestety, nie mam pieniędzy.

9. Czy pan nie ma okularów?   a. Owszem, mam okulary.
                                   b. Niestety, nie mam okularów.

S.   Drill for the vocative of first names and of the affectionate nicknames
     formed from them.

┌───┐
│ Tutor: Ryszard, gazeta   │
│ Student a: Panie Ryszardzie, czy pan ma gazetę?   │
│ Student b: Nie, proszę pana, nie mam gazety.   │
└───┘

1. Ryszard, gazeta   a. Panie Ryszardzie, czy pan ma gazetę?
                              b. Nie, proszę pana, nie mam gazety.

2. Rysiek, zapalniczka   a. Panie Ryśku, czy pan ma zapalniczkę?
                              b. Nie, proszę pana, nie mam zapalniczki.

3. Jerzy, fajka   a. Panie Jerzy, czy pan ma fajkę?
                              b. Nie, proszę pana, nie mam fajki.

4. Jurek, tytoń   a. Panie Jurku, czy pan ma tytoń?
                              b. Nie, proszę pana, nie mam tytoniu.

5. Tomasz, notes   a. Panie Tomaszu, czy pan ma notes?
                              b. Nie, proszę pana, nie mam notesu.

6. Tomek, zegarek   a. Panie Tomku, czy pan ma zegarek?
                              b. Nie, proszę pana, nie mam zegarka.

7. Maria, lusterko   a. Pani Mario, czy pani ma lusterko?
                              b. Nie, proszę pani, nie mam lusterka.

8. Marysia, pióro   a. Pani Marysiu, czy pani ma pióro?
                              b. Nie, proszę pani, nie mam pióra.

9. Krystyna, lekarstwo na   a. Pani Krystyno, czy pani ma lekarstwo
   kaszel   na kaszel?
                              b. Nie, proszę pani, nie mam lekarstwa
                                 na kaszel.

10. Krysia, nożyczki   a. Pani Krysiu, czy pani ma nożyczki?
                              b. Nie, proszę pani, nie mam nożyczek.

11. Barbara, zapałki   a. Pani Barbaro, czy pani ma zapałki?
                              b. Nie, proszę pani, nie mam zapałek.

12. Basia, papierosy   a. Pani Basiu, czy pani ma papierosy?
                              b. Nie, proszę pani, nie mam papierosów.

ĆWICZENIA   DRILLS

A. Drill for the nominative singular feminine of adjectives.

> Tutor: Czy to jest granatowa torebka?
>
> Student: Nie, to nie jest granatowa torebka.

1. Czy to jest granatowa torebka?   Nie, to nie jest granatowa torebka.

2. Czy to jest brązowa teczka?   Nie, to nie jest brązowa teczka.

3. Czy to jest jasnobrązowa   Nie, to nie jest jasnobrązowa bluzka.
    bluzka?

4. Czy to jest ciemnobrązowa   Nie, to nie jest ciemnobrązowa
    spódniczka?   spódniczka.

5. Czy to jest różowa sukienka?   Nie, to nie jest różowa sukienka.

6. Czy to jest zielona czapka?   Nie, to nie jest zielona czapka.

7. Czy to jest szara marynarka?   Nie, to nie jest szara marynarka.

8. Czy to jest popielata koszula?   Nie, to nie jest popielata koszula.

9. Czy to jest żółta puderniczka?   Nie, to nie jest żółta puderniczka.

10. Czy to jest niebieska ściana?   Nie, to nie jest niebieska ściana.

11. Czy to jest czarna tablica?   Nie, to nie jest czarna tablica.

12. Czy to jest czerwona   Nie, to nie jest czerwona zapalniczka.
    zapalniczka?

B. Drill for the nominative singular masculine of adjectives.

> Tutor: Czy to jest granatowy kolor?
>
> Student: Nie, to nie jest granatowy kolor.

1. Czy to jest granatowy kolor?   Nie, to nie jest granatowy kolor.

2. Czy to jest brązowy sweter?   Nie, to nie jest brązowy sweter.

3. Czy to jest czerwony krawat?   Nie, to nie jest czerwony krawat.

4. Czy to jest ciemnobrązowy   Nie, to nie jest ciemnobrązowy szalik.
    szalik?

5. Czy to jest różowy notes?   Nie, to nie jest różowy notes.

6. Czy to jest zielony kapelusz?   Nie, to nie jest zielony kapelusz.

7.	Czy to jest szary kosz?	Nie, to nie jest szary kosz.
8.	Czy to jest popielaty płaszcz?	Nie, to nie jest popielaty płaszcz.
9.	Czy to jest żółty papier?	Nie, to nie jest żółty papier.
10.	Czy to jest niebieski długopis?	Nie, to nie jest niebieski długopis.
11.	Czy to jest czarny ołówek?	Nie, to nie jest czarny ołówek.
12.	Czy to jest biały sufit?	Nie, to nie jest biały sufit.

C.   Drill for the nominative singular neuter of adjectives.

> Tutor: Czy to jest prawe oko?
>
> Student: Nie, to nie jest prawe oko.

1.	Czy to jest prawe oko?	Nie, to nie jest prawe oko.
2.	Czy to jest lewe ucho?	Nie, to nie jest lewe ucho.
3.	Czy to jest granatowe ubranie?	Nie, to nie jest granatowe ubranie.
4.	Czy to jest brązowe futro?	Nie, to nie jest brązowe futro.
5.	Czy to jest jasnobrązowe krzesło?	Nie, to nie jest jasnobrązowe krzesło.
6.	Czy to jest ciemnobrązowe biurko?	Nie, to nie jest ciemnobrązowe biurko.
7.	Czy to jest kolorowe zdjęcie?	Nie, to nie jest kolorowe zdjęcie.
8.	Czy to jest zielone ubranie?	Nie, to nie jest zielone ubranie.
9.	Czy to jest żółte pudełko?	Nie, to nie jest żółte pudełko.
10.	Czy to jest popielate futro?	Nie, to nie jest popielate futro.
11.	Czy to jest szare ubranie?	Nie, to nie jest szare ubranie.
12.	Czy to jest czarne pióro?	Nie, to nie jest czarne pióro.

D.   Drill for the nominative plural of adjectives.

> Tutor: Czy to są granatowe szorty?
>
> Student: Nie, to nie są granatowe szorty.

1.	Czy to są granatowe szorty?	Nie, to nie są granatowe szorty.
2.	Czy to są brązowe rękawiczki?	Nie, to nie są brązowe rękawiczki.
3.	Czy to są jasnobrązowe spodnie?	Nie, to nie są jasnobrązowe spodnie.
4.	Czy to są ciemnobrązowe oczy?	Nie, to nie są ciemnobrązowe oczy.
5.	Czy to są zielone okulary?	Nie, to nie są zielone okulary.

6. Czy to są białe szorty?   Nie, to nie są białe szorty.

7. Czy to są szare sandały?   Nie, to nie są szare sandały.

8. Czy to są popielate rękawiczki?   Nie, to nie są popielate rękawiczki.

9. Czy to są żółte spodnie?   Nie, to nie są żółte spodnie.

10. Czy to są niebieskie oczy?   Nie, to nie są niebieskie oczy.

11. Czy to są czarne buty?   Nie, to nie są czarne buty.

12. Czy to są białe drzwi?   Nie, to nie są białe drzwi.

E. Drill for the accusative and nominative singular feminine of adjectives.

Tutor: Czy pan ma białą koszulę?

Student a: Mam białą koszulę.

Student b: To jest biała koszula.

---

1. Czy pan ma białą koszulę?   a. Mam białą koszulę.
                                         b. To jest biała koszula.

2. Czy pan ma czarną marynarkę?   a. Mam czarną marynarkę.
                                         b. To jest czarna marynarka.

3. Czy pan ma szarą teczkę?   a. Mam szarą teczkę.
                                         b. To jest szara teczka.

4. Czy pani ma niebieską   a. Mam niebieską sukienkę.
    sukienkę?   b. To jest niebieska sukienka.

5. Czy pani ma żółtą spódniczkę?   a. Mam żółtą spódniczkę.
                                         b. To jest żółta spódniczka.

6. Czy pani ma popielatą bluzkę?   a. Mam popielatą bluzkę.
                                         b. To jest popielata bluzka.

7. Czy pani ma szarą czapkę?   a. Mam szarą czapkę.
                                         b. To jest szara czapka.

8. Czy pan ma zieloną   a. Mam zieloną popielniczkę.
    popielniczkę?   b. To jest zielona popielniczka.

9. Czy pani ma granatową torebkę?   a. Mam granatową torebkę.
                                         b. To jest granatowa torebka.

10. Czy pani ma brązową   a. Mam brązową zapalniczkę.
    zapalniczkę?   b. To jest brązowa zapalniczka.

11. Czy pani ma białą sukienkę?   a. Mam białą sukienkę.
                                         b. To jest biała sukienka.

12. Czy pan ma brązową   a. Mam brązową portmonetkę.
    portmonetkę?   b. To jest brązowa portmonetka.

F.   Drill for the accusative and nominative singular masculine of adjectives.

> Tutor: Czy on ma biały sweter?
>
> Student a: On ma biały sweter.
>
> Student b: To jest biały sweter.

1. Czy on ma biały sweter?   a. On ma biały sweter.
                                        b. To jest biały sweter.

2. Czy on ma czerwony długopis?   a. On ma czerwony długopis.
                                        b. To jest czerwony długopis.

3. Czy on ma czarny płaszcz?   a. On ma czarny płaszcz.
                                        b. To jest czarny płaszcz.

4. Czy on ma niebieski krawat?   a. On ma niebieski krawat.
                                        b. To jest niebieski krawat.

5. Czy ona ma popielaty kapelusz?   a. Ona ma popielaty kapelusz.
                                        b. To jest popielaty kapelusz.

6. Czy ona ma szary notes?   a. Ona ma szary notes.
                                        b. To jest szary notes.

7. Czy on ma zielony szalik?   a. On ma zielony szalik.
                                        b. To jest zielony szalik.

8. Czy on ma brązowy stół?   a. On ma brązowy stół.
                                        b. To jest brązowy stół.

9. Czy ona ma biały zeszyt?   a. Ona ma biały zeszyt.
                                        b. To jest biały zeszyt.

10. Czy on ma własny zegarek?   a. On ma własny zegarek.
                                        b. To jest jego własny zegarek.

11. Czy ona ma kolorowy ołówek?   a. Ona ma kolorowy ołówek.
                                        b. To jest kolorowy ołówek.

12. Czy on ma polski tekst?   a. On ma polski tekst.
                                        b. To jest polski tekst.

G.   Drill for the accusative and nominative singular neuter of adjectives.

> Tutor: Jakie ona ma futro? Czarne?
>
> Student a: Ona ma czarne futro.
>
> Student b: To jest czarne futro.

1. Jakie ona ma futro? Czarne?   a. Ona ma czarne futro.
                                        b. To jest czarne futro.

2. Jakie on ma pióro? Czerwone?   a. On ma czerwone pióro.
                                        b. To jest czerwone pióro.

3. Jakie on ma pudełko? Żółte?   a. On ma żółte pudełko.
                                    b. To jest żółte pudełko.

4. Jakie on ma ubranie?   a. On ma popielate ubranie.
    Popielate?   b. To jest popielate ubranie.

5. Jakie ona ma krzesło?   a. Ona ma zielone krzesło
    Zielone?   b. To jest zielone krzesło.

6. Jakie on ma futro? Szare?   a. On ma szare futro.
                                      b. To jest szare futro.

7. Jakie ona ma biurko? Brązowe?   a. Ona ma brązowe biurko.
                                      b. To jest brązowe biurko.

8. Jakie ona ma zdjęcie?   a. Ona ma kolorowe zdjęcie.
    Kolorowe?   b. To jest kolorowe zdjęcie.

H.   Drill for the accusative and nominative plural of adjectives.

> Tutor: Jakie on ma spodnie? Białe?
>
> Student a: On ma białe spodnie.
>
> Student b: To są białe spodnie.

1. Jakie on ma spodnie? Białe?   a. On ma białe spodnie.
                                      b. To są białe spodnie.

2. Jakie ona ma włosy? Jasne?   a. Ona ma jasne włosy.
                                      b. To są jasne włosy.

3. Jakie ona ma oczy? Niebieskie?   a. Ona ma niebieskie oczy.
                                      b. To są niebieskie oczy.

4. Jakie ona ma szorty?   a. Ona ma popielate szorty.
    Popielate?   b. To są popielate szorty.

5. Jakie on ma sandały? Brązowe?   a. On ma brązowe sandały.
                                      b. To są brązowe sandały.

6. Jakie ona ma rękawiczki? Szare? a. Ona ma szare rękawiczki.
                                      b. To są szare rękawiczki.

7. Jakie ona ma okulary? Zielone? a. Ona ma zielone okulary.
                                      b. To są zielone okulary.

8. Jakie on ma buty? Czarne?   a. On ma czarne buty.
                                      b. To są czarne buty.

I.   Drill for the accusative and genitive singular feminine of adjectives.

> Tutor: Czy on ma białą koszulę?
>
> Student: On nie ma białej koszuli.

1. Czy on ma białą koszulę?   On nie ma białej koszuli.

2. Czy ona ma czerwoną czapkę?   Ona nie ma czerwonej czapki.

3. Czy on ma czarną marynarkę?   On nie ma czarnej marynarki.

4. Czy on ma szarą teczkę?   On nie ma szarej teczki.

5. Czy on ma zieloną popielniczkę?   On nie ma zielonej popielniczki.

6. Czy ona ma brązową   Ona nie ma brązowej portmonetki.
   portmonetkę?

7. Czy on ma żółtą zapalniczkę?   On nie ma żółtej zapalniczki.

8. Czy ona ma różową bluzkę?   Ona nie ma różowej bluzki.

9. Czy ona ma kolorową   Ona nie ma kolorowej spódniczki.
   spódniczkę?

10. Czy ona ma niebieską sukienkę?   Ona nie ma niebieskiej sukienki.

J.   Drill for the accusative and genitive singular masculine of adjectives.

Tutor: Czy ona ma żółty sweter?

Student: Ona nie ma żółtego swetra.

---

1. Czy ona ma żółty sweter?   Ona nie ma żółtego swetra.

2. Czy on ma czerwony długopis?   On nie ma czerwonego długopisu.

3. Czy ona ma czarny płaszcz?   Ona nie ma czarnego płaszcza.

4. Czy ona ma popielaty kapelusz?   Ona nie ma popielatego kapelusza.

5. Czy on ma szary notes?   On nie ma szarego notesu.

6. Czy ona ma zielony szalik?   Ona nie ma zielonego szalika.

7. Czy ona ma niebieski ołówek?   Ona nie ma niebieskiego ołówka.

8. Czy on ma biały zeszyt?   On nie ma białego zeszytu.

9. Czy on ma granatowy krawat?   On nie ma granatowego krawatu.

10. Czy on ma własny zegarek?   On nie ma własnego zegarka.

K.   Drill for the accusative and genitive singular neuter of adjectives.

Tutor: Ona ma brązowe futro.

Student: Nie, ona nie ma brązowego futra.

---

1. Ona ma brązowe futro.   Nie, ona nie ma brązowego futra.

2. Ona ma kolorowe zdjęcie.   Nie, ona nie ma kolorowego zdjęcia.

3. On ma czarne pióro.   Nie, on nie ma czarnego pióra.

4. Ona ma niebieskie pudełko.   Nie, ona nie ma niebieskiego pudełka.

5. On ma brązowe biurko.   Nie, on nie ma brązowego biurka.

6. Ona ma zielone krzesło.   Nie, ona nie ma zielonego krzesła.

7. On ma ciemne ubranie.   Nie, on nie ma ciemnego ubrania.

8. On ma swoje lekarstwo.   Nie, on nie ma swojego lekarstwa.

L. Drill for the nominative and genitive plural of adjectives.

Tutor: On ma zielone okulary.

Student: On nie ma zielonych okularów.

---

1. On ma zielone okulary.   On nie ma zielonych okularów.

2. On ma własne nożyczki.   On nie ma własnych nożyczek.

3. On ma cudze pieniądze.   On nie ma cudzych pieniędzy.

4. On ma pańskie papierosy.   On nie ma pańskich papierosów.

5. On ma moje zapałki.   On nie ma moich zapałek.

6. On ma ciemne spodnie.   On nie ma ciemnych spodni.

7. On ma czarne buty.   On nie ma czarnych butów.

8. On ma jasne włosy.   On nie ma jasnych włosów.

9. On ma niebieskie oczy.   On nie ma niebieskich oczu.

10. On ma brązowe rękawiczki.   On nie ma brązowych rękawiczek.

M. Drill for the possessive jego 'his.'

Tutor: To jest jego gazeta.

Student a: Mam jego gazetę.

Student b: Nie mam jego gazety.

---

1. To jest jego gazeta.
   a. Mam jego gazetę.
   b. Nie mam jego gazety.

2. To jest jego książka.
   a. Mam jego książkę.
   b. Nie mam jego książki.

3. To jest jego długopis.
   a. Mam jego długopis.
   b. Nie mam jego długopisu.

4. To jest jego ołówek.
   a. Mam jego ołówek.
   b. Nie mam jego ołówka.

5. To jest jego pióro.
   a. Mam jego pióro.
   b. Nie mam jego pióra.

6. To jest jego pudełko.   a. Mam jego pudełko.
                                      b. Nie mam jego pudełka.

7. To są jego zapałki.   a. Mam jego zapałki.
                                      b. Nie mam jego zapałek.

8. To są jego okulary.   a. Mam jego okulary.
                                      b. Nie mam jego okularów.

N.   Drill for the possessive <u>jej</u> 'her.'

> Tutor: To jest jej gazeta.
>
> Student a: Mam jej gazetę.
>
> Student b: Nie mam jej gazety.

1. To jest jej gazeta.   a. Mam jej gazetę.
                                      b. Nie mam jej gazety.

2. To jest jej książka.   a. Mam jej książkę.
                                      b. Nie mam jej książki.

3. To jest jej ołówek.   a. Mam jej ołówek.
                                      b. Nie mam jej ołówka.

4. To jest jej szalik.   a. Mam jej szalik.
                                      b. Nie mam jej szalika.

5. To jest jej pióro.   a. Mam jej pióro.
                                      b. Nie mam jej pióra.

6. To jest jej lekarstwo.   a. Mam jej lekarstwo.
                                      b. Nie mam jej lekarstwa.

7. To są jej okulary.   a. Mam jej okulary.
                                      b. Nie mam jej okularów.

8. To są jej nożyczki.   a. Mam jej nożyczki.
                                      b. Nie mam jej nożyczek.

O.   Drill for the possessive <u>swój</u> 'one's own.'

> Tutor: Pan ma swoją gazetę?
>
> Student: Pan nie ma swojej gazety?

1. Pan ma swoją gazetę?   Pan nie ma swojej gazety?

2. Pan ma swoją fajkę?   Pan nie ma swojej fajki?

3. Pan ma swój płaszcz?   Pan nie ma swojego płaszcza?

4. Pan ma swój szalik?   Pan nie ma swojego szalika?

5. Pan ma swoje lekarstwo?   Pan nie ma swojego lekarstwa?

6. Pan ma swoje ubranie?   Pan nie ma swojego ubrania?

7. Pan ma swoje papierosy?   Pan nie ma swoich papierosów?

8. Pan ma swoje rękawiczki?   Pan nie ma swoich rękawiczek?

P. Drill for the possessives jego 'his' and własny 'own.'

> Tutor: To jest gazeta pana Jana.
>
> Student a: To jest jego gazeta.
>
> Student b: To jest jego własna gazeta.

---

1. To jest gazeta pana Jana.   a. To jest jego gazeta.
   b. To jest jego własna gazeta.

2. To jest zapalniczka pana Piotra.   a. To jest jego zapalniczka.
   b. To jest jego własna zapalniczka.

3. To jest czapka pana Stanisława.   a. To jest jego czapka.
   b. To jest jego własna czapka.

4. To jest sweter pana Andrzeja.   a. To jest jego sweter.
   b. To jest jego własny sweter.

5. To jest szalik pana Jerzego.   a. To jest jego szalik.
   b. To jest jego własny szalik.

6. To jest płaszcz pana Ludwika.   a. To jest jego płaszcz.
   b. To jest jego własny płaszcz.

7. To jest futro pana Bolesława.   a. To jest jego futro.
   b. To jest jego własne futro.

8. To jest pudełko pana Michała.   a. To jest jego pudełko.
   b. To jest jego własne pudełko.

9. To jest pióro pana Józefa.   a. To jest jego pióro.
   b. To jest jego własne pióro.

10. To są pieniądze pana Tadeusza.   a. To są jego pieniądze.
    b. To są jego własne pieniądze.

11. To są okulary pana Kazimierza.   a. To są jego okulary.
    b. To są jego własne okulary.

12. To są rękawiczki pana Jacka.   a. To są jego rękawiczki.
    b. To są jego własne rękawiczki.

Q. Drill for the possessives jej 'her' and własny 'own.'

> Tutor: To jest gazeta pani Wandy.
>
> Student a: To jest jej gazeta.
>
> Student b: To jest jej własna gazeta.

1. To jest gazeta pani Wandy.   a. To jest jej gazeta.
                                       b. To jest jej własna gazeta.

2. To jest książka pani Aliny.   a. To jest jej książka.
                                       b. To jest jej własna książka.

3. To jest sukienka pani Ewy.   a. To jest jej sukienka.
                                       b. To jest jej własna sukienka.

4. To jest kapelusz pani Marii.   a. To jest jej kapelusz.
                                       b. To jest jej własny kapelusz.

5. To jest ołówek pani Ireny.   a. To jest jej ołówek.
                                       b. To jest jej własny ołówek.

6. To jest sweter pani Krystyny.   a. To jest jej sweter.
                                       b. To jest jej własny sweter.

7. To jest futro pani Jadwigi.   a. To jest jej futro.
                                       b. To jest jej własne futro.

8. To jest biurko pani Heleny.   a. To jest jej biurko.
                                       b. To jest jej własne biurko.

9. To jest zdjęcie pani Elżbiety.   a. To jest jej zdjęcie.
                                       b. To jest jej własne zdjęcie.

10. To są rękawiczki pani Janiny.   a. To są jej rękawiczki.
                                       b. To są jej własne rękawiczki.

11. To są sandały pani Małgorzaty.   a. To są jej sandały.
                                       b. To są jej własne sandały.

12. To są nożyczki pani Teresy.   a. To są jej nożyczki.
                                       b. To są jej własne nożyczki.

R.   Drill for <u>swój</u> 'one's own' replacing <u>mój</u> 'my.'

> Tutor: To jest moja czapka.
>
> Student: Mam swoją czapkę.

1. To jest moja czapka.   Mam swoją czapkę.

2. To jest moja marynarka.   Mam swoją marynarkę.

3. To jest mój sweter.   Mam swój sweter.

4. To jest mój kapelusz.   Mam swój kapelusz.

5. To jest moje ubranie.   Mam swoje ubranie.

6. To jest moje futro.   Mam swoje futro.

7. To są moje spodnie.   Mam swoje spodnie.

8. To są moje rękawiczki.   Mam swoje rękawiczki.

S.   Drill for <u>swój</u> 'one's own' replacing <u>pana</u> 'your (m).'

> Tutor: To jest pana książka.
> Student: Pan ma swoją książkę.

1. To jest pana książka.   Pan ma swoją książkę.

2. To jest pana gazeta.   Pan ma swoją gazetę.

3. To jest pana ołówek.   Pan ma swój ołówek.

4. To jest pana szalik.   Pan ma swój szalik.

5. To jest pana zdjęcie.   Pan ma swoje zdjęcie.

6. To jest pana ubranie.   Pan ma swoje ubranie.

7. To są pana rzeczy.   Pan ma swoje rzeczy.

8. To są pana pieniądze.   Pan ma swoje pieniądze.

T.   Drill for <u>swój</u> 'one's own' replacing <u>pani</u> 'your (f).'

> Tutor: To jest pani torebka.
> Student: Pani ma swoją torebkę.

1. To jest pani torebka.   Pani ma swoją torebkę.

2. To jest pani puderniczka.   Pani ma swoją puderniczkę.

3. To jest pani płaszcz.   Pani ma swój płaszcz.

4. To jest pani zegarek.   Pani ma swój zegarek.

5. To jest pani futro.   Pani ma swoje futro.

6. To jest pani lusterko.   Pani ma swoje lusterko.

7. To są pani nożyczki.   Pani ma swoje nożyczki.

8. To są pani rękawiczki.   Pani ma swoje rękawiczki.

U.   Drill for <u>swój</u> 'one's own' replacing <u>jego</u> 'his.'

> Tutor: To jest jego zapalniczka.
> Student: On ma swoją zapalniczkę.

1. To jest jego zapalniczka.   On ma swoją zapalniczkę.

2. To jest jego fajka.   On ma swoją fajkę.

3. To jest jego zeszyt.   On ma swój zeszyt.

4. To jest jego notes.   On ma swój notes.

5. To jest jego pudełko zapałek.   On ma swoje pudełko zapałek.

6. To jest jego lekarstwo na   On ma swoje lekarstwo na kaszel.
   kaszel.

7. To są jego papierosy.   On ma swoje papierosy.

8. To są jego zapałki.   On ma swoje zapałki.

V. Drill for swój 'one's own' replacing jej 'her.'

> Tutor: To jest jej popielniczka.
>
> Student: Ona ma swoją popielniczkę.

1. To jest jej popielniczka.   Ona ma swoją popielniczkę.

2. To jest jej portmonetka.   Ona ma swoją portmonetkę.

3. To jest jej zegarek.   Ona ma swój zegarek.

4. To jest jej stół.   Ona ma swój stół.

5. To jest jej biurko.   Ona ma swoje biurko.

6. To jest jej krzesło.   Ona ma swoje krzesło.

7. To są jej buty.   Ona ma swoje buty.

8. To są jej sandały.   Ona ma swoje sandały.

W. Drill for the possessives mój 'my' and swój 'one's own.'

> Tutor: On ma moją gazetę.
>
> Student: On nie ma swojej gazety.

1. On ma moją gazetę.   On nie ma swojej gazety.

2. On ma moją książkę.   On nie ma swojej książki.

3. On ma mój szalik.   On nie ma swojego szalika.

4. On ma mój krawat.   On nie ma swojego krawata.

5. On ma moje pióro.   On nie ma swojego pióra.

6. On ma moje lekarstwo.   On nie ma swojego lekarstwa.

7. On ma moje okulary.   On nie ma swoich okularów.

8. On ma moje nożyczki.   On nie ma swoich nożyczek.

X.   Drill for the possessives.

> Tutor: Mam jego książkę.
>
> Student: On ma moją książkę.

1. Mam jego książkę.   On ma moją książkę.

2. Mam jej zeszyt.   Ona ma mój zeszyt.

3. Pan ma jego pióro.   On ma pana pióro.

4. Pani ma jej pieniądze.   Ona ma pani pieniądze.

5. On ma moją czapkę.   Mam jego czapkę.

6. Ona ma mój szalik.   Mam jej szalik.

7. On ma pana lekarstwo.   Pan ma jego lekarstwo.

8. Ona ma pani okulary.   Pani ma jej okulary.

Y.   Drill for the possessives.

> Tutor: Czy ja na pewno mam swoją gazetę?
>
> Student: Nie, ja mam pana gazetę a pan ma moją.

1. Czy ja na pewno mam swoją   Nie, ja mam pana gazetę a pan ma
    gazetę?   moją.

2. Czy ja na pewno mam swoją   Nie, ja mam pani torebkę a pani ma
    torebkę?   moją.

3. Czy ja na pewno mam swój   Nie, ja mam pana zeszyt a pan ma
    zeszyt?   mój.

4. Czy ja na pewno mam swój   Nie, ja mam pani notes a pani ma mój.
    notes?

5. Czy ja na pewno mam swoje   Nie, ja mam pana pióro a pan ma moje.
    pióro?

6. Czy ja na pewno mam swoje   Nie, ja mam pani lusterko a pani ma
    lusterko?   moje.

7. Czy ja na pewno mam swoje   Nie, ja mam pana okulary a pan ma
    okulary?   moje.

8. Czy ja na pewno mam swoje   Nie, ja mam pani rękawiczki a pani
    rękawiczki?   ma moje.

Z.   Drill for the expressions <u>boli</u> 'it hurts' and <u>bolą</u> 'they hurt.'

> Tutor: oko; Adam
> Student: Adama boli oko.

1. oko; Adam	Adama boli oko.
2. brzuch; Roman	Romana boli brzuch.
3. ucho; Irena	Irenę boli ucho.
4. palec; Teresa	Teresę boli palec.
5. głowa; Jerzy	Jerzego boli głowa.
6. nos; Michał	Michała boli nos.
7. żołądek; Wanda	Wandę boli żołądek.
8. gardło; Krystyna	Krystynę boli gardło.
9. zęby; Andrzej	Andrzeja bolą zęby.
10. ręce; Ryszard	Ryszarda bolą ręce.
11. nogi; Marta	Martę bolą nogi.
12. oczy; Alina	Alinę bolą oczy.
13. uszy; pan Jan	Pana Jana bolą uszy.
14. ząb; ja	Ząb mnie boli.*

* Note the difference in word order.

ĆWICZENIA   DRILLS

A.   Drill for the pronouns kto 'who,' ja 'I,' my 'we,' on 'he,' oni 'they.'

> Tutor: Kto to zna?
>
> Student a: Ja to znam, ale on tego nie zna.
>
> Student b: My to znamy, ale oni tego nie znają.

1. Kto to zna?   a. Ja to znam, ale on tego nie zna.
                          b. My to znamy, ale oni tego nie znają.

2. Kto tak mówi?   a. Ja tak mówię, ale on tak nie mówi.
                          b. My tak mówimy, ale oni tak nie mówią.

3. Kto to ma?   a. Ja to mam, ale on tego nie ma.
                          b. My to mamy, ale oni tego nie mają.

4. Kto to rozumie?   a. Ja to rozumiem, ale on tego nie rozumie.
                          b. My to rozumiemy, ale oni tego nie
                             rozumieją.

5. Kto to wie?   a. Ja to wiem, ale on tego nie wie.
                          b. My to wiemy, ale oni tego nie wiedzą.

B.   Drill for the pronouns kto 'who,' nikt 'nobody.'

> Tutor: Kto tu ma czarny płaszcz?
>
> Student: Nikt tu nie ma czarnego płaszcza.

1. Kto tu ma czarny płaszcz?   Nikt tu nie ma czarnego płaszcza.

2. Kto tu ma brązowy sweter?   Nikt tu nie ma brązowego swetra.

3. Kto tu ma ciemną koszulę?   Nikt tu nie ma ciemnej koszuli.

4. Kto tu ma popielate ubranie?   Nikt tu nie ma popielatego ubrania.

5. Kto tu ma ciemnobrązowe   Nikt tu nie ma ciemnobrązowego futra.
   futro?

6. Kto tu ma zielone okulary?   Nikt tu nie ma zielonych okularów.

7. Kto tu ma pieniądze?   Nikt tu nie ma pieniędzy.

8. Kto tu ma czas?   Nikt tu nie ma czasu.

C. Drill for the pronoun <u>nikt</u> 'nobody' and the form <u>wszyscy</u> 'all.'

> Tutor: Nikt nie zna pana Zielińskiego.
>
> Student: Wszyscy znają pana Zielińskiego.

1. Nikt nie zna pana Zielińskiego.   Wszyscy znają pana Zielińskiego.
2. Nikt nie wie, co to jest.   Wszyscy wiedzą, co to jest.
3. Nikt tego nie rozumie.   Wszyscy to rozumieją.
4. Nikt tu nie pali.   Wszyscy tu palą.
5. Nikt nie ma czasu.   Wszyscy mają czas.
6. Nikt tak nie mówi.   Wszyscy tak mówią.

D. Drill for the 3d person pronoun.

> Tutor: Pan Jan już jest.
>
> Student: On już jest.

1. Pan Jan już jest.   On już jest.
2. Pan Jerzy już jest.   On już jest.
3. Pani Wanda już jest.   Ona już jest.
4. Pani Anna już jest.   Ona już jest.
5. Pan Jan i Pan Karol już są.   Oni już są.
6. Pan Ryszard i pan Adam już są.   Oni już są.
7. Pani Wanda i pani Maria już są.   One już są.
8. Pani Krystyna i pani Marta już   One już są.
    są.
9. Państwo Zielińscy już są.   Oni już są.
10. Państwo Morganowie już są.   Oni już są.

E. Drill for the accusative of pronouns.

> Tutor: Ja go znam.
>
> Student: On mnie zna.

1. Ja go znam.   On mnie zna.
2. Ja ją znam.   Ona mnie zna.

3. Ja ich znam.   Oni mnie znają.

4. Ja je znam.   One mnie znają.

5. My go rozumiemy.   On nas rozumie.

6. My ją rozumiemy.   Ona nas rozumie.

7. My ich rozumiemy.   Oni nas rozumieją.

8. My je rozumiemy.   One nas rozumieją.

F. Drill for the genitive of pronouns.

```
Tutor:    On mnie nie zna.
Student:  Ja go nie znam.
```

1. On mnie nie zna.   Ja go nie znam.

2. Ona mnie nie zna.   Ja jej nie znam.

3. Oni mnie nie znają.   Ja ich nie znam.

4. One mnie nie znają.   Ja ich nie znam.

5. On nas nie rozumie.   My go nie rozumiemy.

6. Ona nas nie rozumie.   My jej nie rozumiemy.

7. Oni nas nie rozumieją.   My ich nie rozumiemy.

8. One nas nie rozumieją.   My ich nie rozumiemy.

9. Nikt mnie nie rozumie.   Ja nikogo nie rozumiem.

G. Drill for the forms pan, pani, państwo followed by last names.

```
Tutor:      To jest pan Zieliński.
Student a:  To jest pani Zielińska.
Student b.  To są państwo Zielińscy.
```

1. To jest pan Zieliński.   a. To jest pani Zielińska.
                                     b. To są państwo Zielińscy.

2. To jest pan Morgan.   a. To jest pani Morgan.
                                     b. To są państwo Morganowie.

3. To jest pan Wilczek.   a. To jest pani Wilczek.
                                     b. To są państwo Wilczkowie.

4. To jest pan Brown.   a. To jest pani Brown.
                                     b. To są państwo Brownowie.

5. To jest pan Chełmicki.   a. To jest pani Chełmicka.
                                     b. To są państwo Chełmiccy.

6. To jest pan Kasprzycki.   a. To jest pani Kasprzycka.
                                    b. To są państwo Kasprzyccy.

7. To jest pan Leśkiewicz.   a. To jest pani Leśkiewicz.
                                    b. To są państwo Leśkiewiczowie.

8. To jest pan Kowalik.   a. To jest pani Kowalik.
                                    b. To są państwo Kowalikowie.

9. To jest pan Miller.   a. To jest pani Miller.
                                    b. To są państwo Millerowie.

10. To jest pan Paprocki.   a. To jest pani Paprocka.
                                    b. To są państwo Paproccy.

11. To jest pan Jaworski.   a. To jest pani Jaworska.
                                    b. To są państwo Jaworscy.

12. To jest pan Malinowski.   a. To jest pani Malinowska.
                                    b. To są państwo Malinowscy.

13. To jest pan Różycki.   a. To jest pani Różycka.
                                    b. To są państwo Różyccy.

14. To jest pan Pawłowicz.   a. To jest pani Pawłowiczowa.
                                    b. To są państwo Pawłowiczowie.

H.   Drill for the genitive of pan, pani, państwo followed by last names.

Tutor:	Czy tu jest pan Paprocki?
Student a:	Tu nie ma pana Paprockiego.
Student b:	Tu nie ma pani Paprockiej.
Student c:	Tu nie ma państwa Paprockich.

1. Czy tu jest pan Paprocki?   a. Tu nie ma pana Paprockiego.
                                    b. Tu nie ma pani Paprockiej.
                                    c. Tu nie ma państwa Paprockich.

2. Czy tu jest pan Jaworski?   a. Tu nie ma pana Jaworskiego.
                                    b. Tu nie ma pani Jaworskiej.
                                    c. Tu nie ma państwa Jaworskich.

3. Czy tu jest pan Malinowski?   a. Tu nie ma pana Malinowskiego.
                                    b. Tu nie ma pani Malinowskiej.
                                    c. Tu nie ma państwa Malinowskich.

4. Czy tu jest pan Różycki?   a. Tu nie ma pana Różyckiego.
                                    b. Tu nie ma pani Różyckiej.
                                    c. Tu nie ma państwa Różyckich.

5. Czy tu jest pan Kowalski?   a. Tu nie ma pana Kowalskiego.
                                    b. Tu nie ma pani Kowalskiej.
                                    c. Tu nie ma państwa Kowalskich.

6. Czy tu jest pan Janowski?

    a. Tu nie ma pana Janowskiego.
    b. Tu nie ma pani Janowskiej.
    c. Tu nie ma państwa Janowskich.

7. Czy tu jest pan Kowalik?

    a. Tu nie ma pana Kowalika.
    b. Tu nie ma pani Kowalik.
    c. Tu nie ma państwa Kowalików.

8. Czy tu jest pan Pawłowicz?

    a. Tu nie ma pana Pawłowicza.
    b. Tu nie ma pani Pawłowicz.
    c. Tu nie ma państwa Pawłowiczów.

9. Czy tu jest pan Musiał?

    a. Tu nie ma pana Musiała.
    b. Tu nie ma pani Musiał.
    c. Tu nie ma państwa Musiałów.

10. Czy tu jest pan Horn?

    a. Tu nie ma pana Horna.
    b. Tu nie ma pani Horn.
    c. Tu nie ma państwa Hornów.

I.   Drill for the accusative of <u>pan</u>, <u>pani</u>, <u>państwo</u> followed by last names.

> Tutor: Pan Zieliński zna pana Kowalika.
>
> Student: Pan Kowalik zna pana Zielińskiego.

1. Pan Zieliński zna pana Kowalika.   Pan Kowalik zna pana Zielińskiego.

2. Państwo Zielińscy znają państwa Kowalików.   Państwo Kowalikowie znają państwa Zielińskich.

3. Pan Paprocki zna pana Morgana.   Pan Morgan zna pana Paprockiego.

4. Pani Paprocka zna panią Morgan.   Pani Morgan zna panią Paprocką.

5. Państwo Paproccy znają państwa Morganów.   Państwo Morganowie znają państwa Paprockich.

6. Pani Zielińska zna panią Kowalik.   Pani Kowalik zna panią Zielińską.

7. Pan Pawłowicz zna państwa Wilczków.   Państwo Wilczkowie znają pana Pawłowicza.

8. Pani Zagórska zna pana Pomorskiego.   Pan Pomorski zna panią Zagórską.

J.   Drill for <u>panowie</u> in the plural form of address.

> Tutor: Jak się pan ma?
>
> Student a: Jak się panowie mają?
>
> Student b: Jak się panowie macie?

1. Jak się pan ma?   a. Jak się panowie mają?
                                      b. Jak się panowie macie?

2. Czy pan mnie rozumie?   a. Czy panowie mnie rozumieją?
                                      b. Czy panowie mnie rozumiecie?

3. Czy pan pali?   a. Czy panowie palą?
                                      b. Czy panowie palicie?

4. Czy pan go zna?   a. Czy panowie go znają?
                                      b. Czy panowie go znacie?

5. Czy pan to wie?   a. Czy panowie to wiedzą?
                                      b. Czy panowie to wiecie?

6. Czy pan mówi po polsku?   a. Czy panowie mówią po polsku?
                                      b. Czy panowie mówicie po polsku?

K.   Drill for <u>panie</u> in the plural form of address.

Tutor: Jak się pani ma?

Student: Jak się panie mają?

---

1. Jak się pani ma?   Jak się panie mają?

2. Czy pani to rozumie?   Czy panie to rozumieją?

3. Co pani pali?   Co panie palą?

4. Kogo pani tu zna?   Kogo panie tu znają?

5. Czy pani wie, kto to jest?   Czy panie wiedzą, kto to jest?

6. Co pani mówi?   Co panie mówią?

L.   Drill for <u>państwo</u> in the plural form of address.

Tutor: Co pan tu ma?

Student a: Co państwo tu mają?

Student b: Co państwo tu macie?

---

1. Co pan tu ma?   a. Co państwo tu mają?
                                      b. Co państwo tu macie?

2. Czy pan wszystko rozumie?   a. Czy państwo wszystko rozumieją?
                                      b. Czy państwo wszystko rozumiecie?

3. Pan dużo pali?   a. Państwo dużo palą?
                                      b. Państwo dużo palicie?

4. Kogo pan tu nie zna?   a. Kogo państwo tu nie znają?
                                      b. Kogo państwo tu nie znacie?

5. Czy pan wie, co to jest?   a. Czy państwo wiedzą, co to jest?
                                   b. Czy państwo wiecie, co to jest?

6. Czy pan tak mówi?   a. Czy państwo tak mówią?
                                   b. Czy państwo tak mówicie?

M. Drill for the accusative and genitive.

```
Tutor:      ten pan
Student a: Znam tego pana.
Student b: Nie znam tego pana.
```

1. ten pan   a. Znam tego pana.
                                   b. Nie znam tego pana.

2. ta pani   a. Znam tę panią.
                                   b. Nie znam tej pani.

3. ci panowie   a. Znam tych panów.
                                   b. Nie znam tych panów.

4. te panie   a. Znam te panie.
                                   b. Nie znam tych pań.

5. ci państwo   a. Znam tych państwa.
                                   b. Nie znam tych państwa.

6. wszyscy panowie   a. Znam wszystkich panów.
                                   b. Nie znam wszystkich panów.

7. wszystkie panie   a. Znam wszystkie panie.
                                   b. Nie znam wszystkich pań.

8. wszyscy państwo   a. Znam wszystkich państwa.
                                   b. Nie znam wszystkich państwa.

N. Drill for adverbs.

```
Tutor:    dobrze
Student: On dobrze mówi po polsku.
```

1. dobrze   On dobrze mówi po polsku.

2. źle   On źle mówi po polsku.

3. dużo   On dużo mówi po polsku.

4. mało   On mało mówi po polsku.

5. trochę   On trochę mówi po polsku.

6. tylko   On tylko mówi po polsku.

7. doskonale   On doskonale mówi po polsku.

8. świetnie   On świetnie mówi po polsku.

9. na pewno   On na pewno mówi po polsku.

10. teraz   On teraz mówi po polsku.

O.   Drill for adverbs.

> Tutor :   zupełnie.
>
> Student : Oni go zupełnie nie znają.

1. zupełnie   Oni go zupełnie nie znają.

2. wcale   Oni go wcale nie znają.

3. prawie   Oni go prawie nie znają.

4. osobiście   Oni go osobiście nie znają.

5. na pewno   Oni go na pewno nie znają.

6. jeszcze   Oni go jeszcze nie znają.

7. niestety   Oni go, niestety, nie znają.

8. oczywiście   Oni go, oczywiście, nie znają.

9. dobrze   Oni go dobrze nie znają.

10. dawno   Oni go dawno znają.*

* Notice the lack of negation.

ĆWICZENIA

DRILLS

A. Drill for the nominative plural -y of feminine nouns.

> Tutor: To jest koperta.
> Student: To są koperty.

1. To jest koperta.   To są koperty.

2. To jest gazeta.   To są gazety.

3. To jest mapa.   To są mapy.

4. To jest ściana.   To są ściany.

5. To jest lampa.   To są lampy.

B. Drill for the nominative plural -i of feminine nouns.

> Tutor: To jest książka.
> Student: To są książki.

1. To jest książka.   To są książki.

2. To jest teczka.   To są teczki.

3. To jest widokówka.   To są widokówki.

4. To jest spódniczka.   To są spódniczki.

5. To jest bluzka.   To są bluzki.

6. To jest fajka.   To są fajki.

7. To jest torebka.   To są torebki.

8. To jest zapalniczka.   To są zapalniczki.

9. To jest popielniczka.   To są popielniczki.

10. To jest puderniczka.   To są puderniczki.

11. To jest czapka.   To są czapki.

12. To jest marynarka.   To są marynarki.

13. To jest nauczycielka.   To są nauczycielki.

14. To jest powieść.   To są powieści.

15. To jest odpowiedź.   To są odpowiedzi.

C.   Drill for the nominative plural -e of feminine nouns.

> Tutor: To jest pomarańcza.
> Student: To są pomarańcze.

1. To jest pomarańcza.   To są pomarańcze.

2. To jest uczennica.   To są uczennice.

3. To jest koszula.   To są koszule.

4. To jest tablica.   To są tablice.

5. To jest legitymacja.   To są legitymacje.

6. To jest fotografia.   To są fotografie.

7. To jest ręka.   To są ręce.

D.   Drill for the nominative plural -y of masculine nonvirile nouns.

> Tutor: Czy to jest krawat?
> Student: Czy to są krawaty?

1. Czy to jest krawat?   Czy to są krawaty?

2. Czy to jest stół?   Czy to są stoły?

3. Czy to jest list?   Czy to są listy?

4. Czy to jest notes?   Czy to są notesy?

5. Czy to jest zeszyt?   Czy to są zeszyty?

6. Czy to jest długopis?   Czy to są długopisy?

7. Czy to jest sweter?   Czy to są swetry?

8. Czy to jest papieros?   Czy to są papierosy?

9. Czy to jest kot?   Czy to są koty?

10. Czy to jest pies?   Czy to są psy?

11. Czy to jest seter?   Czy to są setery?

E.   Drill for the nominative plural -i of masculine nonvirile nouns.

> Tutor: Czy to jest szalik?
> Student: Czy to są szaliki?

1. Czy to jest szalik?   Czy to są szaliki?

2. Czy to jest podręcznik?   Czy to są podręczniki?

3. Czy to jest znaczek?   Czy to są znaczki?

4. Czy to jest ołówek?   Czy to są ołówki?

5. Czy to jest zegarek?   Czy to są zegarki?

6. Czy to jest słownik?   Czy to są słowniki?

7. Czy to jest buldog?   Czy to są buldogi?

F. Drill for the nominative plural -e of masculine nouns.

> Tutor: Czy to jest fotel?
>
> Student: Czy to są fotele?

1. Czy to jest fotel?   Czy to są fotele?

2. Czy to jest klucz?   Czy to są klucze?

3. Czy to jest kalendarz?   Czy to są kalendarze?

4. Czy to jest płaszcz?   Czy to są płaszcze?

5. Czy to jest kapelusz?   Czy to są kapelusze?

6. Czy to jest kosz?   Czy to są kosze?

7. Czy to jest nauczyciel?   Czy to są nauczyciele?

8. Czy to jest pudel?   Czy to są pudle?

9. Czy to jest kundel?   Czy to są kundle?

G. Drill for the nominative plural of neuter nouns.

> Tutor: Czy to jest krzesło?
>
> Student: Czy to są krzesła?

1. Czy to jest krzesło?   Czy to są krzesła?

2. Czy to jest okno?   Czy to są okna?

3. Czy to jest jabłko?   Czy to są jabłka?

4. Czy to jest futro?   Czy to są futra?

5. Czy to jest zdjęcie?   Czy to są zdjęcia?

6. Czy to jest lekarstwo?   Czy to są lekarstwa?

7. Czy to jest ubranie?   Czy to są ubrania?

8. Czy to jest drzewo?   Czy to są drzewa?

9. Czy to jest pióro?   Czy to są pióra?

10. Czy to jest cygaro?   Czy to są cygara?

11. Czy to jest biurko?   Czy to są biurka?

12. Czy to jest czasopismo?   Czy to są czasopisma?

H.   Drill for the nominative plural of virile nouns.

> Tutor: Czy pan ma wolny czas?
>
> Student: Czy panowie mają wolny czas?

1. Czy pan ma wolny czas?   Czy panowie mają wolny czas?

2. Czy tu jest profesor?   Czy tu są profesorowie?

3. Co to za uczeń?   Co to za uczniowie?

4. Czy tu jest pan Wilczek?   Czy tu są państwo Wilczkowie?

5. Czy tu jest pan Morgan?   Czy tu są państwo Morganowie?

6. Czy tu jest pan Leśkiewicz? Czy tu są państwo Leśkiewiczowie?

7. Czy tu jest pan Nelson?   Czy tu są państwo Nelsonowie?

8. Co to za student?   Co to za studenci?

I.   Drill for the nominative plural of nouns denoting persons.

> Tutor: To jest student.
>
> Student: To są studenci.

1. To jest student.   To są studenci.

2. To jest profesor.   To są profesorowie.

3. To jest uczeń.   To są uczniowie.

4. To jest nauczyciel.   To są nauczyciele.

5. To jest studentka.   To są studentki.

6. To jest nauczycielka.   To są nauczycielki.

7. To jest uczennica.   To są uczennice.

J.   Drill for the nominative plural of nonvirile nouns modified by the demonstrative adjective ten.

> Tutor: Gdzie jest ta koperta?
>
> Student: Gdzie są te koperty?

1. Gdzie jest ta koperta?	Gdzie są te koperty?
2. Gdzie jest ta rękawiczka?	Gdzie są te rękawiczki?
3. Gdzie jest ta koszula?	Gdzie są te koszule?
4. Gdzie jest ta pani?	Gdzie są te panie?
5. Gdzie jest ta powieść?	Gdzie są te powieści?
6. Gdzie jest ten krawat?	Gdzie są te krawaty?
7. Gdzie jest ten szalik?	Gdzie są te szaliki?
8. Gdzie jest ten kapelusz?	Gdzie są te kapelusze?
9. Gdzie jest ten kot?	Gdzie są te koty?
10. Gdzie jest ten pudel?	Gdzie są te pudle?
11. Gdzie jest to krzesło?	Gdzie są te krzesła?
12. Gdzie jest to jabłko?	Gdzie są te jabłka?
13. Gdzie jest to zdjęcie?	Gdzie są te zdjęcia?
14. Gdzie jest to ubranie?	Gdzie są te ubrania?
15. Gdzie jest to czasopismo?	Gdzie są te czasopisma?

K. Drill for the nominative plural of virile nouns modified by the demonstrative adjective ten.

```
Tutor:    Gdzie jest ten pan?
Student:  Gdzie są ci panowie?
```

1. Gdzie jest ten pan?	Gdzie są ci panowie?
2. Gdzie jest ten profesor?	Gdzie są ci profesorowie?
3. Gdzie jest ten uczeń?	Gdzie są ci uczniowie?
4. Gdzie jest ten student?	Gdzie są ci studenci?
5. Gdzie jest ten nauczyciel?	Gdzie są ci nauczyciele?

L. Drill for the accusative and genitive singular of feminine nouns.

```
Tutor:      To jest koperta.
Student a:  Czy on ma kopertę?
Student b:  On nie ma koperty.
```

1. To jest koperta.   a. Czy on ma kopertę?
                                   b. On nie ma koperty.

2. To jest gazeta.   a. Czy on ma gazetę?
                                     b. On nie ma gazety.

3. To jest mapa.   a. Czy on ma mapę?
                                     b. On nie ma mapy.

4. To jest lampa.   a. Czy on ma lampę?
                                     b. On nie ma lampy.

5. To jest książka.   a. Czy on ma książkę?
                                     b. On nie ma książki.

6. To jest teczka.   a. Czy on ma teczkę?
                                     b. On nie ma teczki.

7. To jest fajka.   a. Czy on ma fajkę?
                                     b. On nie ma fajki?

8. To jest zapalniczka.   a. Czy on ma zapalniczkę?
                                     b. On nie ma zapalniczki.

9. To jest legitymacja.   a. Czy on ma legitymację?
                                     b. On nie ma legitymacji.

10. To jest powieść.   a. Czy on ma powieść?
                                     b. On nie ma powieści.

M. Drill for the accusative and genitive singular in -u of inanimate masculine
    nouns.

> Tutor: To jest stół.
>
> Student a: Czy on ma stół?
>
> Student b: On nie ma stołu.

1. To jest stół.   a. Czy on ma stół?
                                     b. On nie ma stołu.

2. To jest list.   a. Czy on ma list?
                                     b. On nie ma listu.

3. To jest zeszyt.   a. Czy on ma zeszyt?
                                     b. On nie ma zeszytu.

4. To jest długopis.   a. Czy on ma długopis?
                                     b. On nie ma długopisu.

5. To jest papier.   a. Czy on ma papier?
                                     b. On nie ma papieru.

6. To jest tekst.   a. Czy on ma tekst?
                                     b. On nie ma tekstu.

7. To jest tytoń.   a. Czy on ma tytoń?
                                     b. On nie ma tytoniu.

N. Drill for the accusative and genitive singular in -a of inanimate masculine
    and neuter nouns.

> Tutor: To jest szalik.
>
> Student a: Czy on ma szalik?
>
> Student b: On nie ma szalika.

1. To jest szalik.   a. Czy on ma szalik?
                                       b. On nie ma szalika.

2. To jest podręcznik.   a. Czy on ma podręcznik?
                                       b. On nie ma podręcznika.

3. To jest ołówek.   a. Czy on ma ołówek?
                                       b. On nie ma ołówka.

4. To jest zegarek.   a. Czy on ma zegarek?
                                       b. On nie ma zegarka.

5. To jest płaszcz.   a. Czy on ma płaszcz?
                                       b. On nie ma płaszcza.

6. To jest kapelusz.   a. Czy on ma kapelusz?
                                       b. On nie ma kapelusza.

7. To jest słownik.   a. Czy on ma słownik?
                                       b. On nie ma słownika.

8. To jest lekarstwo.   a. Czy on ma lekarstwo?
                                       b. On nie ma lekarstwa.

9. To jest czasopismo.   a. Czy on ma czasopismo?
                                       b. On nie ma czasopisma.

10. To jest ubranie.   a. Czy on ma ubranie?
                                       b. On nie ma ubrania.

O. Drill for the accusative and genitive singular of animal and virile nouns.

> Tutor: To jest nauczyciel.
>
> Student a: Czy on ma nauczyciela?
>
> Student b: On nie ma nauczyciela.

1. To jest nauczyciel.   a. Czy on ma nauczyciela?
                                       b. On nie ma nauczyciela.

2. To jest profesor.   a. Czy on ma profesora?
                                       b. On nie ma profesora.

3. To jest kot.   a. Czy on ma kota?
                                       b. On nie ma kota.

4. To jest pies.   a. Czy on ma psa?
                                    b. On nie ma psa.

5. To jest seter.   a. Czy on ma setera?
                                    b. On nie ma setera.

6. To jest buldog.   a. Czy on ma buldoga?
                                    b. On nie ma buldoga.

7. To jest pudel.   a. Czy on ma pudla?
                                    b. On nie ma pudla.

8. To jest kundel.   a. Czy on ma kundla?
                                    b. On nie ma kundla.

P. Drill for the accusative and genitive plural in -$\emptyset$ of feminine and neuter
    nouns.

> Tutor: To jest koperta.
>
> Student a: Czy państwo tu widzą koperty?
>
> Student b: Nie widzimy tu kopert.

1. To jest koperta.   a. Czy państwo tu widzą koperty?
                                    b. Nie widzimy tu kopert.

2. To jest gazeta.   a. Czy państwo tu widzą gazety?
                                    b. Nie widzimy tu gazet.

3. To jest mapa.   a. Czy państwo tu widzą mapy?
                                    b. Nie widzimy tu map.

4. To jest lampa.   a. Czy państwo tu widzą lampy?
                                    b. Nie widzimy tu lamp.

5. To jest widokówka.   a. Czy państwo tu widzą widokówki?
                                    b. Nie widzimy tu widokówek.

6. To jest sukienka.   a. Czy państwo tu widzą sukienki?
                                    b. Nie widzimy tu sukienek.

7. To jest portmonetka.   a. Czy państwo tu widzą portmonetki?
                                    b. Nie widzimy tu portmonetek.

8. To jest czapka.   a. Czy państwo tu widzą czapki?
                                    b. Nie widzimy tu czapek.

9. To jest koszula.   a. Czy państwo tu widzą koszule?
                                    b. Nie widzimy tu koszul.

10. To jest tablica.   a. Czy państwo tu widzą tablice?
                                    b. Nie widzimy tu tablic.

11. To jest cygaro.   a. Czy państwo tu widzą cygara?
                                    b. Nie widzimy tu cygar.

12. To jest pudełko.   a. Czy państwo tu widzą pudełka?
                                    b. Nie widzimy tu pudełek.

13. To jest czasopismo.

    a. Czy państwo tu widzą czasopisma?
    b. Nie widzimy tu czasopism.

14. To jest lekarstwo.

    a. Czy państwo tu widzą lekarstwa?
    b. Nie widzimy tu lekarstw.

15. To jest ubranie.

    a. Czy państwo tu widzą ubrania?
    b. Nie widzimy tu ubrań.

Q.   Drill for the accusative and genitive plural in -ów of masculine nouns.

> Tutor: To jest krawat.
>
> Student a: Czy pan tu widzi krawaty?
>
> Student b: Nie widzę tu krawatów.

1. To jest krawat.

    a. Czy pan tu widzi krawaty?
    b. Nie widzę tu krawatów.

2. To jest zeszyt.

    a. Czy pan tu widzi zeszyty?
    b. Nie widzę tu zeszytów.

3. To jest but.

    a. Czy pan tu widzi buty?
    b. Nie widzę tu butów.

4. To jest sweter.

    a. Czy pan tu widzi swetry?
    b. Nie widzę tu swetrów.

5. To jest słownik.

    a. Czy pan tu widzi słowniki?
    b. Nie widzę tu słowników.

6. To jest list.

    a. Czy pan tu widzi listy?
    b. Nie widzę tu listów.

7. To jest znaczek.

    a. Czy pan tu widzi znaczki?
    b. Nie widzę tu znaczków.

8. To jest stół.

    a. Czy pan tu widzi stoły?
    b. Nie widzę tu stołów.

9. To jest profesor.

    a. Czy pan tu widzi profesorów?
    b. Nie widzę tu profesorów.

10. To jest uczeń.

    a. Czy pan tu widzi uczniów?
    b. Nie widzę tu uczniów.

11. To jest Wilczek.

    a. Czy pan tu widzi Wilczków?
    b. Nie widzę tu Wilczków.

12. To jest Morgan.

    a. Czy pan tu widzi Morganów?
    b. Nie widzę tu Morganów.

13. To jest student.

    a. Czy pan tu widzi studentów?
    b. Nie widzę tu studentów.

14. To jest pies.

    a. Czy pan tu widzi psy?
    b. Nie widzę tu psów.

R.   Drill for the accusative and genitive plural in -y/-i of masculine and
     feminine nouns.

```
Tutor:       To jest klucz.
Student a:   Czy pan tu widzi klucze?
Student b:   Nie widzę tu kluczy.
```

1. To jest klucz.   a. Czy pan tu widzi klucze?
                                        b. Nie widzę tu kluczy.

2. To jest kalendarz.   a. Czy pan tu widzi kalendarze?
                                        b. Nie widzę tu kalendarzy.

3. To jest kapelusz.   a. Czy pan tu widzi kapelusze?
                                        b. Nie widzę tu kapeluszy.

4. To jest płaszcz.   a. Czy pan tu widzi płaszcze?
                                        b. Nie widzę tu płaszczy.

5. To jest fotel.   a. Czy pan tu widzi fotele?
                                        b. Nie widzę tu foteli.

6. To jest nauczyciel.   a. Czy pan tu widzi nauczycieli?
                                        b. Nie widzę tu nauczycieli.

7. To jest pomarańcza.   a. Czy pan tu widzi pomarańcze?
                                        b. Nie widzę tu pomarańczy.

8. To jest legitymacja.   a. Czy pan tu widzi legitymacje?
                                        b. Nie widzę tu legitymacji.

9. To jest fotografia.   a. Czy pan tu widzi fotografie?
                                        b. Nie widzę tu fotografii.

10. To jest powieść.   a. Czy pan tu widzi powieści?
                                        b. Nie widzę tu powieści.

S.   Drill for the accusative and genitive plural of nouns modified by the demon-
     strative adjective ten.

```
Tutor:       Znam tego studenta.
Student a:   Znam tych studentów.
Student b:   Nie znam tych studentów.
```

1. Znam tego studenta.   a. Znam tych studentów.
                                        b. Nie znam tych studentów.

2. Znam tego pana.   a. Znam tych panów.
                                        b. Nie znam tych panów.

3. Znam tego profesora.   a. Znam tych profesorów.
                                  b. Nie znam tych profesorów.

4. Znam tego ucznia.   a. Znam tych uczniów.
                                  b. Nie znam tych uczniów.

5. Znam tego nauczyciela.   a. Znam tych nauczycieli.
                                  b. Nie znam tych nauczycieli.

6. Znam tę studentkę.   a. Znam te studentki.
                                  b. Nie znam tych studentek.

7. Znam tę uczennicę.   a. Znam te uczennice.
                                  b. Nie znam tych uczennic.

8. Znam tę nauczycielkę.   a. Znam te nauczycielki.
                                  b. Nie znam tych nauczycielek.

9. Znam tę panią.   a. Znam te panie.
                                  b. Nie znam tych pań.

10. Znam tę powieść.   a. Znam te powieści.
                                  b. Nie znam tych powieści.

11. Znam ten podręcznik.   a. Znam te podręczniki.
                                  b. Nie znam tych podręczników.

12. Znam ten słownik.   a. Znam te słowniki.
                                  b. Nie znam tych słowników.

13. Znam to czasopismo.   a. Znam te czasopisma.
                                  b. Nie znam tych czasopism.

14. Znam to lekarstwo.   a. Znam te lekarstwa.
                                  b. Nie znam tych lekarstw.

15. Znam tego kota.   a. Znam te koty.
                                  b. Nie znam tych kotów.

16. Znam tego psa.   a. Znam te psy.
                                  b. Nie znam tych psów.

T. Drill for the nominative and genitive plural of nouns modified by adjectives.

Tutor: Tu nie ma polskiej gazety.

Student a: Tu są polskie gazety.

Student b: Tu nie ma polskich gazet.

---

1. Tu nie ma polskiej gazety.   a. Tu są polskie gazety.
                                  b. Tu nie ma polskich gazet.

2. Tu nie ma białej koperty.   a. Tu są białe koperty.
                                  b. Tu nie ma białych kopert.

3. Tu nie ma pańskiej książki.   a. Tu są pańskie książki.
                                  b. Tu nie ma pańskich książek.

4. Tu nie ma mojej legitymacji.   a. Tu są moje legitymacje.
                                   b. Tu nie ma moich legitymacji.

5. Tu nie ma tej powieści.   a. Tu są te powieści.
                                   b. Tu nie ma tych powieści.

6. Tu nie ma zielonego notesu.   a. Tu są zielone notesy.
                                   b. Tu nie ma zielonych notesów.

7. Tu nie ma niebieskiego znaczka. a. Tu są niebieskie znaczki.
                                   b. Tu nie ma niebieskich znaczków.

8. Tu nie ma brązowego kapelusza. a. Tu są brązowe kapelusze.
                                   b. Tu nie ma brązowych kapeluszy.

9. Tu nie ma czerwonego fotela.   a. Tu są czerwone fotele.
                                   b. Tu nie ma czerwonych foteli.

10. Tu nie ma polsko-angielskiego a. Tu są polsko-angielskie słowniki.
    słownika.   b. Tu nie ma polsko-angielskich
                                      słowników.

11. Tu nie ma popielatego ubrania. a. Tu są popielate ubrania.
                                   b. Tu nie ma popielatych ubrań.

12. Tu nie ma czarnego pióra.   a. Tu są czarne pióra.
                                   b. Tu nie ma czarnych piór.

U. Drill for the nominative plural of adjectives and nouns denoting persons.

Tutor:	student
Student a:	Ci studenci tu są.
Student b:	Oni wszyscy tu są.

1. student   a. Ci studenci tu są.
                      b. Oni wszyscy tu są.

2. studentka   a. Te studentki tu są.
                      b. One wszystkie tu są.

3. uczeń   a. Ci uczniowie tu są.
                      b. Oni wszyscy tu są.

4. uczennica   a. Te uczennice tu są.
                      b. One wszystkie tu są.

5. nauczyciel   a. Ci nauczyciele tu są.
                      b. Oni wszyscy tu są.

6. nauczycielka   a. Te nauczycielki tu są.
                      b. One wszystkie tu są.

7. pan   a. Ci panowie tu są.
                      b. Oni wszyscy tu są.

8. pani   a. Te panie tu są.
                      b. One wszystkie tu są.

V.   Drill for the expression <u>Co to za</u> . . . ? and the indefinite adjective <u>jakiś</u>.

> Tutor: Co to za książka?
>
> Student: To jest jakaś książka.

1. Co to za książka?   To jest jakaś książka.

2. Co to za widokówka?   To jest jakaś widokówka.

3. Co to za list?   To jest jakiś list.

4. Co to za znaczek?   To jest jakiś znaczek.

5. Co to za drzewo?   To jest jakieś drzewo.

6. Co to za klucz?   To jest jakiś klucz.

7. Co to za fotografie?   To są jakieś fotografie.

8. Co to za kalendarze?   To są jakieś kalendarze.

W.   Drill for negated expressions with <u>żaden</u> 'none whatsoever.'

> Tutor: Czy tu jest jakaś popielniczka?
>
> Student a: Tu nie ma żadnej popielniczki.
>
> Student b: Nie widzę tu żadnej popielniczki.

1. Czy tu jest jakaś popielniczka?   a. Tu nie ma żadnej popielniczki.
                                        b. Nie widzę tu żadnej popielniczki.

2. Czy tu jest jakaś zapalniczka?   a. Tu nie ma żadnej zapalniczki.
                                        b. Nie widzę tu żadnej zapalniczki.

3. Czy tu jest jakiś papier?   a. Tu nie ma żadnego papieru.
                                        b. Nie widzę tu żadnego papieru.

4. Czy tu jest jakiś notes?   a. Tu nie ma żadnego notesu.
                                        b. Nie widzę tu żadnego notesu.

5. Czy tu jest jakieś pudełko?   a. Tu nie ma żadnego pudełka.
                                        b. Nie widzę tu żadnego pudełka.

6. Czy tu jest jakieś lekarstwo?   a. Tu nie ma żadnego lekarstwa.
                                        b. Nie widzę tu żadnego lekarstwa.

7. Czy tu są jakieś papierosy?   a. Tu nie ma żadnych papierosów.
                                        b. Nie widzę tu żadnych papierosów.

8. Czy tu są jakieś zapałki?   a. Tu nie ma żadnych zapałek.
                                        b. Nie widzę tu żadnych zapałek.

X. Drill for the accusative and genitive of nouns modified by jakiś or żaden
    and an adjective.

> Tutor: polska gazeta
>
> Student a: Czy ma pan jakąś polską gazetę?
>
> Student b: Nie mam żadnej polskiej gazety.

1. polska gazeta   a. Czy ma pan jakąś polską gazetę?
                            b. Nie mam żadnej polskiej gazety.

2. polskie gazety   a. Czy ma pan jakieś polskie gazety?
                            b. Nie mam żadnych polskich gazet.

3. polski podręcznik   a. Czy ma pan jakiś polski podręcznik?
                            b. Nie mam żadnego polskiego podręcznika.

4. polskie podręczniki   a. Czy ma pan jakieś polskie podręczniki?
                            b. Nie mam żadnych polskich podręczników.

5. polskie czasopismo   a. Czy ma pan jakieś polskie czasopismo?
                            b. Nie mam żadnego polskiego czasopisma.

6. polskie czasopisma   a. Czy ma pan jakieś polskie czasopisma?
                            b. Nie mam żadnych polskich czasopism.

7. polski nauczyciel   a. Czy ma pan jakiegoś polskiego nauczyciela.
                            b. Nie mam żadnego polskiego nauczyciela.

8. polscy nauczyciele   a. Czy ma pan jakichś polskich nauczycieli?
                            b. Nie mam żadnych polskich nauczycieli.

9. polski student   a. Czy ma pan jakiegoś polskiego studenta?
                            b. Nie mam żadnego polskiego studenta.

10. polscy studenci   a. Czy ma pan jakichś polskich studentów?
                            b. Nie mam żadnych polskich studentów.

11. polska studentka   a. Czy ma pan jakąś polską studentkę?
                            b. Nie mam żadnej polskiej studentki.

12. polskie studentki   a. Czy ma pan jakieś polskie studentki?
                            b. Nie mam żadnych polskich studentek.

Y. Drill for należy, -ą 'belong(s).'

> Tutor: Czyja to książka?
>
> Student a: Do kogo należy ta książka?
>
> Student b: Ta książka należy do mnie.

1. Czyja to książka?   a. Do kogo należy ta książka?
                            b. Ta książka należy do mnie.

2. Czyja to czapka?   a. Do kogo należy ta czapka?
                                     b. Ta czapka należy do mnie.

3. Czyja to zapalniczka?   a. Do kogo należy ta zapalniczka?
                                     b. Ta zapalniczka należy do mnie.

4. Czyj to ołówek?   a. Do kogo należy ten ołówek?
                                     b. Ten ołówek należy do mnie.

5. Czyj to zegarek?   a. Do kogo należy ten zegarek?
                                     b. Ten zegarek należy do mnie.

6. Czyj to słownik?   a. Do kogo należy ten słownik?
                                     b. Ten słownik należy do mnie.

7. Czyje to pióro?   a. Do kogo należy to pióro?
                                     b. To pióro należy do mnie.

8. Czyje to pudełko?   a. Do kogo należy to pudełko?
                                     b. To pudełko należy do mnie.

9. Czyje to lekarstwo?   a. Do kogo należy to lekarstwo?
                                     b. To lekarstwo należy do mnie.

10. Czyje to pieniądze?   a. Do kogo należą te pieniądze?
                                     b. Te pieniądze należą do mnie.

11. Czyje to psy?   a. Do kogo należą te psy?
                                     b. Te psy należą do mnie.

12. Czyje to rękawiczki?   a. Do kogo należą te rękawiczki?
                                     b. Te rękawiczki należą do mnie.

ĆWICZENIA

DRILLS

A. Drill for the nominative plural of virile nouns.

> Tutor: To jest student.
> Student: To są studenci.

1. To jest student.   To są studenci.
2. To jest Szwed.   To są Szwedzi.
3. To jest Francuz.   To są Francuzi.
4. To jest mężczyzna.   To są mężczyźni.
5. To jest Polak.   To są Polacy.
6. To jest Kanadyjczyk.   To są Kanadyjczycy.
7. To jest kolega.   To są koledzy.
8. To jest Włoch.   To są Włosi.
9. To jest chłopiec.   To są chłopcy.
10. To jest Niemiec.   To są Niemcy.
11. To jest Amerykanin.   To są Amerykanie.
12. To jest Rosjanin.   To są Rosjanie.
13. To jest żołnierz.   To są żołnierze.
14. To jest uczeń.   To są uczniowie.

B. Drill for the nominative plural of virile and nonvirile masculine nouns
ending in alternating consonants.

> Tutor: To jest lotnik.
> Student: To są lotnicy.

1. To jest lotnik.   To są lotnicy.
2. To jest słownik.   To są słowniki.
3. To jest Szkot.   To są Szkoci.
4. To jest kot.   To są koty.
5. To jest Anglik.   To są Anglicy.
6. To jest szalik.   To są szaliki.

7. To jest kolega.   To są koledzy.

8. To jest buldog.   To są buldogi.

9. To jest student.   To są studenci.

10. To jest list.   To są listy.

11. To jest Polak.   To są Polacy.

12. To jest znaczek.   To są znaczki.

13. To jest Włoch.   To są Włosi.

14. To jest brzuch.   To są brzuchy.

15. To jest Szwed.   To są Szwedzi.

16. To jest zeszyt.   To są zeszyty.

17. To jest Francuz.   To są Francuzi.

18. To jest notes.   To są notesy.

19. To jest Kanadyjczyk.   To są Kanadyjczycy.

20. To jest podręcznik.   To są podręczniki.

C. Drill for the nominative plural, virile and nonvirile, of adjectives.

Tutor: On jest stary.
Student: Oni są starzy.

1. On jest stary.   Oni są starzy.

2. Ona jest stara.   One są stare.

3. On jest zdrowy.   Oni są zdrowi.

4. Ona jest zdrowa.   One są zdrowe.

5. On jest smutny.   Oni są smutni.

6. Ona jest smutna.   One są smutne.

7. On jest wesoły.   Oni są weseli.

8. Ona jest wesoła.   One są wesołe.

9. On jest zajęty.   Oni są zajęci.

10. Ona jest zajęta.   One są zajęte.

11. On jest blady.   Oni są bladzi.

12. Ona jest blada.   One są blade.

13. On jest taki młody.   Oni są tacy młodzi.

14. Ona jest taka młoda.   One są takie młode.

D.   Drill for the nominative plural of adjectives and virile nouns.

> Tutor: To jest dobry student.
> Student: To są dobrzy studenci.

1. To jest dobry student.   To są dobrzy studenci.

2. To jest zły uczeń.   To są źli uczniowie.

3. To jest polski żołnierz.   To są polscy żołnierze.

4. To jest amerykański lotnik.   To są amerykańscy lotnicy.

5. To jest miły chłopiec.   To są mili chłopcy.

6. To jest sympatyczny   To są sympatyczni ludzie.
    człowiek.

7. To jest młody nauczyciel.   To są młodzi nauczyciele.

8. To jest nasz przyjaciel.   To są nasi przyjaciele.

9. To jest mój kolega.   To są moi koledzy.

10. To jest przystojny mężczyzna.   To są przystojni mężczyźni.

11. To jest nasz nowy sąsiad.   To są nasi nowi sąsiedzi.

12. To jest mój stary znajomy.   To są moi starzy znajomi.

E.   Drill for the nominative plural of virile nouns in the subject and adjectives
     in the predicate.

> Tutor: Mój brat jest chory.
> Student: Moi bracia są chorzy.

1. Mój brat jest chory.   Moi bracia są chorzy.

2. Nasz nauczyciel jest   Nasi nauczyciele są zdenerwowani.
    zdenerwowany.

3. Ten student jest zmęczony.   Ci studenci są zmęczeni.

4. Tamten uczeń jest zajęty.   Tamci uczniowie są zajęci.

5. Ten pan jest przystojny.   Ci panowie są przystojni.

6. Pański sąsiad jest opalony.   Pańscy sąsiedzi są opaleni.

7. Mój kolega jest zły na mnie.   Moi koledzy są źli na mnie.

8. Pański przyjaciel jest   Pańscy przyjaciele są przeziębieni.
    przeziębiony.

F.   Drill for the feminine counterpart of virile nouns.

> Tutor: To jest student.
>
> Student: To jest studentka.

1. To jest student.	To jest studentka.
2. To jest Francuz.	To jest Francuzka.
3. To jest Szkot.	To jest Szkotka.
4. To jest Niemiec.	To jest Niemka.
5. To jest sąsiad.	To jest sąsiadka.
6. To jest Polak.	To jest Polka.
7. To jest Amerykanin.	To jest Amerykanka.
8. To jest Włoch.	To jest Włoszka.
9. To jest chłopiec.	To jest dziewczyna.
10. To jest Anglik.	To jest Angielka.
11. To jest Szwed.	To jest Szwedka.
12. To jest Rosjanin.	To jest Rosjanka.
13. To jest mężczyzna.	To jest kobieta.
14. To jest mój kolega.	To jest moja koleżanka.
15. To jest mój przyjaciel.	To jest moja przyjaciółka.
16. To jest mój brat.	To jest moja siostra.
17. To jest mój ojciec.	To jest moja matka.
18. To jest mój znajomy.	To jest moja znajoma.

G.   Drill for the nominative plural of adjectives and nouns denoting persons.

> Tutor: To jest nasz nowy student.
>
> Student: To są nasi nowi studenci.

1. To jest nasz nowy student.	To są nasi nowi studenci.
2. To jest nasza nowa studentka.	To są nasze nowe studentki.
3. To jest przystojny chłopiec.	To są przystojni chłopcy.
4. To jest przystojna dziewczyna.	To są przystojne dziewczyny.
5. To jest mój stary przyjaciel.	To są moi starzy przyjaciele.
6. To jest moja stara przyjaciółka.	To są moje stare przyjaciółki.

7. To jest pański dobry   To są pańscy dobrzy znajomi.
   znajomy.

8. To jest pańska dobra   To są pańskie dobre znajome.
   znajoma.

9. To jest młody mężczyzna.   To są młodzi mężczyźni.

10. To jest młoda kobieta.   To są młode kobiety.

11. To jest jego kolega.   To są jego koledzy.

12. To jest jego koleżanka.   To są jego koleżanki.

13. To jest jej brat.   To są jej bracia.

14. To jest jej siostra.   To są jej siostry.

H. Drill for the nominative plural of adjectives and nouns denoting nationalities.

> Tutor: To jest miły Polak.
>
> Student: To są mili Polacy.

1. To jest miły Polak.   To są mili Polacy.

2. To jest miła Polka.   To są miłe Polki.

3. To jest przyjemny   To są przyjemni Amerykanie.
   Amerykanin.

4. To jest przyjemna   To są przyjemne Amerykanki.
   Amerykanka.

5. To jest sympatyczny Anglik. To są sympatyczni Anglicy.

6. To jest sympatyczna Angielka. To są sympatyczne Angielki.

7. To jest przystojny Francuz. To są przystojni Francuzi.

8. To jest przystojna Francuzka. To są przystojne Francuzki.

9. To jest młody Szwed.   To są młodzi Szwedzi.

10. To jest młoda Szwedka.   To są młode Szwedki.

11. To jest wesoły Włoch.   To są weseli Włosi.

12. To jest wesoła Włoszka.   To są wesołe Włoszki.

13. To jest smutny Szkot.   To są smutni Szkoci.

14. To jest smutna Szkotka.   To są smutne Szkotki.

15. To jest znajomy Rosjanin.   To są znajomi Rosjanie.

16. To jest znajoma Rosjanka.   To są znajome Rosjanki.

17. To jest jakiś Niemiec.   To są jacyś Niemcy.

18. To jest jakaś Niemka.   To są jakieś Niemki.

I. Drill for the accusative singular and plural of adjectives and nouns denoting nationalities.

> Tutor: To jest miły Polak.
>
> Student a: Znam miłego Polaka.
>
> Student b: Znam miłych Polaków.

1. To jest miły Polak.
   a. Znam miłego Polaka.
   b. Znam miłych Polaków.

2. To jest miła Polka.
   a. Znam miłą Polkę.
   b. Znam miłe Polki.

3. To jest przyjemny Amerykanin.
   a. Znam przyjemnego Amerykanina.
   b. Znam przyjemnych Amerykanów.

4. To jest przyjemna Amerykanka.
   a. Znam przyjemną Amerykankę.
   b. Znam przyjemne Amerykanki.

5. To jest sympatyczny Anglik.
   a. Znam sympatycznego Anglika.
   b. Znam sympatycznych Anglików.

6. To jest sympatyczna Angielka.
   a. Znam sympatyczną Angielkę.
   b. Znam sympatyczne Angielki.

7. To jest przystojny Francuz.
   a. Znam przystojnego Francuza.
   b. Znam przystojnych Francuzów.

8. To jest przystojna Francuzka.
   a. Znam przystojną Francuzkę.
   b. Znam przystojne Francuzki.

9. To jest młody Szwed.
   a. Znam młodego Szweda.
   b. Znam młodych Szwedów.

10. To jest młoda Szwedka.
    a. Znam młodą Szwedkę.
    b. Znam młode Szwedki.

11. To jest wesoły Włoch.
    a. Znam wesołego Włocha.
    b. Znam wesołych Włochów.

12. To jest wesoła Włoszka.
    a. Znam wesołą Włoszkę.
    b. Znam wesołe Włoszki.

13. To jest smutny Szkot.
    a. Znam smutnego Szkota.
    b. Znam smutnych Szkotów.

14. To jest smutna Szkotka.
    a. Znam smutną Szkotkę.
    b. Znam smutne Szkotki.

15. To jest jakiś Niemiec.
    a. Znam jakiegoś Niemca.
    b. Znam jakichś Niemców.

16. To jest jakaś Niemka.
    a. Znam jakąś Niemkę.
    b. Znam jakieś Niemki.

J.   Drill for the genitive singular and plural of adjectives and nouns denoting
     nationalities.

> Tutor: To jest miły Polak.
>
> Student a: Nie znam tego miłego Polaka.
>
> Student b: Nie znam tych miłych Polaków.

1. To jest miły Polak.

    a. Nie znam tego miłego Polaka.
    b. Nie znam tych miłych Polaków.

2. To jest miła Polka.

    a. Nie znam tej miłej Polki.
    b. Nie znam tych miłych Polek.

3. To jest przyjemny
    Amerykanin.

    a. Nie znam tego przyjemnego Amerykanina.
    b. Nie znam tych przyjemnych Amerykanów.

4. To jest przyjemna
    Amerykanka.

    a. Nie znam tej przyjemnej Amerykanki.
    b. Nie znam tych przyjemnych Amerykanek.

5. To jest sympatyczny
    Anglik.

    a. Nie znam tego sympatycznego Anglika.
    b. Nie znam tych sympatycznych Anglików.

6. To jest sympatyczna
    Angielka.

    a. Nie znam tej sympatycznej Angielki.
    b. Nie znam tych sympatycznych Angielek.

7. To jest przystojny Francuz.

    a. Nie znam tego przystojnego Francuza.
    b. Nie znam tych przystojnych Francuzów.

8. To jest przystojna Francuzka.

    a. Nie znam tej przystojnej Francuzki.
    b. Nie znam tych przystojnych Francuzek.

9. To jest młody Rosjanin.

    a. Nie znam tego młodego Rosjanina.
    b. Nie znam tych młodych Rosjan.

10. To jest młoda Rosjanka.

    a. Nie znam tej młodej Rosjanki.
    b. Nie znam tych młodych Rosjanek.

11. To jest wesoły Włoch.

    a. Nie znam tego wesołego Włocha.
    b. Nie znam tych wesołych Włochów.

12. To jest wesoła Włoszka.

    a. Nie znam tej wesołej Włoszki.
    b. Nie znam tych wesołych Włoszek.

13. To jest smutny Szkot.

    a. Nie znam tego smutnego Szkota.
    b. Nie znam tych smutnych Szkotów.

14. To jest smutna Szkotka.

    a. Nie znam tej smutnej Szkotki.
    b. Nie znam tych smutnych Szkotek.

15. To jest opalony Szwed.

    a. Nie znam tego opalonego Szweda.
    b. Nie znam tych opalonych Szwedów.

16. To jest opalona Szwedka.

    a. Nie znam tej opalonej Szwedki.
    b. Nie znam tych opalonych Szwedek.

K. Drill for the nominative, accusative, and genitive plural of <u>ten</u>, <u>tamten</u>, and nouns denoting persons.

> Tutor: Ten Polak zna tamtą Angielkę.
>
> Student a: Ci Polacy znają tamte Angielki.
>
> Student b: Ci Polacy nie znają tamtych Angielek.

1. Ten Polak zna tamtą Angielkę.
   - a. Ci Polacy znają tamte Angielki.
   - b. Ci Polacy nie znają tamtych Angielek.

2. Ta Polka zna tamtego Anglika.
   - a. Te Polki znają tamtych Anglików.
   - b. Te Polki nie znają tamtych Anglików.

3. Ten Amerykanin zna tamtą Niemkę.
   - a. Ci Amerykanie znają tamte Niemki.
   - b. Ci Amerykanie nie znają tamtych Niemek.

4. Ta Amerykanka zna tamtego Niemca.
   - a. Te Amerykanki znają tamtych Niemców.
   - b. Te Amerykanki nie znają tamtych Niemców.

5. Ten Anglik zna tamtą Francuzkę.
   - a. Ci Anglicy znają tamte Francuzki.
   - b. Ci Anglicy nie znają tamtych Francuzek.

6. Ta Angielka zna tamtego Francuza.
   - a. Te Angielki znają tamtych Francuzów.
   - b. Te Angielki nie znają tamtych Francuzów.

7. Ten Rosjanin zna tamtą Szwedkę.
   - a. Ci Rosjanie znają tamte Szwedki.
   - b. Ci Rosjanie nie znają tamtych Szwedek.

8. Ta Rosjanka zna tamtego Szweda.
   - a. Te Rosjanki znają tamtych Szwedów.
   - b. Te Rosjanki nie znają tamtych Szwedów.

9. Ten Włoch zna tamtą Amerykankę.
   - a. Ci Włosi znają tamte Amerykanki.
   - b. Ci Włosi nie znają tamtych Amerykanek.

10. Ta Włoszka zna tamtego Amerykanina.
    - a. Te Włoszki znają tamtych Amerykanów.
    - b. Te Włoszki nie znają tamtych Amerykanów.

11. Ten pan zna tamtą panią.
    - a. Ci panowie znają tamte panie.
    - b. Ci panowie nie znają tamtych pań.

12. Ta pani zna tamtego pana.
    - a. Te panie znają tamtych panów.
    - b. Te panie nie znają tamtych panów.

13. Ten mężczyzna zna tamtą kobietę.
    - a. Ci mężczyźni znają tamte kobiety.
    - b. Ci mężczyźni nie znają tamtych kobiet.

14. Ta kobieta zna tamtego mężczyznę.
    - a. Te kobiety znają tamtych mężczyzn.
    - b. Te kobiety nie znają tamtych mężczyzn.

L. Drill for the nominative plural of adjectives and nouns of all genders.

> Tutor: To jest dobry przyjaciel.
>
> Student: To są dobrzy przyjaciele.

1. To jest dobry przyjaciel.   To są dobrzy przyjaciele.

2. To jest dobry kot.   To są dobre koty.

3. To jest dobry zegarek.   To są dobre zegarki.

4. To jest dobra koleżanka.   To są dobre koleżanki.

5. To jest dobra zapalniczka.   To są dobre zapalniczki.

6. To jest dobre czasopismo.   To są dobre czasopisma.

7. To jest zły student.   To są źli studenci.

8. To jest zły pies.   To są złe psy.

9. To jest zły ołówek.   To są złe ołówki.

10. To jest zła studentka.   To są złe studentki.

11. To jest zła książka.   To są złe książki.

12. To jest złe pióro.   To są złe pióra.

M. Drill for the accusative singular and plural of adjectives and nouns of all
    genders.

> Tutor: To jest dobry przyjaciel.
>
> Student a: Mam dobrego przyjaciela.
>
> Student b: Mam dobrych przyjaciół.

1. To jest dobry przyjaciel.   a. Mam dobrego przyjaciela.
                                    b. Mam dobrych przyjaciół.

2. To jest dobry kot.   a. Mam dobrego kota.
                                    b. Mam dobre koty.

3. To jest dobry zegarek.   a. Mam dobry zegarek.
                                    b. Mam dobre zegarki.

4. To jest dobra koleżanka.   a. Mam dobrą koleżankę.
                                    b. Mam dobre koleżanki.

5. To jest dobra zapalniczka.   a. Mam dobrą zapalniczkę.
                                    b. Mam dobre zapalniczki.

6. To jest dobre czasopismo.   a. Mam dobre czasopismo.
                                    b. Mam dobre czasopisma.

7. To jest zły student.   a. Mam złego studenta.
                                    b. Mam złych studentów.

8. To jest zły pies.   a. Mam złego psa.
                                    b. Mam złe psy.

9. To jest zły ołówek.   a. Mam zły ołówek.
                                    b. Mam złe ołówki.

10. To jest zła studentka.   a. Mam złą studentkę.
                                    b. Mam złe studentki.

11. To jest zła książka. a. Mam złą książkę.
                          b. Mam złe książki.

12. To jest złe pióro. a. Mam złe pióro.
                        b. Mam złe pióra.

N. Drill for the genitive singular and plural of adjectives and nouns of all genders.

Tutor: To jest dobry przyjaciel.

Student a: Nie mam dobrego przyjaciela.

Student b: Nie mam dobrych przyjaciół.

---

1. To jest dobry przyjaciel. a. Nie mam dobrego przyjaciela.
                              b. Nie mam dobrych przyjaciół.

2. To jest dobry słownik. a. Nie mam dobrego słownika.
                           b. Nie mam dobrych słowników.

3. To jest dobry zegarek. a. Nie mam dobrego zegarka.
                           b. Nie mam dobrych zegarków.

4. To jest dobra koleżanka. a. Nie mam dobrej koleżanki.
                             b. Nie mam dobrych koleżanek.

5. To jest dobra zapalniczka. a. Nie mam dobrej zapalniczki.
                               b. Nie mam dobrych zapalniczek.

6. To jest dobre czasopismo. a. Nie mam dobrego czasopisma.
                              b. Nie mam dobrych czasopism.

7. To jest zły student. a. Nie mam złego studenta.
                         b. Nie mam złych studentów.

8. To jest zły pies. a. Nie mam złego psa.
                      b. Nie mam złych psów.

9. To jest zły ołówek. a. Nie mam złego ołówka.
                        b. Nie mam złych ołówków

10. To jest zła studentka. a. Nie mam złej studentki.
                            b. Nie mam złych studentek.

11. To jest zła książka. a. Nie mam złej książki.
                          b. Nie mam złych książek.

12. To jest złe pióro. a. Nie mam złego pióra.
                        b. Nie mam złych piór.

O. Drill for the accusative and genitive singular and plural of adjectives and of the virile and feminine nouns of Declension I.

Tutor: To jest nowy kolega.

Student a: Widzę nowego kolegę.

Student b: Nie widzę nowego kolegi.

---

1. To jest nowy kolega.   a. Widzę nowego kolegę.
                                  b. Nie widzę nowego kolegi.

2. To jest nowa koleżanka.   a. Widzę nową koleżankę.
                                  b. Nie widzę nowej koleżanki.

3. To jest młody mężczyzna.   a. Widzę młodego mężczyznę.
                                  b. Nie widzę młodego mężczyzny.

4. To jest młoda kobieta.   a. Widzę młodą kobietę.
                                  b. Nie widzę młodej kobiety.

5. To są nowi koledzy.   a. Widzę nowych kolegów.
                                  b. Nie widzę nowych kolegów.

6. To są nowe koleżanki.   a. Widzę nowe koleżanki.
                                  b. Nie widzę nowych koleżanek.

7. To są młodzi mężczyźni.   a. Widzę młodych mężczyzn.
                                  b. Nie widzę młodych mężczyzn.

8. To są młode kobiety.   a. Widzę młode kobiety.
                                  b. Nie widzę młodych kobiet.

P. Drill for the plural of the verb 'to be' with predicate adjectives.

> Tutor: Jestem jeszcze młody.
>
> Student: Jesteśmy jeszcze młodzi.

1. Jestem jeszcze młody.   Jesteśmy jeszcze młodzi.

2. Jestem jeszcze młoda.   Jesteśmy jeszcze młode.

3. On jest jeszcze młody.   Oni są jeszcze młodzi.

4. Ona jest jeszcze młoda.   One są jeszcze młode.

5. Jestem już stary.   Jesteśmy już starzy.

6. Jestem już stara.   Jesteśmy już stare.

7. On jest już stary.   Oni są już starzy.

8. Ona jest już stara.   One są już stare.

Q. Drill for the nominative plural of virile nouns and for adverb-adjective
    phrases in the predicate.

> Tutor: Nasz kolega jest zawsze wesoły.
>
> Student: Nasi koledzy są zawsze weseli.

1. Nasz kolega jest zawsze   Nasi koledzy są zawsze weseli.
    wesoły.

2. Nasz sąsiad jest naprawdę   Nasi sąsiedzi są naprawdę mili.
    miły.

3. Nasz znajomy jest często chory.   Nasi znajomi są często chorzy.

4. Nasz przyjaciel jest trochę zdenerwowany.   Nasi przyjaciele są trochę zdenerwowani.

5. Nasz profesor jest zwykle zajęty.   Nasi profesorowie są zwykle zajęci.

6. Nasz nauczyciel jest ciągle przeziębiony.   Nasi nauczyciele są ciągle przeziębieni.

7. Nasz uczeń jest dzisiaj blady.   Nasi uczniowie są dzisiaj bladzi.

8. Mój brat jest bardzo młody.   Moi bracia są bardzo młodzi.

9. Ten pan jest całkiem przystojny.   Ci panowie są całkiem przystojni.

10. Ten chłopiec jest teraz smutny.   Ci chłopcy są teraz smutni.

11. Ten człowiek jest już zupełnie zdrowy.   Ci ludzie są już zupełnie zdrowi.

12. Ten mężczyzna jest świetnie opalony.   Ci mężczyźni są świetnie opaleni.

R. Drill for the nominative plural of feminine nouns and for adverb-adjective phrases in the predicate.

> Tutor: Nasza koleżanka jest rzadko smutna.
> Student: Nasze koleżanki są rzadko smutne.

1. Nasza koleżanka jest rzadko smutna.   Nasze koleżanki są rzadko smutne.

2. Nasza sąsiadka jest bardzo miła.   Nasze sąsiadki są bardzo miłe.

3. Nasza znajoma jest ciągle zajęta.   Nasze znajome są ciągle zajęte.

4. Nasza nauczycielka jest często chora.   Nasze nauczycielki są często chore.

5. Moja siostra jest zawsze wesoła.   Moje siostry są zawsze wesołe.

6. Ta kobieta jest wciąż młoda.   Te kobiety są wciąż młode.

7. Ta dziewczyna jest bardzo ładna.   Te dziewczyny są bardzo ładne.

8. Ta pani jest znowu przeziębiona.   Te panie są znowu przeziębione.

9. Ta uczennica jest czasem zdenerwowana.   Te uczennice są czasem zdenerwowane.

10. Ta studentka jest dzisiaj blada.   Te studentki są dzisiaj blade.

11. Moja przyjaciółka jest świetnie opalona.   Moje przyjaciółki są świetnie opalone.

12. Ta panna jest dosyć sympatyczna.   Te panny są dosyć sympatyczne.

S.   Drill for quantifying adverbs followed by the genitive plural.

> Tutor: Mam pieniądze.
>
> Student a: Mam mało pieniędzy.
>
> Student b: Mam dużo pieniędzy.

1. Mam pieniądze.   a. Mam mało pieniędzy.
                                     b. Mam dużo pieniędzy.

2. Mam ołówki.   a. Mam mało ołówków.
                                     b. Mam dużo ołówków.

3. Mam książki.   a. Mam mało książek.
                                     b. Mam dużo książek.

4. Mam zapałki.   a. Mam mało zapałek.
                                     b. Mam dużo zapałek.

5. Mam znajomych.   a. Mam mało znajomych.
                                     b. Mam dużo znajomych.

6. Mam koperty.   a. Mam mało kopert.
                                     b. Mam dużo kopert.

7. Mam fotografię.   a. Mam mało fotografii.
                                     b. Mam dużo fotografii.

8. Mam zeszyty.   a. Mam mało zeszytów.
                                     b. Mam dużo zeszytów.

9. Mam pióra.   a. Mam mało piór.
                                     b. Mam dużo piór.

10. Mam koszule.   a. Mam mało koszul.
                                     b. Mam dużo koszul.

T.   Drill for the accusative singular and dużo with the genitive plural of nouns
     denoting persons.

> Tutor: Nie ma pan tu kolegi?
>
> Student a: Mam tu kolegę.
>
> Student b: Mam tu dużo kolegów.

1. Nie ma pan tu kolegi?   a. Mam tu kolegę.
                                     b. Mam tu dużo kolegów.

2. Nie ma pan tu znajomego?   a. Mam tu znajomego.
                                     b. Mam tu dużo znajomych.

3. Nie ma pan tu przyjaciela?   a. Mam tu przyjaciela.
                                     b. Mam tu dużo przyjaciół.

4. Nie ma pan tu koleżanki?   a. Mam tu koleżankę.
                                      b. Mam tu dużo koleżanek.

5. Nie ma pan tu znajomej?   a. Mam tu znajomą.
                                      b. Mam tu dużo znajomych.

U.   Drill for the accusative and genitive singular and plural of personal pronouns.

> Tutor: On nas zna.
>
> Student a: My go znamy.
>
> Student b: My go nie znamy.

1. On nas zna.   a. My go znamy.
                        b. My go nie znamy.

2. Ona go zna.   a. On ją zna.
                        b. On jej nie zna.

3. Oni je znają.   a. One ich znają.
                        b. One ich nie znają.

4. One ich znają.   a. Oni je znają.
                        b. Oni ich nie znają.

5. My ją znamy.   a. Ona nas zna.
                        b. Ona nas nie zna.

6. Ja je znam.   a. One mnie znają.
                        b. One mnie nie znają.

7. On mnie zna.   a. Ja go znam.
                        b. Ja go nie znam.

8. Kto go zna?   a. Kogo on zna?
                        b. Kogo on nie zna?

V.   Drill for the polite commands.

> Tutor: mówić tylko po polsku
>
> Student a: Proszę mówić tylko po polsku.
>
> Student b: Niech pan mówi tylko po polsku.

1. mówić tylko po polsku   a. Proszę mówić tylko po polsku.
                                        b. Niech pan mówi tylko po polsku.

2. otworzyć książkę   a. Proszę otworzyć książkę.
                          b. Niech pan otworzy książkę.

3. zakryć tekst   a. Proszę zakryć tekst.
                        b. Niech pan zakryje tekst.

4. odpowiedzieć   a. Proszę odpowiedzieć.
                                     b. Niech pan odpowie.

5. powtórzyć to   a. Proszę to powtórzyć.
                                     b. Niech pan to powtórzy.

6. czytać dalej   a. Proszę czytać dalej.
                                     b. Niech pan czyta dalej.

7. zapytać pana Jana   a. Proszę zapytać pana Jana.
                                     b. Niech pan zapyta pana Jana.

8. zamknąć okno   a. Proszę zamknąć okno.
                                     b. Niech pan zamknie okno.

W. Drill for the polite commands.

> Tutor: Pan za dużo pali.
>
> Student: Niech pan tak dużo nie pali.

1. Pan za dużo pali.   Niech pan tak dużo nie pali.

2. Pan za mało mówi.   Niech pan tak mało nie mówi.

3. Pan za dużo myśli.   Niech pan tak dużo nie myśli.

4. Pan za często zamyka książkę.   Niech pan tak często nie zamyka
                                        książki.

5. Pan za bardzo otwiera okno.   Niech pan tak bardzo nie otwiera okna.

6. Pan za często odkrywa polski   Niech pan tak często nie odkrywa
   tekst.   polskiego tekstu.

7. Pan za rzadko zakrywa   Niech pan tak rzadko nie zakrywa
   angielski tekst.   angielskiego tekstu.

X. Drill for verbal aspect in commands: perfective in nonnegated requests,
    imperfective in negated ones.

> Tutor: otworzyć okno.
>
> Student a: Niech pan otworzy okno.
>
> Student b: Niech pan nie otwiera okna.

1. otworzyć okno.   a. Niech pan otworzy okno.
                                     b. Niech pan nie otwiera okna.

2. zamknąć drzwi   a. Niech pan zamknie drzwi.
                                     b. Niech pan nie zamyka drzwi.

3. zakryć tekst   a. Niech pan zakryje tekst.
                                     b. Niech pan nie zakrywa tekstu.

4. powiedzieć to

    a. Niech pan to powie.
    b. Niech pan tego nie mówi.

5. odpowiedzieć

    a. Niech pan odpowie.
    b. Niech pan nie odpowiada.

ĆWICZENIA   DRILLS

A. Drill for the familiar singular form of address.

> Tutor: Jak się pan nazywa?
>
> Student: Jak się nazywasz?

11. Jak się pan nazywa?   Jak się nazywasz?

 2. Jak pan może?   Jak możesz?

 3. Jak pan to zamyka?   Jak zamykasz?

 4. Jak się pan ma?   Jak się masz?

 5. Jak pan myśli?   Jak myślisz?

 6. Jak się pan uczy?   Jak się uczysz?

 7. Jak pan tańczy?   Jak tańczysz?

 8. Jak pan to rozumie?   Jak to rozumiesz?

 9. Jak pan pływa?   Jak pływasz?

10. Jak pan mówi?   Jak mówisz?

B. Drill for the familiar singular and plural forms of address.

> Tutor: Pan dobrze tańczy?
>
> Student a: Dobrze tańczysz?
>
> Student b: Dobrze tańczycie?

1. Pan dobrze tańczy?   a. Dobrze tańczysz?
                                 b. Dobrze tańczycie?

2. Pan mówi po polsku?   a. Mówisz po polsku?
                                 b. Mówicie po polsku?

3. Pan kocha Wandę?   a. Kochasz Wandę?
                                 b. Kochacie Wandę?

4. Pan boi się Wandy?   a. Boisz się Wandy?
                                 b. Boicie się Wandy?

5. Pan ma pieniądze?   a. Masz pieniądze?
                                 b. Macie pieniądze?

6. Pan szuka pieniędzy?   a. Szukasz pieniędzy?
                                 b. Szukacie pieniędzy?

7. Pan dużo pracuje?   a. Dużo pracujesz?
                              b. Dużo pracujecie?

8. Pan dużo pisze?   a. Dużo piszesz?
                              b. Dużo piszecie?

9. Pan wszystko rozumie?   a. Wszystko rozumiesz?
                              b. Wszystko rozumiecie?

10. Pan jest zmęczony?   a. Jesteś zmęczony?
                              b. Jesteście zmęczeni?

C. Drill for the polite ways, formal and informal, of addressing men.

> Tutor: Pan pali?
>
> Student a: Panowie palą?
>
> Student b: Panowie palicie?

1. Pan pali?   a. Panowie palą?
                             b. Panowie palicie?

2. Pan tańczy?   a. Panowie tańczą?
                             b. Panowie tańczycie?

3. Pan rozumie?   a. Panowie rozumieją?
                             b. Panowie rozumiecie?

4. Pan pływa?   a. Panowie pływają?
                             b. Panowie pływacie?

5. Pan się boi?   a. Panowie się boją?
                             b. Panowie się boicie?

6. Pan słyszy?   a. Panowie słyszą?
                             b. Panowie słyszycie?

7. Pan widzi?   a. Panowie widzą?
                             b. Panowie widzicie?

8. Pan się uczy?   a. Panowie się uczą?
                             b. Panowie się uczycie?

9. Pan słucha?   a. Panowie słuchają?
                             b. Panowie słuchacie?

10. Pan jest przeziębiony?   a. Panowie są przeziębieni?
                             b. Panowie jesteście przeziębieni?

D. Drill for the polite formal ways of addressing women and the polite in-
    formal way of addressing couples or mixed groups.

> Tutor: Pani bierze lekcje muzyki?
>
> Student a: Panie biorą lekcje muzyki?
>
> Student b: Państwo bierzecie lekcje muzyki?

1. Pani bierze lekcje muzyki?   a. Panie biorą lekcje muzyki?
                                  b. Państwo bierzecie lekcje muzyki?

2. Pani lubi panią Wandę?   a. Panie lubią panią Wandę?
                                  b. Państwo lubicie panią Wandę?

3. Pani czyta po polsku?   a. Panie czytają po polsku?
                                  b. Państwo czytacie po polsku?

4. Pani chce tu pracować?   a. Panie chcą tu pracować?
                                  b. Państwo chcecie tu pracować?

5. Pani rozumie swojego   a. Panie rozumieją swojego nauczyciela?
   nauczyciela?   b. Państwo rozumiecie swojego
                                     nauczyciela?

6. Pani ma papierosy?   a. Panie mają papierosy?
                                  b. Państwo macie papierosy?

7. Pani zna tu kogoś?   a. Panie znają tu kogoś?
                                  b. Państwo znacie tu kogoś?

8. Co pani robi?   a. Co panie robią?
                                  b. Co państwo robicie?

9. Czego pani szuka?   a. Czego panie szukają?
                                  b. Czego państwo szukacie?

10. Gdzie pani jest?   a. Gdzie panie są?
                                  b. Gdzie państwo jesteście?

E.   Drill for the 2d and 1st person singular.

Tutor: Co pan pisze?

Student a: Co piszesz?

Student b: Nic nie piszę.

---

1. Co pan pisze?   a. Co piszesz?
                          b. Nic nie piszę.

2. Co pan tu widzi?   a. Co widzisz?
                          b. Nic nie widzę.

3. Co pan robi?   a. Co robisz?
                          b. Nic nie robię.

4. Co pan mówi?   a. Co mówisz?
                          b. Nic nie mówię.

5. Co pan pali?   a. Co palisz?
                          b. Nic nie palę.

6. Co pan czyta?   a. Co czytasz?
                          b. Nic nie czytam.

7. Co pan tu ma?   a. Co tu masz?
                          b. Nic tu nie mam.

8. Co pan otwiera?

    a. Co otwierasz?
    b. Nic nie otwieram.

9. Co pan zamyka?

    a. Co zamykasz?
    b. Nic nie zamykam.

10. Co pan umie?

    a. Co umiesz?
    b. Nic nie umiem.

F.   Drill for the 3d person singular and plural.

> Tutor: Biorę lekcje muzyki.
>
> Student a: On bierze lekcje muzyki.
>
> Student b: Oni biorą lekcje muzyki.

1. Biorę lekcje muzyki.

    a. On bierze lekcje muzyki.
    b. Oni biorą lekcje muzyki.

2. Nie mogę znaleźć okularów.

    a. On nie może znaleźć okularów.
    b. Oni nie mogą znaleźć okularów.

3. Piszę zadanie.

    a. On pisze zadanie.
    b. Oni piszą zadanie.

4. Pracuję od rana do wieczora.

    a. On pracuje od rana do wieczora.
    b. Oni pracują od rana do wieczora.

5. Źle słyszę.

    a. On źle słyszy.
    b. Oni źle słyszą.

6. Uczę się pływać.

    a. On się uczy pływać.
    b. Oni się uczą pływać.

7. Nigdy nic nie gubię.

    a. On nigdy nic nie gubi.
    b. Oni nigdy nic nie gubią.

8. Boję się profesora polskiego.

    a. On się boi profesora polskiego.
    b. Oni się boją profesora polskiego.

9. Nie używam tego.

    a. On nie używa tego.
    b. Oni nie używają tego.

10. Szukam książki.

    a. On szuka książki.
    b. Oni szukają książki.

11. Nie umiem tej lekcji na
    pamięć.

    a. On nie umie tej lekcji na pamięć.
    b. Oni nie umieją tej lekcji na pamięć.

12. Nic nie wiem.

    a. On nic nie wie.
    b. Oni nic nie wiedzą.

G.   Drill for the alternations in the 1st person singular.

> Tutor: Kto bierze lekcje muzyki?
>
> Student: Ja biorę lekcje muzyki.

1. Kto bierze lekcje muzyki?   Ja biorę lekcje muzyki.

2. Kto nie może znaleźć   Ja nie mogę znaleźć okularów.
   okularów?

3. Kto zamknie okno?   Ja zamknę okno.

4. Kto prosi o gazetę?   Ja proszę o gazetę.

5. Kto siedzi koło okna?   Ja siedzę koło okna.

6. Kto widzi pana Karola?   Ja widzę pana Karola.

H.   Drill for the alternations in the plural.

```
Tutor:      Czy pan bierze lekcje muzyki?

Student a:  Czy państwo biorą lekcje muzyki?

Student b:  Tak, bierzemy lekcje muzyki.
```

1. Czy pan bierze lekcje muzyki?   a. Czy państwo biorą lekcje muzyki?
                                    b. Tak, bierzemy lekcje muzyki.

2. Czy pan widzi pana Karola?   a. Czy państwo widzą pana Karola?
                                    b. Tak, widzimy pana Karola.

3. Czy pan zamknie okno?   a. Czy państwo zamkną okno?
                                    b. Tak, zamkniemy okno.

4. Czy pan prosi o gazetę?   a. Czy państwo proszą o gazetę?
                                    b. Tak, prosimy o gazetę.

5. Czy pan siedzi koło okna?   a. Czy państwo siedzą koło okna?
                                    b. Tak, siedzimy koło okna.

6. Czy pan nie może znaleźć   a. Czy państwo nie mogą znaleźć okularów?
   okularów?   b. Tak, nie możemy znaleźć okularów.

I.   Drill for the 2d person singular and plural.

```
Tutor:      Wiem, co mówię.

Student a:  Wiesz, co mówisz?

Student b:  Wiecie, co mówicie?
```

1. Wiem, co mówię.   a. Wiesz, co mówisz?
                                    b. Wiecie, co mówicie?

2. Cieszę się, że tu jestem.   a. Cieszysz się, że tu jesteś?
                                    b. Cieszycie się, że tu jesteście?

3. Mówię, że nic nie umiem.   a. Mówisz, że nic nie umiesz?
                                    b. Mówicie, że nic nie umiecie?

4. Rozumiem, co czytam.   a. Rozumiesz, co czytasz?
                              b. Rozumiecie, co czytacie?

5. Widzę, że źle piszę.   a. Widzisz, że źle piszesz?
                              b. Widzicie, że źle piszecie?

6. Myślę, że go znam.   a. Myślisz, że go znasz?
                              b. Myślicie, że go znacie?

J. Drill for the accusative and genitive of personal pronouns.

```
Tutor:      ja
Student a:  On mię zna.
Student b:  On mię nie zna.
```

1. ja   a. On mię zna.
               b. On mię nie zna.

2. ty   a. On cię zna.
               b. On cię nie zna.

3. on   a. On go zna.
               b. On go nie zna.

4. ona   a. On ją zna.
               b. On jej nie zna.

5. my   a. On nas zna.
               b. On nas nie zna.

6. wy   a. On was zna.
               b. On was nie zna.

7. oni   a. On ich zna.
               b. On ich nie zna.

8. one   a. On je zna.
               b. On ich nie zna.

K. Drill for the genitive and accusative of ona, one.

```
Tutor:    Słyszę go dobrze.
Student:  Słyszę ją dobrze.
```

1. Słyszę go dobrze.   Słyszę ją dobrze.
2. Nie słyszę go wcale.   Nie słyszę jej wcale.
3. Widzę go dobrze.   Widzę ją dobrze.
4. Nie widzę go wcale.   Nie widzę jej wcale.
5. Znam go dobrze.   Znam ją dobrze.

6. Nie znam go wcale.   Nie znam jej wcale.

7. Słyszę ich dobrze.   Słyszę je dobrze.

8. Nie słyszę ich wcale.   Nie słyszę ich wcale.

9. Widzę ich dobrze.   Widzę je dobrze.

10. Nie widzę ich wcale.   Nie widzę ich wcale.

11. Znam ich dobrze.   Znam je dobrze.

12. Nie znam ich wcale.   Nie znam ich wcale.

L.   Drill for the long forms of personal pronouns.

> Tutor: Znam go; nie znam jej.
>
> Student: Jego znam, ale jej nie znam.

1. Znam go; nie znam jej.   Jego znam, ale jej nie znam.

2. On mię zna; pana nie zna.   On mnie zna, ale pana nie zna.

3. Znam cię; nie znam go.   Ciebie znam, ale jego nie znam.

4. Lubię pana; nie lubię go.   Pana lubię, ale jego nie lubię.

5. Ona lubi pana; nie lubi mię.   Ona pana lubi, ale mnie nie lubi.

6. On lubi cię; nie lubi jej.   On ciebie lubi, ale jej nie lubi.

M.   Drill for the short forms of personal pronouns.

> Tutor: Jego widzę, ale jej nie widzę.
>
> Student: Widzę go; nie widzę jej.

1. Jego widzę, ale jej nie widzę.   Widzę go; nie widzę jej.

2. Ją widzę, ale ciebie nie widzę.   Widzę ją; nie widzę cię.

3. On mnie widzi, ale jego nie   On mię widzi; nie widzi go.
   widzi.

4. On jego słyszy, ale mnie nie   On go słyszy; nie słyszy mię.
   słyszy.

5. Ciebie słyszę, ale jej nie   Słyszę cię; nie słyszę jej.
   słyszę.

6. Jej nie słyszę, ale jego słyszę.   Nie słyszę jej; słyszę go.

N. Drill for the short and long forms of personal pronouns of the 2d and 3d persons.

```
┌─────────────────────────────────────────────────────────────┐
│  Tutor:      Znam.                                           │
│  Student a:  Znam cię.                                       │
│  Student b:  Nie znam go.                                    │
│  Student c:  Ciebie znam, ale jego nie znam.                │
└─────────────────────────────────────────────────────────────┘
```

1. Znam.   a. Znam cię.
                      b. Nie znam go.
                      c. Ciebie znam, ale jego nie znam.

2. Widzę.   a. Widzę cię.
                      b. Nie widzę go.
                      c. Ciebie widzę, ale jego nie widzę.

3. Słucham.   a. Słucham cię.
                      b. Nie słucham go.
                      c. Ciebie słucham, ale jego nie słucham.

4. Proszę.   a. Proszę cię.
                      b. Nie proszę go.
                      c. Ciebie proszę, ale jego nie proszę.

5. Rozumiem.   a. Rozumiem cię.
                      b. Nie rozumiem go.
                      c. Ciebie rozumiem, ale jego nie rozumiem.

6. Szukam.   a. Szukam cię.
                      b. Nie szukam go.
                      c. Ciebie szukam, ale jego nie szukam.

7. Słyszę.   a. Słyszę cię.
                      b. Nie słyszę go.
                      c. Ciebie słyszę, ale jego nie słyszę.

8. Lubię.   a. Lubię cię.
                      b. Nie lubię go.
                      c. Ciebie lubię, ale jego nie lubię.

O. Drill for the personal pronouns after prepositions.

```
┌─────────────────────────────────────────────────┐
│  Tutor:    ja                                    │
│  Student:  On pisze list do mnie.               │
└─────────────────────────────────────────────────┘
```

1. ja   On pisze list do mnie.

2. ty   On pisze list do ciebie.

3. on   On pisze list do niego.

4. ona   On pisze list do niej.

5. my   On pisze list do nas.

6. wy   On pisze list do was.

7. oni   On pisze list do nich.

8. one   On pisze list do nich.

P. Drill for the genitive of personal pronouns after verbs and after prepositions.

> Tutor: Lubię go.
>
> Student a: Nie lubię go.
>
> Student b: Siedzę obok niego.

1. Lubię go.   a. Nie lubię go.
                                    b. Siedzę obok niego.

2. Lubię ją.   a. Nie lubię jej.
                                    b. Siedzę obok niej.

3. Lubię ich.   a. Nie lubię ich.
                                    b. Siedzę obok nich.

4. Lubię je.   a. Nie lubię ich.
                                    b. Siedzę obok nich.

5. Lubię cię.   a. Nie lubię cię.
                                    b. Siedzę obok ciebie.

6. Lubię was.   a. Nie lubię was.
                                    b. Siedzę obok was.

Q. Drill for the reflexive particle denoting reciprocal action.

> Tutor: Znam panią.
>   Pani mnie zna.
>
> Student: Znamy się.

1. Znam panią.   Znamy się.
   Pani mnie zna.

2. Rozumiem panią.   Rozumiemy się.
   Pani mnie rozumie.

3. Lubię panią.   Lubimy się.
   Pani mnie lubi.

4. Kocham cię.   Kochamy się.
   Ty mnie kochasz.

5. Widzę panią.   Widzimy się.
   Pani mnie widzi.

6. Słyszę panią.   Słyszymy się.
   Pani mnie słyszy.

7. Przepraszam panią   Przepraszamy się
   Pani mnie przeprasza.

8. Szukam pani.   Szukamy się.
   Pani mnie szuka.

R.   Drill for the reflexive particle in sentences without a specific actor.

> Tutor: On mówi to.
>
> Student a: Jak się to mówi?
>
> Student b: Tak się tego nie mówi.

1. On mówi to.   a. Jak się to mówi?
                      b. Tak się tego nie mówi.

2. On pisze to.   a. Jak się to pisze?
                      b. Tak się tego nie pisze.

3. On czyta to.   a. Jak się to czyta?
                      b. Tak się tego nie czyta.

4. On otwiera to.   a. Jak się to otwiera?
                      b. Tak się tego nie otwiera.

5. On zamyka to.   a. Jak się to zamyka?
                      b. Tak się tego nie zamyka.

6. On robi to.   a. Jak się to robi?
                      b. Tak się tego nie robi.

7. On tańczy to.   a. Jak się to tańczy?
                      b. Tak się tego nie tańczy.

S.   Drill for the genitive of the reflexive pronoun.

> Tutor: Piszę do pana.
>   Pan pisze do mnie.
>
> Student: Piszemy do siebie.

1. Piszę do pana.   Piszemy do siebie.
   Pan pisze do mnie.

2. Siedzę obok pana.   Siedzimy obok siebie.
   Pan siedzi obok mnie.

3. Pływam koło pana.   Pływamy koło siebie.
   Pan pływa koło mnie.

4. Nie znam tu nikogo oprócz   Nie znamy tu nikogo oprócz siebie.
pana.
Pan nie zna tu nikogo oprócz
mnie.

5. Mam list od pana.   Mamy listy od siebie.
Pan ma list ode mnie.

T.   Drill for possessive phrases using possessive adjectives or the possessive forms of personal pronouns.

Tutor:	Kto ma radio?
Student:	Czyje to jest radio?

1.	Kto ma radio?	Czyje to jest radio?
2.	Ja mam radio.	To jest moje radio.
3.	Ty masz radio.	To jest twoje radio.
4.	On ma radio.	To jest jego radio.
5.	Ona ma radio.	To jest jej radio.
6.	My mamy radio.	To jest nasze radio.
7.	Wy macie radio.	To jest wasze radio.
8.	Oni mają radio.	To jest ich radio.
9.	One mają radio.	To jest ich radio.
10.	Pan ma radio.	To jest pańskie radio. To jest radio pana.
11.	Pani ma radio.	To jest radio pani.
12.	Panowie mają radio.	To jest radio panów.
13.	Panie mają radio.	To jest radio pań.
14.	Państwo mają radio.	To jest radio państwa.

U.   Drill for verbs with the genitive object.

Tutor:	woda
Student a:	Lubię wodę.
Student b:	Boję się wody.

1. woda   a. Lubię wodę.
                             b. Boję się wody.

2. pani Zofia   a. Lubię panią Zofię.
                             b. Boję się pani Zofii.

3. pańska siostra   a. Lubię pańską siostrę.
                                      b. Boję się pańskiej siostry.

4. czarne oczy   a. Lubię czarne oczy.
                                      b. Boję się czarnych oczu.

5. swoja nauczycielka   a. Lubię swoją nauczycielkę.
                                      b. Boję się swojej nauczycielki.

```
Tutor:       radio
Student a:  Słyszę radio.
Student b:  Słucham radia.
```

6. radio   a. Słyszę radio.
                                      b. Słucham radia.

7. wiadomości   a. Słyszę wiadomości.
                                      b. Słucham wiadomości.

8. muzyka   a. Słyszę muzykę.
                                      b. Słucham muzyki.

9. lekcja   a. Słyszę lekcję.
                                      b. Słucham lekcji.

10. odpowiedź   a. Słyszę odpowiedź.
                                      b. Słucham odpowiedzi.

```
Tutor:       okulary
Student a:  Mam okulary.
Student b:  Szukam okularów.
```

11. okulary   a. Mam okulary.
                                      b. Szukam okularów.

12. pieniądze   a. Mam pieniądze.
                                      b. Szukam pieniędzy.

13. nożyczki   a. Mam nożyczki.
                                      b. Szukam nożyczek.

14. kolega   a. Mam kolegę.
                                      b. Szukam kolegi.

15. podręcznik   a. Mam podręcznik.
                                      b. Szukam podręcznika.

```
Tutor:       słownik
Student a:  Biorę słownik.
Student b:  Używam słownika.
```

16. słownik   a. Biorę słownik.
                                 b. Używam słownika.

17. wieczne pióro   a. Biorę wieczne pióro.
                                 b. Używam wiecznego pióra.

18. czerwony ołówek   a. Biorę czerwony ołówek.
                                 b. Używam czerwonego ołówka.

19. zapalniczka   a. Biorę zapalniczkę.
                                 b. Używam zapalniczki.

20. zapałki   a. Biorę zapałki.
                                 b. Używam zapałek.

V.   Drill for <u>kto z</u> with the genitive and <u>nikt z</u> with the genitive.

> Tutor: tańczy
>
> Student a: Kto z państwa tańczy?
>
> Student b: Nikt z nas nie tańczy.

1. tańczy   a. Kto z państwa tańczy?
                                 b. Nikt z nas nie tańczy.

2. pali   a. Kto z państwa pali?
                                 b. Nikt z nas nie pali.

3. boi się   a. Kto z państwa się boi?
                                 b. Nikt z nas się nie boi.

4. chce czytać   a. Kto z państwa chce czytać?
                                 b. Nikt z nas nie chce czytać.

5. nazywa się Zieliński   a. Kto z państwa nazywa się Zieliński?
                                 b. Nikt z nas się nie nazywa Zieliński.

6. zamknie drzwi   a. Kto z państwa zamknie drzwi?
                                 b. Nikt z nas nie zamknie drzwi.

7. jest przeziębiony   a. Kto z państwa jest przeziębiony?
                                 b. Nikt z nas nie jest przeziębiony.

8. zapyta go   a. Kto z państwa zapyta go?
                                 b. Nikt z nas nie zapyta go.

ĆWICZENIA   DRILLS

A. Drill for the dative singular of feminine nouns with stems ending in alter-
    nating consonants.

> Tutor: Alina nie ma książki.
>
> Student: Dam książkę Alinie.

1. Alina nie ma książki.   Dam książkę Alinie.

2. Barbara nie ma książki.   Dam książkę Barbarze.

3. Marta nie ma książki.   Dam książkę Marcie.

4. Wanda nie ma książki.   Dam książkę Wandzie.

5. Teresa nie ma książki.   Dam książkę Teresie.

6. Janka nie ma książki.   Dam książkę Jance.

7. Olga nie ma książki.   Dam książkę Oldze.

8. Ewa nie ma książki.   Dam książkę Ewie.

9. Anna nie ma książki.   Dam książkę Annie.

10. Jadwiga nie ma książki.   Dam książkę Jadwidze.

B. Drill for the dative singular of feminine nouns in nonalternating consonants.

> Tutor: Basia jest chora.
>
> Student: Co jest Basi?

1. Basia jest chora.   Co jest Basi?

2. Zofia jest chora.   Co jest Zofii?

3. Adela jest chora.   Co jest Adeli?

4. Jadzia jest chora.   Co jest Jadzi?

5. Julia jest chora.   Co jest Julii?

6. Krysia jest chora.   Co jest Krysi?

7. Maria jest chora.   Co jest Marii?

8. Felicja jest chora.   Co jest Felicji?

9. Mania jest chora.   Co jest Mani?

10. Jego uczennica jest chora.   Co jest jego uczennicy?

C. Drill for the dative singular of masculine nouns.

> Tutor: Jan ma szczęście.
>
> Student: Janowi się zawsze powodzi.

1. Jan ma szczęście.   Janowi się zawsze powodzi.

2. Kazimierz ma szczęście.   Kazimierzowi się zawsze powodzi.

3. Paweł ma szczęście.   Pawłowi się zawsze powodzi.

4. Juliusz ma szczęście.   Juliuszowi się zawsze powodzi.

5. Henryk ma szczęście.   Henrykowi się zawsze powodzi.

6. Andrzej ma szczęście.   Andrzejowi się zawsze powodzi.

7. Ryszard ma szczęście.   Ryszardowi się zawsze powodzi.

8. Robert ma szczęście.   Robertowi się zawsze powodzi.

9. Olek ma szczęście.   Olkowi się zawsze powodzi.

10. Leon ma szczęście.   Leonowi się zawsze powodzi.

D. Drill for the dative plural of nouns.

> Tutor: Jego studenci tego nie rozumieją.
>
> Student: Niech pan to wytłumaczy jego studentom.

1. Jego studenci tego nie   Niech pan to wytłumaczy jego studentom.
   rozumieją.

2. Jego studentki tego nie   Niech pan to wytłumaczy jego studentkom.
   rozumieją.

3. Jego uczniowie tego nie   Niech pan to wytłumaczy jego uczniom.
   rozumieją.

4. Jego uczennice tego nie   Niech pan to wytłumaczy jego uczennicom.
   rozumieją.

5. Jego sąsiedzi tego nie   Niech pan to wytłumaczy jego sąsiadom.
   rozumieją.

6. Jego sąsiadki tego nie   Niech pan to wytłumaczy jego sąsiadkom.
   rozumieją.

7. Jego nauczyciele tego   Niech pan to wytłumaczy jego
   nie rozumieją.   nauczycielom.

8. Jego przyjaciele tego   Niech pan to wytłumaczy jego
   nie rozumieją.   przyjaciołom.

9. Jego koledzy tego nie   Niech pan to wytłumaczy jego kolegom.
   rozumieją.

10. Jego koleżanki tego   Niech pan to wytłumaczy jego koleżankom.
    nie rozumieją.

E.   Drill for the dative singular of adjectives and feminine nouns.

> Tutor: Kto to jest ta przystojna kobieta?
>
> Student: Chętnie pana przedstawię tej przystojnej kobiecie.

1. Kto to jest ta przystojna   Chętnie pana przedstawię tej przystojnej
   kobieta?   kobiecie.

2. Kto to jest ta miła pani?   Chętnie pana przedstawię tej miłej pani.

3. Kto to jest ta nowa studentka?   Chętnie pana przedstawię tej nowej
                                     studentce.

4. Kto to jest ta smutna panna?   Chętnie pana przedstawię tej smutnej
                                     pannie.

5. Kto to jest ta opalona   Chętnie pana przedstawię tej opalonej
   dziewczyna?   dziewczynie.

6. Kto to jest ta blada   Chętnie pana przedstawie tej bladej
   uczennica?   uczennicy.

7. Kto to jest ta sympatyczna   Chętnie pana przedstawię tej sympatycznej
   Polka?   Polce.

8. Kto to jest ta wesoła   Chętnie pana przedstawię tej wesołej
   Francuzka?   Francuzce.

9. Kto to jest ta młoda   Chętnie pana przedstawię tej młodej
   Amerykanka?   Amerykance.

10. Kto to jest ta ładna   Chętnie pana przedstawię tej ładnej
    Szwedka?   Szwedce.

F.   Drill for the dative singular of adjectives and masculine nouns.

> Tutor: Kto to jest ten młody człowiek?
>
> Student: Jak na imię temu młodemu człowiekowi?

1. Kto to jest ten młody   Jak na imię temu młodemu człowiekowi?
   człowiek?

2. Kto to jest ten sympatyczny   Jak na imię temu sympatycznemu lotnikowi?
   lotnik?

3. Kto to jest ten miły   Jak na imię temu miłemu marynarzowi?
   marynarz?

4. Kto to jest ten blady   Jak na imię temu bladamu uczniowi?
   uczeń?

5. Kto to jest ten nowy
   student?

6. Kto to jest ten stary profesor?

7. Kto to jest ten przystojny
   mężczyzna?

8. Kto to jest ten wesoły
   Polak?

9. Kto to jest ten opalony
   Amerykanin?

10. Kto to jest ten zmęczony
    żołnierz?

Jak na imię temu nowemu studentowi?

Jak na imię temu staremu profesorowi?

Jak na imię temu przystojnemu
mężczyźnie?

Jak na imię temu wesołemu Polakowi?

Jak na imię temu opalonemu
Amerykaninowi?

Jak na imię temu zmęczonemu
żołnierzowi?

G. Drill for the dative plural of nouns modified by demonstrative adjectives.

> Tutor: Ci studenci nie mogą tu pracować.
>
> Student: Czy nie przeszkadzamy tym studentom?

1. Ci studenci nie mogą tu
   pracować.

2. Te studentki nie mogą tu
   pracować.

3. Tamci uczniowie nie mogą
   tu pracować.

4. Tamte uczennice nie mogą
   tu pracować.

5. Ci chłopcy nie mogą tu
   pracować.

6. Te dziewczyny nie mogą tu
   pracować.

7. Tamci ludzie nie mogą tu
   pracować.

8. Tamte kobiety nie mogą tu
   pracować.

9. Ci panowie nie mogą tu
   pracować.

10. Te panie nie mogą tu
    pracować.

Czy nie przeszkadzamy tym studentom?

Czy nie przeszkadzamy tym studentkom?

Czy nie przeszkadzamy tamtym uczniom?

Czy nie przeszkadzamy tamtym
uczennicom?

Czy nie przeszkadzamy tym chłopcom?

Czy nie przeszkadzamy tym dziewczynom?

Czy nie przeszkadzamy tamtym ludziom?

Czy nie przeszkadzamy tamtym kobietom?

Czy nie przeszkadzamy tym panom?

Czy nie przeszkadzamy tym paniom?

H. Drill for the dative singular in -u of Declensions III and IV.

> Tutor: Nie lubię tego pana.
>
> Student: Co pan ma przeciw temu panu?

1. Nie lubię tego pana. Co pan ma przeciw temu panu?

2. Nie lubię jej brata. Co pan ma przeciw jej bratu?

3. Nie lubię ich ojca. Co pan ma przeciw ich ojcu?

4. Nie lubię tego chłopca. Co pan ma przeciw temu chłopcu?

5. Nie lubię tego psa. Co pan ma przeciw temu psu?

6. Nie lubię tego kota. Co pan ma przeciw temu kotu?

7. Nie lubię tego dziecka. Co pan ma przeciw temu dziecku?

8. Nie lubię tych państwa. Co pan ma przeciw tym państwu?

I. Drill for the dative of nouns modified by possessive adjectives.

> Tutor: Moja siostra nie jest chora.
> Student: Mojej siostrze nic nie jest.

1. Moja siostra nie jest chora. Mojej siostrze nic nie jest.

2. Twoja matka nie jest chora. Twojej matce nic nie jest.

3. Pańska córka nie jest chora. Pańskiej córce nic nie jest.

4. Mój brat nie jest chory. Mojemu bratu nic nie jest.

5. Twój ojciec nie jest chory. Twojemu ojcu nic nie jest.

6. Pański syn nie jest chory. Pańskiemu synowi nic nie jest.

7. Nasze dziecko nie jest chore. Naszemu dziecku nic nie jest.

8. Moi bracia nie są chorzy. Moim braciom nic nie jest.

9. Twoje siostry nie są chore. Twoim siostrom nic nie jest.

10. Pańscy rodzice nie są chorzy. Pańskim rodzicom nic nie jest.

11. Nasi synowie nie są chorzy. Naszym synom nic nie jest.

12. Wasze dzieci nie są chore. Waszym dzieciom nic nie jest.

J. Drill for the dative of last names.

> Tutor: Nie rozumiem pana Zielińskiego.
> Student: Dziwię się panu Zielińskiemu.

1. Nie rozumiem pana Zielińskiego. Dziwię się panu Zielińskiemu.

2. Nie rozumiem pani Zielińskiej. Dziwię się pani Zielińskiej.

3. Nie rozumiem państwa   Dziwię się państwu Zielińskim.
   Zielińskich.

4. Nie rozumiem pana Wilczka.   Dziwię się panu Wilczkowi.

5. Nie rozumiem pani Wilczek.   Dziwię się pani Wilczek.

6. Nie rozumiem państwa   Dziwię się państwu Wilczkom.
   Wilczków.

7. Nie rozumiem pana Morgana.   Dziwię się panu Morganowi.

8. Nie rozumiem pani Morgan.   Dziwię się pani Morgan.

9. Nie rozumiem państwa   Dziwię się państwu Morganom.
   Morganów.

10. Nie rozumiem pana   Dziwię się panu Chełmickiemu.
    Chełmickiego.

11. Nie rozumiem pani   Dziwię się pani Chełmickiej.
    Chełmickiej.

12. Nie rozumiem państwa   Dziwię się państwu Chełmickim.
    Chełmickich.

K.   Drill for the dative of nouns and adjectives.

```
Tutor:      kolega; ojciec

Student a:  Mój kolega nie podoba się mojemu ojcu.

Student b:  Mój ojciec nie podoba się mojemu koledze.
```

1. kolega   a. Mój kolega nie podoba się mojemu ojcu.
   ojciec   b. Mój ojciec nie podoba się mojemu
                                koledze.

2. znajomy   a. Mój znajomy nie podoba się mojej
   matka   matce.
                             b. Moja matka nie podoba się mojemu
                                znajomemu.

3. koleżanka   a. Moja koleżanka nie podoba się mojemu
   brat   bratu.
                             b. Mój brat nie podoba się mojej
                                koleżance.

4. znajoma   a. Moja znajoma nie podoba się moim
   rodzice   rodzicom.
                             b. Moi rodzice nie podobają się mojej
                                znajomej.

5. przyjaciel   a. Mój przyjaciel nie podoba się mojej
   siostra   siostrze.
                             b. Moja siostra nie podoba się mojemu
                                przyjacielowi.

6. przyjaciółka   a. Moja przyjaciółka nie podoba się panu
   pan Zieliński   Zielińskiemu.
                      b. Pan Zieliński nie podoba się mojej
                         przyjaciółce.

7. Wanda   a. Wanda nie podoba się Jerzemu.
   Jerzy   b. Jerzy nie podoba się Wandzie.

8. państwo Zielińscy   a. Państwo Zielińscy nie podobają się
   pan Wilczek   panu Wilczkowi.
                      b. Pan Wilczek nie podoba się państwu
                         Zielińskim.

L.   Drill for the dative of pronouns.

> Tutor: Nudzę się.
>
> Student: Nudzi mi się.

1. Nudzę się.   Nudzi mi się.

2. Nudzisz się?   Nudzi ci się?

3. On się nudzi.   Nudzi mu się.

4. Ona się nudzi.   Nudzi się jej.

5. Nudzimy się.   Nudzi się nam.

6. Nudzicie się?   Nudzi się wam?

7. Oni się nudzą.   Nudzi im się.

8. One się nudzą.   Nudzi im się.

9. Kto się nudzi?   Komu się nudzi?

10. Nikt się nie nudzi.   Nikomu się nie nudzi.

M.   Drill for the dative of personal pronouns.

> Tutor: Ona im pomaga.
>
> Student: Oni jej pomagają.

1. Ona im pomaga.   Oni jej pomagają.

2. Ja ci pomagam.   Ty mi pomagasz.

3. One wam pomagają.   Wy im pomagacie.

4. My jej pomagamy.   Ona nam pomaga.

5. Wy im pomagacie.   Oni wam pomagają.

6. On jej pomaga.   Ona mu pomaga.

7. Ty mu pomagasz.   On ci pomaga.

8. Wy nam pomagacie.   My wam pomagamy.

9. Oni wam pomagają.   Wy im pomagacie.

10. My mu pomagamy.   On nam pomaga.

N.   Drill for the short and long forms of the dative of the pronouns ty, on.

```
┌─────────────────────────────────────────────────────────┐
│   Tutor:      Wierzę.                                    │
│   Student a:  Wierzę ci.  Nie wierzę mu.                 │
│   Student b:  Tobie wierzę, ale jemu nie wierzę.         │
└─────────────────────────────────────────────────────────┘
```

1. Wierzę.   a. Wierzę ci. Nie wierzę mu.
                                      b. Tobie wierzę, ale jemu nie wierzę.

2. Pomagam.   a. Pomagam ci. Nie pomagam mu.
                                      b. Tobie pomagam, ale jemu nie pomagam.

3. Przeszkadzam.   a. Przeszkadzam ci. Nie przeszkadzam
                                         mu.
                                      b. Tobie przeszkadzam, ale jemu nie
                                         przeszkadzam.

4. Powiem.   a. Powiem ci. Nie powiem mu.
                                      b. Tobie powiem, ale jemu nie powiem.

5. Opowiem.   a. Opowiem ci. Nie opowiem mu.
                                      b. Tobie opowiem, ale jemu nie opowiem.

6. Odpowiem.   a. Odpowiem ci. Nie odpowiem mu.
                                      b. Tobie odpowiem, ale jemu nie
                                         odpowiem.

O.   Drill for the short and long forms of the dative of the pronouns ja, on.

```
┌─────────────────────────────────────────────────────────┐
│   Tutor:      Zimno jest.                               │
│   Student a:  Zimno mi.  Nie jest mu zimno.             │
│   Student b:  Mnie jest zimno, ale jemu nie jest zimno. │
└─────────────────────────────────────────────────────────┘
```

1. Zimno jest.   a. Zimno mi. Nie jest mu zimno.
                                      b. Mnie jest zimno, ale jemu nie jest
                                         zimno.

2. Gorąco jest.   a. Gorąco mi. Nie jest mu gorąco.
                                      b. Mnie jest gorąco, ale jemu nie jest
                                         gorąco.

3. Ciemno jest.   a. Ciemno mi. Nie jest mu ciemno.
                                      b. Mnie jest ciemno, ale jemu nie jest
                                         ciemno.

4. Wygodnie jest.

    a. Wygodnie mi. Nie jest mu wygodnie.

    b. Mnie jest wygodnie, ale jemu nie jest wygodnie.

5. Przyjemnie jest.

    a. Przyjemnie mi. Nie jest mu przyjemnie.

    b. Mnie jest przyjemnie, ale jemu nie jest przyjemnie.

6. Lepiej jest.

    a. Lepiej mi. Nie jest mu lepiej.

    b. Mnie jest lepiej, ale jemu nie jest lepiej.

P.   Drill for the dative of pronouns of the third person after a preposition.

> Tutor: Co masz przeciwko temu panu?
>
> Student: Nic nie mam przeciwko niemu.

1.	Co masz przeciwko temu panu?	Nic nie mam przeciwko niemu.
2.	Co masz przeciwko tym panom?	Nic nie mam przeciwko nim.
3.	Co masz przeciwko tej pani?	Nic nie mam przeciwko niej.
4.	Co masz przeciwko tym paniom?	Nic nie mam przeciwko nim.
5.	Co masz przeciwko temu koledze?	Nic nie mam przeciwko niemu.
6.	Co masz przeciwko tym kolegom?	Nic nie mam przeciwko nim.
7.	Co masz przeciwko tej koleżance?	Nic nie mam przeciwko niej.
8.	Co masz przeciwko tym koleżankom?	Nic nie mam przeciwko nim.
9.	Co masz przeciwko temu studentowi?	Nic nie mam przeciwko niemu.
10.	Co masz przeciwko tym studentom?	Nic nie mam przeciwko nim.
11.	Co masz przeciwko tej studentce?	Nic nie mam przeciwko niej.
12.	Co masz przeciwko tym studentkom?	Nic nie mam przeciwko nim.

Q.   Drill for the dative of the reflexive pronoun.

> Tutor: Wierzę panu.
>   Pan mi wierzy.
> Student: Wierzymy sobie.

1. Wierzę panu.   Wierzymy sobie.
   Pan mi wierzy.

2. Pomagasz mu.   Pomagacie sobie.
   On ci pomaga.

3. On życzy jej Wesołych Świąt.   Oni życzą sobie Wesołych Świąt.
   Ona życzy mu Wesołych Świąt.

4. Podobam się jej.   Podobamy się sobie.
   Ona mi się podoba.

5. Dziękujesz mi.   Dziękujemy sobie.
   Dziękuję ci.

6. On jej przeszkadza.   Oni przeszkadzają sobie.
   Ona mu przeszkadza.

R.   Drill for po + the -u form of adjectives.

> Tutor: Uczę się polskiego.
> Student: Nie mówię jeszcze po polsku.

1. Uczę się polskiego.   Nie mówię jeszcze po polsku.

2. Uczę się angielskiego.   Nie mówię jeszcze po angielsku.

3. Uczę się rosyjskiego.   Nie mówię jeszcze po rosyjsku.

4. Uczę się francuskiego.   Nie mówię jeszcze po francusku.

5. Uczę się włoskiego.   Nie mówię jeszcze po włosku.

S.   Drill for the formation of adverbs.

> Tutor: mały
> Student: Mało go znam.

1. mały   Mało go znam.

2. dobry   Dobrze go znam.

3. zły   Źle go znam.

4. doskonały　　　　　　　Doskonale go znam.

5. krótki　　　　　　　　　Krótko go znam.

6. długi　　　　　　　　　Długo go znam.

7. osobisty　　　　　　　Osobiście go znam.

T.　Drill for the genitive objects of verbs and expressions.

> Tutor:　　　Mam pieniądze.
>
> Student a:　Wystarczy mi pieniędzy.
>
> Student b:　Szkoda mi pieniędzy.

1. Mam pieniądze.　　　　a. Wystarczy mi pieniędzy.
   　　　　　　　　　　　b. Szkoda mi pieniędzy.

2. Mam czas.　　　　　　a. Wystarczy mi czasu.
   　　　　　　　　　　　b. Szkoda mi czasu.

3. Mam pracę.　　　　　　a. Wystarczy mi pracy.
   　　　　　　　　　　　b. Szkoda mi pracy.

4. Mam papier.　　　　　a. Wystarczy mi papieru.
   　　　　　　　　　　　b. Szkoda mi papieru.

5. Mam znaczki.　　　　　a. Wystarczy mi znaczków.
   　　　　　　　　　　　b. Szkoda mi znaczków.

6. Mam atrament.　　　　a. Wystarczy mi atramentu.
   　　　　　　　　　　　b. Szkoda mi atramentu.

7. Mam koperty.　　　　　a. Wystarczy mi kopert.
   　　　　　　　　　　　b. Szkoda mi kopert.

8. Mam papierosy.　　　　a. Wystarczy mi papierosów.
   　　　　　　　　　　　b. Szkoda mi papierosów.

U.　Drill for the 1st singular and 3d plural of _wiem_ 'I know' and verbs of its type.

> Tutor:　　　Kto wie?
>
> Student a:　Ja wiem.
>
> Student b:　Oni wiedzą.

1. Kto wie?　　　　　　　a. Ja wiem.
   　　　　　　　　　　　b. Oni wiedzą.

2. Kto to powie?　　　　a. Ja powiem.
   　　　　　　　　　　　b. Oni powiedzą.

3. Kto to opowie?   a. Ja opowiem.
                                 b. Oni opowiedzą.

4. Kto odpowie?   a. Ja odpowiem.
                                 b. Oni odpowiedzą.

ĆWICZENIA   DRILLS

A.   Drill for the 1st person singular, masculine and feminine, past tense.

> Tutor: Nic dzisiaj nie robię.
>
> Student a: Nic wczoraj nie robiłem.
>
> Student b: Nic wczoraj nie robiłam.

1. Nic dzisiaj nie robię.   a. Nic wczoraj nie robiłem.
                                         b. Nic wczoraj nie robiłam.

2. Dzisiaj cały dzień czytam.   a. Wczoraj cały dzień czytałem.
                                         b. Wczoraj cały dzień czytałam.

3. Uczę się dzisiaj polskiego.   a. Uczyłem się wczoraj polskiego.
                                         b. Uczyłam się wczoraj polskiego.

4. Dzisiaj gram w brydża.   a. Wczoraj grałem w brydża.
                                         b. Wczoraj grałam w brydża.

5. Dzisiaj cały dzień piszę listy.   a. Wczoraj cały dzień pisałem listy.
                                         b. Wczoraj cały dzień pisałam listy.

6. Dzisiaj oglądam telewizję.   a. Wczoraj oglądałem telewizję.
                                         b. Wczoraj oglądałam telewizję.

7. Dzisiaj nie mogę pracować.   a. Wczoraj nie mogłem pracować.
                                         b. Wczoraj nie mogłam pracować.

8. Dzisiaj jestem śpiący.   a. Wczoraj byłem śpiący.
                                         b. Wczoraj byłam śpiąca.

9. Dzisiaj dużo pracuję.   a. Wczoraj dużo pracowałem.
                                         b. Wczoraj dużo pracowałam.

10. Dzisiaj nie słucham radia.   a. Wczoraj nie słuchałem radia.
                                         b. Wczoraj nie słuchałam radia.

B.   Drill for the 2d person singular, masculine and feminine, past tense.

> Tutor: Co robisz?
>
> Student a: Co robiłeś?
>
> Student b: Co robiłaś?

1. Co robisz?   a. Co robiłeś?
                                         b. Co robiłaś?

2. Co czytasz?   a. Co czytałeś?
                                    b. Co czytałaś?

3. Czego się uczysz?   a. Czego się uczyłeś?
                                    b. Czego się uczyłaś?

4. Grasz w brydża?   a. Grałeś w brydża?
                                    b. Grałaś w brydża?

5. Co piszesz?   a. Co pisałeś?
                                    b. Co pisałaś?

6. Co oglądasz?   a. Co oglądałeś?
                                    b. Co oglądałaś?

7. Jak możesz?   a. Jak mogłeś?
                                    b. Jak mogłaś?

8. Jesteś chory?   a. Byłeś chory?
                                    b. Byłaś chora?

9. Gdzie pracujesz?   a. Gdzie pracowałeś?
                                    b. Gdzie pracowałaś?

10. Słuchasz mnie?   a. Słuchałeś mnie?
                                    b. Słuchałaś mnie?

C.   Drill for the 3d person singular, masculine and feminine, past tense.

> Tutor: On nic nie robi.
>
> Student a: On nic nie robił.
>
> Student b: Ona nic nie robiła.

1. On nic nie robi.   a. On nic nie robił.
                                    b. Ona nic nie robiła.

2. On czyta książkę.   a. On czytał książkę.
                                    b. Ona czytała książkę.

3. On uczy się do egzaminu.   a. On uczył się do egzaminu.
                                    b. Ona uczyła się do egzaminu.

4. On dobrze gra w brydża.   a. On dobrze grał w brydża.
                                    b. Ona dobrze grała w brydża.

5. On pisze powieść.   a. On pisał powieść.
                                    b. Ona pisała powieść.

6. On ogląda telewizję.   a. On oglądał telewizję.
                                    b. Ona oglądała telewizję.

7. On może nic nie mówić.   a. On mógł nic nie mówić.
                                    b. Ona mogła nic nie mówić.

8. On jest zdenerwowany.   a. On był zdenerwowany.
                                    b. Ona była zdenerwowana.

9. On nigdzie nie pracuje.   a. On nigdzie nie pracował.
                                    b. Ona nigdzie nie pracowała.

10. On mnie nie słucha.   a. On mnie nie słuchał.
                               b. Ona mnie nie słuchała.

D.   Drill for the 1st person plural, virile and nonvirile, past tense.

> Tutor: Robimy zdjęcia.
>
> Student a: Robiliśmy zdjęcia.
>
> Student b: Robiłyśmy zdjęcia.

1. Robimy zdjęcia.   a. Robiliśmy zdjęcia.
                             b. Robiłyśmy zdjęcia.

2. Czytamy gazety.   a. Czytaliśmy gazety.
                             b. Czytałyśmy gazety.

3. Uczymy się mówić po rosyjsku.   a. Uczyliśmy się mówić po rosyjsku.
                                             b. Uczyłyśmy się mówić po rosyjsku.

4. Gramy w brydża.   a. Graliśmy w brydża.
                             b. Grałyśmy w brydża.

5. Piszemy do przyjaciół.   a. Pisaliśmy do przyjaciół.
                                  b. Pisałyśmy do przyjaciół.

6. Oglądamy telewizję.   a. Oglądaliśmy telewizję.
                                b. Oglądałyśmy telewizję.

7. Nie możemy panu nic   a. Nie mogliśmy panu nic powiedzieć.
    powiedzieć.   b. Nie mogłyśmy panu nic powiedzieć.

8. Jesteśmy u Zielińskich.   a. Byliśmy u Zielińskich.
                                  b. Byłyśmy u Zielińskich.

9. Pracujemy u przyjaciół.   a. Pracowaliśmy u przyjaciół.
                                  b. Pracowałyśmy u przyjaciół.

10. Słuchamy radia.   a. Słuchaliśmy radia.
                             b. Słuchałyśmy radia.

E.   Drill for the 2d person plural, virile and nonvirile, past tense.

> Tutor: Robicie fotografie?
>
> Student a: Robiliście fotografie?
>
> Student b: Robiłyście fotografie?

1. Robicie fotografie?   a. Robiliście fotografie?
                             b. Robiłyście fotografie?

2. Czytacie to?   a. Czytaliście to?
                                         b. Czytałyście to?

3. Uczycie się francuskiego?   a. Uczyliście się francuskiego?
                                         b. Uczyłyście się francuskiego?

4. Gracie w brydża?   a. Graliście w brydża?
                                         b. Grałyście w brydża?

5. Piszecie do rodziców?   a. Pisaliście do rodziców?
                                         b. Pisałyście do rodziców?

6. Oglądacie telewizję?   a. Oglądaliście telewizję?
                                         b. Oglądałyście telewizję?

7. Możecie tu pracować?   a. Mogliście tu pracować?
                                         b. Mogłyście tu pracować?

8. Jesteście źli na mnie?   a. Byliście źli na mnie?
                                         b. Byłyście złe na mnie?

9. Pracujecie gdzieś?   a. Pracowaliście gdzieś?
                                         b. Pracowałyście gdzieś?

10. Słuchacie muzyki?   a. Słuchaliście muzyki?
                                         b. Słuchałyście muzyki?

F.   Drill for the 3d person plural, virile and nonvirile, past tense.

```
Tutor:      Oni nic nie robią.

Student a:  Oni nic nie robili.

Student b:  One nic nie robiły.
```

1. Oni nic nie robią.   a. Oni nic nie robili.
                                         b. One nic nie robiły.

2. Oni nic nie czytają.   a. Oni nic nie czytali.
                                         b. One nic nie czytały.

3. Oni się niczego nie uczą.   a. Oni się niczego nie uczyli.
                                         b. One się niczego nie uczyły.

4. Oni nie grają w brydża.   a. Oni nie grali w brydża.
                                         b. One nie grały w brydża.

5. Oni nic nie piszą.   a. Oni nic nie pisali.
                                         b. One nic nie pisały.

6. Oni nic nie oglądają.   a. Oni nic nie oglądali.
                                         b. One nic nie oglądały.

7. Oni nie mogą już jeść.   a. Oni nie mogli już jeść.
                                         b. One nie mogły już jeść.

8. Oni nie są śpiący.   a. Oni nie byli śpiący.
                                         b. One nie były śpiące.

9. Oni nigdzie nie pracują.
     a. Oni nigdzie nie pracowali.
     b. One nigdzie nie pracowały.

10. Oni nas nie słuchają.
     a. Oni nas nie słuchali.
     b. One nas nie słuchały.

G. Drill for the a ~ e alternation in the virile and nonvirile plural past tense forms of verbs.

> Tutor: On musiał się uczyć.
>
> Student: Oni musieli się uczyć.

1. On musiał się uczyć.	Oni musieli się uczyć.
2. Ona musiała się uczyć.	One musiały się uczyć.
3. On widział Martę.	Oni widzieli Martę.
4. Ona widziała Martę.	One widziały Martę.
5. On to powiedział.	Oni to powiedzieli.
6. Ona to powiedziała.	One to powiedziały.
7. On dobrze odpowiedział.	Oni dobrze odpowiedzieli.
8. Ona dobrze odpowiedziała.	One dobrze odpowiedziały.
9. On miał katar.	Oni mieli katar.
10. Ona miała katar.	One miały katar.
11. On już jadł.	Oni już jedli.
12. Ona już jadła.	One już jadły.
13. On chciał grać w brydża.	Oni chcieli grać w brydża.
14. Ona chciała grać w brydża.	One chciały grać w brydża.
15. On myślał, że nie będzie deszczu.	Oni myśleli, że nie będzie deszczu.
16. Ona myślała, że nie będzie deszczu.	One myślały, że nie będzie deszczu.
17. On go nie słyszał.	Oni go nie słyszeli.
18. Ona go nie słyszała.	One go nie słyszały.
19. On zapomniał, jak to się mówi.	Oni zapomnieli, jak to się mówi.
20. Ona zapomniała, jak to się mówi.	One zapomniały, jak to się mówi.

H.   Drill for the e~a alternation in the past tense.

> Tutor: Oni zamknęli oczy.
>
> Student a: On zamknął oczy.
>
> Student b: Ona zamknęła oczy.

1. Oni zamknęli oczy.   a. On zamknął oczy.
                                    b. Ona zamknęła oczy.

2. Zamknęliście oczy?   a. Zamknąłeś oczy?
                                    b. Zamknęłaś oczy?

3. Zamknęliśmy oczy.   a. Zamknąłem oczy.
                                    b. Zamknęłam oczy.

4. Oni wzięli kalosze.   a. On wziął kalosze.
                                    b. Ona wzięła kalosze.

5. Wzięliście kalosze?   a. Wziąłeś kalosze?
                                    b. Wzięłaś kalosze?

6. Wzięliśmy kalosze.   a. Wziąłem kalosze.
                                    b. Wzięłam kalosze.

I.   Drill for the masculine and feminine past-tense forms.

> Tutor: Studiuję medycynę.
>
> Student a: Studiowałem medycynę.
>
> Student b: Studiowałam medycynę.

1. Studiuję medycynę.   a. Studiowałem medycynę.
                                    b. Studiowałam medycynę.

2. Czytam polską gazetę.   a. Czytałem polską gazetę.
                                    b. Czytałam polską gazetę.

3. Słuchasz dzisiaj radia.   a. Słuchałeś wczoraj radia?
                                    b. Słuchałaś wczoraj radia?

4. Widzisz dzisiaj Karola?   a. Widziałeś wczoraj Karola?
                                    b. Widziałaś wczoraj Karola?

5. On dzisiaj pisze listy.   a. On wczoraj pisał listy.
                                    b. Ona wczoraj pisała listy.

6. On dzisiaj szuka pióra.   a. On wczoraj szukał pióra.
                                    b. Ona wczoraj szukała pióra.

7. Chcemy się uczyć.   a. Chcieliśmy się uczyć.
                                    b. Chciałyśmy się uczyć.

8. Miło spędzimy wieczór.
    a. Miło spędziliśmy wieczór.
    b. Miło spędziłyśmy wieczór.

9. Pomagacie rodzicom?
    a. Pomagaliście rodzicom?
    b. Pomagałyście rodzicom?

10. Słyszycie muzykę?
    a. Słyszeliście muzykę?
    b. Słyszałyście muzykę?

11. Oni lubią się uczyć.
    a. Oni lubili się uczyć.
    b. One lubiły się uczyć.

12. Oni mają czas.
    a. Oni mieli czas.
    b. One miały czas.

J. Drill for the masculine vs. feminine and virile vs. nonvirile forms in the past.

> Tutor: Wczoraj słuchałem radia.
>
> Student: Wczoraj słuchałam radia.

1. Wczoraj słuchałem radia.   Wczoraj słuchałam radia.
2. Wczoraj słuchałeś radia.   Wczoraj słuchałaś radia.
3. On wczoraj słuchał radia.   Ona wczoraj słuchała radia.
4. Wczoraj słuchaliśmy radia.   Wczoraj słuchałyśmy radia.
5. Wczoraj słuchaliście radia.   Wczoraj słuchałyście radia.
6. Oni wczoraj słuchali radia.   One wczoraj słuchały radia.
7. Wczoraj miałem czas.   Wczoraj miałam czas.
8. Wczoraj miałeś czas.   Wczoraj miałaś czas.
9. On wczoraj miał czas.   Ona wczoraj miała czas.
10. Wczoraj mieliśmy czas.   Wczoraj miałyśmy czas.
11. Wczoraj mieliście czas.   Wczoraj miałyście czas.
12. Oni wczoraj mieli czas.   One wczoraj miały czas.
13. Wczoraj czytałem książkę.   Wczoraj czytałam książkę.
14. Wczoraj czytałeś książkę.   Wczoraj czytałaś książkę.
15. On wczoraj czytał książkę.   Ona wczoraj czytała książkę.
16. Wczoraj czytaliśmy książkę.   Wczoraj czytałyśmy książkę.
17. Wczoraj czytaliście książkę.   Wczoraj czytałyście książkę.
18. Oni wczoraj czytali książkę.   One wczoraj czytały książkę.
19. Wczoraj grałem w brydża.   Wczoraj grałam w brydża.
20. Wczoraj grałeś w brydża.   Wczoraj grałaś w brydża.

21. On wczoraj grał w brydża.   Ona wczoraj grała w brydża.

22. Wczoraj graliśmy w brydża.   Wczoraj grałyśmy w brydża.

23. Wczoraj graliście w brydża.   Wczoraj grałyśmy w brydża.

24. Oni wczoraj grali w brydża.   One wczoraj grały w brydża.

K. Drill for the virile and nonvirile plural forms of the past tense and of adjectives.

> Tutor: Mój sąsiad był już stary.
>
> Student: Moi sąsiedzi byli już starzy.

1. Mój sąsiad był już stary.   Moi sąsiedzi byli już starzy.

2. Mój kot był już stary.   Moje koty były już stare.

3. To był polski żołnierz.   To byli polscy żołnierze.

4. To był polski znaczek.   To były polskie znaczki.

5. Nauczyciel był chory.   Nauczyciele byli chorzy.

6. Nauczycielka była chora.   Nauczycielki były chore.

7. Twój kolega był taki miły.   Twoi koledzy byli tacy mili.

8. Twoja koleżanka była taka miła.   Twoje koleżanki były takie miłe.

9. Ten student był bardzo dobry.   Ci studenci byli bardzo dobrzy.

10. To zdjęcie było bardzo dobre.   Te zdjęcia były bardzo dobre.

11. Ten chłopiec był taki blady.   Ci chłopcy byli tacy bladzi.

12. To dziecko było takie blade.   Te dzieci były takie blade.

13. To był smutny człowiek.   To byli smutni ludzie.

14. To była smutna powieść.   To były smutne powieści.

L. Drill for the movable 1st person plural past tense suffixes.

> Tutor: Dużo jedliśmy.
>
> Student: Dużośmy jedli.

1. Dużo jedliśmy.   Dużośmy jedli.

2. Zmęczyliśmy się okropnie.   Okropnieśmy się zmęczyli.

3. Nigdy dobrze nie pływaliśmy.   Nigdyśmy dobrze nie pływali.

4. Mało dzisiaj pracowaliśmy.   Małośmy dzisiaj pracowali.

5. Czuliśmy się wczoraj słabo.   Słabośmy się wczoraj czuli.

6. Zapomnieliśmy zupełnie.   Zupełnieśmy zapomnieli.

7. Znaliśmy go dobrze.   Dobrześmy go znali.

8. Opaliliśmy się ładnie.   Ładnieśmy się opalili.

9. Rzadko pisaliśmy listy.   Rzadkośmy pisali listy.

10. Często czytaliśmy polskie gazety.   Częstośmy czytali polskie gazety.

M. Drill for the movable 2d person plural past tense suffixes.

> Tutor: Kiedy się uczyliście do egzaminu?
>
> Student: Kiedyście się uczyli do egzaminu?

1. Kiedy się uczyliście do egzaminu?   Kiedyście się uczyli do egzaminu?

2. Dobrze czuliście się wczoraj?   Dobrzeście się wczoraj czuli?

3. Dużo przedwczoraj pracowaliście?   Dużoście przedwczoraj pracowali?

4. Zawsze go lubiliście?   Zawszeście go lubili?

5. Dlaczego nie tańczyliście?   Dlaczegoście nie tańczyli?

6. Często go nie rozumieliście?   Częstoście go nie rozumieli?

7. Nudziliście się bardzo?   Bardzoście się nudzili?

8. Przyjemnie spędziliście wieczór?   Przyjemnieście spędzili wieczór?

9. Gdzie byliście?   Gdzieście byli?

10. Czy widzieliście go?   Czyście go widzieli?

N. Drill for the familiar past tense forms of address.

> Tutor: Gdzie pan był?
>
> Student a: Gdzie byłeś?
>
> Student b: Gdzieś był?

1. Gdzie pan był?   a. Gdzie byłeś?
     b. Gdzieś był?

2. Gdzie pani była?   a. Gdzie byłaś?
     b. Gdzieś była?

3. Gdzie panowie byli?   a. Gdzie byliście?
     b. Gdzieście byli?

4. Gdzie panie były?   a. Gdzie byłyście?
     b. Gdzieście były?

5. Co pan robił?   a. Co robiłeś?
                                          b. Coś robił?

6. Co pani robiła?   a. Co robiłaś?
                                          b. Coś robiła?

7. Co panowie robili?   a. Co robiliście?
                                          b. Coście robili?

8. Co panie robiły?   a. Co robiłyście?
                                          b. Coście robiły?

9. Czy pan znał panią Wandę?   a. Czy znałeś panią Wandę?
                                          b. Czyś znał panią Wandę?

10. Czy pani znała panią Wandę?   a. Czy znałaś panią Wandę?
                                          b. Czyś znała panią Wandę?

11. Czy panowie znali panią   a. Czy znaliście panią Wandę?
    Wandę?   b. Czyście znali panią Wandę?

12. Czy panie znały panią   a. Czy znałyście panią Wandę?
    Wandę?   b. Czyście znały panią Wandę?

13. Jak pan spał?   a. Jak spałeś?
                                          b. Jakeś spał?

14. Jak pani spała?   a. Jak spałaś?
                                          b. Jakeś spała?

15. Jak panowie spali?   a. Jak spaliście?
                                          b. Jakeście spali?

16. Jak panie spały?   a. Jak spałyście?
                                          b. Jakeście spały?

O. Drill for the polite informal past tense forms of address.

```
Tutor:      Gdzie panowie studiowali medycynę?

Student a:  Gdzie panowie studiowaliście medycynę?

Student b:  Gdzieście panowie studiowali medycynę?
```

1. Gdzie panowie studiowali   a. Gdzie panowie studiowaliście
   medycynę?   medycynę?
                                          b. Gdzieście panowie studiowali
                                             medycynę?

2. Gdzie panie mieszkały?   a. Gdzie panie mieszkałyście?
                                          b. Gdzieście panie mieszkały?

3. Gdzie państwo mieszkali?   a. Gdzie państwo mieszkaliście?
                                          b. Gdzieście państwo mieszkali?

4. Co panowie jedli?   a. Co panowie jedliście?
                                          b. Coście panowie jedli?

5. Co panie jadły?   a. Co panie jadłyście?
                                            b. Coście panie jadły?

6. Co państwo jedli?   a. Co państwo jedliście?
                                            b. Coście państwo jedli?

7. Czy panowie zamknęli książki?   a. Czy panowie zamknęliście książki?
                                            b. Czyście panowie zamknęli książki?

8. Czy panie zamknęły książki?   a. Czy panie zamknęłyście książki?
                                            b. Czyście panie zamknęły książki?

9. Czy państwo zamknęli książki?   a. Czy państwo zamknęliście książki?
                                            b. Czyście państwo zamknęli książki?

10. Jak panowie mogli tu pracować?   a. Jak panowie mogliście tu pracować?
                                            b. Jakeście panowie mogli tu pracować?

11. Jak panie mogły tu pracować?   a. Jak panie mogłyście tu pracować?
                                            b. Jakeście panie mogły tu pracować?

12. Jak państwo mogli tu pracować?   a. Jak państwo mogliście tu pracować?
                                            b. Jakeście państwo mogli tu pracować?

13. Kiedy panowie telefonowali?   a. Kiedy panowie telefonowaliście?
                                            b. Kiedyście panowie telefonowali?

14. Kiedy panie telefonowały?   a. Kiedy panie telefonowałyście?
                                            b. Kiedyście panie telefonowały?

15. Kiedy państwo telefonowali?   a. Kiedy państwo telefonowaliście?
                                            b. Kiedyście państwo telefonowali?

P.   Drill for the infinitive.

Tutor: Nie robiłem zdjęć.

Student: Nie chciałem robić zdjęć.

---

1. Nie robiłem zdjęć.   Nie chciałem robić zdjęć

2. Nie pisałem listów.   Nie chciałem pisać listów.

3. Nie słuchałem radia.   Nie chciałem słuchać radia.

4. Nie studiowałem filozofii.   Nie chciałem studiować filozofii.

5. Nic nie jadłem.   Nie chciałem nic jeść.

6. Nie oglądałem telewizji.   Nie chciałem oglądać telewizji.

7. Nie zamknąłem drzwi.   Nie chciałem zamknąć drzwi.

8. Nie widziałem go.   Nie chciałem go widzieć.

9. Nie słyszałem tego.   Nie chciałem tego słyszeć.

10. Nie pomogłem mu.   Nie chciałem mu pomóc.

Q. Drill for the present and past of the subjectless construction nie chce +
dative + się + infinitive.

> Tutor: Nie chcę słuchać radia.
>
> Student a: Nie chce mi się słuchać radia.
>
> Student b: Nie chciało mi się słuchać radia.

1. Nie chce słuchać radia.   a. Nie chce mi się słuchać radia.
                                        b. Nie chciało mi się słuchać radia.

2. Nie chcesz się uczyć do   a. Nie chce ci się uczyć do egzaminu?
   egzaminu?   b. Nie chciało ci się uczyć do egzaminu?

3. On nie chce pracować.   a. Nie chce mu się pracować.
                                        b. Nie chciało mu się pracować.

4. Ona nie chce nic robić.   a. Nie chce jej się nic robić.
                                        b. Nie chciało jej się nic robić.

5. Nie chcemy czytać dalej.   a. Nie chce nam się czytać dalej.
                                        b. Nie chciało nam się czytać dalej.

6. Nie chcecie jeść?   a. Nie chce wam się jeść?
                                        b. Nie chciało wam się jeść?

7. Oni nie chcą pisać.   a. Nie chce im się pisać.
                                        b. Nie chciało im się pisać.

8. One nie chcą myśleć.   a. Nie chce im się myśleć.
                                        b. Nie chciało im się myśleć.

R. Drill for the tenses of the verb być 'to be.'

> Tutor: Byłem zajęty.
>
> Student a: Jestem zajęty.
>
> Student b: Będę zajęty.

1. Byłem zajęty.   a. Jestem zajęty.
                                        b. Będę zajęty.

2. Byłeś zajęty.   a. Jesteś zajęty.
                                        b. Będziesz zajęty.

3. On był zajęty.   a. On jest zajęty.
                                        b. On będzie zajęty.

4. Byliśmy zajęci.   a. Jesteśmy zajęci.
                                        b. Będziemy zajęci.

5. Byliście zajęci.   a. Jesteście zajęci.
                                        b. Będziecie zajęci.

6. Oni byli zajęci.   a. Oni są zajęci.
                            b. Oni będą zajęci.

7. Byłem u przyjaciół.   a. Jestem u przyjaciół.
                            b. Będę u przyjaciół.

8. Byłaś u przyjaciół.   a. Jesteś u przyjaciół.
                            b. Będziesz u przyjaciół.

9. Ona była u przyjaciół. • a. Ona jest u przyjaciół.
                            b. Ona będzie u przyjaciół.

10. Byłyśmy u przyjaciół.   a. Jesteśmy u przyjaciół.
                            b. Będziemy u przyjaciół.

11. Byłyście u przyjaciół. a. Jesteście u przyjaciół.
                            b. Będziecie u przyjaciół.

12. One były u przyjaciół. a. One są u przyjaciół.
                            b. One będą u przyjaciół.

S.   Drill for the past tense of <u>jest</u> 'there is' and <u>nie ma</u> 'there isn't.'

Tutor:	Tu jest gazeta.
Student a:	Tu była gazeta.
Student b:	Tu nie było gazety.

1. Tu jest gazeta.   a. Tu była gazeta.
                            b. Tu nie było gazety.

2. Tu jest ołówek.   a. Tu był ołówek.
                            b. Tu nie było ołówka.

3. Tu jest pióro.   a. Tu było pióro.
                            b. Tu nie było pióra.

4. Tu są pieniądze.   a. Tu były pieniądze.
                            b. Tu nie było pieniędzy.

5. Tu jest przyjemnie.   a. Tu było przyjemnie.
                            b. Tu nie było przyjemnie.

6. Tu jest zimno.   a. Tu było zimno.
                            b. Tu nie było zimno.

7. Tu jest ciepło.   a. Tu było ciepło.
                            b. Tu nie było ciepło.

8. Tu jest Wanda.   a. Tu była Wanda.
                            b. Tu nie było Wandy.

9. Tu jest Jan.   a. Tu był Jan.
                            b. Tu nie było Jana.

10. Tu są wszyscy.   a. Tu byli wszyscy.
                            b. Tu nie było wszystkich.

T.   Drill for the omission of the present-tense forms of <u>być</u> 'to be.'

```
┌─────────────────────────────────┐
│  Tutor:      Co to jest?          │
│  Student:   Co to?                │
└─────────────────────────────────┘
```

1. Co to jest?   Co to?   ·

2. To jest zegarek.   To zegarek.

3. Kto to jest?   Kto to?

4. To jest mój ojciec.   To mój ojciec.

5. Gdzie jest pana kapelusz?   Gdzie pana kapelusz?

6. To nie jest mój kapelusz.   To nie mój kapelusz.

7. To są jego okulary.   To jego okulary.

8. Jak mu jest na imię?   Jak mu na imię?

9. Na imię mu jest Jan.   Na imię mu Jan.

10. Trochę mi jest zimno.   Trochę mi zimno.

11. Żal mi go jest.   Żal mi go.

12. Bardzo mi jest przyjemnie.   Bardzo mi przyjemnie.

U.   Drill for the past and future tenses of <u>nie ma</u> 'there isn't.'

```
┌──────────────────────────────────────────┐
│  Tutor:       Dzisiaj nie ma burzy.        │
│  Student a:  Wczoraj nie było burzy.       │
│  Student b:  Jutro nie będzie burzy.       │
└──────────────────────────────────────────┘
```

1. Dzisiaj nie ma burzy.   a. Wczoraj nie było burzy.
                                       b. Jutro nie będzie burzy.

2. Dzisiaj nie ma wiatru.   a. Wczoraj nie było wiatru.
                                       b. Jutro nie będzie wiatru.

3. Dzisiaj nie ma mgły.   a. Wczoraj nie było mgły.
                                       b. Jutro nie będzie mgły.

4. Dzisiaj nie ma ulewy.   a. Wczoraj nie było ulewy.
                                       b. Jutro nie będzie ulewy.

5. Dzisiaj nie ma upału.   a. Wczoraj nie było upału.
                                       b. Jutro nie będzie upału.

6. Dzisiaj nie ma słońca.   a. Wczoraj nie było słońca.
                                       b. Jutro nie będzie słońca.

7. Dzisiaj nie ma śniegu.   a. Wczoraj nie było śniegu.
                                       b. Jutro nie będzie śniegu.

8. Dzisiaj nie ma deszczu.   a. Wczoraj nie było deszczu.
                            b. Jutro nie będzie deszczu.

9. Dzisiaj nie ma ładnej pogody.   a. Wczoraj nie było ładnej pogody.
                            b. Jutro nie będzie ładnej pogody.

10. Dzisiaj nie ma brzydkiej pogody.   a. Wczoraj nie było brzydkiej pogody.
                            b. Jutro nie będzie brzydkiej pogody.

V.   Drill for the present, past, and future of nie ma 'there isn't.'

> Tutor: Jestem.
> Student: Nie ma mnie.

1. Jestem.   Nie ma mnie.

2. Jesteś.   Nie ma cię.

3. On jest.   Nie ma go.

4. Jesteśmy.   Nie ma nas.

5. Jesteście.   Nie ma was.

6. Oni są.   Nie ma ich.

7. Byłam.   Nie było mnie.

8. Byłaś.   Nie było cię.

9. Ona była.   Nie było jej.

10. Byłyśmy.   Nie było nas.

11. Byłyście.   Nie było was.

12. Były   Nie było ich.

13. Będę.   Nie będzie mnie.

14. Będziesz.   Nie będzie cię.

15. On będzie.   Nie będzie go.

16. Będziemy.   Nie będzie nas.

17. Będziecie.   Nie będzie was.

18. Oni będą.   Nie będzie ich.

W.   Drill for the prepositional phrases u + genitive.

> Tutor: kolega
> Student: On będzie u kolegi.

1. kolega   On będzie u kolegi.

2. pan Nelson   On będzie u pana Nelsona.

3. pani Nelson   On będzie u pani Nelson.

4. państwo Nelson   On będzie u państwa Nelsonów.

5. rodzice   On będzie u rodziców.

6. sąsiedzi   On będzie u sąsiadów.

7. ja   On będzie u mnie.

8. ty   On będzie u ciebie.

9. on   On będzie u niego.

10. ona   On będzie u niej.

11. my   On będzie u nas.

12. wy   On będzie u was.

13. oni   On będzie u nich.

14. one   On będzie u nich.

X.   Drill for the subjectless construction robi się + adverb or noun.

```
Tutor:    Będzie zimno.
Student:  Robi się zimno.
```

1. Będzie zimno.   Robi się zimno.

2. Będzie gorąco.   Robi się gorąco.

3. Będzie nudno.   Robi się nudno.

4. Będzie brzydko.   Robi się brzydko.

5. Będzie ładnie.   Robi się ładnie.

6. Będzie parno.   Robi się parno.

7. Będzie mgła.   Robi się mgła.

8. Będzie upał.   Robi się upał.

ĆWICZENIA   DRILLS

A. Drill for the locative singular in -e of Declensions I and III.

> Tutor: On kocha Alinę.
>
> Student: On się kocha w Alinie.

1. On kocha Alinę.   On się kocha w Alinie.

2. On kocha Barbarę.   On się kocha w Barbarze.

3. On kocha Elżbietę.   On się kocha w Elżbiecie.

4. On kocha Wandę.   On się kocha w Wandzie.

5. On kocha Jankę.   On się kocha w Jance.

6. On kocha Olgę.   On się kocha w Oldze.

7. On kocha Ewę.   On się kocha w Ewie.

8. On kocha Teresę.   On się kocha w Teresie.

9. Ona kocha Michała.   Ona się kocha w Michale.

10. Ona kocha Zygmunta.   Ona się kocha Zygmuncie.

11. Ona kocha Alfreda.   Ona się kocha w Alfredzie.

12. Ona kocha Wiktora.   Ona się kocha w Wiktorze.

13. Ona kocha Józefa.   Ona się kocha w Józefie.

14. Ona kocha Wacława.   Ona się kocha w Wacławie.

15. Ona kocha Adama.   Ona się kocha w Adamie.

16. Ona kocha Leona.   Ona się kocha w Leonie.

B. Drill for the locative singular in -y/-i of Declension I.

> Tutor: Gdzie jest Marysia?
>
> Student: Myślę tylko o Marysi.

1. Gdzie jest Marysia?   Myślę tylko o Marysi.

2. Gdzie jest Felicja?   Myślę tylko o Felicji.

3. Gdzie jest Jadzia?   Myślę tylko o Jadzi.

4. Gdzie jest Julia?   Myślę tylko o Julii.

5. Gdzie jest Maria?   Myślę tylko o Marii.

6. Gdzie jest Zosia?   Myślę tylko o Zosi.

7. Gdzie jest Ala?   Myślę tylko o Ali.

8. Gdzie jest Mania?   Myślę tylko o Mani.

C.   Drill for the locative singular in -u of Declension III.

> Tutor: Ona siedzi obok Jurka.
> Student: Ona siedzi przy Jurku.

1. Ona siedzi obok Jurka.   Ona siedzi przy Jurku.

2. Ona siedzi obok Kazimierza.   Ona siedzi przy Kazimierzu.

3. Ona siedzi obok Juliusza.   Ona siedzi przy Juliuszu.

4. Ona siedzi obok Tomasza.   Ona siedzi przy Tomaszu.

5. Ona siedzi obok Władka.   Ona siedzi przy Władku.

6. Ona siedzi obok Ździcha.   Ona siedzi przy Ździchu.

7. Ona siedzi obok Karola.   Ona siedzi przy Karolu.

8. Ona siedzi obok Andrzeja.   Ona siedzi przy Andrzeju.

D.   Drill for the preposition w + the locative singular in -e of Declensions I, III,
     and IV.

> Tutor: Tu jest biblioteka.
> Student: Byłem w bibliotece.

1. Tu jest biblioteka.   Byłem w bibliotece.

2. Tu jest teatr.   Byłem w teatrze.

3. Tu jest kino.   Byłem w kinie.

4. Tu jest kościół.   Byłem w kościele.

5. Tu jest stołówka.   Byłem w stołówce.

6. Tu jest klub.   Byłem w klubie.

7. Tu jest autobus.   Byłem w autobusie.

E.   Drill for the preposition na + the locative singular in -e of Declensions I,
     III, and IV.

> Tutor: palto, futro
> Student a: Palto leży na futrze.
> Student b: Futro leży na palcie.

1. palto, futro
   - a. Palto leży na futrze.
   - b. Futro leży na palcie.

2. sweter, marynarka
   - a. Sweter leży na marynarce.
   - b. Marynarka leży na swetrze.

3. sukienka, spódniczka
   - a. Sukienka leży na spódniczce.
   - b. Spódniczka leży na sukience.

4. paszport, prawo jazdy
   - a. Paszport leży na prawie jazdy.
   - b. Prawo jazdy leży na paszporcie.

5. notes, papier
   - a. Notes leży na papierze.
   - b. Papier leży na notesie.

6. list, zeszyt
   - a. List leży na zeszycie.
   - b. Zeszyt leży na liście.

7. długopis, widokówka
   - a. Długopis leży na widokówce.
   - b. Widokówka leży na długopisie.

8. koperta, książka
   - a. Koperta leży na książce.
   - b. Książka leży na kopercie.

F. Drill for the preposition <u>na</u> + the locative singular in -<u>u</u> of Declensions III and IV.

Tutor: podręcznik, słownik

Student a: Podręcznik leży na słowniku.

Student b: Słownik leży na podręczniku.

---

1. podręcznik, słownik
   - a. Podręcznik leży na słowniku.
   - b. Słownik leży na podręczniku.

2. portfel, parasol
   - a. Portfel leży na parasolu.
   - b. Parasol leży na portfelu.

3. znaczek, zegarek
   - a. Znaczek leży na zegarku.
   - b. Zegarek leży na znaczku.

4. ołówek, klucz
   - a. Ołówek leży na kluczu.
   - b. Klucz leży na ołówku.

5. kapelusz, jabłko
   - a. Kapelusz leży na jabłku.
   - b. Jabłko leży na kapeluszu.

6. ubranie, płaszcz
   - a. Ubranie leży na płaszczu.
   - b. Płaszcz leży na ubraniu.

7. pudełko, zdjęcie
   - a. Pudełko leży na zdjęciu.
   - b. Zdjęcie leży na pudełku.

8. kalendarz, szalik
   - a. Kalendarz leży na szaliku.
   - b. Szalik leży na kalendarzu.

G.   Drill for the preposition na + the locative singular in -y/-i of Declensions I
and II.

> Tutor: kolacja
>
> Student: Byłem na kolacji.

1. kolacja   Byłem na kolacji.

2. pływalnia   Byłem na pływalni.

3. policja   Byłem na policji.

4. wieś   Byłem na wsi.

5. lekcja   Byłem na lekcji.

6. plaża   Byłem na plaży.

7. milicja   Byłem na milicji.

8. północ   Byłem na północy.

H.   Drill for the preposition na + the locative plural of nouns.

> Tutor: okulary, rękawiczki
>
> Student a: Okulary leżą na rękawiczkach.
>
> Student b: Rękawiczki leżą na okularach.

1. okulary, rękawiczki   a. Okulary leżą na rękawiczkach.
                                b. Rękawiczki leżą na okularach.

2. nożyczki, pieniądze   a. Nożyczki leżą na pieniądzach.
                                b. Pieniądze leżą na nożyczkach.

3. papierosy, zapałki   a. Papierosy leżą na zapałkach.
                                b. Zapałki leżą na papierosach.

4. spodnie, szorty   a. Spodnie leżą na szortach.
                                b. Szorty leżą na spodniach.

5. buty, sandały   a. Buty leżą na sandałach.
                                b. Sandały leżą na butach.

I.   Drill for the preposition po + the locative singular.

> Tutor: teatr
>
> Student: Gdzie pan był po teatrze?

1. teatr   Gdzie pan był po teatrze?

2. śniadanie   Gdzie pan był po śniadaniu?

3. egzamin   Gdzie pan był po egzaminie?

4. obiad   Gdzie pan był po obiedzie?

5. deszcz   Gdzie pan był po deszczu?

6. kolacja   Gdzie pan był po kolacji?

7. koncert   Gdzie pan był po koncercie?

8. lekcja   Gdzie pan był po lekcji?

J.   Drill for the preposition w + the locative.

> Tutor: kieszeń
>
> Student: Pieniądze mam w kieszeni.

1. kieszeń   Pieniądze mam w kieszeni.

2. portfel   Pieniądze mam w portfelu.

3. teczka   Pieniądze mam w teczce.

4. marynarka   Pieniądze mam w marynarce.

5. spodnie   Pieniądze mam w spodniach.

6. torebka   Pieniądze mam w torebce.

7. płaszcz   Pieniądze mam w płaszczu.

8. ręka   Pieniądze mam w ręce.

9. bank   Pieniądze mam w banku.

10. biurko   Pieniądze mam w biurku.

K.   Drill for the prepositions w and na + the locative.

> Tutor: pociąg
>
> Student: On czyta gazetę w pociągu.

1. pociąg   On czyta gazetę w pociągu.

2. lotnisko   On czyta gazetę na lotnisku.

3. biblioteka   On czyta gazetę w bibliotece.

4. dworzec   On czyta gazetę na dworcu.

5. dom   On czyta gazetę w domu.

6. egzamin   On czyta gazetę na egzaminie.

7. tramwaj   On czyta gazetę w tramwaju.

8. lekcja   On czyta gazetę na lekcji.

9. autobus   On czyta gazetę w autobusie.

10. plaża   On czyta gazetę na plaży.

L. Drill for the locative singular of masculine and feminine nouns modified
    by the demonstrative adjective ten.

| Tutor: ten mężczyzna |
| Student: Jakiego jest pan zdania o tym mężczyźnie? |

1. ten mężczyzna   Jakiego jest pan zdania o tym mężczyźnie?

2. ten uczeń   Jakiego jest pan zdania o tym uczniu?

3. ten profesor   Jakiego jest pan zdania o tym profesorze?

4. ten student   Jakiego jest pan zdania o tym studencie?

5. ten kolega   Jakiego jest pan zdania o tym koledze?

6. ta koleżanka   Jakiego jest pan zdania o tej koleżance?

7. ta nauczycielka   Jakiego jest pan zdania o tej nauczycielce?

8. ta kobieta   Jakiego jest pan zdania o tej kobiecie?

9. ta dziewczyna   Jakiego jest pan zdania o tej dziewczynie?

10. ta uczennica   Jakiego jest pan zdania o tej uczennicy?

M. Drill for the locative singular of feminine nouns modified by adjectives.

| Tutor: On ma białą koszulę. |
| Student: On był w białej koszuli. |

1. On ma białą koszulę.   On był w białej koszuli.

2. On ma szarą marynarkę.   On był w szarej marynarce.

3. On ma jasną czapkę.   On był w jasnej czapce.

4. Ona ma różową bluzkę.   Ona była w różowej bluzce.

5. Ona ma niebieską spódniczkę.   Ona była w niebieskiej spódniczce.

6. Ona ma czarną sukienkę.   Ona była w czarnej sukience.

7. Ona ma ciemną suknię.   Ona była w ciemnej sukni.

N. Drill for the locative singular of nonfeminine nouns modified by adjectives.

| Tutor: On ma czarny krawat. |
| Student: On jest w czarnym krawacie. |

1. On ma czarny krawat. On jest w czarnym krawacie.

2. On ma biały sweter. On jest w białym swetrze.

3. On ma brązowy kapelusz. On jest w brązowym kapeluszu.

4. On ma szare ubranie. On jest w szarym ubraniu.

5. On ma niebieski szalik. On jest w niebieskim szaliku.

6. Ona ma popielate futro. Ona jest w popielatym futrze.

7. Ona ma kolorowy kostium kąpielowy. Ona jest w kolorowym kostiumie kąpielowym.

8. Ona ma zielony płaszcz deszczowy. Ona jest w zielonym płaszczu deszczowym.

9. Ona ma śliczne granatowe palto. Ona jest w ślicznym granatowym palcie.

O. Drill for the locative plural of nouns modified by adjectives.

> Tutor: On ma czarne buty.
> Student: On jest w czarnych butach.

1. On ma czarne buty. On jest w czarnych butach.

2. On ma brązowe sandały. On jest w brązowych sandałach.

3. Ona ma długie rękawiczki. Ona jest w długich rękawiczkach.

4. On ma szare spodnie. On jest w szarych spodniach.

5. Ona ma jasne szorty. Ona jest w jasnych szortach.

6. Ona ma ciemne okulary. Ona jest w ciemnych okularach.

7. On ma nowe spodenki kąpielowe. On jest w nowych spodenkach kąpielowych.

P. Drill for the locative of names of cities.

> Tutor: Czy Kraków jest ładny?
> Student: Czy w Krakowie jest ładnie?

1. Czy Kraków jest ładny? Czy w Krakowie jest ładnie?

2. Czy Gdańsk jest ładny? Czy w Gdańsku jest ładnie?

3. Czy Lublin jest ładny? Czy w Lublinie jest ładnie?

4. Czy Opole jest ładne? Czy w Opolu jest ładnie?

5. Czy Gniezno jest ładne? Czy w Gnieźnie jest ładnie?

6. Czy Katowice są ładne?   Czy w Katowicach jest ładnie?

7. Czy Gdynia jest ładna?   Czy w Gdyni jest ładnie?

8. Czy Warszawa jest ładna?   Czy w Warszawie jest ładnie?

Q. Drill for the locative of names of cities.

> Tutor: Waszyngton bardzo mi się podoba.
>
> Student: Nigdy nie mieszkałem w Waszyngtonie.

1. Waszyngton bardzo mi się podoba.   Nigdy nie mieszkałem w Waszyngtonie.

2. Gdynia bardzo mi się podoba.   Nigdy nie mieszkałem w Gdyni.

3. Rzym bardzo mi się podoba.   Nigdy nie mieszkałem w Rzymie.

4. Nowy Jork bardzo mi się podoba.   Nigdy nie mieszkałem w Nowym Jorku.

5. Londyn bardzo mi się podoba.   Nigdy nie mieszkałem w Londynie.

6. Wrocław bardzo mi się podoba.   Nigdy nie mieszkałem we Wrocławiu.

7. Wiedeń bardzo mi się podoba.   Nigdy nie mieszkałem w Wiedniu.

8. Ateny bardzo mi się podobają.   Nigdy nie mieszkałem w Atenach.

R. Drill for the locative of names of cities.

> Tutor: Nie znam Łodzi.
>
> Student: Nie byłem w Łodzi.

1. Nie znam Łodzi.   Nie byłem w Łodzi.

2. Nie znam Montrealu.   Nie byłem w Montrealu.

3. Nie znam Moskwy.   Nie byłem w Moskwie.

4. Nie znam Filadelfii.   Nie byłem w Filadelfii.

5. Nie znam Hamburga.   Nie byłem w Hamburgu.

6. Nie znam Brukseli.   Nie byłem w Brukseli.

7. Nie znam Marsylii.   Nie byłem w Marsylii.

8. Nie znam Bydgoszczy.   Nie byłem w Bydgoszczy.

9. Nie znam Poznania.   Nie byłem w Poznaniu.

10. Nie znam Lipska.   Nie byłem w Lipsku.

11. Nie znam Paryża.   Nie byłem w Paryżu.

12. Nie znam Norymbergi.   Nie byłem w Norymberdze.

S.   Drill for the locative of names of countries and continents.

> Tutor: Dobrze znam Polskę.
>
> Student: Urodziłem się w Polsce.

1. Dobrze znam Polskę.   Urodziłem się w Polsce.

2. Dobrze znam Anglię.   Urodziłem się w Anglii.

3. Dobrze znam Związek Radziecki.   Urodziłem się w Związku Radzieckim.

4. Dobrze znam Belgię.   Urodziłem się w Belgii.

5. Dobrze znam Europę.   Urodziłem się w Europie.

6. Dobrze znam Czechosłowację.   Urodziłem się w Czechosłowacji.

7. Dobrze znam Niemcy Zachodnie.   Urodziłem się w Niemczech Zachodnich.

8. Dobrze znam Rosję.   Urodziłem się w Rosji.

9. Dobrze znam Kanadę.   Urodziłem się w Kanadzie.

10. Dobrze znam Francję.   Urodziłem się we Francji.

11. Dobrze znam Stany Zjednoczone.   Urodziłem się w Stanach Zjednoczonych.

12. Dobrze znam Grecję.   Urodziłem się w Grecji.

13. Dobrze znam Amerykę.   Urodziłem się w Ameryce.

14. Dobrze znam NRD.   Urodziłem się w NRD.

15. Dobrze znam Austrię.   Urodziłem się w Austrii.

16. Dobrze znam Włochy.   Urodziłem się we Włoszech.

T.   Drill for the locative of cardinal points of the compass.

> Tutor: północ Stanów Zjednoczonych
>
> Student: Mieszkałem na północy Stanów Zjednoczonych.

1. północ Stanów Zjednoczonych   Mieszkałem na północy Stanów
                                           Zjednoczonych.

2. południe Stanów Zjednoczonych   Mieszkałem na południu Stanów
                                           Zjednoczonych.

3. wschód Stanów Zjednoczonych   Mieszkałem na wschodzie Stanów
                                           Zjednoczonych.

4. zachód Stanów Zjednoczonych   Mieszkałem na zachodzie Stanów
                                           Zjednoczonych.

5. północ Polski   Mieszkałem na północy Polski.

6. południe Polski   Mieszkałem na południu Polski.

7. wschód Polski   Mieszkałem na wschodzie Polski.

8. zachód Polski   Mieszkałem na zachodzie Polski.

U.   Drill for the locative of names of nationalities.

```
Tutor:       Polak
Student a:  Co pan wie o tym Polaku?
Student b:  Co pan wie o tych Polakach?
```

1. Polak   a. Co pan wie o tym Polaku?
                            b. Co pan wie o tych Polakach?

2. Polka   a. Co pan wie o tej Polce?
                            b. Co pan wie o tych Polkach?

3. Amerykanin   a. Co pan wie o tym Amerykaninie?
                            b. Co pan wie o tych Amerykanach?

4. Amerykanka   a. Co pan wie o tej Amerykance?
                            b. Co pan wie o tych Amerykankach?

5. Francuz   a. Co pan wie o tym Francuzie?
                            b. Co pan wie o tych Francuzach?

6. Francuzka   a. Co pan wie o tej Francuzce?
                            b. Co pan wie o tych Francuzkach?

7. Szkot   a. Co pan wie o tym Szkocie?
                            b. Co pan wie o tych Szkotach?

8. Szkotka   a. Co pan wie o tej Szkotce?
                            b. Co pan wie o tych Szkotkach?

9. Szwed   a. Co pan wie o tym Szwedzie?
                            b. Co pan wie o tych Szwedach?

10. Szwedka   a. Co pan wie o tej Szwedce?
                            b. Co pan wie o tych Szwedkach?

11. Niemiec   a. Co pan wie o tym Niemcu?
                            b. Co pan wie o tych Niemcach?

12. Niemka   a. Co pan wie o tej Niemce?
                            b. Co pan wie o tych Niemkach?

13. Rosjanin   a. Co pan wie o tym Rosjaninie?
                            b. Co pan wie o tych Rosjanach?

14. Rosjanka   a. Co pan wie o tej Rosjance?
                            b. Co pan wie o tych Rosjankach?

15. Włoch   a. Co pan wie o tym Włochu?
                            b. Co pan wie o tych Włochach?

16. Włoszka   a. Co pan wie o tej Włoszce?
                            b. Co pan wie o tych Włoszkach?

V.   Drill for the genitive and locative of family names.

```
┌────────────────────────────────────────────────────────┐
│   Tutor:      pan Zieliński                             │
│                                                         │
│   Student a: Nie znam pana Zielińskiego.               │
│                                                         │
│   Student b: Nic nie wiem o panu Zielińskim.           │
└────────────────────────────────────────────────────────┘
```

1. pan Zieliński

    a. Nie znam pana Zielińskiego.
    b. Nic nie wiem o panu Zielińskim.

2. pani Zielińska

    a. Nie znam pani Zielińskiej.
    b. Nic nie wiem o pani Zielińskiej.

3. państwo Zielińscy

    a. Nie znam państwa Zielińskich.
    b. Nic nie wiem o państwu Zielińskich.

4. pan Wilczek

    a. Nie znam pana Wilczka.
    b. Nic nie wiem o panu Wilczku.

5. pani Wilczek

    a. Nie znam pani Wilczek.
    b. Nic nie wiem o pani Wilczek.

6. państwo Wilczkowie

    a. Nie znam państwa Wilczków.
    b. Nic nie wiem o państwu Wilczkach.

7. pan Chełmicki

    a. Nie znam pana Chełmickiego.
    b. Nic nie wiem o panu Chełmickim.

8. pani Chełmicka

    a. Nie znam pani Chełmickiej.
    b. Nic nie wiem o pani Chełmickiej.

9. państwo Chełmiccy

    a. Nie znam państwa Chełmickich.
    b. Nic nie wiem o państwu Chełmickich.

10. pan Borowicz

    a. Nie znam pana Borowicza.
    b. Nic nie wiem o panu Borowiczu.

11. pani Borowicz

    a. Nie znam pani Borowicz.
    b. Nic nie wiem o pani Borowicz.

12. państwo Borowiczowie

    a. Nie znam państwa Borowiczów.
    b. Nic nie wiem o państwu Borowiczach.

13. pan Borkowski

    a. Nie znam pana Borkowskiego.
    b. Nic nie wiem o panu Borkowskim.

14. pani Borkowska

    a. Nie znam pani Borkowskiej.
    b. Nic nie wiem o pani Borkowskiej.

15. państwo Borkowscy

    a. Nie znam państwa Borkowskich.
    b. Nic nie wiem o państwu Borkowskich.

16. pan Morgan

    a. Nie znam pana Morgana.
    b. Nic nie wiem o panu Morganie.

17. pani Morgan

    a. Nie znam pani Morgan.
    b. Nic nie wiem o pani Morgan.

18. państwo Morganowie   a. Nie znam państwa Morganów.
                                        b. Nic nie wiem o państwu Morganach.

19. pan Różycki   a. Nie znam pana Różyckiego.
                                        b. Nic nie wiem o panu Różyckim.

20. pani Różycka   a. Nie znam pani Różyckiej.
                                        b. Nic nie wiem o pani Różyckiej.

21. państwo Różyccy   a. Nie znam państwa Różyckich.
                                        b. Nic nie wiem o państwu Różyckich.

22. pan Jasiewicz   a. Nie znam pana Jasiewicza.
                                        b. Nic nie wiem o panu Jasiewiczu.

23. pani Jasiewicz   a. Nie znam pani Jasiewicz.
                                        b. Nic nie wiem o pani Jasiewicz.

24. państwo Jasiewiczowie   a. Nie znam państwa Jasiewiczów.
                                        b. Nic nie wiem o państwu Jasiewiczach.

W. Drill for the dative and locative singular of virile nouns.

> Tutor: jej mąż
>
> Student a: Niech pan nie mówi o tym jej mężowi.
>
> Student b: Niech pan nie mówi o tym przy jej mężu.

1. jej mąż   a. Niech pan nie mówi o tym jej
                                        mężowi.
                                      b. Niech pan nie mówi o tym przy jej
                                        mężu.

2. mój przyjaciel   a. Niech pan nie mówi o tym mojemu
                                        przyjacielowi.
                                      b. Niech pan nie mówi o tym przy moim
                                        przyjacielu.

3. nasz sąsiad   a. Niech pan nie mówi o tym naszemu
                                        sąsiadowi.
                                      b. Niech pan nie mówi o tym przy
                                        naszym sąsiedzie.

4. pański nauczyciel   a. Niech pan nie mówi o tym pańskiemu
                                        nauczycielowi.
                                      b. Niech pan nie mówi o tym przy
                                        pańskim nauczycielu.

5. jego ojciec   a. Niech pan nie mówi o tym jego ojcu.
                                        b. Niech pan nie mówi o tym przy jego
                                        ojcu.

6. jej brat   a. Niech pan nie mówi o tym jej bratu.
                                      b. Niech pan nie mówi o tym przy jej
                                        bracie.

7. ten student   a. Niech pan nie mówi o tym temu studentowi.
                       b. Niech pan nie mówi o tym przy tym studencie.

8. ten mężczyzna   a. Niech pan nie mówi o tym temu mężczyźnie.
                       b. Niech pan nie mówi o tym przy tym mężczyźnie.

9. ten chłopiec   a. Niech pan nie mówi o tym temu chłopcu.
                       b. Niech pan nie mówi o tym przy tym chłopcu.

10. ich syn   a. Niech pan nie mówi o tym ich synowi.
                       b. Niech pan nie mówi o tym przy ich synu.

X. Drill for the genitive and locative singular of feminine nouns.

Tutor: moja koleżanka

Student a: Pani była u mojej koleżanki?

Student b: Proszę o tym nie wspominać przy mojej koleżance.

---

1. moja koleżanka   a. Pani była u mojej koleżanki?
                       b. Proszę o tym nie wspominać przy mojej
                           koleżance.

2. jego córka   a. Pani była u jego córki?
                       b. Proszę o tym nie wspominać przy jego córce.

3. moja sąsiadka   a. Pani była u mojej sąsiadki?
                       b. Proszę o tym nie wspominać przy mojej
                           sąsiadce.

4. pani nauczycielka   a. Pani była u pani nauczycielki?
                       b. Proszę o tym nie wspominać przy pani
                           nauczycielce.

5. moja matka   a. Pani była u mojej matki?
                       b. Proszę o tym nie wspominać przy mojej matce.

6. moja żona   a. Pani była u mojej żony?
                       b. Proszę o tym nie wspominać przy mojej żonie.

7. jej siostra   a. Pani była u jej siostry?
                       b. Proszę o tym nie wspominać przy jej siostrze.

8. ta studentka   a. Pani była u tej studentki?
                       b. Proszę o tym nie wspominać przy tej studence.

9. ta pani   a. Pani była u tej pani?
                       b. Proszę o tym nie wspominać przy tej pani.

10. tamta kobieta   a. Pani była u tamtej kobiety?
                       b. Proszę o tym nie wspominać przy tamtej
                           kobiecie.

Y.   Drill for the accusative and locative of personal pronouns.

> Tutor: ja
>
> Student a: Adam mnie dobrze zna.
>
> Student b: Adam dużo o mnie mówił.

1. ja
   a. Adam mnie dobrze zna.
   b. Adam dużo o mnie mówił.

2. ty
   a. Adam ciebie dobrze zna.
   b. Adam dużo o tobie mówił.

3. on
   a. Adam jego dobrze zna.
   b. Adam dużo o nim mówił.

4. ona
   a. Adam ją dobrze zna.
   b. Adam dużo o niej mówił.

5. my
   a. Adam nas dobrze zna.
   b. Adam dużo o nas mówił.

6. wy
   a. Adam was dobrze zna.
   b. Adam dużo o was mówił.

7. oni
   a. Adam ich dobrze zna.
   b. Adam dużo o nich mówił.

8. one
   a. Adam je dobrze zna.
   b. Adam dużo o nich mówił.

Z.   Drill for the locative of personal pronouns and of pan, pani.

> Tutor: Ona mnie kocha.
>
> Student: Ona się we mnie kocha.

1. Ona mnie kocha.	Ona się we mnie kocha.
2. On cię kocha.	On się w tobie kocha.
3. Ona go kocha.	Ona się w nim kocha.
4. On ją kocha.	On się w niej kocha.
5. One nas kochają.	One się w nas kochają.
6. Oni was kochają.	Oni się w was kochają.
7. One ich kochają.	One się w nich kochają.
8. Oni je kochają.	Oni się w nich kochają.
9. Ona pana kocha.	Ona się w panu kocha.
10. On panią kocha.	On się w pani kocha.

ĆWICZENIA   DRILLS

A. Drill for the instrumental singular and plural of feminine nouns of Declension I.

> Tutor: Czy to jest bibliotekarka?
>
> Student a: Czy ona jest bibliotekarką?
>
> Student b: Czy one są bibliotekarkami?

1. Czy to jest bibliotekarka?
   a. Czy ona jest bibliotekarką?
   b. Czy one są bibliotekarkami?

2. Czy to jest pielęgniarka?
   a. Czy ona jest pielęgniarką?
   b. Czy one są pielęgniarkami?

3. Czy to jest maszynistka?
   a. Czy ona jest maszynistką?
   b. Czy one są maszynistkami?

4. Czy to jest mężatka?
   a. Czy ona jest mężatką?
   b. Czy one są mężatkami?

5. Czy to jest nauczycielka?
   a. Czy ona jest nauczycielką?
   b. Czy one są nauczycielkami?

6. Czy to jest uczennica?
   a. Czy ona jest uczennicą?
   b. Czy one są uczennicami?

7. Czy to jest studentka?
   a. Czy ona jest studentką?
   b. Czy one są studentkami?

8. Czy to jest Amerykanka?
   a. Czy ona jest Amerykanką?
   b. Czy one są Amerykankami?

9. Czy to jest Rosjanka?
   a. Czy ona jest Rosjanką?
   b. Czy one są Rosjankami?

10. Czy to jest Francuzka?
   a. Czy ona jest Francuzką?
   b. Czy one są Francuzkami?

B. Drill for the instrumental singular and plural of virile nouns of Declension III.

> Tutor: To jest robotnik.
>
> Student a: On jest robotnikiem.
>
> Student b: Oni są robotnikami.

1. To jest robotnik.   a. On jest robotnikiem.
                                        b. Oni są robotnikami.

2. To jest urzędnik.   a. On jest urzędnikiem.
                                        b. Oni są urzędnikami.

3. To jest nauczyciel.   a. On jest nauczycielem.
                                        b. Oni są nauczycielami.

4. To jest inżynier.   a. On jest inżynierem.
                                        b. Oni są inżynierami.

5. To jest adwokat.   a. On jest adwokatem.
                                        b. Oni są adwokatami.

6. To jest lekarz.   a. On jest lekarzem.
                                        b. Oni są lekarzami.

7. To jest dziennikarz.   a. On jest dziennikarzem.
                                        b. Oni są dziennikarzami.

8. To jest kelner.   a. On jest kelnerem.
                                        b. Oni są kelnerami.

9. To jest żołnierz.   a. On jest żołnierzem.
                                        b. Oni są żołnierzami.

10. To jest uczeń.   a. On jest uczniem.
                                        b. Oni są uczniami.

11. To jest profesor.   a. On jest profesorem.
                                        b. Oni są profesorami.

12. To jest kawaler.   a. On jest kawalerem.
                                        b. Oni są kawalerami.

C. Drill for the instrumental singular of feminine and masculine first names
   (Declensions I and III).

```
Tutor:    Nie widziałem już dawno Barbary.
Student:  Nie widziałem się dawno z Barbarą.
```

1. Nie widziałem już dawno   Nie widziałem się dawno z Barbarą.
   Barbary.

2. Nie widziałem już dawno Ewy.   Nie widziałem się dawno z Ewą.

3. Nie widziałem już dawno   Nie widziałem się dawno z Krystyną.
   Krystyny.

4. Nie widziałem już dawno Marty.   Nie widziałem się dawno z Martą.

5. Nie widziałem już dawno Wandy.   Nie widziałem się dawno z Wandą.

6. Nie widziałem już dawno   Nie widziałem się dawno z Teresą.
   Teresy.

7. Nie widziałem już dawno Marii.   Nie widziałem się dawno z Marią.

8. Nie widziałem już dawno Aliny.   Nie widziałem się dawno z Aliną.

9. Nie widziałem już dawno Edwarda.   Nie widziałem się dawno z Edwardem.

10. Nie widziałem już dawno   Nie widziałem się dawno z Andrzejem.
    Andrzeja.

11. Nie widziałem już dawno Adama.   Nie widziałem się dawno z Adamem.

12. Nie widziałem już dawno Karola.   Nie widziałem się dawno z Karolem.

13. Nie widziałem już dawno Olka.   Nie widziałem się dawno z Olkiem.

14. Nie widziałem już dawno Romana.   Nie widziałem się dawno z Romanem.

15. Nie widziałem już dawno Jurka.   Nie widziałem się dawno z Jurkiem.

16. Nie widziałem już dawno Michała.   Nie widziałem się dawno z Michałem.

D. Drill for the instrumental singular of masculine and feminine names of nationalities (Declensions I and III).

```
Tutor:      Oni są Kanadyjczykami.
Student a:  On jest Kanadyjczykiem.
Student b:  Ona jest Kanadyjką.
```

1. Oni są Kanadyjczykami.   a. On jest Kanadyjczykiem.
                               b. Ona jest Kanadyjką.

2. Oni są Polakami.   a. On jest Polakiem.
                               b. Ona jest Polką.

3. Oni są Francuzami.   a. On jest Francuzem.
                               b. Ona jest Francuzką.

4. Oni są Szwedami.   a. On jest Szwedem.
                               b. Ona jest Szwedką.

5. Oni są Szkotami.   a. On jest Szkotem.
                               b. Ona jest Szkotką.

6. Oni są Włochami.   a. On jest Włochem.
                               b. Ona jest Włoszką.

7. Oni są Amerykanami.   a. On jest Amerykaninem.
                               b. Ona jest Amerykanką.

8. Oni są Rosjanami.   a. On jest Rosjaninem.
                               b. Ona jest Rosjanką.

E. Drill for the instrumental of various means of locomotion.

```
Tutor:    samochód
Student:  Jadę samochodem.
```

1. samochód	Jadę samochodem.
2. autobus	Jadę autobusem.
3. samolot	Jadę samolotem.
4. taksówka	Jadę taksówką.
5. statek	Jadę statkiem.
6. tramwaj	Jadę tramwajem.
7. kolej	Jadę kolejem.
8. pociąg	Jadę pociągiem.
9. konie	Jadę końmi.

F. Drill for the instrumental depending on the verb <u>zajmować się</u> 'occupy one-self with.'

> Tutor: gospodarstwo
> Student: Zajmuję się gospodarstwem.

1. gospodarstwo	Zajmuję się gospodarstwem.
2. dom	Zajmuję się domem.
3. dzieci	Zajmuję się dziećmi.
4. sport	Zajmuję się sportem.
5. malarstwo	Zajmuję się malarstwem.
6. studia	Zajmuję się studiami.
7. filozofia	Zajmuję się filozofią.
8. medycyna	Zajmuję się medycyną.
9. prawo	Zajmuję się prawem.
10. filologia	Zajmuję się filologią.

G. Drill for the instrumental depending on the verb <u>interesować się</u> 'be inter-ested in.'

> Tutor: On lubi muzykę.
> Student: On interesuje się muzyką.

1. On lubi muzykę.	On interesuje się muzyką.
2. On lubi sztukę.	On interesuje się sztuką.
3. On lubi rzeźbę.	On interesuje się rzeźbą.
4. On lubi politykę.	On interesuje się polityką.

5. On lubi balet.   On interesuje się baletem.

6. On lubi teatr.   On interesuje się teatrem.

7. On lubi film.   On interesuje się filmem.

8. On lubi Europę.   On interesuje się Europą.

9. On lubi Polskę.   On interesuje się Polską.

10. On lubi Amerykę.   On interesuje się Ameryką.

H. Drill for the instrumental depending on the preposition <u>przed</u> 'before
(temporal).'

> Tutor: śniadanie
>
> Student: Byłem u niego przed śniadaniem.

1. śniadanie   Byłem u niego przed śniadaniem.

2. obiad   Byłem u niego przed obiadem.

3. kolacja   Byłem u niego przed kolacją.

4. lekcja   Byłem u niego przed lekcją.

5. koncert   Byłem u niego przed koncertem.

6. film   Byłem u niego przed filmem.

7. egzamin   Byłem u niego przed egzaminem.

8. burza   Byłem u niego przed burzą.

9. deszcz   Byłem u niego przed deszczem.

10. ulewa   Byłem u niego przed ulewą.

I. Drill for the instrumental depending on the preposition <u>przed</u> 'before, in
front of.'

> Tutor: Byłem w bibliotece.
>
> Student: Umówiłem się z nią przed biblioteką.

1. Byłem w bibliotece.   Umówiłem się z nią przed biblioteką.

2. Byłem na poczcie.   Umówiłem się z nią przed pocztą.

3. Byłem w teatrze.   Umówiłem się z nią przed teatrem.

4. Byłem na dworcu.   Umówiłem się z nią przed dworcem.

5. Byłem w kinie.   Umówiłem się z nią przed kinem.

6. Byłem w banku.   Umówiłem się z nią przed bankiem.

7. Byłem w restauracji.   Umówiłem się z nią przed restauracją.

8. Byłem w klubie.   Umówiłem się z nią przed klubem.

9. Byłem w stołówce.   Umówiłem się z nią przed stołówką.

10. Byłem w biurze podróży.   Umówiłem się z nią przed biurem
                                       podróży.

J. Drill for the instrumental depending on the preposition pod 'under.'

┌──┐
│ Tutor: stół   │
│ Student: Notes leży pod stołem.   │
└──┘

1. stół   Notes leży pod stołem.

2. fotel   Notes leży pod fotelem.

3. biurko   Notes leży pod biurkiem.

4. okno   Notes leży pod oknem.

5. krzesło   Notes leży pod krzesłem.

6. teczka   Notes leży pod teczką.

7. pudełko   Notes leży pod pudełkiem.

8. gazeta   Notes leży pod gazetą.

9. książka   Notes leży pod książką.

10. kapelusz   Notes leży pod kapeluszem.

K. Drill for the instrumental of names of cities.

┌──┐
│ Tutor: On mieszka w Moskwie.   │
│ Student: On mieszka pod Moskwą.   │
└──┘

1. On mieszka w Moskwie.   On mieszka pod Moskwą.

2. On mieszka w Norymberdze.   On mieszka pod Norymbergą.

3. On mieszka w Brukseli.   On mieszka pod Brukselą.

4. On mieszka w Marsylii.   On mieszka pod Marsylią.

5. On mieszka w Warszawie.   On mieszka pod Warszawą.

6. On mieszka w Gdyni.   On mieszka pod Gdynią.

7. On mieszka w Łodzi.   On mieszka pod Łodzią.

8. On mieszka w Londynie.   On mieszka pod Londynem.

9. On mieszka w Rzymie.   On mieszka pod Rzymem.

10. On mieszka w Lipsku.   On mieszka pod Lipskiem.

11. On mieszka w Hamburgu.   On mieszka pod Hamburgiem.

12. On mieszka w Paryżu.   On mieszka pod Paryżem.

13. On mieszka w Wiedniu.   On mieszka pod Wiedniem.

14. On mieszka w Krakowie.   On mieszka pod Krakowem.

15. On mieszka w Gdańsku.   On mieszka pod Gdańskiem.

16. On mieszka w Poznaniu.   On mieszka pod Poznaniem.

17. On mieszka w Wrocławiu.   On mieszka pod Wrocławiem.

18. On mieszka w Atenach.   On mieszka pod Atenami.

19. On mieszka w Katowicach.   On mieszka pod Katowicami.

L. Drill for the instrumental singular and plural of nonfeminine nouns of
    various declensions.

```
Tutor:      Czekam tu na kolegę.
Student a:  Umówiłem się tu z kolegą.
Student b:  Umówiłem się tu z kolegami.
```

1. Czekam tu na kolegę.   a. Umówiłem się tu z kolegą.
                                    b. Umówiłem się tu z kolegami.

2. Czekam tu na wojskowego.   a. Umówiłem się tu z wojskowym.
                                    b. Umówiłem się tu z wojskowymi.

3. Czekam tu na brata.   a. Umówiłem się tu z bratem.
                                    b. Umówiłem się tu z braćmi.

4. Czekam tu na dentystę.   a. Umówiłem się tu z dentystą.
                                    b. Umówiłem się tu z dentystami.

5. Czekam tu na znajomego.   a. Umówiłem się tu ze znajomym.
                                    b. Umówiłem się tu ze znajomymi.

6. Czekam tu na przyjaciela.   a. Umówiłem się tu z przyjacielem.
                                    b. Umówiłem się tu z przyjaciółmi.

7. Czekam tu na dziecko.   a. Umówiłem się tu z dzieckiem.
                                    b. Umówiłem się tu z dziećmi.

8. Czekam tu na gościa.   a. Umówiłem się tu z gościem.
                                    b. Umówiłem się tu z gośćmi.

9. Czekam tu na ucznia.   a. Umówiłem się tu z uczniem.
                                    b. Umówiłem się tu z uczniami.

10. Czekam tu na pewnego   a. Umówiłem się tu z pewnym
    człowieka.   człowiekiem.
                                    b. Umówiłem się tu z pewnymi ludźmi.

M. Drill for the instrumental singular and plural of nouns modified by the de-
    monstrative adjective ten.

> Tutor: Gdzie jest ten zeszyt?
>
> Student: Co pan robi z tym zeszytem?

1. Gdzie jest ten zeszyt?   Co pan robi z tym zeszytem?

2. Gdzie jest ten ołówek?   Co pan robi z tym ołówkiem?

3. Gdzie jest to pióro?   Co pan robi z tym piórem?

4. Gdzie jest to zdjęcie?   Co pan robi z tym zdjęciem?

5. Gdzie jest ta książka?   Co pan robi z tą książką?

6. Gdzie jest ta gazeta?   Co pan robi z tą gazetą?

7. Gdzie są te okulary?   Co pan robi z tymi okularami?

8. Gdzie są te pieniądze?   Co pan robi z tymi pieniędzmi?

9. Gdzie są te nożyczki?   Co pan robi z tymi nożyczkami?

10. Gdzie są te zapałki?   Co pan robi z tymi zapałkami?

11. Gdzie są te cygara?   Co pan robi z tymi cygarami?

12. Gdzie są te papierosy?   Co pan robi z tymi papierosami?

N. Drill for the instrumental of adjectives modifying the nouns obywatel,
    obywatelka 'citizen.'

> Tutor: Mój ojciec mieszka w Polsce.
>
> Student: Mój ojciec jest obywatelem polskim.

1. Mój ojciec mieszka w Polsce.   Mój ojciec jest obywatelem polskim.

2. Moja matka mieszka w Polsce.   Moja matka jest obywatelką polską.

3. Moi rodzice mieszkają w Polsce.   Moi rodzice są obywatelami polskimi.

4. Mój syn mieszka we Francji.   Mój syn jest obywatelem francuskim.

5. Moi synowie mieszkają we   Moi synowie są obywatelami
    Francji.   francuskimi.

6. Moja córka mieszka we Włoszech.   Moja córka jest obywatelką włoską.

7. Moje córki mieszkają we   Moje córki są obywatelkami
    Włoszech.   włoskimi.

8. Moje dzieci mieszkają w   Moje dzieci są obywatelami niemieckimi.
    Niemczech.

9. Mój brat mieszka w Ameryce.   Mój brat jest obywatelem amerykańskim.

10. Moi bracia mieszkają w   Moi bracia są obywatelami
     Ameryce.   amerykańskimi.

11. Moja siostra mieszka w Anglii.   Moja siostra jest obywatelką
                                     angielską.

12. Moje siostry mieszkają w   Moje siostry są obywatelkami
     Anglii.   angielskimi.

13. Mój teść mieszka w Kanadzie.   Mój teść jest obywatelem kanadyjskim.

14. Moja teściowa mieszka w   Moja teściowa jest obywatelką
     Kanadzie.   kanadyjską.

15. Moi teściowie mieszkają w   Moi teściowie są obywatelami
     Kanadzie.   kanadyjskimi.

O. Drill for the instrumental of personal nouns modified by the possessive
   adjective mój 'my.'

Tutor: Mój teść się śpieszy.

Student: Niech się pan pożegna z moim teściem.

---

1. Mój teść się śpieszy.   Niech się pan pożegna z moim
                                     teściem.

2. Moja teściowa się śpieszy.   Niech się pan pożegna z moją
                                     teściową.

3. Moi teściowie się śpieszy.   Niech się pan pożegna z moimi
                                     teściami.

4. Mój dziadek się śpieszy.   Niech się pan pożegna z moim
                                     dziadkiem.

5. Moja babka się śpieszy.   Niech się pan pożegna z moją babką.

6. Mój mąż się śpieszy.   Niech się pan pożegna z moim mężem.

7. Moja żona się śpieszy.   Niech się pan pożegna z moją żoną.

8. Mój ojciec się śpieszy.   Niech się pan pożegna z moim ojcem.

9. Moja matka się śpieszy.   Niech się pan pożegna z moją matką.

10. Moi rodzice się śpieszą.   Niech się pan pożegna z moimi
                                    rodzicami.

11. Mój gospodarz się śpieszy.   Niech się pan pożegna z moim
                                    gospodarzem.

12. Moja gospodyni się śpieszy.   Niech się pan pożegna z moją
                                    gospodynią.

13. Moi gospodarze się śpieszą.   Niech się pan pożegna z moimi
                                    gospodarzami.

14. Mój gość się śpieszy.   Niech się pan pożegna z moim gościem.

15. Moi goście się śpieszą.   Niech się pan pożegna z moimi
                                      gośćmi.

P. Drill for the instrumental singular of nonfeminine nouns modified by ad-
    jectives.

Tutor: Czekałem na ciebie koło twojego domu.

Student: Czekałem na ciebie przed twoim domem.

---

 1. Czekałem na ciebie koło   Czekałem na ciebie przed twoim
    twojego domu.   domem.

 2. Czekałem na ciebie koło   Czekałem na ciebie przed naszym
    naszego uniwersytetu.   uniwersytetem.

 3. Czekałem na ciebie koło   Czekałem na ciebie przed waszym
    waszego szpitala.   szpitalem.

 4. Czekałem na ciebie koło   Czekałem na ciebie przed twoim
    twojego nowego biura.   nowym biurem.

 5. Czekałem na ciebie koło tego   Czekałem na ciebie przed tym starym
    starego budynku.   budynkiem.

 6. Czekałem na ciebie koło   Czekałem na ciebie przed studenckim
    studenckiego kina.   kinem.

 7. Czekałem na ciebie koło   Czekałem na ciebie przed
    amerykańskiego konsulatu.   amerykańskim konsulatem.

 8. Czekałem na ciebie koło   Czekałem na ciebie przed tamtym
    tamtego wejścia do parku.   wejściem do parku.

 9. Czekałem na ciebie koło   Czekałem na ciebie przed
    uniwersyteckiego teatru.   uniwersyteckim teatrem.

10. Czekałem na ciebie koło   Czekałem na ciebie przed dworcem
    dworca kolejowego.   kolejowym.

Q. Drill for the instrumental singular of feminine nouns modified by adjec-
    tives.

Tutor: Ołówek leży na starej gazecie.

Student: Ołówek leży pod starą gazetą.

---

 1. Ołówek leży na starej gazecie.   Ołówek leży pod starą gazetą.

 2. Pióro leży na niebieskiej   Pióro leży pod niebieską książką.
    książce.

 3. Paszport leży na kolorowej   Paszport leży pod kolorową
    fotografii.   fotografią.

4. Znaczek leży na białej kopercie.   Znaczek leży pod białą kopertą.

5. Klucz leży na amerykańskiej widokówce.   Klucz leży pod amerykańską widokówką.

6. Zdjęcie leży na brązowej torebce.   Zdjęcie leży pod brązową torebką.

7. Szalik leży na różowej bluzce.   Szalik leży pod różową bluzką.

8. Zeszyt leży na żółtej legitymacji.   Zeszyt leży pod żółtą legitymacją.

9. Kalendarz leży na czarnej teczce.   Kalendarz leży pod czarną teczką.

10. List leży na szarej marynarce.   List leży pod szarą marynarką.

R.   Drill for the instrumental plural of nouns modified by adjectives.

Tutor: Gdzie są nowe studentki?

Student: Co się dzieje z nowymi studentkami?

---

1. Gdzie są nowe studentki?   Co się dzieje z nowymi studentkami?

2. Gdzie są nowi studenci?   Co się dzieje z nowymi studentami?

3. Gdzie są nasze koleżanki?   Co się dzieje z naszymi koleżankami?

4. Gdzie są nasi koledzy?   Co się dzieje z naszymi kolegami?

5. Gdzie są ci sympatyczni chłopcy?   Co się dzieje z tymi sympatycznymi chłopcami?

6. Gdzie są francuscy dziennikarze?   Co się dzieje z francuskimi dziennikarzami?

7. Gdzie są amerykańscy żołnierze?   Co się dzieje z amerykańskimi żołnierzami?

8. Gdzie są polscy studenci?   Co się dzieje z polskimi studentami?

9. Gdzie są polskie studentki?   Co się dzieje z polskimi studentkami?

10. Gdzie są te ładne dziewczyny?   Co się dzieje z tymi ładnymi dziewczynami?

S.   Drill for the instrumental of last names.

Tutor: Znam pana Zielińskiego.

Student: Widziałem się z panem Zielińskim.

---

1. Znam pana Zielińskiego.   Widziałem się z panem Zielińskim.

2. Znam panią Zielińską.   Widziałem się z panią Zielińską.

3. Znam państwa Zielińskich.   Widziałem się z państwem
                                    Zielińskimi.

4. Znam pana Chełmickiego.   Widziałem się z panem Chełmickim.

5. Znam panią Chełmicką.   Widziałem się z panią Chełmicką.

6. Znam państwa Chełmickich.   Widziałem się z państwem
                                    Chełmickimi.

7. Znam pana Wilczka.   Widziałem się z panem Wilczkiem.

8. Znam panią Wilczek.   Widziałem się z panią Wilczek.

9. Znam panią Wilczkową.   Widziałem się z panią Wilczkową.

10. Znam państwa Wilczków.   Widziałem się z państwem Wilczkami.

11. Znam pana Różewicza.   Widziałem się z panem Różewiczem.

12. Znam panią Różewicz.   Widziałem się z panią Różewicz.

13. Znam panią Różewiczową.   Widziałem się z panią Różewiczową.

14. Znam państwa Różewiczów.   Widziałem się z państwem Różewiczami.

15. Znam pana Morgana.   Widziałem się z panem Morganem.

16. Znam panią Morgan.   Widziałem się z panią Morgan.

17. Znam panią Morganową.   Widziałem się z panią Morganową.

18. Znam państwa Morganów.   Widziałem się z państwem Morganami.

T.   Drill for the instrumental of personal pronouns.

> Tutor: ja, ty
> Student: Nie przywitałem się z tobą.

1. ja, ty   Nie przywitałem się z tobą.

2. ty, ja   Nie przywitałeś się ze mną.

3. on, ona   On nie przywitał się z nią.

4. ona, on   Ona nie przywitała się z nim.

5. my, wy   Nie przywitaliśmy się z wami.

6. wy, my   Nie przywitaliście się z nami.

7. oni, one   Oni nie przywitali się z nimi.

8. one, oni   One nie przywitały się z nimi.

U.   Drill for the instrumental of personal pronouns and of pan, pani, państwo.

> Tutor: To się stało przy mnie.
> Student: To się stało przede mną.

1. To się stało przy mnie.   To się stało przede mną.
2. To się stało przy tobie.   To się stało przed tobą.
3. To się stało przy nim.   To się stało przed nim.
4. To się stało przy niej.   To się stało przed nią.
5. To się stało przy nas.   To się stało przed nami.
6. To się stało przy was.   To się stało przed wami.
7. To się stało przy nich.   To się stało przed nimi.
8. To się stało przy panu.   To się stało przed panem.
9. To się stało przy pani.   To się stało przed panią.
10. To się stało przy państwu.   To się stało przed państwem.

V.   Drill for the forms of iść 'go (on foot)' and jechać 'go (not on foot).'

> Tutor: ja
> Student a: Idę do kina.
> Student b: Jadę do miasta.

1. ja
   a. Idę do kina.
   b. Jadę do miasta.

2. ty
   a. Idziesz do kina.
   b. Jedziesz do miasta.

3. on
   a. On idzie do kina.
   b. On jedzie do miasta.

4. ona
   a. Ona idzie do kina.
   b. Ona jedzie do miasta.

5. my
   a. Idziemy do kina.
   b. Jedziemy do miasta.

6. wy
   a. Idziecie do kina.
   b. Jedziecie do miasta.

7. oni
   a. Oni idą do kina.
   b. Oni jadą do miasta.

8. one
   a. One idą do kina.
   b. One jadą do miasta.

W.   Drill for the instrumental of accompaniment and collective action.

> Tutor: ja i matka
> Student a: Idę z matką do znajomych.
> Student b: Idziemy z matką do znajomych.

1. ja i matka   a. Idę z matką do znajomych.
                            b. Idziemy z matką do znajomych.

2. ja i ojciec   a. Idę z ojcem do znajomych.
                            b. Idziemy z ojcem do znajomych.

3. ja i brat   a. Idę z bratem do znajomych.
                            b. Idziemy z bratem do znajomych.

4. ja i siostra   a. Idę z siostrą do znajomych.
                            b. Idziemy z siostrą do znajomych.

5. ja i kolega   a. Idę z kolegą do znajomych.
                            b. Idziemy z kolegą do znajomych.

6. ja i Olek   a. Idę z Olkiem do znajomych.
                            b. Idziemy z Olkiem do znajomych.

7. ja i Ryszard   a. Idę z Ryszardem do znajomych.
                            b. Idziemy z Ryszardem do znajomych.

8. ja i Irena   a. Idę z Ireną do znajomych.
                            b. Idziemy z Ireną do znajomych.

X.   Drill for the last names of women and adolescent girls.

> Tutor: To jest pan Nowak.
>
> Student a: To jest pani Nowakowa.
>
> Student b: To jest panna Nowakówna.

1. To jest pan Nowak.   a. To jest pani Nowakowa.
                                b. To jest panna Nowakówna.

2. To jest pan Leśkiewicz.   a. To jest pani Leśkiewiczowa.
                                b. To jest panna Leśkiewiczówna.

3. To jest pan Wilczek.   a. To jest pani Wilczkowa.
                                b. To jest panna Wilczkówna.

4. To jest pan Borowicz.   a. To jest pani Borowiczowa.
                                b. To jest panna Borowiczówna.

5. To jest pan Jaśkiewicz.   a. To jest pani Jaśkiewiczowa.
                                b. To jest panna Jaśkiewiczówna.

6. To jest pan Musiał.   a. To jest pani Musiałowa.
                                b. To jest panna Musiałówna.

Y.   Drill for the genitive and dative of last names of women.

> Tutor: Czy pan zna Nowakową?
>
> Student a: Nie znam Nowakowej.
>
> Student b: Nie powiem o tym Nowakowej.

1. Czy pan zna Nowakową?   a. Nie znam Nowakowej.
                                    b. Nie powiem o tym Nowakowej.

2. Czy pan zna Nowakównę?   a. Nie znam Nowakówny.
                                    b. Nie powiem o tym Nowakównie.

3. Czy pan zna Nowakówną?   a. Nie znam Nowakównej.
                                    b. Nie powiem o tym Nowakównej.

4. Czy pan zna Borowiczową?   a. Nie znam Borowiczowej.
                                    b. Nie powiem o tym Borowiczowej.

5. Czy pan zna Borowiczównę?   a. Nie znam Borowiczówny.
                                    b. Nie powiem o tym Borowiczównie.

6. Czy pan zna Borowiczówną?   a. Nie znam Borowiczównej.
                                    b. Nie powiem o tym Borowiczównej.

7. Czy pan zna Wilczkową?   a. Nie znam Wilczkowej.
                                    b. Nie powiem o tym Wilczkowej.

8. Czy pan zna Wilczkównę?   a. Nie znam Wilczkówny.
                                    b. Nie powiem o tym Wilczkównie.

9. Czy pan zna Wilczkówną?   a. Nie znam Wilczkównej.
                                    b. Nie powiem o tym Wilczkównej.

10. Czy pan zna Musiałową?   a. Nie znam Musiałowej.
                                    b. Nie powiem o tym Musiałowej.

11. Czy pan zna Musiałównę.   a. Nie znam Musiałówny.
                                    b. Nie powiem o tym Musiałównie.

12. Czy pan zna Musiałówną.   a. Nie znam Musiałównej.
                                    b. Nie powiem o tym Musiałównej.

ĆWICZENIA

DRILLS

A.   Drill for prepositional phrases indicating movement to (<u>do</u>) and from (<u>z</u>).

Tutor:	Byłem w szkole.
Student a:	Idę do szkoły.
Student b:	Wracam ze szkoły.

1. Byłem w szkole.
    a. Idę do szkoły.
    b. Wracam ze szkoły.

2. Byłem w biurze.
    a. Idę do biura.
    b. Wracam z biura.

3. Byłem w banku.
    a. Idę do banku.
    b. Wracam z banku.

4. Byłem w teatrze.
    a. Idę do teatru.
    b. Wracam z teatru.

5. Byłem w kościele.
    a. Idę do kościoła.
    b. Wracam z kościoła.

6. Byłem w kinie.
    a. Idę do kina.
    b. Wracam z kina.

7. Byłem w aptece.
    a. Idę do apteki.
    b. Wracam z apteki.

8. Byłem w pralni.
    a. Idę do pralni.
    b. Wracam z pralni.

9. Byłem w parku.
    a. Idę do parku.
    b. Wracam z parku.

10. Byłem w hotelu.
    a. Idę do hotelu.
    b. Wracam z hotelu.

11. Byłem w mieście.
    a. Idę do miasta.
    b. Wracam z miasta.

12. Byłem w bibliotece.
    a. Idę do biblioteki.
    b. Wracam z biblioteki.

13. Byłem w klubie.
    a. Idę do klubu.
    b. Wracam z klubu.

14. Byłem w restauracji.
    a. Idę do restauracji.
    b. Wracam z restauracji.

15. Byłem w stołówce.
    a. Idę do stołówki.
    b. Wracam ze stołówki.

B.   Drill for prepositional phrases indicating movement to (do) and from (z).

Tutor:	Mieszkam w Nowym Jorku.
Student a:	Jadę do Nowego Jorku.
Student b:	Wracam z Nowego Jorku.

1. Mieszkam w Nowym Jorku.
    a. Jadę do Nowego Jorku.
    b. Wracam z Nowego Jorku.

2. Mieszkam w Waszyngtonie.
    a. Jadę do Waszyngtonu.
    b. Wracam z Waszyngtonu.

3. Mieszkam w Montrealu.
    a. Jadę do Montrealu.
    b. Wracam z Montrealu.

4. Mieszkam w Warszawie.
    a. Jadę do Warszawy.
    b. Wracam z Warszawy.

5. Mieszkam w Krakowie.
    a. Jadę do Krakowa.
    b. Wracam z Krakowa.

6. Mieszkam w Gdańsku.
    a. Jadę do Gdańska.
    b. Wracam z Gdańska.

7. Mieszkam we Wrocławiu.
    a. Jadę do Wrocławia.
    b. Wracam z Wrocławia.

8. Mieszkam w Londynie.
    a. Jadę do Londynu.
    b. Wracam z Londynu.

9. Mieszkam w Ameryce.
    a. Jadę do Ameryki.
    b. Wracam z Ameryki.

10. Mieszkam w Europie.
    a. Jadę do Europy.
    b. Wracam z Europy.

11. Mieszkam w Filadelfii.
    a. Jadę do Filadelfii.
    b. Wracam z Filadelfii.

12. Mieszkam w Paryżu.
    a. Jadę do Paryża.
    b. Wracam z Paryża.

13. Mieszkam we Francji.
    a. Jadę do Francji.
    b. Wracam z Francji.

14. Mieszkam w Anglii.
    a. Jadę do Anglii.
    b. Wracam z Anglii.

15. Mieszkam w Kanadzie.
    a. Jadę do Kanady.
    b. Wracam z Kanady.

C. Drill for prepositional phrases indicating movement to (na) and movement
    from (z).

> Tutor: Byłem na dworcu.
>
> Student a: Idę na dworzec.
>
> Student b: Wracam z dworca.

1. Byłem na dworcu.   a. Idę na dworzec.
                                      b. Wracam z dworca.

2. Byłem na poczcie.   a. Idę na pocztę.
                                      b. Wracam z poczty.

3. Byłem na pływalni.   a. Idę na pływalnię.
                                      b. Wracam z pływalni.

4. Byłem na cmentarzu.   a. Idę na cmentarz.
                                      b. Wracam z cmentarza.

5. Byłem na stacji.   a. Idę na stację.
                                      b. Wracam ze stacji.

6. Byłem na uniwersytecie.   a. Idę na uniwersytet.
                                      b. Wracam z uniwersytetu.

7. Byłem na egzaminie.   a. Idę na egzamin.
                                      b. Wracam z egzaminu.

8. Byłem na śniadaniu.   a. Idę na śniadanie.
                                      b. Wracam ze śniadania.

9. Byłem na obiedzie.   a. Idę na obiad.
                                      b. Wracam z obiadu.

10. Byłem na kolacji.   a. Idę na kolację.
                                      b. Wracam z kolacji.

11. Byłem na plaży.   a. Idę na plażę.
                                      b. Wracam z plaży.

12. Byłem na koncercie.   a. Idę na koncert.
                                      b. Wracam z koncertu.

13. Byłem na milicji.   a. Idę na milicję.
                                      b. Wracam z milicji.

14. Byłem na lotnisku.   a. Idę na lotnisko.
                                      b. Wracam z lotniska.

15. Byłem na wsi.   a. Idę na wieś.
                                      b. Wracam ze wsi.

D. Drill for prepositional phrases indicating movement to (<u>do</u>) and from (<u>od</u>).

> Tutor: Byliśmy u znajomych.
>
> Student a: Idziemy do znajomych.
>
> Student b: Wróciliśmy od znajomych.

1. Byliśmy u znajomych.
   a. Idziemy do znajomych.
   b. Wróciliśmy od znajomych.

2. Byliśmy u kolegów.
   a. Idziemy do kolegów.
   b. Wróciliśmy od kolegów.

3. Byliśmy u dziadków.
   a. Idziemy do dziadków.
   b. Wróciliśmy od dziadków.

4. Byliśmy u wujostwa.
   a. Idziemy do wujostwa.
   b. Wróciliśmy od wujostwa.

5. Byliśmy u rodziców.
   a. Idziemy do rodziców.
   b. Wróciliśmy od rodziców.

6. Byliśmy u stryja.
   a. Idziemy do stryja.
   b. Wróciliśmy od stryja.

7. Byliśmy u ciotki.
   a. Idziemy do ciotki.
   b. Wróciliśmy od ciotki.

8. Byliśmy u syna.
   a. Idziemy do syna.
   b. Wróciliśmy od syna.

9. Byliśmy u państwa Zielińskich.
   a. Idziemy do państwa Zielińskich.
   b. Wróciliśmy od państwa Zielińskich.

10. Byliśmy u państwa Morganów.
    a. Idziemy do państwa Morganów.
    b. Wróciliśmy od państwa Morganów.

11. Byliśmy u dentysty.
    a. Idziemy do dentysty.
    b. Wróciliśmy od dentysty.

12. Byliśmy u wuja.
    a. Idziemy do wuja.
    b. Wróciliśmy od wuja.

13. Byliśmy u szewca.
    a. Idziemy do szewca.
    b. Wróciliśmy od szewca.

14. Byliśmy u zegarmistrza.
    a. Idziemy do zegarmistrza.
    b. Wróciliśmy od zegarmistrza.

15. Byliśmy u fryzjera.
    a. Idziemy do fryzjera.
    b. Wróciliśmy od fryzjera.

E.   Drill for prepositional phrases indicating place of rest and movement to.

```
Tutor:      Jadę z teatru.
Student a:  Jestem w teatrze.
Student b:  Jadę do teatru.
```

1. Jadę z teatru.   a. Jestem w teatrze.
                                      b. Jadę do teatru.

2. Jadę z dansingu.   a. Jestem na dansingu.
                                      b. Jadę na dansing.

3. Jadę od rodziców.   a. Jestem u rodziców.
                                      b. Jadę do rodziców.

4. Jadę z muzeum.   a. Jestem w muzeum.
                                      b. Jadę do muzeum.

5. Jadę z plaży.   a. Jestem na plaży.
                                      b. Jadę na plażę.

6. Jadę od adwokata.   a. Jestem u adwokata.
                                      b. Jadę do adwokata.

7. Jadę z koncertu.   a. Jestem na koncercie.
                                      b. Jadę na koncert.

8. Jadę z pływalni.   a. Jestem na pływalni.
                                      b. Jadę na pływalnię.

9. Jadę z parku.   a. Jestem w parku.
                                      b. Jadę do parku.

10. Jadę z kina.   a. Jestem w kinie.
                                      b. Jadę do kina.

11. Jadę z miasta.   a. Jestem w mieście.
                                      b. Jadę do miasta.

12. Jadę z poczty.   a. Jestem na poczcie.
                                      b. Jadę na pocztę.

13. Jadę z apteki.   a. Jestem w aptece.
                                      b. Jadę do apteki.

14. Jadę ze szpitala.   a. Jestem w szpitalu.
                                      b. Jadę do szpitala.

15. Jadę z uniwersytetu.   a. Jestem na uniwersytecie.
                                      b. Jadę na uniwersytet.

F. Drill for prepositional phrases indicating movement to (<u>pod</u>) and from
(<u>spod</u>).

> Tutor: Mieszkamy pod Krakowem.
>
> Student a: Jedziemy na wycieczkę pod Kraków.
>
> Student b: Wracamy spod Krakowa.

1. Mieszkamy pod Krakowem.   a. Jedziemy na wycieczkę pod Kraków.
   b. Wracamy spod Krakowa.

2. Mieszkamy pod Warszawą.   a. Jedziemy na wycieczkę pod Warszawę.
   b. Wracamy spod Warszawy.

3. Mieszkamy pod Waszyngtonem.   a. Jedziemy na wycieczkę pod Waszyngton.
   b. Wracamy spod Waszyngtonu.

4. Mieszkamy pod Gdańskiem.   a. Jedziemy na wycieczkę pod Gdańsk.
   b. Wracamy spod Gdańska.

5. Mieszkamy pod Wrocławiem.   a. Jedziemy na wycieczkę pod Wrocław.
   b. Wracamy spod Wrocławia.

6. Mieszkamy pod Paryżem.   a. Jedziemy na wycieczkę pod Paryż.
   b. Wracamy spod Paryża.

7. Mieszkamy pod Atenami.   a. Jedziemy na wycieczkę pod Ateny.
   b. Wracamy spod Aten.

8. Mieszkamy pod Lublinem.   a. Jedziemy na wycieczkę pod Lublin.
   b. Wracamy spod Lublina.

9. Mieszkamy pod Rzymem.   a. Jedziemy na wycieczkę pod Rzym.
   b. Wracamy spod Rzymu.

10. Mieszkamy pod Londynem.   a. Jedziemy na wycieczkę pod Londyn.
    b. Wracamy spod Londynu.

G. Drill for prepositional phrases indicating place of rest (<u>nad</u>) and movement
from (<u>znad</u>).

> Tutor: Jedziemy nad morze.
>
> Student a: Mieszkamy nad morzem.
>
> Student b: Wracamy znad morza.

1. Jedziemy nad morze.   a. Mieszkamy nad morzem.
   b. Wracamy znad morza.

2. Jedziemy nad rzekę.   a. Mieszkamy nad rzeką.
   b. Wracamy znad rzeki.

3. Jedziemy nad jezioro.   a. Mieszkamy nad jeziorem.
                                b. Wracamy znad jeziora.

4. Jedziemy nad ocean.   a. Mieszkamy nad oceanem.
                                b. Wracamy znad oceanu.

5. Jedziemy nad Bałtyk.   a. Mieszkamy nad Bałtykiem.
                                b. Wracamy znad Bałtyku.

H. Drill for prepositional phrases with _pod_ + instrumental.

Tutor: Granatowa marynarka leży na niebieskiej koszuli.

Student: Niebieska koszula leży pod granatową marynarką.

---

1. Granatowa marynarka leży   Niebieska koszula leży pod granatową
   na niebieskiej koszuli.   marynarką.

2. Popielaty kapelusz leży na   Szary sweter leży pod popielatym
   szarym swetrze.   kapeluszem.

3. Jasne ubranie leży na   Krótkie palto leży pod jasnym ubraniem.
   krótkim palcie.

4. Spodenki kąpielowe leżą na   Kostium kąpielowy leży pod spodenkami
   kostiumie kąpielowym.   kąpielowymi.

5. Białe szorty leżą na   Ciemne spodnie leży pod białymi szortami.
   ciemnych spodniach.

6. Kolorowa sukienka leży na   Suknia wieczorowa leży pod kolorową
   sukni wieczorowej.   sukienką.

7. Płaszcz deszczowy leży na   Brązowe futro leży pod płaszczem
   brązowym futrze.   deszczowym.

8. Zielone okulary leżą na   Długie rękawiczki leżą pod zielonymi
   długich rękawiczkach.   okularami.

I. Drill for prepositional phrases with _pod_ + instrumental, _na_ + locative, _za_
   + instrumental.

Tutor: Mapa wisi nad stołem.

Student a: Mapa leży pod stołem.

Student b: Mapa leży na stole.

Student c: Mapa leży za stołem.

---

1. Mapa wisi nad stołem.   a. Mapa leży pod stołem.
                                    b. Mapa leży na stole.
                                    c. Mapa leży za stołem.

2. Mapa wisi nad biurkiem.   a. Mapa leży pod biurkiem.
                                       b. Mapa leży na biurku.
                                       c. Mapa leży za biurkiem.

3. Mapa wisi nad oknem.   a. Mapa leży pod oknem.
                                       b. Mapa leży na oknie.
                                       c. Mapa leży za oknem.

4. Mapa wisi nad fotelem.   a. Mapa leży pod fotelem.
                                       b. Mapa leży na fotelu.
                                       c. Mapa leży za fotelem.

5. Mapa wisi nad krzesłem.   a. Mapa leży pod krzesłem.
                                       b. Mapa leży na krześle.
                                       c. Mapa leży za krzesłem.

J.   Drill for prepositional phrases indicating movement to and place of rest.

Tutor:	Jadę z urlopu.
Student a:	Jadę na urlop.
Student b:	Byłem na urlopie.

1. Jadę z urlopu.   a. Jadę na urlop.
                                       b. Byłem na urlopie.

2. Jadę z Francji.   a. Jadę do Francji.
                                       b. Byłem we Francji.

3. Jadę ze wsi.   a. Jadę na wieś.
                                       b. Byłem na wsi.

4. Jadę znad morza.   a. Jadę nad morze.
                                       b. Byłem nad morzem.

5. Jadę z wycieczki.   a. Jadę na wycieczkę.
                                       b. Byłem na wycieczce.

6. Jadę z zagranicy.   a. Jadę za granicę.
                                       b. Byłem za granicą.

7. Jadę z gór.   a. Jadę w góry.
                                       b. Byłem w górach.

8. Jadę spod Warszawy.   a. Jadę pod Warszawę.
                                       b. Byłem pod Warszawą.

9. Jadę zza miasta.   a. Jadę za miasto.
                                       b. Byłem za miastem.

10. Jadę znad rzeki.   a. Jadę nad rzekę.
                                       b. Byłem nad rzeką.

11. Jadę zza rzeki.   a. Jadę za rzekę.
                                       b. Byłem za rzeką.

12. Jadę z przyjęcia.   a. Jadę na przyjęcie.
                                  b. Byłem na przyjęciu.

13. Jadę z pogrzebu.   a. Jadę na pogrzeb.
                                  b. Byłem na pogrzebie.

14. Jadę z garażu.   a. Jadę do garażu.
                                  b. Byłem w garażu.

15. Jadę z pralni.   a. Jadę do pralni.
                                  b. Byłem w pralni.

K.   Drill for prepositional phrases with po + accusative and z + instrumental.

Tutor: Idę do przyjaciela.

Student a: Idę po przyjaciela.

Student b: Idę z przyjacielem.

---

1. Idę do przyjaciela.   a. Idę po przyjaciela.
                                  b. Idę z przyjacielem.

2. Idę do znajomego.   a. Idę po znajomego.
                                  b. Idę ze znajomym.

3. Idę do kolegi.   a. Idę po kolegę.
                                  b. Idę z kolegą.

4. Idę do sąsiada.   a. Idę po sąsiada.
                                  b. Idę z sąsiadem.

5. Idę do mojego profesora.   a. Idę po mojego profesora.
                                  b. Idę z moim profesorem.

6. Idę do mojego nauczyciela.   a. Idę po mojego nauczyciela.
                                  b. Idę z moim nauczycielem.

7. Idę do koleżanki.   a. Idę po koleżankę.
                                  b. Idę z koleżanką.

8. Idę do znajomej.   a. Idę po znajomą.
                                  b. Idę ze znajomą.

9. Idę do mojej nauczycielki.   a. Idę po moją nauczycielkę.
                                  b. Idę z moją nauczycielką.

10. Idę do lekarza.   a. Idę po lekarza.
                                  b. Idę z lekarzem.

11. Idę do rodziców.   a. Idę po rodziców.
                                  b. Idę z rodzicami.

12. Idę do wujostwa.   a. Idę po wujostwo.
                                  b. Idę z wujostwem.

13. Idę do ciotki.   a. Idę po ciotkę.
                                  b. Idę z ciotką.

14. Idę do stryja.   a. Idę po stryja.
                                          b. Idę ze stryjem.

15. Idę do kolegów.   a. Idę po kolegów.
                                          b. Idę z kolegami.

16. Idę do przyjaciół.   a. Idę po przyjaciół.
                                          b. Idę z przyjaciółmi.

L. Drill for prepositional phrases with bez + genitive and po + accusative.

```
Tutor:       Gdzie są okulary?
Student a:   Nie mogę pracować bez okularów.
Student b:   Muszę iść po okulary.
```

1. Gdzie są okulary?   a. Nie mogę pracować bez okularów.
                                  b. Muszę iść po okulary.

2. Gdzie jest gazeta?   a. Nie mogę pracować bez gazety.
                                  b. Muszę iść po gazetę.

3. Gdzie jest książka?   a. Nie mogę pracować bez książki.
                                  b. Muszę iść po książkę.

4. Gdzie jest marynarka?   a. Nie mogę pracować bez marynarki.
                                  b. Muszę iść po marynarkę.

5. Gdzie jest ubranie?   a. Nie mogę pracować bez ubrania.
                                  b. Muszę iść po ubranie.

6. Gdzie jest lekarstwo?   a. Nie mogę pracować bez lekarstwa.
                                  b. Muszę iść po lekarstwo.

7. Gdzie jest płaszcz?   a. Nie mogę pracować bez płaszcza.
                                  b. Muszę iść po płaszcz.

8. Gdzie jest zegarek?   a. Nie mogę pracować bez zegarka.
                                  b. Muszę iść po zegarek.

9. Gdzie jest słownik?   a. Nie mogę pracować bez słownika.
                                  b. Muszę iść po słownik.

10. Gdzie są papierosy?   a. Nie mogę pracować bez papierosów.
                                  b. Muszę iść po papierosy.

11. Gdzie są klucze?   a. Nie mogę pracować bez kluczy.
                                  b. Muszę iść po klucze.

12. Gdzie są nożyczki?   a. Nie mogę pracować bez nożyczek.
                                  b. Muszę iść po nożyczki.

M. Drill for prepositional phrases with <u>przed</u> + instrumental and <u>po</u> + locative.

> Tutor: Już jest południe.
>
> Student a: Będę u ciebie przed południem.
>
> Student b: Będę u ciebie po południu.

1. Już jest południe.
    a. Będę u ciebie przed południem.
    b. Będę u ciebie po południu.

2. Już jest obiad.
    a. Będę u ciebie przed obiadem.
    b. Będę u ciebie po obiedzie.

3. Już jest kolacja.
    a. Będę u ciebie przed kolacją.
    b. Będę u ciebie po kolacji.

4. Już jest śniadanie.
    a. Będę u ciebie przed śniadaniem.
    b. Będę u ciebie po śniadaniu.

5. Już jest zabawa.
    a. Będę u ciebie przed zabawą.
    b. Będę u ciebie po zabawie.

6. Już jest mecz.
    a. Będę u ciebie przed meczem.
    b. Będę u ciebie po meczu.

7. Już są święta.
    a. Będę u ciebie przed świętami.
    b. Będę u ciebie po świętach.

8. Już jest egzamin.
    a. Będę u ciebie przed egzaminem.
    b. Będę u ciebie po egzaminie.

9. Już jest bal.
    a. Będę u ciebie przed balem.
    b. Będę u ciebie po balu.

10. Już jest weekend.
    a. Będę u ciebie przed weekendem.
    b. Będę u ciebie po weekendzie.

N. Drill for prepositional phrases with <u>przy</u> + locative and <u>z</u> + instrumental.

> Tutor: Nie mówiłem o tym Adamowi.
>
> Student a: Nie mówiłem o tym przy Adamie.
>
> Student b: Nie mówiłem o tym z Adamem.

1. Nie mówiłem o tym Adamowi.
    a. Nie mówiłem o tym przy Adamie.
    b. Nie mówiłem o tym z Adamem.

2. Nie mówiłem o tym wujowi.
    a. Nie mówiłem o tym przy wuju.
    b. Nie mówiłem o tym z wujem.

3. Nie mówiłem o tym dziadkowi.
    a. Nie mówiłem o tym przy dziadku.
    b. Nie mówiłem o tym z dziadkiem.

4. Nie mówiłem o tym rodzicom.
    a. Nie mówiłem o tym przy rodzicach.
    b. Nie mówiłem o tym z rodzicami.

5. Nie mówiłem o tym siostrze.   a. Nie mówiłem o tym przy siostrze.
                                    b. Nie mówiłem o tym z siostrą.

6. Nie mówiłem o tym ciotce.   a. Nie mówiłem o tym przy ciotce.
                                    b. Nie mówiłem o tym z ciotką.

7. Nie mówiłem o tym Wandzie.   a. Nie mówiłem o tym przy Wandzie.
                                    b. Nie mówiłem o tym z Wandą.

8. Nie mówiłem o tym naszej   a. Nie mówiłem o tym przy naszej
   znajomej.   znajomej.
                                    b. Nie mówiłem o tym z naszą znajomą.

9. Nie mówiłem o tym tej   a. Nie mówiłem o tym przy tej kobiecie.
   kobiecie.   b. Nie mówiłem o tym z tą kobietą.

10. Nie mówiłem o tym temu   a. Nie mówiłem o tym przy tym panu.
    panu.   b. Nie mówiłem o tym z tym panem.

11. Nie mówiłem o tym swojemu   a. Nie mówiłem o tym przy swoim
    przyjacielowi.   przyjacielu.
                                    b. Nie mówiłem o tym ze swoim
                                       przyjacielem.

12. Nie mówiłem o tym naszemu   a. Nie mówiłem o tym przy naszym
    nauczycielowi.   nauczycielu.
                                    b. Nie mówiłem o tym z naszym
                                       nauczycielem.

13. Nie mówiłem o tym mojemu   a. Nie mówiłem o tym przy moim
    adwokatowi.   adwokacie.
                                    b. Nie mówiłem o tym z moim adwokatem.

14. Nie mówiłem o tym mojemu   a. Nie mówiłem o tym przy moim doktorze.
    doktorowi.   b. Nie mówiłem o tym z moim doktorem.

15. Nie mówiłem o tym naszemu   a. Nie mówiłem o tym przy naszym
    sąsiadowi.   sąsiedzie.
                                    b. Nie mówiłem o tym z naszym sąsiadem.

16. Nie mówiłem o tym swoim   a. Nie mówiłem o tym przy swoich
    uczniom.   uczniach.
                                    b. Nie mówiłem o tym ze swoimi uczniami.

O. Drill for prepositional phrases with o + accusative and za + accusative.

```
Tutor:      Co to za książka?

Student a:  Proszę o książkę.

Student b:  Dziękuję za książkę.
```

1. Co to za książka?   a. Proszę o książkę.
                                    b. Dziękuję za książkę.

2. Co to za pióro?   a. Proszę o pióro.
                                    b. Dziękuję za pióro.

3. Co to za długopis?   a. Proszę o długopis.
                               b. Dziękuję za długopis.

4. Co to za znaczki?   a. Proszę o znaczki.
                               b. Dziękuję za znaczki.

5. Co to za pomarańcze?   a. Proszę o pomarańcze.
                               b. Dziękuję za pomarańcze.

6. Co to za jabłka?   a. Proszę o jabłka.
                               b. Dziękuję za jabłka.

7. Co to za zapalniczka?   a. Proszę o zapalniczkę.
                               b. Dziękuję za zapalniczkę.

8. Co to za papier?   a. Proszę o papier.
                               b. Dziękuję za papier.

9. Co to za fajka?   a. Proszę o fajkę.
                               b. Dziękuję za fajkę.

10. Co to za chustka do nosa? a. Proszę o chustkę do nosa.
                               b. Dziękuję za chustkę do nosa.

11. Co to za fotografia?   a. Proszę o fotografię.
                               b. Dziękuję za fotografię.

12. Co to za widokówka?   a. Proszę o widokówkę.
                               b. Dziękuję za widokówkę.

P.   Drill for prepositional phrases with _między_ + instrumental.

Tutor: Jadę z Nowego Jorku do Filadelfii.

Student: Mieszkam między Nowym Jorkiem a Filadelfią.

---

1. Jadę z Nowego Jorku do   Mieszkam między Nowym Jorkiem a
   Filadelfii.   Filadelfią.

2. Jadę z Montrealu do Ottawy.   Mieszkam między Montrealem a Ottawą.

3. Jadę z Warszawy do Lublina.   Mieszkam między Warszawą a Lublinem.

4. Jadę z Gdańska do Gdyni.   Mieszkam między Gdańskiem a Gdynią.

5. Jadę z Krakowa do Katowic.   Mieszkam między Krakowem a
                                     Katowicami.

6. Jadę z Poznania do Gniezna.   Mieszkam między Poznaniem a Gnieznem.

7. Jadę z Wrocławia do Opola.   Mieszkam między Wrocławiem a Opolem.

8. Jadę z Bydgoszczy do Łodzi.   Mieszkam między Bydgoszczą a Łodzią.

Q.   Drill for prepositional phrases with _między_ + instrumental.

Tutor: Idę z banku do teatru.

Student: Widziałem go między bankiem a teatrem.

---

1. Idę z banku do teatru. Widziałem go między bankiem a teatrem.

2. Idę z kościoła do domu towarowego. Widziałem go między kościołem a domem towarowym.

3. Idę ze szpitala na dworzec kolejowy. Widziałem go między szpitalem a dworcem kolejowym.

4. Idę z biblioteki do kina. Widziałem go między biblioteką a kinem.

5. Idę z muzeum na uniwersytet. Widziałem go między muzeum a uniwersytetem.

6. Idę ze stacji do restauracji. Widziałem go między stacją a restauracją.

7. Idę z ambasady amerykańskiej do konsulatu kanadyjskiego. Widziałem go między ambasadą amerykańską a konsulatem kanadyjskim.

8. Idę z hotelu do kawiarni. Widziałem go między hotelem a kawiarnią.

R. Drill for prepositional phrases with <u>wśród</u> + genitive.

> Tutor: my
>
> Student: Kto wśród nas nazywa się Zieliński?

1. my Kto wśród nas nazywa się Zieliński?

2. wy Kto wśród was nazywa się Zieliński?

3. oni Kto wśród nich nazywa się Zieliński?

4. panowie Kto wśród panów nazywa się Zieliński?

5. państwo Kto wśród państwa nazywa się Zieliński?

6. ci ludzie Kto wśród tych ludzi nazywa się Zieliński?

7. nasi sąsiedzi Kto wśród naszych sąsiadów nazywa się Zieliński?

8. moi przyjaciele Kto wśród moich przyjaciół nazywa się Zieliński?

9. pana znajomi Kto wśród pana znajomych nazywa się Zieliński?

10. jej koledzy Kto wśród jej kolegów nazywa się Zieliński?

S. Drill for prepositional phrases <u>z</u> + instrumental, <u>od</u> + genitive, and for accusative of direct object.

> Tutor: żona, wujostwo, Zofia
>
> Student: Szliśmy z żoną od wujostwa, kiedy spotkaliśmy Zofię.

1. żona, wujostwo, Zofia   Szliśmy z żoną od wujostwa, kiedy spotkaliśmy
                                 Zofię.

2. matka, dziadkowie, ciotka   Szliśmy z matką od dziadków, kiedy
                                 spotkaliśmy ciotkę.

3. koleżanka, Zielińscy,   Szliśmy z koleżanką od Zielińskich, kiedy
   Jurek   spotkaliśmy Jurka.

4. znajomy, profesor, Wilczek   Szliśmy ze znajomym od profesora, kiedy
                                 spotkaliśmy Wilczka.

5. brat, rodzice, Wanda   Szliśmy z bratem od rodziców, kiedy
                                 spotkaliśmy Wandę.

6. mąż, lekarz, Janek   Szliśmy z mężem od lekarza, kiedy
                                 spotkaliśmy Janka.

7. siostra, dentysta, rodzice   Szliśmy z siostrą od dentysty, kiedy
                                 spotkaliśmy rodziców.

8. kolega, przyjaciele,   Szliśmy z kolegą od przyjaciół, kiedy
   Zieliński   spotkaliśmy Zielińskiego.

T.   Drill for prepositional phrases with z + instrumental and o + locative of
     personal pronouns and of pan, pani, państwo.

┌───┐
│ Tutor: On był u mnie.   │
│ Student a: On mówił ze mną.   │
│ Student b: On mówił o mnie.   │
└───┘

1. On był u mnie.   a. On mówił ze mną.
                           b. On mówił o mnie.

2. On był u ciebie.   a. On mówił z tobą.
                           b. On mówił o tobie.

3. On był u niego.   a. On mówił z nim.
                           b. On mówił o nim.

4. On był u niej.   a. On mówił z nią.
                           b. On mówił o niej.

5. On był u nas.   a. On mówił z nami.
                           b. On mówił o nas.

6. On był u was.   a. On mówił z wami.
                           b. On mówił o was.

7. On był u nich.   a. On mówił z nimi.
                           b. On mówił o nich.

8. On był u pana.   a. On mówił z panem.
                           b. On mówił o panu.

9. On był u panów.   a. On mówił z panami.
                            b. On mówił o panach.

10. On był u pani.   a. On mówił z panią.
                            b. On mówił o pani.

11. On był u pań.   a. On mówił z paniami.
                            b. On mówił o paniach.

12. On był u państwa.   a. On mówił z państwem.
                            b. On mówił o państwu.

U.   Drill for expressions indicating amount of time and 'time when.'

> Tutor: Będę tu cały przyszły rok.
>
> Student a: Będę tu przez cały przyszły rok.
>
> Student b: Będę tu w przyszłym roku.

1. Będę tu cały przyszły rok.   a. Będę tu przez cały przyszły rok.
                                     b. Będę tu w przyszłym roku.

2. Będę tu cały wtorek.   a. Będę tu przez cały wtorek.
                                       b. Będę tu we wtorek.

3. Będę tu cały piątek.   a. Będę tu przez cały piątek.
                                     b. Będę tu w piątek.

4. Będę tu cała sobotę.   a. Będę tu przez całą sobotę.
                                     b. Będę tu w sobotę.

5. Będę tu cały maj.   a. Będę tu przez cały maj.
                                   b. Będę tu w maju.

6. Będę tu cały luty.   a. Będę tu przez cały luty.
                                   b. Będę tu w lutym.

7. Będę tu cały przyszły tydzień.   a. Będę tu przez cały przyszły tydzień.
                                     b. Będę tu w przyszłym tygodniu.

8. Będę tu cały przyszły miesiąc.   a. Będę tu przez cały przyszły miesiąc.
                                     b. Będę tu w przyszłym miesiącu.

9. Będę tu cała wiosnę.   a. Będę tu przez całą wiosnę.
                                     b. Będę tu na wiosnę.

10. Będę tu całe lato.   a. Będę tu przez całe lato.
                                   b. Będę tu w lecie.

11. Będę tu całą jesień.   a. Będę tu przez całą jesień.
                                   b. Będę tu w jesieni.

12. Będę tu całą zimę.   a. Będę tu przez całą zimę.
                                   b. Będę tu w zimie.

V.   Drill for prepositional phrases with <u>od</u> and <u>do</u> and days of the week.

Tutor: Byłem w poniedziałek, wtorek i środę w Waszyngtonie.

Student: Byłem od poniedziałku do środy w Waszyngtonie.

---

1. Byłem w poniedziałek, wtorek   Byłem od poniedziałku do środy w
   i środę w Waszyngtonie.   Waszyngtonie.

2. Byłem we wtorek, środę i   Byłem od wtorku do czwartku w Łodzi.
   czwartek w Łodzi.

3. Byłem w środę, czwartek i   Byłem od środy do piątku w Katowicach.
   piątek w Katowicach.

4. Byłem w czwartek, piątek i   Byłem od czwartku do soboty w Ottawie.
   sobotę w Ottawie.

5. Byłem w piątek, sobotę i   Byłem od piątku do niedzieli w Gdyni.
   niedzielę w Gdyni.

6. Byłem w sobotę, niedzielę   Byłem od soboty do poniedziałku w Opolu.
   i poniedziałek w Opolu.

7. Byłem w niedzielę,   Byłem od niedzieli do wtorku w Montrealu.
   poniedziałek i wtorek w
   Montrealu.

W.   Drill for prepositional phrases with <u>od</u> and <u>do</u> and the names of the months.

Tutor: Będę przez styczeń, luty i marzec w Polsce.

Student: Będę od stycznia do marca w Polsce.

---

1. Będę przez styczeń, luty i   Będę od stycznia do marca w Polsce.
   marzec w Polsce.

2. Będę przez luty, marzec i   Będę od lutego do kwietnia we Francji.
   kwiecień we Francji.

3. Będę przez marzec, kwiecień   Będę od marca do maja w Anglii.
   i maj w Anglii.

4. Będę przez kwiecień, maj i   Będę od kwietnia do czerwca w Kanadzie.
   czerwiec w Kanadzie.

5. Będę przez maj, czerwiec i   Będę od maja do lipca w Rosji.
   lipiec w Rosji.

6. Będę przez czerwiec, lipiec   Będę od czerwca do sierpnia w Grecji.
   i sierpień w Grecji.

7. Będę przez lipiec, sierpień   Będę od lipca do września w Austrii.
   i wrzesień w Austrii.

8. Będę przez sierpień, wrzesień   Będę od sierpnia do października w
   i październik w Niemczech   Niemczech Zachodnich.
   Zachodnich.

9. Będę przez wrzesień,   Będę od września do listopada w
   październik i listopad w   Niemczech Wschodnich.
   Niemczech Wschodnich.

10. Będę przez październik,   Będę od października do grudnia w
    listopad i grudzień w Belgii.   Belgii.

11. Będę przez listopad, grudzień   Będę od listopada do stycznia we
    i styczeń we Włoszech.   Włoszech.

12. Będę przez grudzień, styczeń   Będę od grudnia do lutego w Stanach
    i luty w Stanach Zjednoczonych.   Zjednoczonych.

X. Drill for the masculine and feminine past tense forms of <u>iść</u> 'go (on foot).'

Tutor:	Idę z pracy.
Student a:	Szedłem z pracy.
Student b:	Szłam z pracy.

1. Idę z pracy.   a   a. Szedłem z pracy.
                             b. Szłam z pracy.

2. Idziesz z pracy?   a. Szedłeś z pracy?
                             b. Szłaś z pracy?

3. On idzie z pracy.   a. On szedł z pracy.
                             b. Ona szła z pracy.

4. Idziemy z pracy.   a. Szliśmy z pracy.
                             b. Szłyśmy z pracy.

5. Idziecie z pracy?   a. Szliście z pracy?
                             b. Szłyście z pracy?

6. Oni idą z pracy.   a. Oni szli z pracy.
                             b. One szły z pracy.

Y. Drill for the masculine and feminine past-tense forms of <u>jechać</u> 'go (not on foot).'

Tutor:	Jadę do pracy.
Student a:	Jechałem do pracy.
Student b:	Jechałam do pracy.

1. Jadę do pracy.   a. Jechałem do pracy.
                             b. Jechałam do pracy.

2. Jedziesz do pracy?   a. Jechałeś do pracy?
                                   b. Jechałaś do pracy?

3. On jedzie do pracy.   a. On jechał do pracy.
                                   b. Ona jechała do pracy.

4. Jedziemy do pracy.   a. Jechaliśmy do pracy.
                                   b. Jechałyśmy do pracy.

5. Jedziecie do pracy?   a. Jechaliście do pracy?
                                   b. Jechałyście do pracy?

6. Oni jadą do pracy.   a. Oni jechali do pracy.
                                   b. One jechały do pracy.

Z.   Drill for nonfeminine nouns with different singular and plural stems.

> Tutor: Zna pan to imię?
>
> Student a: Nie znam tego imiemia.
>
> Student b: Zna pan te imiona?
>
> Student c: Nie znam tych imion.

1. Zna pan to imię?   a. Nie znam tego imienia.
                                   b. Zna pan te imiona?
                                   c. Nie znam tych imion.

2. Zna pan to muzeum?   a. Nie znam tego muzeum.
                                   b. Zna pan te muzea?
                                   c. Nie znam tych muzeów.

3. Zna pan to dziecko?   a. Nie znam tego dziecka.
                                   b. Zna pan te dzieci?
                                   c. Nie znam tych dzieci.

4. Widzi pan to zwierzę?   a. Nie znam tego zwierzęcia.
                                   b. Zna pan te zwierzęta?
                                   c. Nie znam tych zwierząt.

5. Zna pan to liceum?   a. Nie znam tego liceum.
                                   b. Zna pan te licea?
                                   c. Nie znam tych liceów.

6. Ma pan chore oko?   a. Nie mam chorego oka.
                                   b. Ma pan chore oczy?
                                   c. Nie mam chorych oczu.

7. Ma pan chore ucho?   a. Nie mam chorego ucha.
                                   b. Ma pan chore uszy?
                                   c. Nie mam chorych uszu.

8. Zna pan tego Amerykanina?   a. Nie znam tego Amerykanina.
                                   b. Zna pan tych Amerykanów?
                                   c. Nie znam tych Amerykanów.

9. Zna pan tego Rosjanina?   a. Nie znam tego Rosjanina.
                                 b. Zna pan tych Rosjan?
                                 c. Nie znam tych Rosjan.

10. Ma pan tu przyjaciela?   a. Nie mam tu przyjaciela.
                                 b. Ma pan tu przyjaciół?
                                 c. Nie mam tu przyjaciół.

ĆWICZENIA   DRILLS

A. Drill for the basic form of numerals with nonvirile nouns

Tutor: Tu jest zeszyt. (1–10)
Student a: Tu jest jeden zeszyt.
Student b: Tu są dwa zeszyty.
etc.

1. Tu jest zeszyt. (1–10)
    a. Tu jest jeden zeszyt.
    b. Tu są dwa zeszyty.
    c. Tu są trzy zeszyty.
    d. Tu są cztery zeszyty.
    e. Tu jest pięć zeszytów.
    f. Tu jest sześć zeszytów.
    g. Tu jest siedem zeszytów.
    h. Tu jest osiem zeszytów.
    i. Tu jest dziewięć zeszytów.
    j. Tu jest dziesięć zeszytów.

2. Tu jest książka. (1–10)
    a. Tu jest jedna książka.
    b. Tu są dwie książki.
    c. Tu są trzy książki.
    d. Tu są cztery książki.
    e. Tu jest pięć książek.
    f. Tu jest sześć książek.
    g. Tu jest siedem książek.
    h. Tu jest osiem książek.
    i. Tu jest dziewięć książek.
    j. Tu jest dziesięć książek.

3. Tu jest zdjęcie. (1–10)
    a. Tu jest jedno zdjęcie.
    b. Tu są dwa zdjęcia.
    c. Tu są trzy zdjęcia.
    d. Tu są cztery zdjęcia.
    e. Tu jest pięć zdjęć.
    f. Tu jest sześć zdjęć.
    g. Tu jest siedem zdjęć.
    h. Tu jest osiem zdjęć.
    i. Tu jest dziewięć zdjęć.
    j. Tu jest dziesięć zdjęć.

4. Tu jest podręcznik. (1–10)
    a. Tu jest jeden podręcznik.
    b. Tu są dwa podręczniki.
    c. Tu są trzy podręczniki.
    d. Tu są cztery podręczniki.

178

        e. Tu jest pięć podręczników.
        f. Tu jest sześć podręczników.
        g. Tu jest siedem podręczników.
        h. Tu jest osiem podręczników.
        i. Tu jest dziewięć podręczników.
        j. Tu jest dziesięć podręczników.

5. Tu jest gazeta. (1-10)
        a. Tu jest jedna gazeta.
        b. Tu są dwie gazety.
        c. Tu są trzy gazety.
        d. Tu są cztery gazety.
        e. Tu jest pięć gazet.
        f. Tu jest sześć gazet.
        g. Tu jest siedem gazet.
        h. Tu jest osiem gazet.
        i. Tu jest dziewięć gazet.
        j. Tu jest dziesięć gazet.

6. Tu jest pióro. (1-10)
        a. Tu jest jedno pióro.
        b. Tu są dwa pióra.
        c. Tu są trzy pióra.
        d. Tu są cztery pióra.
        e. Tu jest pięć piór.
        f. Tu jest sześć piór.
        g. Tu jest siedem piór.
        h. Tu jest osiem piór.
        i. Tu jest dziewięć piór.
        j. Tu jest dziesięć piór.

7. Tam są widokówki. (11-19)
        a. Tam jest jedenaście widokówek.
        b. Tam jest dwanaście widokówek.
        c. Tam jest trzynaście widokówek.
        d. Tam jest czternaście widokówek.
        e. Tam jest piętnaście widokówek.
        f. Tam jest szesnaście widokówek.
        g. Tam jest siedemnaście widokówek.
        h. Tam jest osiemnaście widokówek.
        i. Tam jest dziewiętnaście widokówek.

8. Tam są ołówki. (11-19)
        a. Tam jest jedenaście ołówków.
        b. Tam jest dwanaście ołówków.
        c. Tam jest trzynaście ołówków.
        d. Tam jest czternaście ołówków.
        e. Tam jest piętnaście ołówków.
        f. Tam jest szesnaście ołówków.
        g. Tam jest siedemnaście ołówków.
        h. Tam jest osiemnaście ołówków.
        i. Tam jest dziewiętnaście ołówków.

9. Tam są jabłka. (11-19)
        a. Tam jest jedenaście jabłek.
        b. Tam jest dwanaście jabłek.
        c. Tam jest trzynaście jabłek.
        d. Tam jest czternaście jabłek.
        e. Tam jest piętnaście jabłek.

        f. Tam jest szesnaście jabłek.
        g. Tam jest siedemnaście jabłek.
        h. Tam jest osiemnaście jabłek.
        i. Tam jest dziewiętnaście jabłek.

10. Tam były fotografie. (20, 30 . . .
    90)

    a. Tam było dwadzieścia fotografii.
    b. Tam było trzydzieści fotografii.
    c. Tam było czterdzieści fotografii.
    d. Tam było pięćdziesiąt fotografii.
    e. Tam było sześćdziesiąt fotografii.
    f. Tam było siedemdziesiąt fotografii.
    g. Tam było osiemdziesiąt fotografii.
    h. Tam było dziewięćdziesiąt fotografii.

11. Tam były papierosy. (20, 30 . . .
    90)

    a. Tam było dwadzieścia papierosów.
    b. Tam było trzydzieści papierosów.
    c. Tam było czterdzieści papierosów.
    d. Tam było pięćdziesiąt papierosów.
    e. Tam było sześćdziesiąt papierosów.
    f. Tam było siedemdziesiąt papierosów.
    g. Tam było osiemdziesiąt papierosów.
    h. Tam było dziewięćdziesiąt papierosów.

12. Tam były drzewa. (20, 30 . . .
    90)

    a. Tam było dwadzieścia drzew.
    b. Tam było trzydzieści drzew.
    c. Tam było czterdzieści drzew.
    d. Tam było pięćdziesiąt drzew.
    e. Tam było sześćdziesiąt drzew.
    f. Tam było siedemdziesiąt drzew.
    g. Tam było osiemdziesiąt drzew.
    h. Tam było dziewięćdziesiąt drzew.

13. Tu były koperty. (100–1000)

    a. Tu było sto kopert.
    b. Tu było dwieście kopert.
    c. Tu było trzysta kopert.
    d. Tu było czterysta kopert.
    e. Tu było pięćset kopert.
    f. Tu było sześćset kopert.
    g. Tu było siedemset kopert.
    h. Tu było osiemset kopert.
    i. Tu było dziewięćset kopert.
    j. Tu było tysiąc kopert.

14. Tu były znaczki. (100–1000)

    a. Tu było sto znaczków.
    b. Tu było dwieście znaczków.
    c. Tu było trzysta znaczków.
    d. Tu było czterysta znaczków.
    e. Tu było pięćset znaczków.
    f. Tu było sześćset znaczków.
    g. Tu było siedemset znaczków.
    h. Tu było osiemset znaczków.
    i. Tu było dziewięćset znaczków.
    j. Tu było tysiąc znaczków.

15. Tu były cygara. (100-1000)

    a. Tu było sto cygar.
    b. Tu było dwieście cygar.
    c. Tu było trzysta cygar.
    d. Tu było czterysta cygar.
    e. Tu było pięćset cygar.
    f. Tu było sześćset cygar.
    g. Tu było siedemset cygar.
    h. Tu było osiemset cygar.
    i. Tu było dziewięćset cygar.
    j. Tu było tysiąc cygar.

B.   Drill for the genitive of numerals.

> Tutor: Tu nie ma zeszytu. (1-10)
>
> Student a: Tu nie ma ani jednego zeszytu.
>
> Student b: Tu nie ma dwóch zeszytów.
>
>   etc.

1. Tu nie ma zeszytu. (1-10)

    a. Tu nie ma ani jednego zeszytu.
    b. Tu nie ma dwóch zeszytów.
    c. Tu nie ma trzech zeszytów.
    d. Tu nie ma czterech zeszytów.
    e. Tu nie ma pięciu zeszytów.
    f. Tu nie ma sześciu zeszytów.
    g. Tu nie ma siedmiu zeszytów.
    h. Tu nie ma ośmiu zeszytów.
    i. Tu nie ma dziewięciu zeszytów.
    j. Tu nie ma dziesięciu zeszytów.

2. Tu nie ma książki. (1-10)

    a. Tu nie ma ani jednej książki.
    b. Tu nie ma dwóch książek.
    c. Tu nie ma trzech książek.
    d. Tu nie ma czterech książek.
    e. Tu nie ma pięciu książek.
    f. Tu nie ma sześciu książek.
    g. Tu nie ma siedmiu książek.
    h. Tu nie ma ośmiu książek.
    i. Tu nie ma dziewięciu książek.
    j. Tu nie ma dziesięciu książek.

3. Tu nie ma zdjęcia. (1-10)

    a. Tu nie ma ani jednego zdjęcia.
    b. Tu nie ma dwóch zdjęć.
    c. Tu nie ma trzech zdjęć.
    d. Tu nie ma czterech zdjęć.
    e. Tu nie ma pięciu zdjęć.
    f. Tu nie ma sześciu zdjęć.
    g. Tu nie ma siedmiu zdjęć.
    h. Tu nie ma ośmiu zdjęć.
    i. Tu nie ma dziewięciu zdjęć.
    j. Tu nie ma dziesięciu zdjęć.

4. Tu nie ma studenta. (1–10)

    a. Tu nie ma ani jednego studenta.
    b. Tu nie ma dwóch studentów.
    c. Tu nie ma trzech studentów.
    d. Tu nie ma czterech studentów.
    e. Tu nie ma pięciu studentów.
    f. Tu nie ma sześciu studentów.
    g. Tu nie ma siedmiu studentów.
    h. Tu nie ma ośmiu studentów.
    i. Tu nie ma dziewięciu studentów.
    j. Tu nie ma dziesięciu studentów.

5. Tu nie ma widokówek. (11–19)

    a. Tu nie ma jedenastu widokówek.
    b. Tu nie ma dwunastu widokówek.
    c. Tu nie ma trzynastu widokówek.
    d. Tu nie ma czternastu widokówek.
    e. Tu nie ma piętnastu widokówek.
    f. Tu nie ma szesnastu widokówek.
    g. Tu nie ma siedemnastu widokówek.
    h. Tu nie ma osiemnastu widokówek.
    i. Tu nie ma dziewiętnastu widokówek.

6. Tam nie ma ołówków. (11–19)

    a. Tam nie ma jedenastu ołówków.
    b. Tam nie ma dwunastu ołówków.
    c. Tam nie ma trzynastu ołówków.
    d. Tam nie ma czternastu ołówków.
    e. Tam nie ma piętnastu ołówków.
    f. Tam nie ma szesnastu ołówków.
    g. Tam nie ma siedemnastu ołówków.
    h. Tam nie ma osiemnastu ołówków.
    i. Tam nie ma dziewiętnastu ołówków.

7. Tam nie ma jabłek. (11–19)

    a. Tam nie ma jedenastu jabłek.
    b. Tam nie ma dwunastu jabłek.
    c. Tam nie ma trzynastu jabłek.
    d. Tam nie ma czternastu jabłek.
    e. Tam nie ma piętnastu jabłek.
    f. Tam nie ma szesnastu jabłek.
    g. Tam nie ma siedemnastu jabłek.
    h. Tam nie ma osiemnastu jabłek.
    i. Tam nie ma dziewiętnastu jabłek.

8. Tam nie ma chłopców. (11–19)

    a. Tam nie ma jedenastu chłopców.
    b. Tam nie ma dwunastu chłopców.
    c. Tam nie ma trzynastu chłopców.
    d. Tam nie ma czternastu chłopców.
    e. Tam nie ma piętnastu chłopców.
    f. Tam nie ma szesnastu chłopców.
    g. Tam nie ma siedemnastu chłopców.
    h. Tam nie ma osiemnastu chłopców.
    i. Tam nie ma dziewiętnastu chłopców.

9. Tam nie było fotografii. (20, 30 . . . 90)

    a. Tam nie było dwudziestu fotografii.
    b. Tam nie było trzydziestu fotografii.
    c. Tam nie było czterdziestu fotografii.

d. Tam nie było pięćdziesięciu fotografii.

e. Tam nie było sześćdziesięciu fotografii.

f. Tam nie było siedemdziesięciu fotografii.

g. Tam nie było osiemdziesięciu fotografii.

h. Tam nie było dziewięćdziesięciu fotografii.

10. Tam nie było papierosów. (20, 30 . . . 90)

a. Tam nie było dwudziestu papierosów.

b. Tam nie było trzydziestu papierosów.

c. Tam nie było czterdziestu papierosów.

d. Tam nie było pięćdziesięciu papierosów.

e. Tam nie było sześćdziesięciu papierosów.

f. Tam nie było siedemdziesięciu papierosów.

g. Tam nie było osiemdziesięciu papierosów.

h. Tam nie było dziewięćdziesięciu papierosów.

11. Tam nie było drzew. (20, 30 . . . 90)

a. Tam nie było dwudziestu drzew.

b. Tam nie było trzydziestu drzew.

c. Tam nie było czterdziestu drzew.

d. Tam nie było pięćdziesięciu drzew.

e. Tam nie było sześćdziesięciu drzew.

f. Tam nie było siedemdziesięciu drzew.

g. Tam nie było osiemdziesięciu drzew.

h. Tam nie było dziewięćdziesięciu drzew.

12. Tam nie było uczniów.

a. Tam nie było dwudziestu uczniów.

b. Tam nie było trzydziestu uczniów.

c. Tam nie było czterdziestu uczniów.

d. Tam nie było pięćdziesięciu uczniów.

e. Tam nie było sześćdziesięciu uczniów.

f. Tam nie było siedemdziesięciu uczniów.

g. Tam nie było osiemdziesięciu uczniów.

h. Tam nie było dziewięćdziesięciu uczniów.

13. Tu nie było kopert. (100, 200 . . . 1000)

a. Tu nie było stu kopert.

b. Tu nie było dwustu kopert.

c. Tu nie było trzystu kopert.

d. Tu nie było czterystu kopert.

e. Tu nie było pięciuset kopert.

f. Tu nie było sześciuset kopert.

g. Tu nie było siedmiuset kopert.

h. Tu nie było ośmiuset kopert.

i. Tu nie było dziewięciuset kopert.

j. Tu nie było tysiąca kopert.

14. Tu nie było znaczków.   a. Tu nie było stu znaczków.
    (100, 200 . . . 1000)   b. Tu nie było dwustu znaczków.

                                   c. Tu nie było trzystu znaczków.

                                   d. Tu nie było czterystu znaczków.

                                   e. Tu nie było pięciuset znaczków.

                                   f. Tu nie było sześciuset znaczków.

                                   g. Tu nie było siedmiuset znaczków.

                                   h. Tu nie było ośmiuset znaczków.

                                   i. Tu nie było dziewięciuset znaczków.

                                   j. Tu nie było tysiąca znaczków.

15. Tu nie było cygar. (100,   a. Tu nie było stu cygar.
    200 . . . 1000)   b. Tu nie było dwustu cygar.

                                   c. Tu nie było trzystu cygar.

                                   d. Tu nie było czterystu cygar.

                                   e. Tu nie było pięciuset cygar.

                                   f. Tu nie było sześciuset cygar.

                                   g. Tu nie było siedmiuset cygar.

                                   h. Tu nie było ośmiuset cygar.

                                   i. Tu nie było dziewięciuset cygar.

                                   j. Tu nie było tysiąca cygar.

16. Tu nie było żołnierzy.   a. Tu nie było stu żołnierzy.
    (100, 200 . . . 1000)   b. Tu nie było dwustu żołnierzy.

                                   c. Tu nie było trzystu żołnierzy.

                                   d. Tu nie było czterystu żołnierzy.

                                   e. Tu nie było pięciuset żołnierzy.

                                   f. Tu nie było sześciuset żołnierzy.

                                   g. Tu nie było siedmiuset żołnierzy.

                                   h. Tu nie było ośmiuset żołnierzy.

                                   i. Tu nie było dziewięciuset żołnierzy.

                                   j. Tu nie było tysiąca żołnierzy.

C. Drill for the quotation form and the genitive of numerals.

```
Tutor:   Dwa i trzy.
Student: Dwa i trzy jest pięć.
```

1. Dwa i trzy.   Dwa i trzy jest pięć.

2. Dwa od trzech.   Dwa od trzech jest jeden.

3. Cztery razy dwa.   Cztery razy dwa jest osiem.

4. Dwa od ośmiu.   Dwa od ośmiu jest sześć.

5. Trzy razy trzy.   Trzy razy trzy jest dziewięć.

6. Pięć a pięć.   Pięć a pięć jest dziesięć.

7. Trzy od dziesięciu.   Trzy od dziesięciu jest siedem.

8. Cztery razy cztery.   Cztery razy cztery jest szesnaście.

9. Szesnaście a cztery.   Szesnaście a cztery jest dwadzieścia.

10. Trzy od dwudziestu.   Trzy od dwudziestu jest siedemnaście.

11. Sześć i sześć.   Sześć i sześć jest dwanaście.

12. Jeden od dwunastu.   Jeden od dwunastu jest jedenaście.

13. Jedenaście razy trzy.   Jedenaście razy trzy jest trzydzieści trzy.

14. Cztery od trzydziestu trzech.   Cztery od trzydziestu trzech jest dwadzieścia dziewięć.

15. Dwadzieścia pięć a dwadzieścia pięć.   Dwadzieścia pięć a dwadzieścia pięć jest pięćdziesiąt.

16. Dziesięć od pięćdziesięciu.   Dziesięć od pięćdziesięciu jest czterdzieści.

17. Czterdzieści i pięćdziesiąt.   Czterdzieści i pięćdziesiąt jest dziewięćdziesiąt.

18. Dwadzieścia pięć razy cztery.   Dwadzieścia pięć razy cztery jest sto.

19. Trzydzieści od stu.   Trzydzieści od stu jest siedemdziesiąt.

20. Dwa razy zero.   Dwa razy zero jest zero.

D. Drill for the numerals 1–10 with virile and nonvirile nouns.

> Tutor: Tu jest student.
>
> Student a: Tu jest jeden student.
>
> Student b: Tu jest dwóch studentów.
>
>   etc.

1. Tu jest student.
   - a. Tu jest jeden student.
   - b. Tu jest dwóch studentów.
   - c. Tu jest trzech studentów.
   - d. Tu jest czterech studentów.
   - e. Tu jest pięciu studentów.
   - f. Tu jest sześciu studentów.
   - g. Tu jest siedmiu studentów.
   - h. Tu jest ośmiu studentów.
   - i. Tu jest dziewięciu studentów.
   - j. Tu jest dziesięciu studentów.

2. Tu jest studentka.
   - a. Tu jest jedna studentka.
   - b. Tu są dwie studentki.
   - c. Tu są trzy studentki.

    d. Tu są cztery studentki.
    e. Tu jest pięć studentek.
    f. Tu jest sześć studentek.
    g. Tu jest siedem studentek.
    h. Tu jest osiem studentek.
    i. Tu jest dziewięć studentek.
    j. Tu jest dziesięć studentek.

3. Tu jest chłopiec.

    a. Tu jest jeden chłopiec.
    b. Tu jest dwóch chłopców.
    c. Tu jest trzech chłopców.
    d. Tu jest czterech chłopców.
    e. Tu jest pięciu chłopców.
    f. Tu jest sześciu chłopców.
    g. Tu jest siedmiu chłopców.
    h. Tu jest ośmiu chłopców.
    i. Tu jest dziewięciu chłopców.
    j. Tu jest dziesięciu chłopców.

4. Tu jest pies.

    a. Tu jest jeden pies.
    b. Tu są dwa psy.
    c. Tu są trzy psy.
    d. Tu są cztery psy.
    e. Tu jest pięć psów.
    f. Tu jest sześć psów.
    g. Tu jest siedem psów.
    h. Tu jest osiem psów.
    i. Tu jest dziewięć psów.
    j. Tu jest dziesięć psów.

5. Tu jest uczeń.

    a. Tu jest jeden uczeń.
    b. Tu jest dwóch uczniów.
    c. Tu jest trzech uczniów.
    d. Tu jest czterech uczniów.
    e. Tu jest pięciu uczniów.
    f. Tu jest sześciu uczniów.
    g. Tu jest siedmiu uczniów.
    h. Tu jest ośmiu uczniów.
    i. Tu jest dziewięciu uczniów.
    j. Tu jest dziesięciu uczniów.

6. Tu jest pudełko.

    a. Tu jest jedno pudełko.
    b. Tu są dwa pudełka.
    c. Tu są trzy pudełka.
    d. Tu są cztery pudełka.
    e. Tu jest pięć pudełek.
    f. Tu jest sześć pudełek.
    g. Tu jest siedem pudełek.
    h. Tu jest osiem pudełek.
    i. Tu jest dziewięć pudełek.
    j. Tu jest dziesięć pudełek.

E.   Drill for the accusative of numerals with nonvirile and virile nouns.

> Tutor: jeden
> Student a: Tu jest jeden list.
> Student b: Tu jest jeden chłopiec.

1. jeden

    a. Tu jest jeden list.
    b. Tu jest jeden chłopiec.

2. dwa

    a. Tu są dwa listy.
    b. Tu jest dwóch chłopców.

3. trzy

    a. Tu są trzy listy.
    b. Tu jest trzech chłopców.

4. cztery

    a. Tu są cztery listy.
    b. Tu jest czterech chłopców.

5. pięć

    a. Tu jest pięć listów.
    b. Tu jest pięciu chłopców.

6. sześć

    a. Tu jest sześć listów.
    b. Tu jest sześciu chłopców.

7. siedem

    a. Tu jest siedem listów.
    b. Tu jest siedmiu chłopców.

8. osiem

    a. Tu jest osiem listów.
    b. Tu jest ośmiu chłopców.

9. dziewięć

    a. Tu jest dziewięć listów.
    b. Tu jest dziewięciu chłopców.

10. dziesięć

    a. Tu jest dziesięć listów.
    b. Tu jest dziesięciu chłopców.

11. jedenaście

    a. Tu jest jedenaście listów.
    b. Tu jest jedenastu chłopców.

12. dwanaście

    a. Tu jest dwanaście listów.
    b. Tu jest dwunastu chłopców.

13. trzynaście

    a. Tu jest trzynaście listów.
    b. Tu jest trzynastu chłopców.

14. czternaście

    a. Tu jest czternaście listów.
    b. Tu jest czternastu chłopców.

15. piętnaście

    a. Tu jest piętnaście listów.
    b. Tu jest piętnastu chłopców.

16. szesnaście

    a. Tu jest szesnaście listów.
    b. Tu jest szesnastu chłopców.

17. siedemnaście

    a. Tu jest siedemnaście listów.
    b. Tu jest siedemnastu chłopców.

18. osiemnaście   a. Tu jest osiemnaście listów.
                                    b. Tu jest osiemnastu chłopców.

19. dziewiętnaście   a. Tu jest dziewiętnaście listów.
                                    b. Tu jest dziewiętnastu chłopców.

20. dwadzieścia   a. Tu jest dwadzieścia listów.
                                    b. Tu jest dwudziestu chłopców.

F. Drill for the accusative of numerals with virile and nonvirile nouns.

Tutor: jedenaście

Student a: W pokoju było jedenastu uczniów.

Student b: W pokoju było jedenaście uczennic.

---

1. jedenaście   a. W pokoju było jedenastu uczniów.
                                b. W pokoju było jedenaście uczennic.

2. dwanaście   a. W pokoju było dwunastu uczniów.
                                b. W pokoju było dwanaście uczennic.

3. trzynaście   a. W pokoju było trzynastu uczniów.
                                b. W pokoju było trzynaście uczennic.

4. czternaście   a. W pokoju było czternastu uczniów.
                                b. W pokoju było czternaście uczennic.

5. piętnaście   a. W pokoju było piętnastu uczniów.
                                b. W pokoju było piętnaście uczennic.

6. szesnaście   a. W pokoju było szesnastu uczniów.
                                b. W pokoju było szesnaście uczennic.

7. siedemnaście   a. W pokoju było siedemnastu uczniów.
                                b. W pokoju było siedemnaście
                                   uczennic.

8. osiemnaście   a. W pokoju było osiemnastu uczniów.
                                b. W pokoju było osiemnaście uczennic.

9. dziewiętnaście   a. W pokoju było dziewiętnastu
                                   uczniów.
                                b. W pokoju było dziewiętnaście
                                   uczennic.

10. dwadzieścia   a. W pokoju było dwudziestu uczniów.
                                b. W pokoju było dwadzieścia uczennic.

11. trzydzieści   a. W pokoju było trzydziestu uczniów.
                                b. W pokoju było trzydzieści uczennic.

12. czterdzieści   a. W pokoju było czterdziestu uczniów.
                                b. W pokoju było czterdzieści uczennic.

G. Drill for the accusative of numerals with virile and nonvirile nouns.

```
Tutor:      sto

Student a:  Tam pracuje stu mężczyzn.

Student b:  Tam pracuje sto kobiet.
```

1. sto

    a. Tam pracuje stu mężczyzn.
    b. Tam pracuje sto kobiet.

2. dwieście

    a. Tam pracuje dwustu mężczyzn.
    b. Tam pracuje dwieście kobiet.

3. trzysta

    a. Tam pracuje trzystu mężczyzn.
    b. Tam pracuje trzysta kobiet.

4. czterysta

    a. Tam pracuje czterystu mężczyzn.
    b. Tam pracuje czterysta kobiet.

5. pięćset

    a. Tam pracuje pięciuset mężczyzn.
    b. Tam pracuje pięćset kobiet.

6. sześćset

    a. Tam pracuje sześciuset mężczyzn.
    b. Tam pracuje sześćset kobiet.

7. siedemset

    a. Tam pracuje siedmiuset mężczyzn.
    b. Tam pracuje siedemset kobiet.

8. osiemset

    a. Tam pracuje ośmiuset mężczyzn.
    b. Tam pracuje osiemset kobiet.

9. dziewięćset

    a. Tam pracuje dziewięciuset
       mężczyzn.
    b. Tam pracuje dziewięćset kobiet.

10. tysiąc

    a. Tam pracuje tysiąc mężczyzn.
    b. Tam pracuje tysiąc kobiet.

H. Drill for the contrast between the subject-predicate and subjectless constructions of the numerals 2, 3, 4 with virile nouns.

```
Tutor:    Tu jest dwóch nauczycieli.

Student:  To są dwaj nauczyciele.
```

1. Tu jest dwóch nauczycieli.   To są dwaj nauczyciele.

2. Tu jest dwóch panów.
Zielińskich.   To są dwaj panowie Zielińscy.

3. Tu jest dwóch studentów.   To są dwaj studenci.

4. Tu jest dwóch lekarzy.   To są dwaj lekarze.

5. Tu jest trzech przyjaciół.   To są trzej przyjaciele.

6. Tu jest trzech braci.   To są trzej bracia.

7. Tu jest trzech chłopców.   To są trzej chłopcy.

8. Tu jest czterech kolegów.   To są czterej koledzy.

9. Tu jest czterech młodych   To są czterej młodzi mężczyźni.
    mężczyzn.

10. Tu jest czterech chorych.   To są czterej chorzy.

I. Drill for the contrast between the subjectless and subject-predicate constructions of the numerals 2, 3, 4 with virile nouns.

> Tutor: To byli dwaj Polacy.
> Student: Tu było dwóch Polaków.

1. To byli dwaj Polacy.   Tu było dwóch Polaków.

2. To byli dwaj Amerykanie.   Tu było dwóch Amerykanów.

3. To byli dwaj Rosjanie.   Tu było dwóch Rosjan.

4. To byli dwaj Francuzi.   Tu było dwóch Francuzów.

5. To byli trzej Anglicy.   Tu było trzech Anglików.

6. To byli trzej Kanadyjczycy.   Tu było trzech Kanadyjczyków.

7. To byli trzej Szwedzi.   Tu było trzech Szwedów.

8. To byli czterej Szkoci.   Tu było czterech Szkotów.

9. To byli czterej Włosi.   Tu było czterech Włochów.

10. To byli czterej Niemcy.   Tu było czterech Niemców.

J. Drill for the accusative of numerals.

> Tutor: jeden
> Student a: Jeden uczeń ma jeden zeszyt.
> Student b: Jedna uczennica ma jeden zeszyt.

1. jeden   a. Jeden uczeń ma jeden zeszyt.
                 b. Jedna uczennica ma jeden zeszyt.

2. dwa   a. Dwaj uczniowie mają dwa zeszyty.
                 b. Dwie uczennice mają dwa zeszyty.

3. trzy   a. Trzej uczniowie mają trzy zeszyty.
                 b. Trzy uczennice mają trzy zeszyty.

4. cztery
   a. Czterej uczniowie mają cztery zeszyty.
   b. Cztery uczennice mają cztery zeszyty.

5. pięć
   a. Pięciu uczniów ma pięć zeszytów.
   b. Pięć uczennic ma pięć zeszytów.

6. sześć
   a. Sześciu uczniów ma sześć zeszytów.
   b. Sześć uczennic ma sześć zeszytów.

7. siedem
   a. Siedmiu uczniów ma siedem zeszytów.
   b. Siedem uczennic ma siedem zeszytów.

8. osiem
   a. Ośmiu uczniów ma osiem zeszytów.
   b. Osiem uczennic ma osiem zeszytów.

9. dziewięć
   a. Dziewięciu uczniów ma dziewięć zeszytów.
   b. Dziewięć uczennic ma dziewięć zeszytów.

10. dziesięć
    a. Dziesięciu uczniów ma dziesięć zeszytów.
    b. Dziesięć uczennic ma dziesięć zeszytów.

11. jedenaście
    a. Jedenastu uczniów ma jedenaście zeszytów.
    b. Jedenaście uczennic ma jedenaście zeszytów.

12. dwanaście
    a. Dwunastu uczniów ma dwanaście zeszytów.
    b. Dwanaście uczennic ma dwanaście zeszytów.

13. siedemnaście
    a. Siedemnastu uczniów ma siedemnaście zeszytów.
    b. Siedemnaście uczennic ma siedemnaście zeszytów.

14. dwadzieścia
    a. Dwudziestu uczniów ma dwadzieścia zeszytów.
    b. Dwadzieścia uczennic ma dwadzieścia zeszytów.

15. pięćdziesiąt
    a. Pięćdziesięciu uczniów ma pięćdziesiąt zeszytów.
    b. Pięćdziesiąt uczennic ma pięćdziesiąt zeszytów.

16. sto
    a. Stu uczniów ma sto zeszytów.
    b. Sto uczennic ma sto zeszytów.

17. dwieście
    a. Dwustu uczniów ma dwieście zeszytów.
    b. Dwieście uczennic ma dwieście zeszytów.

18. trzysta   a. Trzystu uczniów ma trzysta zeszytów.
                       b. Trzysta uczennic ma trzysta
                          zeszytów.

19. czterysta   a. Czterystu uczniów ma czterysta
                          zeszytów.
                       b. Czterysta uczennic ma czterysta
                          zeszytów.

20. pięćset   a. Pięciuset uczniów ma pięćset
                          zeszytów.
                       b. Pięćset uczennic ma pięćset
                          zeszytów.

21. tysiąc   a. Tysiąc uczniów ma tysiąc zeszytów.
                       b. Tysiąc uczennic ma tysiąc zeszytów.

22. kilka   a. Kilku uczniów ma kilka zeszytów.
                       b. Kilka uczennic ma kilka zeszytów.

23. parę   a. Paru uczniów ma parę zeszytów.
                       b. Parę uczennic ma parę zeszytów.

24. ile   a. Ilu uczniów ma ile zeszytów?
                       b. Ile uczennic ma ile zeszytów?

25. kilkanaście   a. Kilkunastu uczniów ma kilkanaście
                          zeszytów.
                       b. Kilkanaście uczennic ma kilkanaście
                          zeszytów.

26. paręnaście   a. Paręnastu uczniów ma paręnaście
                          zeszytów.
                       b. Paręnaście uczennic ma paręnaście
                          zeszytów.

27. kilkadziesiąt   a. Kilkudziesięciu uczniów ma
                          kilkadziesiąt zeszytów.
                       b. Kilkadziesiąt uczennic ma
                          kilkadziesiąt zeszytów.

28. parędziesiąt   a. Parędziesięciu uczniów ma
                          parędziesiąt zeszytów.
                       b. Parędziesiąt uczennic ma
                          parędziesiąt zeszytów.

29. kilkaset   a. Kilkuset uczniów ma kilkaset
                          zeszytów.
                       b. Kilkaset uczennic ma kilkaset
                          zeszytów.

30. paręset   a. Paruset uczniów ma paręset zeszytów.
                       b. Paręset uczennic ma paręset
                          zeszytów.

K. Drill for the accusative of numerals 1-10.

> Tutor: Będę tu godzinę.
>
> Student a: Będę tu dwie godziny.
>
> Student b: Będę tu trzy godziny.
>
>   etc.

1. Będę tu godzinę.

    a. Będę tu dwie godziny.
    b. Będę tu trzy godziny.
    c. Będę tu cztery godziny.
    d. Będę tu pięć godzin.
    e. Będę tu sześć godzin.
    f. Będę tu siedem godzin.
    g. Będę tu osiem godzin.
    h. Będę tu dziewięć godzin.
    i. Będę tu dziesięć godzin.

2. Będę tu miesiąc.

    a. Będę tu dwa miesiące.
    b. Będę tu trzy miesiące.
    c. Będę tu cztery miesiące.
    d. Będę tu pięć miesięcy.
    e. Będę tu sześć miesięcy.
    f. Będę tu siedem miesięcy.
    g. Będę tu osiem miesięcy.
    h. Będę tu dziewięć miesięcy.
    i. Będę tu dziesięć miesięcy.

3. Będę tu minutę.

    a. Będę tu dwie minuty.
    b. Będę tu trzy minuty.
    c. Będę tu cztery minuty.
    d. Będę tu pięć minut.
    e. Będę tu sześć minut.
    f. Będę tu siedem minut.
    g. Będę tu osiem minut.
    h. Będę tu dziewięć minut.
    i. Będę tu dziesięć minut.

4. Będę tu rok.

    a. Będę tu dwa lata.
    b. Będę tu trzy lata.
    c. Będę tu cztery lata.
    d. Będę tu pięć lat.
    e. Będę tu sześć lat.
    f. Będę tu siedem lat.
    g. Będę tu osiem lat.
    h. Będę tu dziewięć lat.
    i. Będę tu dziesięć lat.

L.   Drill for the accusative of numerals.

> Tutor: Nie mam dwóch dolarów.
>
> Student: Mam dwa dolary.

1. Nie mam dwóch dolarów.   Mam dwa dolary.

2. Nie mam dwóch studentów.   Mam dwóch studentów.

3. Nie mam trzech dolarów.   Mam trzy dolary.

4. Nie mam trzech studentów.   Mam trzech studentów.

5. Nie mam pięciu dolarów.   Mam pięć dolarów.

6. Nie mam pięciu studentów.   Mam pięciu studentów.

7. Nie mam dwunastu dolarów.   Mam dwanaście dolarów.

8. Nie mam dwunastu studentów.   Mam dwunastu studentów.

9. Nie mam dwudziestu dolarów.   Mam dwadzieścia dolarów.

10. Nie mam dwudziestu   Mam dwudziestu studentów.
    studentów.

11. Nie mam trzydziestu   Mam trzydzieści cztery dolary.
    czterech dolarów.

12. Nie mam trzydziestu   Mam trzydziestu czterech studentów.
    czterech studentów.

13. Nie mam sześćdziesięciu   Mam sześćdziesiąt pięć dolarów.
    pięciu dolarów.

14. Nie mam sześćdziesięciu   Mam sześćdziesięciu pięciu studentów.
    pięciu studentów.

15. Nie mam sześćdziesięciu   Mam sześćdziesiąt siedem dolarów.
    siedmiu dolarów.

16. Nie mam sześćdziesięciu   Mam sześćdziesięciu siedmiu studentów.
    siedmiu studentów.

17. Nie mam dziewięćdziesięciu   Mam dziewięćdziesiąt jeden dolarów.
    jeden dolarów.

18. Nie mam dziewięćdziesięciu   Mam dziewięćdziesięciu jeden studentów.
    jeden studentów.

19. Nie mam stu siedemnastu   Mam sto siedemnaście dolarów.
    dolarów.

20. Nie mam stu siedemnastu   Mam stu siedemnastu studentów.
    studentów.

21. Nie mam dwustu dwudziestu   Mam dwieście dwadzieścia dwa dolary.
    dwóch dolarów.

22. Nie mam dwustu dwudziestu   Mam dwustu dwudziestu dwóch
    dwóch studentów.   studentów.

23. Nie mam trzystu jeden dolarów. Mam trzysta jeden dolarów.

24. Nie mam trzystu jeden studentów. Mam trzystu jeden studentów.

25. Nie mam pięciuset   Mam pięćset pięćdziesiąt pięć dolarów.
    pięćdziesięciu pięciu
    dolarów.

26. Nie mam pięciuset   Mam pięciuset pięćdziesięciu pięciu
    pięćdziesięciu pięciu   studentów.
    studentów.

27. Nie mam tysiąca dolarów.   Mam tysiąc dolarów.

28. Nie mam tysiąca studentów.   Mam tysiąc studentów.

29. Nie mam dwóch tysięcy   Mam dwa tysiące dolarów.
    dolarów.

30. Nie mam dwóch tysięcy   Mam dwa tysiące studentów.
    studentów.

M. Drill for the dative of numerals.

```
Tutor:    Dzisiaj jest jedna studentka.
Student:  Dałem zadanie jednej studentce.
```

1. Dzisiaj jest jedna studentka.   Dałem zadanie jednej studentce.

2. Dzisiaj są dwie studentki.   Dałem zadanie dwóm studentkom.

3. Dzisiaj są trzy studentki.   Dałem zadanie trzem studentkom.

4. Dzisiaj są cztery studentki.   Dałem zadanie czterem studentkom.

5. Dzisiaj jest pięć studentek.   Dałem zadanie pięciu studentkom.

6. Dzisiaj jest sześć studentek.   Dałem zadanie sześciu studentkom.

7. Dzisiaj jest siedem studentek.   Dałem zadanie siedmiu studentkom.

8. Dzisiaj jest osiem studentek.   Dałem zadanie ośmiu studentkom.

9. Dzisiaj jest dziewięć   Dałem zadanie dziewięciu studentkom.
    studentek.

10. Dzisiaj jest dziesięć   Dałem zadanie dziesięciu studentkom.
    studentek.

N. Drill for the locative of numerals.

```
Tutor:    Mam jednego studenta.
Student:  Mówię o jednym studencie.
```

1. Mam jednego studenta.	Mówię o jednym studencie.
2. Mam dwóch studentów.	Mówię o dwóch studentach.
3. Mam trzech studentów.	Mówię o trzech studentach.
4. Mam czterech studentów.	Mówię o czterech studentach.
5. Mam pięciu studentów.	Mówię o pięciu studentach.
6. Mam sześciu studentów.	Mówię o sześciu studentach.
7. Mam siedmiu studentów.	Mówię o siedmiu studentach.
8. Mam ośmiu studentów.	Mówię o ośmiu studentach.
9. Mam dziewięciu studentów.	Mówię o dziewięciu studentach.
10. Mam dziesięciu studentów.	Mówię o dziesięciu studentach.

O. Drill for the instrumental of numerals.

```
Tutor:   Mówiłem o tym jednemu studentowi.
Student: Mówiłem o tym z jednym studentem.
```

1. Mówiłem o tym jednemu studentowi.	Mówiłem o tym z jednym studentem.
2. Mówiłem o tym dwóm studentom.	Mówiłem o tym z dwoma studentami.
3. Mówiłem o tym trzem studentom.	Mówiłem o tym z trzema studentami.
4. Mówiłem o tym czterem studentom.	Mówiłem o tym z czterema studentami.
5. Mówiłem o tym pięciu studentom.	Mówiłem o tym z pięcioma studentami.
6. Mówiłem o tym sześciu studentom.	Mówiłem o tym z sześcioma studentami.
7. Mówiłem o tym siedmiu studentom.	Mówiłem o tym z siedmioma studentami.
8. Mówiłem o tym ośmiu studentom.	Mówiłem o tym z ośmioma studentami.
9. Mówiłem o tym z dziewięciu studentami.	Mówiłem o tym z dziewięcioma studentami.
10. Mówiłem o tym dziesięciu studentom.	Mówiłem o tym z dziesięcioma studentami.

P.   Drill for the genitive and locative of numerals.

Tutor:	Mieszkam tu rok.
Student a:	Mieszkam tu od roku.
Student b:	Wróciłem po roku.

1. Mieszkam tu rok.
   a. Mieszkam tu od roku.
   b. Wróciłem po roku.

2. Mieszkam tu dwa lata.
   a. Mieszkam tu od dwóch lat.
   b. Wróciłem po dwóch latach.

3. Mieszkam tu trzy lata.
   a. Mieszkam tu od trzech lat.
   b. Wróciłem po trzech latach.

4. Mieszkam tu cztery lata.
   a. Mieszkam tu od czterech lat.
   b. Wróciłem po czterech latach.

5. Mieszkam tu pięć lat.
   a. Mieszkam tu od pięciu lat.
   b. Wróciłem po pięciu latach.

6. Mieszkam tu sześć lat.
   a. Mieszkam tu od sześciu lat.
   b. Wróciłem po sześciu latach.

7. Mieszkam tu siedem lat.
   a. Mieszkam tu od siedmiu lat.
   b. Wróciłem po siedmiu latach.

8. Mieszkam tu osiem lat.
   a. Mieszkam tu od ośmiu lat.
   b. Wróciłem po ośmiu latach.

9. Mieszkam tu dziewięć lat.
   a. Mieszkam tu od dziewięciu lat.
   b. Wróciłem po dziewięciu latach.

10. Mieszkam tu dziesięć lat.
   a. Mieszkam tu od dziesięciu lat.
   b. Wróciłem po dziesięciu latach.

11. Mieszkam tu jedenaście lat.
   a. Mieszkam tu od jedenastu lat.
   b. Wróciłem po jedenastu latach.

12. Mieszkam tu dwanaście lat.
   a. Mieszkam tu od dwunastu lat
   b. Wróciłem po dwunastu latach.

13. Mieszkam tu trzynaście lat.
   a. Mieszkam tu od trzynastu lat.
   b. Wróciłem po trzynastu latach.

14. Mieszkam tu czternaście lat.
   a. Mieszkam tu od czternastu lat.
   b. Wróciłem po czternastu latach.

15. Mieszkam tu piętnaście lat.
   a. Mieszkam tu od piętnastu lat.
   b. Wróciłem po piętnastu latach.

16. Mieszkam tu szesnaście lat.
   a. Mieszkam tu od szesnastu lat.
   b. Wróciłem po szesnastu latach.

17. Mieszkam tu siedemnaście lat.
   a. Mieszkam tu od siedemnastu lat.
   b. Wróciłem po siedemnastu latach.

18. Mieszkam tu osiemnaście lat.   a. Mieszkam tu od osiemnastu lat.
                                    b. Wróciłem po osiemnastu latach.

19. Mieszkam tu dziewiętnaście   a. Mieszkam tu od dziewiętnastu lat.
    lat.   b. Wróciłem po dziewiętnastu latach.

20. Mieszkam tu dwadzieścia lat.   a. Mieszkam tu od dwudziestu lat.
                                    b. Wróciłem po dwudziestu latach.

21. Mieszkam tu dwadzieścia   a. Mieszkam tu od dwudziestu jeden lat.
    jeden lat.   b. Wróciłem po dwudziestu jeden latach.

22. Mieszkam tu dwadzieścia   a. Mieszkam tu od dwudziestu dwu lat.
    dwa lata.   b. Wróciłem po dwudziestu dwu latach.

R. Drill for the instrumental and accusative of numerals.

> Tutor: To było miesiąc temu.
>
> Student a: To było przed miesiącem.
>
> Student b: To będzie za miesiąc.

1. To było miesiąc temu.   a. To było przed miesiącem.
                                    b. To będzie za miesiąc.

2. To było dwa miesiące temu.   a. To było przed dwoma miesiącami.
                                    b. To będzie za dwa miesiące.

3. To było trzy miesiące temu.   a. To było przed trzema miesiącami.
                                    b. To będzie za trzy miesiące.

4. To było cztery miesiące   a. To było przed czterema miesiącami.
   temu.   b. To będzie za cztery miesiące.

5. To było pięć miesięcy temu.   a. To było przed pięciu miesiącami.
                                    b. To będzie za pięć miesięcy.

6. To było sześć miesięcy temu.   a. To było przed sześciu miesiącami.
                                    b. To będzie za sześć miesięcy.

7. To było siedem miesięcy   a. To było przed siedmiu miesiącami.
   temu.   b. To będzie za siedem miesięcy.

8. To było osiem miesięcy   a. To było przed ośmiu miesiącami.
   temu.   b. To będzie za osiem miesięcy.

9. To było dziewięć miesięcy   a. To było przed dziewięciu miesiącami.
   temu.   b. To będzie za dziewięć miesięcy.

10. To było dziesięć miesięcy   a. To było przed dziesięciu miesiącami.
    temu.   b. To będzie za dziesięć miesięcy.

11. To było jedenaście miesięcy   a. To było przed jedenastu miesiącami.
    temu.   b. To będzie za jedenaście miesięcy.

12. To było dwanaście miesięcy   a. To było przed dwunastu miesiącami.
    temu.   b. To będzie za dwanaście miesięcy.

S.   Drill for the collective numerals.

```
┌─────────────────────────────────────┐
│  Tutor:    Dwaj chłopcy.             │
│  Student:  Dwoje dzieci.             │
└─────────────────────────────────────┘
```

1.	Dwaj chłopcy.	Dwoje dzieci.
2.	Trzej chłopcy.	Troje dzieci.
3.	Czterej chłopcy.	Czworo dzieci.
4.	Pięciu chłopców.	Pięcioro dzieci.
5.	Sześciu chłopców.	Sześcioro dzieci.
6.	Siedmiu chłopców.	Siedmioro dzieci.
7.	Ośmiu chłopców.	Ośmioro dzieci.
8.	Dziewięciu chłopców.	Dziewięcioro dzieci.
9.	Dziesięciu chłopców.	Dziesięcioro dzieci.
10.	Jedenastu chłopców.	Jedenaścioro dzieci.
11.	Dwunastu chłopców.	Dwanaścioro dzieci.
12.	Dwudziestu chłopców.	Dwadzieścioro dzieci.

T.   Drill for the virile and collective numerals.

```
┌───────────────────────────────────────┐
│  Tutor:     Jest nas dwie.             │
│  Student a: Jest nas dwóch.            │
│  Student b: Jest nas dwoje.            │
└───────────────────────────────────────┘
```

1.	Jest nas dwie.	a. Jest nas dwóch.
		b. Jest nas dwoje.
2.	Jest nas trzy.	a. Jest nas trzech.
		b. Jest nas troje.
3.	Jest nas cztery.	a. Jest nas czterech.
		b. Jest nas czworo.
4.	Jest nas pięć.	a. Jest nas pięciu.
		b. Jest nas pięcioro.
5.	Jest nas sześć.	a. Jest nas sześciu.
		b. Jest nas sześcioro.
6.	Jest nas siedem.	a. Jest nas siedmiu.
		b. Jest nas siedmioro.
7.	Jest nas osiem.	a. Jest nas ośmiu.
		b. Jest nas ośmioro.

8. Jest nas dziewięć.   a. Jest nas dziewięciu.
                                         b. Jest nas dziewięcioro.

9. Jest nas dziesięć.   a. Jest nas dziesięciu.
                                         b. Jest nas dziesięcioro.

10. Jest nas jedenaście.   a. Jest nas jedenastu.
                                         b. Jest nas jedenaścioro.

U. Drill for the inflection of collective numerals.

> Tutor: Dwaj panowie.
> Student: Dwoje ludzi.

1. Dwaj panowie.   Dwoje ludzi.

2. Czterej panowie.   Czworo ludzi.

3. Pięciu panów.   Pięcioro ludzi.

4. Nie znam tych dwóch panów.   Nie znam tych dwojga ludzi.

5. Nie znam tych czterech panów.   Nie znam tych czworga ludzi.

6. Nie znam tych pięciu panów.   Nie znam tych pięciorga ludzi.

7. Znam tych dwóch panów.   Znam tych dwoje ludzi.

8. Znam tych czterech panów.   Znam tych czworo ludzi.

9. Znam tych pięciu panów.   Znam tych pięcioro ludzi.

10. Dwóm panom się nudzi.   Dwojgu ludziom się nudzi.

11. Czterem panom się nudzi.   Czworgu ludziom się nudzi.

12. Pięciu panom się nudzi.   Pięciorgu ludziom się nudzi.

13. Mówiłem o dwóch panach.   Mówiłem o dwojgu ludziach.

14. Mówiłem o czterech panach.   Mówiłem o czworgu ludziach.

15. Mówiłem o pięciu panach.   Mówiłem o pięciorgu ludziach.

16. Widziałem się z dwoma   Widziałem się z dwojgiem ludzi.
    panami.

17. Widziałem się z czterema   Widziałem się z czworgiem ludzi.
    panami.

18. Widziałem się z pięcioma   Widziałem się z pięciorgiem ludzi.
    panami.

V. Drill for nouns derived from quantifiers.

> Tutor: Jest nas dwóch.
> Student: Mieszkamy w dwójkę.

1. Jest nas dwóch.   Mieszkamy w dwójkę.

2. Jest nas trzech.   Mieszkamy w trójkę.

3. Jest nas czterech.   Mieszkamy w czwórkę.

4. Jest nas pięciu.   Mieszkamy w piątkę.

5. Jest nas sześciu.   Mieszkamy w szóstkę.

6. Jest nas siedmiu.   Mieszkamy w siódemkę.

7. Jest nas ośmiu.   Mieszkamy w ósemkę.

8. Jest nas dziewięciu.   Mieszkamy w dziewiątkę.

9. Jest nas dziesięciu.   Mieszkamy w dziesiątkę.

10. Jest nas jedenastu.   Mieszkamy w jedenastkę.

W. Drill for nouns derived from quantifiers.

> Tutor: On ma trzydzieści jeden lat.
>
> Student: On jest po trzydziestce.

1. On ma trzydzieści jeden lat.   On jest po trzydziestce.

2. On ma czterdzieści jeden lat.   On jest po czterdziestce.

3. On ma pięćdziesiąt jeden lat.   On jest po pięćdziesiątce.

4. On ma sześćdziesiąt jeden   On jest po sześćdziesiątce.
   lat.

5. On ma siedemdziesiąt jeden   On jest po siedemdziesiątce.
   lat.

6. On ma osiemdziesiąt jeden   On jest po osiemdziesiątce.
   lat.

X. Drill for the genitive singular nonfeminine of ordinal numers.

> Tutor: Od jednego do dwóch.
>
> Student: Od pierwszego do drugiego.

1. Od jednego do dwóch.   Od pierwszego do drugiego.

2. Od trzech do czterech.   Od trzeciego do czwartego.

3. Od pięciu do sześciu.   Od piątego do szóstego.

4. Od siedmiu do ośmiu.   Od siódmego do ósmego.

5. Od dziewięciu do dziesięciu. Od dziewiątego do dziesiątego.

6. Od jedenastu do dwunastu.   Od jedenastego do dwunastego.

7. Od dwudziestu do trzydziestu.   Od dwudziestego do trzydziestego.

8. Od czterdziestu jeden do stu.   Od czterdziestego pierwszego do
                                     setnego.

Y. Drill for the instrumental singular nonfeminine of ordinal numbers.

```
Tutor:   raz
Student: za pierwszym razem
```

1. raz	za pierwszym razem
2. dwa razy	za drugim razem
3. trzy razy	za trzecim razem
4. cztery razy	za czwartym razem
5. pięć razy	za piątym razem
6. sześć razy	za szóstym razem
7. siedem razy	za siódmym razem
8. osiem razy	za ósmym razem
9. dziewięć razy	za dziewiątym razem
10. dziesięć razy	za dziesiątym razem
11. jedenaście razy	za jedenastym razem
12. dwanaście razy	za dwunastym razem
13. dwadzieścia razy	za dwudziestym razem
14. trzydzieści razy	za trzydziestym razem
15. pięćdziesiąt razy	za pięćdziesiątym razem
16. sto razy	za setnym razem
17. dwieście razy	za dwóchsetnym razem
18. trzysta razy	za trzechsetnym razem
19. pięćset razy	za pięćsetnym razem
20. dziewięćset razy	za dziewięćsetnym razem

Z. Drill for the competing forms in the inflection of numerals.

```
Tutor:   Od dwu miesięcy.
Student: Od dwóch miesięcy.
```

1. Od dwu miesięcy.   Od dwóch miesięcy.

2. Przeciw dwom studentom.   Przeciw dwóm studentom.

3. O dwu Francuzach.   O dwóch Francuzach.

4. Przed dwiema godzinami.   Przed dwoma godzinami.

5. Przed pięcioma godzinami.   Przed pięciu godzinami.

6. Jedziemy pięciu samochodami.   Jedziemy pięcioma samochodami.

7. Od dwudziestu dwu godzin.   Od dwudziestu dwóch godzin.

8. O trzydziestu dwu żołnierzach. O trzydziestu dwóch żołnierzach.

ĆWICZENIA   DRILLS

A. Drill for the contrast between the present tense forms of simple imperfective and of compound perfective verbs.

> Tutor: On często do mnie pisze.
>
> Student: On jutro do mnie napisze.

1. On często do mnie pisze.   On jutro do mnie napisze.

2. Często czytam polskie gazety.   Jutro przeczytam polskie gazety.

3. Często sam sobie gotuję   Jutro sam sobie ugotuję kolację.
    kolację.

4. Często robię zdjęcia.   Jutro zrobię zdjęcia.

5. Często płacę karę w   Jutro zapłacę karę w bibliotece.
    bibliotece.

6. On często gra ze mną w   On jutro zagra ze mną w szachy.
    szachy.

7. Często kończę pracować   Jutro skończę pracować przed obiadem.
    przed obiadem.

8. Często sam sobie czyszczę   Jutro sam sobie wyczyszczę buty.
    buty.

B. Drill for the contrast between the present tense forms of compound perfective and compound imperfective verbs.

> Tutor: Podpiszę czek.
>
> Student: Podpisuję czek.

1. Podpiszę czek.   Podpisuję czek.

2. Przygotuję się do egzaminu.   Przygotowuję się do egzaminu.

3. Zarobię tysiąc dolarów.   Zarabiam tysiąc dolarów.

4. Spłacę długi.   Spłacam długi.

5. Przegram partię.   Przegrywam partię.

6. Wydam dużo pieniędzy.   Wydaję dużo pieniędzy.

7. Pożyczę panu pięć dolarów.   Pożyczam panu pięć dolarów.

8. Zacznę pracować.   Zaczynam pracować.

9. Nie pozwolę dzieciom grać   Nie pozwalam dzieciom grać w karty.
   w karty.

10. Poślę mu coś na urodziny.   Posyłam mu coś na urodziny.

11. Oddam książki.   Oddaję książki.

12. Zapiszę pański adres.   Zapisuję pański adres.

13. Zamknę okno.   Zamykam okno.

14. Wygram dolara.   Wygrywam dolara.

15. Zdam egzamin.   Zdaję egzamin.

16. Zakryję polski tekst.   Zakrywam polski tekst.

17. Przepiszę zadanie.   Przepisuję zadanie.

C. Drill for the contrast between the present tense forms of imperfective
    and perfective verbs other than in A or B.

> Tutor: Biorę żonę do kina.
>
> Student: Wezmę żonę do kina.

1. Biorę żonę do kina.   Wezmę żonę do kina.

2. Kupuję wszystko w domu   Kupię wszystko w domu towarowym.
   towarowym.

3. Mówię mu o tym.   Powiem mu o tym.

4. Daję mu prezent.   Dam mu prezent.

5. Nic nie widzę.   Nic nie zobaczę.

6. Otwieram drzwi.   Otworzę drzwi.

D. Drill for the contrast between the past tense forms of simple imperfective
    and of compound perfective verbs.

> Tutor: Kilka razy pisałem do pana.
>
> Student: Wczoraj napisałem do pana.

1. Kilka razy pisałem do pana.   Wczoraj napisałem do pana.

2. Kilka razy czytałem tę powieść.   Wczoraj przeczytałem tę powieść.

3. Kilka razy sam sobie gotowałem   Wczoraj sam sobie ugotowałem obiad.
   obiad.

4. Kilka razy płaciłem karę.   Wczoraj zapłaciłem karę.

5. Kilka razy robiłem jej   Wczoraj zrobiłem jej zdjęcia.
   zdjęcia.

6. Kilka razy grałem z nim w   Wczoraj zagrałem z nim w karty.
   karty.

7. Kilka razy kończyłem pracować   Wczoraj skończyłem pracować po
   po kolacji.   kolacji.

8. Kilka razy sam sobie czyściłem   Wczoraj sam sobie wyczyściłem buty.
   buty.

E. Drill for the contrast between the past tense forms of perfective and imperfective verbs.

> Tutor: Już podpisałem czeki.
>
> Student: Wczoraj cały dzień podpisywałem czeki.

1. Już podpisałem czeki.   Wczoraj cały dzień podpisywałem czeki.

2. Już przygotowałem się do   Wczoraj cały dzień przygotowywałem
   egzaminu.   się do egzaminu.

3. Już oddałem długi.   Wczoraj cały dzień oddawałem długi.

4. Już zdałem egzamin.   Wczoraj cały dzień zdawałem egzamin.

5. Już przepisałem zadanie.   Wczoraj cały dzień przepisywałem
                                       zadanie.

6. Już wziąłem lekarstwo.   Wczoraj cały dzień brałem lekarstwo.

7. Już kupiłem książki.   Wczoraj cały dzień kupowałem książki.

8. Już powiedziałem mu o tym.   Wczoraj cały dzień mówiłem mu o tym.

F. Drill for the contrast between the past tense forms of perfective and imperfective verbs.

> Tutor: Zacząłem pracować po śniadaniu.
>
> Student: W zeszłym roku zaczynałem pracować po śniadaniu.

1. Zacząłem pracować po   W zeszłym roku zaczynałem pracować
   śniadaniu.   po śniadaniu.

2. Zarobiłem pięćset dolarów.   W zeszłym roku zarabiałem pięćset
                                       dolarów.

3. Pożyczyłem książki w   W zeszłym roku pożyczałem książki w
   bibliotece.   bibliotece.

4. Dużo wygrałem.   W zeszłym roku dużo wygrywałem.

5. Mało przegrałem.   W zeszłym roku mało przegrywałem.

6. Nie pozwoliłem dzieciom   W zeszłym roku nie pozwalałem dzieciom
   oglądać telewizji.   oglądać telewizji.

7. Spłaciłem samochód.   W zeszłym roku spłacałem samochód.

8. Wydałem dużo pieniędzy.   W zeszłym roku wydawałem dużo
                                    pieniędzy.

9. Posłałem mu prezenty.   W zeszłym roku posyłałem mu prezenty.

10. Nie dałem mu nic.   W zeszłym roku nie dawałem mu nic.

G. Drill for the contrast between perfective and imperfective verbs in polite
commands.

> Tutor: Niech pan napisze list.
> Student: Niech pan nie pisze listu.

1. Niech pan napisze list.   Niech pan nie pisze listu.

2. Niech pan tu zrobi porządek.   Niech pan tu nie robi porządku.

3. Niech mu pan zapłaci.   Niech mu pan nie płaci.

4. Niech mu pan powie.   Niech mu pan nie mówi.

5. Niech pan zacznie.   Niech pan nie zaczyna.

6. Niech pan zapisze mój adres.   Niech pan nie zapisuje mojego adresu.

7. Niech pan przeczyta to.   Niech pan nie czyta tego.

8. Niech pan otworzy okno.   Niech pan nie otwiera okna.

9. Niech pan zamknie drzwi.   Niech pan nie zamyka drzwi.

10. Niech pan zakryje polski   Niech pan nie zakrywa polskiego tekstu.
    tekst.

11. Niech pan kupi tę powieść.   Niech pan nie kupuje tej powieści.

12. Niech mu pan odda tę   Niech mu pan nie oddaje tej książki.
    książkę.

H. Drill for the contrast between imperfective and perfective infinitives.

> Tutor: Proszę tego nie pisać.
> Student: Proszę to napisać.

1. Proszę tego nie pisać.   Proszę to napisać.

2. Proszę nam o tym nie mówić.   Proszę nam o tym powiedzieć.

3. Proszę tu nie robić zdjęć.   Proszę tu zrobić zdjęcia.

4. Proszę tego nie czytać.   Proszę to przeczytać.

5. Proszę mu więcej nie   Proszę mu więcej pożyczyć.
   pożyczać.

6. Proszę za mnie nie płacić.   Proszę za mnie zapłacić.

7. Proszę nie brać tych rzeczy.   Proszę wziąć te rzeczy.

8. Proszę się nie przygotowywać.   Proszę się przygotować.

9. Proszę nie zaczynać.   Proszę zacząć.

10. Proszę mi tego nie kupować.   Proszę mi to kupić.

11. Proszę mu nie dawać dwóch   Proszę mu dać dwa dolary.
    dolarów.

12. Proszę nie otwierać książki.   Proszę otworzyć książkę.

13. Proszę nie zamykać zeszytów.   Proszę zamknąć zeszyty.

14. Proszę nie zakrywać   Proszę zakryć angielski tekst.
    angielskiego tekstu.

I. Drill for the contrast between perfective and imperfective infinitives.

> Tutor: On musi wyczyścić sobie buty.
> Student: On nie lubi czyścić sobie butów.

1. On musi wyczyścić sobie buty.   On nie lubi czyścić sobie butów.

2. On musi napisać listy.   On nie lubi pisać listów.

3. On musi zrobić porządek.   On nie lubi robić porządków.

4. On musi wziąć ze sobą brata.   On nie lubi brać ze sobą brata.

5. On musi posłać mu pieniądze.   On nie lubi posyłać mu pieniędzy.

6. On musi zarobić na siebie.   On nie lubi zarabiać na siebie.

7. On musi pożyczyć mi książki.   On nie lubi pożyczać mi książek.

8. On musi przegrać.   On nie lubi przegrywać.

9. On musi oddać długi.   On nie lubi oddawać długów.

10. On musi zapłacić.   On nie lubi płacić.

J. Drill for the imperfective past and future tenses.

> Tutor: Wczoraj cały dzień pisałem listy.
> Student: Jutro cały dzień będę pisał listy.

1. Wczoraj cały dzień pisałem   Jutro cały dzień będę pisał listy.
   listy.

2. Wczoraj cały dzień   Jutro cały dzień będę się przygotowywał
   przygotowywałem się do   do egzaminu.
   egzaminu.

3. Wczoraj cały dzień zdawałem   Jutro cały dzień będę zdawał egzaminy.
   egzaminy.

4. Wczoraj cały dzień czytałem   Jutro cały dzień będę czytał polskie
   polskie gazety.   gazety.

5. Wczoraj cały dzień grałem w   Jutro cały dzień będę grał w brydża.
   brydża.

6. Wczoraj cały dzień płaciłem   Jutro cały dzień będę płacił rachunki.
   rachunki.

7. Wczoraj cały dzień kupowałem   Jutro cały dzień będę kupował
   podręczniki.   podręczniki.

8. Wczoraj cały dzień   Jutro cały dzień będę przepisywał
   przepisywałem zadanie.   zadanie.

9. Wczoraj cały dzień robiłem   Jutro cały dzień będę robił zdjęcia.
   zdjęcia.

10. Wczoraj cały dzień nic nie   Jutro cały dzień nic nie będę jadł.
    jadłem

11. Wczoraj cały dzień się   Jutro cały dzień będę się uczył.
    uczyłem.

12. Wczoraj cały dzień oglądałem   Jutro cały dzień będę oglądał telewizję.
    telewizję.

13. Wczoraj cały dzień miałem   Jutro cały dzień będę miał czas.
    czas.

14. Wczoraj cały dzień musiałem   Jutro cały dzień będę musiał pracować.
    pracować.

15. Wczoraj cały dzień pracowałem.   Jutro cały dzień będę pracował.

16. Wczoraj cały dzień się   Jutro cały dzień będę się nudził.
    nudziłem.

K. Drill for the contrast between the perfective and imperfective future tense.

> Tutor: Jutro napiszę zadanie.
> Student: Jutro będę pisał zadanie.

1. Jutro napiszę zadanie.   Jutro będę pisał zadanie.

2. Jutro zrobię tu porządek.   Jutro będę tu robił porządek.

3. Jutro zagram w szachy.   Jutro będę grał w szachy.

4. Jutro przeczytam gazety.   Jutro będę czytał gazety.

5. Jutro przygotuję się do   Jutro będę się przygotowywał do
   egzaminu.   egzaminu.

6. Jutro skończę pisać pracę   Jutro będę kończył pisać pracę o
   Polsce.   Polsce.

7. Jutro zapłacę rachunki.   Jutro będę płacił rachunki.

8. Jutro zdam francuski.   Jutro będę zdawał francuski.

9. Jutro kupię buty.   Jutro będę kupował buty.

10. Jutro sam sobie ugotuję   Jutro będę sam sobie gotował obiad.
    obiad.

L. Drill for the two variants of the imperfective future tense.

```
┌─────────────────────────────────────────────────┐
│  Tutor:   Będę pisał zadanie.                    │
│  Student: Będę pisać zadanie.                    │
└─────────────────────────────────────────────────┘
```

1. Będę pisał zadanie.   Będę pisać zadanie.

2. Będę wszystko zapisywał.   Będę wszystko zapisywać.

3. Będę dużo zarabiał.   Będę dużo zarabiać.

4. Nie będę więcej pożyczał.   Nie będę więcej pożyczać.

5. Nie będę tyle kupowała.   Nie będę tyle kupować.

6. Będę brała lekcje muzyki.   Będę brać lekcje muzyki.

7. Będę więcej czytała.   Będę więcej czytać.

8. Będę mniej mówiła.   Będę mniej mówić.

9. Będziemy oglądali telewizję.   Będziemy oglądać telewizję.

10. Będziemy słuchali radia.   Będziemy słuchać radia.

11. Będziemy mieli katar.   Będziemy mieć katar.

12. Będziemy robili zdjęcia.   Będziemy robić zdjęcia.

13. Będziemy się nudzili?   Będziemy się nudzić?

14. Będziemy jedli w domu?   Będziemy jeść w domu?

15. Będziemy dzisiaj pracowali?   Będziemy dzisiaj pracować?

16. Będziemy się uczyli?   Będziemy się uczyć?

M. Drill for the expression jako + nominative.

```
┌─────────────────────────────────────────────────┐
│  Tutor:   On jest kelnerem.                      │
│  Student: On pracuje jako kelner.                │
└─────────────────────────────────────────────────┘
```

1. On jest kelnerem.   On pracuje jako kelner.

2. On jest fryzjerem.   On pracuje jako fryzjer.

3. On jest zegarmistrzem.   On pracuje jako zegarmistrz.

4. On jest szewcem.   On pracuje jako szewc.

5. On jest robotnikiem.   On pracuje jako robotnik.

6. On jest urzędnikiem.   On pracuje jako urzędnik.

7. On jest nauczycielem.   On pracuje jako nauczyciel.

8. Ona jest maszynistką.   Ona pracuje jako maszynistka.

9. Ona jest bibliotekarką.   Ona pracuje jako bibliotekarka.

10. Ona jest pielęgniarką.   Ona pracuje jako pielęgniarka.

11. Ona jest nauczycielką.   Ona pracuje jako nauczycielka.

12. Ona jest sekretarką.   Ona pracuje jako sekretarka.

N.   Drill for the quantifying adverbs więcej and mniej.

```
Tutor:    Mam dużo roboty.
Student:  Mam więcej roboty.
```

1. Mam dużo roboty.   Mam więcej roboty.

2. Mam mało roboty.   Mam mniej roboty.

3. Mam dużo doświadczenia.   Mam więcej doświadczenia.

4. Mam mało doświadczenia.   Mam mniej doświadczenia.

5. Mam dużo czasu.   Mam więcej czasu.

6. Mam mało czasu.   Mam mniej czasu.

7. Mam dużo pieniędzy.   Mam więcej pieniędzy.

8. Mam mało pieniędzy.   Mam mniej pieniędzy.

9. Mam dużo pracy.   Mam więcej pracy.

10. Mam mało pracy.   Mam mniej pracy.

11. Mam dużo szczęścia.   Mam więcej szczęścia.

12. Mam mało szczęścia.   Mam mniej szczęścia.

13. Mam dużo przyjemności.   Mam więcej przyjemności.

14. Mam mało przyjemności.   Mam mniej przyjemności.

O.   Drill for the genitive and locative.

```
Tutor:      Kupiłem samochód.
Student a:  Nie kupiłem samochodu.
Student b:  Myślę o samochodzie.
```

1. Kupiłem samochód.   a. Nie kupiłem samochodu.
                                  b. Myślę o samochodzie.

2. Kupiłem rower.   a. Nie kupiłem roweru.
                                  b. Myślę o rowerze.

3. Kupiłem magnetofon.   a. Nie kupiłem magnetofonu.
                                  b. Myślę o magnetofonie.

4. Kupiłem adapter.   a. Nie kupiłem adaptera.
                                  b. Myślę o adapterze.

5. Kupiłem radio.   a. Nie kupiłem radia.
                                  b. Myślę o radiu.

6. Kupiłem lodówkę.   a. Nie kupiłem lodówki.
                                  b. Myślę o lodówce.

7. Kupiłem pralkę.   a. Nie kupiłem pralki.
                                  b. Myślę o pralce.

8. Kupiłem meble.   a. Nie kupiłem mebli.
                                  b. Myślę o meblach.

P. Drill for the contrast between 'time when' and 'time during which' in past-
    tense expressions.

> Tutor: Co pan robił w zeszłym tygodniu?
>
> Student: Co pan robił zeszłego tygodnia?

1. Co pan robił w zeszłym   Co pan robił zeszłego tygodnia?
   tygodniu?

2. Co pan robił w zeszłym   Co pan robił zeszłego miesiąca?
   miesiącu?

3. Co pan robił w zeszłym roku?   Co pan robił zeszłego roku?

4. Co pan robił w lecie?   Co pan robił zeszłego lata?

5. Co pan robił w jesieni?   Co pan robił zeszłej jesieni?

6. Co pan robił w zimie?   Co pan robił zeszłej zimy?

7. Co pan robił na wiosnę?   Co pan robił zeszłej wiosny?

Q. Drill for the contrast between 'time when' and 'time during which' in
    future-tense expressions.

> Tutor: Dokąd pan jedzie w przyszłym roku?
>
> Student: Dokąd pan jedzie na przyszły rok?

1. Dokąd pan jedzie w   Dokąd pan jedzie na przyszły rok?
   przyszłym roku?

2. Dokąd pan jedzie w przyszłym miesiącu?   Dokąd pan jedzie na przyszły miesiąc?

3. Dokąd pan jedzie w przyszłym tygodniu?   Dokąd pan jedzie na przyszły tydzień?

4. Dokąd pan jedzie w lecie?   Dokąd pan jedzie na przyszłe lato?

5. Dokąd pan jedzie w jesieni?   Dokąd pan jedzie na przyszłą jesień?

6. Dokąd pan jedzie w zimie?   Dokąd pan jedzie na przyszłą zimę?

7. Dokąd pan jedzie na wiosnę?   Dokąd pan jedzie na przyszłą wiosnę?

R.   Drill for past-tense and present-tense stem alternations.

> Tutor: Kupowałem książki.
> Student: Kupuję książki.

1. Kupowałem książki.   Kupuję książki.

2. On mi dawał prezenty.   On mi daje prezenty.

3. Pisaliśmy panu o tym.   Piszemy panu o tym.

4. Powiedziałem mu.   Powiem mu.

5. On wziął pieniądze.   On weźmie pieniądze.

6. Kto miał czas?   Kto ma czas?

7. Właśnie pisałem do niego.   Właśnie piszę do niego.

8. Czy oni ci odpowiedzieli?   Czy oni ci odpowiedzą?

9. Rodzice mi dali dolara.   Rodzice mi dadzą dolara.

10. Zacząłem się uczyć.   Zacznę się uczyć.

11. Ona cały dzień podpisywała czeki.   Ona cały dzień podpisuje czeki.

12. Nie brałem od nikogo pieniędzy.   Nie biorę od nikogo pieniędzy.

13. On gotował sobie kolację.   On gotuje sobie kolację.

14. On przygotowywał się do egzaminu.   On przygotowuje się do egzaminu.

S.   Drill for the presents of Conjugation I.

> Tutor: Proszę nie brać dzieci.
> Student a: Nie biorę dzieci.
> Student b: Nie bierzemy dzieci.
> Student c: Oni nie biorą dzieci.

1. Proszę nie brać dzieci.   a. Nie biorę dzieci.
                                    b. Nie bierzemy dzieci.
                                    c. Oni nie biorą dzieci.

2. Proszę wziąć dzieci.   a. Wezmę dzieci.
                                    b. Weźmiemy dzieci.
                                    c. Oni wezmą dzieci.

3. Proszę mu to posłać.   a. Poślę mu to.
                                    b. Poślemy mu to.
                                    c. Oni poślą mu to.

4. Proszę zaraz zacząć.   a. Zaraz zacznę.
                                    b. Zaraz zaczniemy.
                                    c. Oni zaraz zaczną.

5. Proszę tego nie pisać.   a. Nie piszę tego.
                                    b. Nie piszemy tego.
                                    c. Oni nie piszą tego.

6. Proszę mu tego nie dawać.   a. Nie daję mu tego.
                                    b. Nie dajemy mu tego.
                                    c. Oni nie dają mu tego.

7. Proszę zamknąć drzwi.   a. Zamknę drzwi.
                                    b. Zamkniemy drzwi.
                                    c. Oni zamkną drzwi.

8. Proszę zakryć tekst.   a. Zakryję tekst.
                                    b. Zakryjemy tekst.
                                    c. Oni zakryją tekst.

T.   Drill for the irregular presents.

> Tutor: Czy pan wie, co to jest?
>
> Student a: Wiem, co to jest.
>
> Student b: Oni wiedzą, co to jest.

1. Czy pan wie, co to jest?   a. Wiem, co to jest.
                                    b. Oni wiedzą, co to jest.

2. Czy pan nam to da?   a. Dam wam to.
                                    b. Oni nam to dadzą.

3. Czy pan mu odpowie?   a. Odpowiem mu.
                                    b. Oni mu odpowiedzą.

4. Czy pan opowie, jak to było?   a. Opowiem, jak to było.
                                    b. Oni opowiedzą, jak to było.

5. Czy pan je śniadanie?   a. Jem śniadanie.
                                    b. Oni jedzą śniadanie.

6. Czy pan to umie zrobić?   a. Umiem to zrobić.
                                    b. Oni to umieją zrobić.

7. Czy pan jest w domu?   a. Jestem w domu.
                              b. Oni są w domu.

8. Czy pan to rozumie?   a. Rozumiem to.
                              b. Oni to rozumieją.

U. Drill for the multiple negation.

> Tutor: Znam tu kogoś.
>
> Student: Nie znam tu nikogo.

1. Znam tu kogoś.   Nie znam tu nikogo.

2. Ktoś tu coś wie.   Nikt tu nic nie wie.

3. Mam jakieś polskie gazety.   Nie mam żadnych polskich gazet.

4. Komuś to dałem.   Nikomu tego nie dałem.

5. Kiedyś komuś o tym mówiłem.   Nigdy nikomu o tym nie mówiłem.

6. Gdzieś go widziałem.   Nigdzie go nie widziałem.

7. On się czymś interesuje.   On się niczym nie interesuje.

8. Coś mnie boli.   Nic mnie nie boli.

9. On był z kimś w kinie.   On z nikim nie był w kinie.

10. Ona od kogoś dostała list.   Ona od nikogo nie dostała listu.

ĆWICZENIA   DRILLS

A.   Drill for the contrast between the present-tense forms of imperfective and
     perfective verbs.

```
┌─────────────────────────────────────────────────────────────────┐
│  Tutor:    W tym roku budzę się wcześnie.                         │
│  Student:  Jutro obudzę się wcześnie.                             │
└─────────────────────────────────────────────────────────────────┘
```

1.   W tym roku budzę się wcześnie.   Jutro obudzę się wcześnie.

2.   W tym roku wstaję późno.   Jutro wstanę późno.

3.   W tym roku biorę zimny   Jutro wezmę zimny prysznic.
     prysznic.

4.   W tym roku myję się zimną   Jutro umyję się zimną wodą.
     wodą.

5.   W tym roku golę się rano.   Jutro ogolę się rano.

6.   W tym roku czeszę się w   Jutro uczeszę się w łazience.
     łazience.

7.   W tym roku ubieram się w   Jutro ubiorę się w sypialni.
     sypialni.

8.   W tym roku jem śniadanie w   Jutro zjem śniadanie w kuchni.
     kuchni.

9.   W tym roku piję kawę z   Jutro wypiję kawę z mlekiem.
     mlekiem.

10. W tym roku idę na zajęcia   Jutro pójdę na zajęcia po śniadaniu.
     po śniadaniu.

11. W tym roku zajęcia zaczynają   Jutro zajęcia zaczną się o dziewiątej.
     się o dziewiątej.

12. W tym roku zajęcia kończą   Jutro zajęcia skończą się o dwunastej.
     się o dwunastej.

13. W tym roku spotykam się z   Jutro spotkam się z kolegami w kawiarni.
     kolegami w kawiarni.

14. W tym roku opowiadamy sobie   Jutro opowiemy sobie dobre kawały.
     dobre kawały.

15. W tym roku spędzam dużo   Jutro spędzę dużo czasu w bibliotece.
     czasu w bibliotece.

16. W tym roku wracam do domu   Jutro wrócę do domu późno.
     późno.

17. W tym roku, po drodze do   Jutro, po drodze do domu, wstąpię po
    domu, wstępuję po gazetę.   gazetę.

18. W tym roku kupuję   Jutro kupię popołudniową gazetę.
    popołudniową gazetę.

19. W tym roku siadam do stołu   Jutro siądę do stołu o siódmej.
    o siódmej.

20. W tym roku dzwonię   Jutro zadzwonię wieczorem do przyjaciół.
    wieczorem do przyjaciół.

21. W tym roku umawiam się z   Jutro umówię się z nimi do kawiarni.
    nimi do kawiarni.

22. W tym roku nie zapraszam   Jutro nie zaproszę do siebie nikogo.
    do siebie nikogo.

23. W tym roku kładę się spać   Jutro położę się spać wcześnie.
    wcześnie.

24. W tym roku gaszę światło   Jutro zgaszę światło o dwunastej.
    o dwunastej.

25. W tym roku natychmiast   Jutro natychmiast zasnę.
    zasypiam.

B. Drill for the contrast between the past-tense forms of imperfective and
    perfective verbs.

Tutor: W zeszłym roku budziłem się późno.

Student: Wczoraj obudziłem się późno.

---

1. W zeszłym roku budziłem   Wczoraj obudziłem się późno.
   się późno.

2. W zeszłym roku wstawałem   Wczoraj wstałem wcześnie.
   wcześnie.

3. W zeszłym roku brałem ciepły   Wczoraj wziąłem ciepły prysznic.
   prysznic.

4. W zeszłym roku myłem zęby   Wczoraj umyłem zęby rano i wieczorem.
   rano i wieczorem.

5. W zeszłym roku goliłem się   Wczoraj ogoliłem się przed śniadaniem.
   przed śniadaniem.

6. W zeszłym roku czesałem się   Wczoraj uczesałem się w sypialni.
   w sypialni.

7. W zeszłym roku ubierałem   Wczoraj ubrałem się ciepło.
   się ciepło.

8. W zeszłym roku jadłem   Wczoraj zjadłem śniadanie w jadalni.
   śniadanie w jadalni.

9. W zeszłym roku piłem herbatę.   Wczoraj wypiłem herbatę.

10. W zeszłym roku szedłem   Wczoraj poszedłem najpierw do
    najpierw do biblioteki.   biblioteki.

11. W zeszłym roku zaczynałem   Wczoraj zacząłem pracę o dziewiątej.
    pracę o dziewiątej.

12. W zeszłym roku kończyłem   Wczoraj skończyłem pracę o piątej.
    pracę o piątej.

13. W zeszłym roku nie spotykałem   Wczoraj nie spotkałem się z nikim.
    się z nikim.

14. W zeszłym roku opowiadałem   Wczoraj opowiedziałem znajomym
    znajomym wszystkie plotki.   wszystkie plotki.

15. W zeszłym roku spędzałem   Wczoraj spędziłem dużo czasu na plaży.
    dużo czasu na plaży.

16. W zeszłym roku wracałem do   Wczoraj wróciłem do domu na kolację.
    domu na kolację.

17. W zeszłym roku, po drodze do   Wczoraj, po drodze do domu, wstąpiłem
    domu, wstępowałem do   do kawiarni.
    kawiarni.

18. W zeszłym roku siadałem do   Wczoraj siadłem do stołu o ósmej.
    stołu o ósmej.

19. W zeszłym roku dzwoniłem   Wczoraj zadzwoniłem wieczorem do
    wieczorem do kolegów.   kolegów.

20. W zeszłym roku zapraszałem   Wczoraj zaprosiłem ich do siebie.
    ich do siebie.

21. W zeszłym roku umawiałem   Wczoraj umówiłem się z nimi do kina.
    się z nimi do kina.

22. W zeszłym roku odprowadzałem   Wczoraj odprowadziłem ich po kinie do
    ich po kinie do domu.   domu.

23. W zeszłym roku kładłem się   Wczoraj położyłem się spać późno.
    spać późno.

24. W zeszłym roku gasiłem   Wczoraj zgasiłem światło o pierwszej.
    światło o pierwszej.

25. W zeszłym roku natychmiast   Wczoraj natychmiast zasnąłem.
    zasypiałem.

C. Drill for the contrast between the present-tense forms of perfective and
    imperfective verbs.

> Tutor: O której pan się obudzi?
>
> Student: O której pan się budzi?

1. O której pan się obudzi?   O której pan się budzi?

2. O której pan wstanie?   O której pan wstaje?

3. Czy pan weźmie zimny prysznic?   Czy pan bierze zimny prysznic?

4. Czy pan się umyje przed śniadaniem?   Czy pan się myje przed śniadaniem?

5. Czy pan się ogoli po śniadaniu?   Czy pan się goli po śniadaniu?

6. Czy pani się uczesze w łazience?   Czy pani się czesze w łazience?

7. Czy pani się ubierze w sypialni?   Czy pani się ubiera w sypialni?

8. Czy pani zje śniadanie w łóżku?   Czy pani je śniadanie w łóżku?

9. Czy pani wypije kawę?   Czy pani pije kawę?

10. Czy pani pójdzie do miasta?   Czy pani idzie do miasta?

11. O której pan zacznie pracować?   O której pan zaczyna pracować?

12. Kiedy pan skończy pracę?   Kiedy pan kończy pracę?

13. Kiedy pan się spotka z Zofią?   Kiedy pan się spotyka z Zofią?

14. Czy pan opowie jej o sobie?   Czy pan opowiada jej o sobie?

15. Czy pan spędzi z nią dużo czasu?   Czy pan spędza z nią dużo czasu?

16. Czy pan wróci późno do domu?   Czy pan wraca późno do domu?

17. Czy pan wstąpi do kawiarni?   Czy pan wstępuje do kawiarni?

18. Czy pan kupi poranną gazetę?   Czy pan kupuje poranną gazetę?

19. Gdzie pan siądzie?   Gdzie pan siada?

20. Kiedy pan zadzwoni do Zofii?   Kiedy pan dzwoni do Zofii?

21. Na którą umówi się pan z Zofią?   Na którą umawia się pan z Zofią?

22. Czy pan zaprosił kolegów?   Czy pan zapraszał kolegów?

23. O której położy się pan spać?   O której kładzie się pan spać?

24. Kiedy pan zgasi światło?   Kiedy pan gasi światło?

25. Kiedy pan zaśnie?   Kiedy pan zasypia?

D. Drill for the contrast between the past-tense forms of perfective and imperfective verbs.

> Tutor: Karol obudził się o siódmej.
>
> Student: On często budził się o siódmej.

1. Karol obudził się o siódmej.   On często budził się o siódmej.

2. Maria wstała wcześnie.   Ona często wstawała wcześnie.

3. Karol wziął ciepły prysznic.	On często brał ciepły prysznic.
4. Maria umyła zęby przed śniadaniem.	Ona często myła zęby przed śniadaniem.
5. Karol ogolił się w łazience.	On często golił się w łazience.
6. Maria uczesała się w sypialni.	Ona często czesała się w sypialni.
7. Karol ubrał się po śniadaniu.	On często ubierał się po śniadaniu.
8. Maria zjadła śniadanie w łóżku.	Ona często jadła śniadanie w łóżku.
9. Karol wypił herbatę z cytryną.	On często pił herbatę z cytryną.
10. Maria poszła rano do sąsiadki.	Ona często szła rano do sąsiadki.
11. Karol zaczął pracować o dziewiątej.	On często zaczynał pracować o dziewiątej.
12. Maria skończyła pracę o drugiej.	Ona często kończyła pracę o drugiej.
13. Karol spotkał się z Marią po południu.	On często spotykał się z Marią po południu.
14. Maria opowiedziała mu plotki.	Ona często opowiadała mu plotki.
15. Karol spędził wieczór w domu.	On często spędzał wieczory w domu.
16. Maria wróciła późno.	Ona często wracała późno.
17. Karol wstąpił do przyjaciół.	On często wstępował do przyjaciół.
18. Maria kupiła sobie polskie czasopisma.	Ona często kupowała polskie czasopisma.
19. Karol siadł do stołu o siódmej.	On często siadał do stołu o siódmej.
20. Maria zadzwoniła wieczorem do Karola.	Ona często dzwoniła wieczorem do Karola.
21. Karol umówił się z Marią do teatru.	On często umawiał się z Marią do teatru.
22. Maria zaprosiła go na niedzielę.	Ona często zapraszała go na niedzielę.
23. Karol położył się spać o pierwszej.	On często kładł się spać o pierwszej.
24. Maria zgasiła światło o północy.	Ona często gasiła światło o północy.
25. Karol zasnął późno.	On często zasypiał późno.

E.   Drill for the contrast between perfective and imperfective future.

> Tutor: Jutro obudzę się wcześnie.
>
> Student: W przyszłym roku będę się budził wcześnie.

1. Jutro obudzę się wcześnie.

W przyszłym roku będę się budził
wcześnie.

2. Jutro wstanę późno.

W przyszłym roku będę wstawał późno.

3. Jutro wezmę zimny prysznic.

W przyszłym roku będę brał zimny
prysznic.

4. Jutro umyję się zimną wodą.

W przyszłym roku będę się mył zimną
wodą.

5. Jutro ogolę się rano.

W przyszłym roku będę się golił rano.

6. Jutro uczeszę się w łazience.

W przyszłym roku będę się czesał w
łazience.

7. Jutro ubiorę się w sypialni.

W przyszłym roku będę się ubierał w
sypialni.

8. Jutro zjem śniadanie w kuchni.

W przyszłym roku będę jadł śniadanie w
kuchni.

9. Jutro wypiję kawę z mlekiem.

W przyszłym roku będę pił kawę z
mlekiem.

10. Jutro zacznę pracę wcześnie.

W przyszłym roku będę zaczynał pracę
wcześnie.

11. Jutro skończę pracę późno.

W przyszłym roku będę kończył pracę
późno.

12. Jutro spotkam się z kolegami
w kawiarni.

W przyszłym roku będę się spotykał z
kolegami w kawiarni.

13. Jutro opowiemy sobie dobre
kawały.

W przyszłym roku będziemy sobie
opowiadać dobre kawały.

14. Jutro spędzę dużo czasu w
bibliotece.

W przyszłym roku będę spędzał dużo
czasu w bibliotece.

15. Jutro wrócę do domu późno.

W przyszłym roku będę wracał do domu
późno.

16. Jutro, po drodze do domu,
wstąpię po gazetę.

W przyszłym roku, w drodze do domu,
będę wstępował po gazetę.

17. Jutro kupię popołudniową
gazetę.

W przyszłym roku będę kupował
popołudniową gazetę.

18. Jutro siądę do stołu o
siódmej.

W przyszłym roku będę siadał do stołu
o siódmej.

19. Jutro zadzwonię do Wilczków
wieczorem.

W przyszłym roku będę dzwonił do
Wilczków wieczorem.

20. Jutro umówię się z nimi do
kawiarni.

W przyszłym roku będę się z nimi
umawiał do kawiarni.

21. Jutro nikogo nie zaproszę do
siebie.

W przyszłym roku nie będę nikogo
zapraszał do siebie.

22. Jutro położę się spać   W przyszłym roku będę się kładł spać
    wcześnie.   wcześnie.

23. Jutro zgaszę światło o   W przyszłym roku będę gasił światło o
    dwunastej.   dwunastej.

F.   Drill for the constrast between the perfective and imperfective infinitive.

> Tutor: Czy chcesz zaprosić go?
>
> Student: Nie lubię zapraszać go.

1. Czy chcesz zaprosić go?   Nie lubię zapraszać go.

2. Czy chcesz odprowadzić ją   Nie lubię odprowadzać jej do domu.
   do domu?

3. Czy chcesz spędzić wakacje   Nie lubię spędzać wakacji na wsi.
   na wsi?

4. Czy chcesz umówić się z   Nie lubię umawiać się z nimi do teatru.
   nimi do teatru?

5. Czy chcesz wstać wcześnie?   Nie lubię wstawać wcześnie.

6. Czy chcesz wstąpić do   Nie lubię wstępować do kawiarni.
   kawiarni?

7. Czy chcesz mu to opowiedzieć?   Nie lubię mu tego opowiadać?

8. Czy chcesz przebrać się?   Nie lubię przebierać się.

G.   Drill for the perfective verbs with po- 'to a limited degree.'

> Tutor: Czy będzie pan jeszcze długo czytał?
>
> Student: Nie, poczytam tylko chwilę.

1. Czy będzie pan jeszcze długo   Nie, poczytam tylko chwilę.
   czytał?

2. Czy będzie pan jeszcze długo   Nie, posiedzę tylko chwilę.
   siedział?

3. Czy będzie pan jeszcze długo   Nie, porozmawiam tylko chwilę.
   rozmawiał?

4. Czy będzie pan jeszcze długo   Nie, poleżę tylko chwilę.
   leżał?

5. Czy będzie pan jeszcze długo   Nie, posłucham tylko chwilę.
   słuchał?

6. Czy będzie pan jeszcze długo   Nie, popracuję tylko chwilę.
   pracował?

7. Czy będzie pan jeszcze długo   Nie, popływam tylko chwilę.
   pływał?

8. Czy będzie pan jeszcze długo   Nie, potańczę tylko chwilę.
   tańczył?

9. Czy będzie pan jeszcze długo   Nie, poczekam tylko chwilę.
   czekał?

10. Czy będzie pan jeszcze długo   Nie, pogram tylko chwilę.
    grał?

H. Drill for the variants of preverbs ending in a consonant.

> Tutor: Ubiorę się.
> Student: Rozbiorę się.

1. Ubiorę się.   Rozbiorę się.

2. Ubrałem się.   Rozebrałem się.

3. Ubierzesz się?   Rozbierzesz się?

4. Ubrałeś się?   Rozebrałeś się?

5. On się ubierze.   On się rozbierze.

6. On się ubrał.   On się rozebrał.

7. Ubierzemy się.   Rozbierzemy się.

8. Ubraliśmy się.   Rozebraliśmy się.

9. Ubierzecie się?   Rozbierzecie się?

10. Ubraliście się?   Rozebraliście się?

11. Oni się ubiorą.   Oni się rozbiorą.

12. Oni się ubrali.   Oni się rozebrali.

13. Nie chce mi się ubierać   Nie chce mi się rozbierać

14. Pójdę się ubrać.   Pójdę się rozebrać.

I. Drill for the omission of the particle <u>się</u> in a succession of two or more
    reflexive verbs.

> Tutor: myję się; golę się; czeszę się
> Student: Myję się, golę i czeszę.

1. Myję się; golę się; czeszę się   Myję się, golę i czeszę.

2. Myjesz się; golisz się; czeszesz Myjesz się, golisz i czeszesz.
   się

3. Myje się; goli się; czesze się   Myje się, goli i czesze.

4. Myjemy się; golimy się;   Myjemy się, golimy i czeszemy.
   czeszemy się

5. Myjecie się; golicie się;   Myjecie się, golicie i czeszecie.
   czeszecie się

6. Myją się; golą się; czeszą   Myją się, golą i czeszą.
   się

7. Nie chce mi się; ubierać się   Nie chce mi się ubierać.

8. Nie chce mi się; spotkać się   Nie chce mi się z nią spotkać.
   z nią

9. Nie chce mi się; umawiać się   Nie chce mi się z nią umawiać.
   z nią

10. Nie chce mi się; kłaść się do   Nie chce mi się kłaść do łóżka.
    łóżka

11. Nie chce mi się; uczyć się   Nie chce mi się uczyć.

12. Nie chce mi się; golić się   Nie chce mi się golić.

J. Drill for the dative <u>sobie</u> in phrases where the object coincides with the
    actor.

> Tutor: On mnie pomaga; ja jemu pomagam
>
> Student: Pomagamy sobie.

1. On mnie pomaga; ja jemu   Pomagamy sobie.
   pomagam.

2. On mnie mówi dzień dobry;   Mówimy sobie dzień dobry.
   ja jemu mówię dzień dobry.

3. On mnie daje prezent; ja jemu   Dajemy sobie prezenty.
   daję prezent.

4. On mnie opowiada plotki; ja   Opowiadamy sobie plotki.
   jemu opowiadam plotki.

5. On mnie życzy Wesołych Świąt;   Życzymy sobie Wesołych Świąt.
   ja jemu życzę Wesołych
   Świąt.

6. On mnie się podoba; ja jemu   Podobamy się sobie.
   się podobam.

7. On mnie przeszkadza; ja jemu   Przeszkadzamy sobie.
   przeszkadzam.

8. On mnie wierzy; ja jemu   Wierzymy sobie.
   wierzę.

K. Drill for the dative _sobie_ indicating that the action is performed solely for
the benefit of the actor.

```
┌────────────────────────────────────┐
│  Tutor:    Kupuję gazetę.           │
│                                     │
│  Student:  Kupuję sobie gazetę.     │
└────────────────────────────────────┘
```

1. Kupuję gazetę.   Kupuję sobie gazetę.

2. Biorę jabłko.   Biorę sobie jabłko.

3. Pożyczę pióro.   Pożyczę sobie pióro.

4. Robię zdjęcia.   Robię sobie zdjęcia.

5. Gotuję obiad.   Gotuję sobie obiad.

6. Zapiszę pana adres.   Zapiszę sobie pana adres.

L. Drill for the dative _sobie_ indicating that the action is performed without
regard for others.

```
┌────────────────────────────────────┐
│  Tutor:    Idę na spacer.           │
│  Student:  Idę sobie na spacer.     │
└────────────────────────────────────┘
```

1. Idę na spacer.   Idę sobie na spacer.

2. Czytam książkę.   Czytam sobie książkę.

3. Słucham radia.   Słucham sobie radia.

4. Oglądam telewizję.   Oglądam sobie telewizję.

5. Gramy w szachy.   Gramy sobie w szachy.

6. Pływamy w morzu.   Pływamy sobie w morzu.

7. Siedzimy i rozmawiamy.   Siedzimy sobie i rozmawiamy.

8. Spędzimy dwa dni na wsi.   Spędzimy sobie dwa dni na wsi.

M. Drill for announcing even hours.

```
┌────────────────────────────────────┐
│  Tutor:      Która teraz jest godzina?  │
│  Student a:  Pierwsza.              │
│  Student b:  Druga.                 │
│        etc.                         │
└────────────────────────────────────┘
```

Która teraz jest godzina?   a. Pierwsza.
                                     b. Druga.

    c. Trzecia.

    d. Czwarta.

    e. Piąta.

    f. Szósta.

    g. Siódma.

    h. Ósma.

    i. Dziewiąta.

    j. Dziesiąta.

    k. Jedenasta.

    l. Dwunasta.

N. Drill for announcing 'time when' with even hours.

> Tutor: O której się spotkamy?
>
> Student a: O pierwszej.
>
> Student b: O drugiej.
>
>   etc.

O której się spotkamy?

    a. O pierwszej.

    b. O drugiej.

    c. O trzeciej.

    d. O czwartej.

    e. O piątej.

    f. O szóstej.

    g. O siódmej.

    h. O ósmej.

    i. O dziewiątej.

    j. O dziesiątej.

    k. O jedenastej.

    l. O dwunastej.

O. Drill for announcing exact time between even hours in multiples of five; give variants.

> Tutor: Pierwsza.
>
> Student a: Pięć po pierwszej.
>
> Student b: Dziesięć po pierwszej.
>
>   etc.

1. Pierwsza.

    a. Pięć po pierwszej.

    b. Dziesięć po pierwszej.

    c. Piętnaście po pierwszej.

       Kwadrans po pierwszej.

    d. Dwadzieścia po pierwszej.

       Za dziesięć wpół do drugiej.

e. Dwadzieścia pięć po pierwszej.
Za pięć wpół do drugiej.

f. Wpół do drugiej.

g. Za dwadzieścia pięć druga.
Pięć po wpół do drugiej.

h. Za dwadzieścia druga.
Dziesięć po wpół do drugiej.

i. Za piętnaście druga.
Za kwadrans druga.

j. Za dziesięć druga.

k. Za pięć druga.

2. Jedenasta.

a. Pięć po jedenastej.

b. Dziesięć po jedenastej.

c. Piętnaście po jedenastej.
Kwadrans po jedenastej.

d. Dwadzieścia pięć po jedenastej.

e. Za pięć wpół do dwunastej.

f. Wpół do dwunastej.

g. Za dwadzieścia pięć dwunasta.
Pięć po wpół do dwunastej.

h. Za dwadzieścia dwunasta.
Dziesięć po wpół do dwunastej.

i. Za piętnaście dwunasta.
Za kwadrans dwunasta.

j. Za dziesięć dwunasta.

k. Za pięć dwunasta.

P. Drill for announcing 'time when' between hours in multiples of five; give variants.

Tutor: Spotkamy się o drugiej.

Student a: Spotkamy się pięć po drugiej.

Student b: Spotkamy się dziesięć po drugiej.

   etc.

---

1. Spotkamy się o drugiej.

a. Spotkamy się pięć po drugiej.

b. Spotkamy się dziesięć po drugiej.

c. Spotkamy się piętnaście po drugiej.
Spotkamy się kwadrans po drugiej.

d. Spotkamy się dwadzieścia po drugiej.
Spotkamy się za dziesięć wpół do trzeciej.

e. Spotkamy się dwadzieścia pięć po drugiej.
Spotkamy się za pięć wpół do trzeciej.

f. Spotkamy się o wpół do trzeciej.

        g. Spotkamy się za dwadzieścia pięć
           trzecia.
           Spotkamy się pięć po wpół do trzeciej.
        h. Spotkamy się za dwadzieścia trzecia.
           Spotkamy się dziesięć po wpół do
           trzeciej.
        i. Spotkamy się za piętnaście trzecia.
           Spotkamy się za kwadrans trzecia.
        j. Spotkamy się za dziesięć trzecia.
        k. Spotkamy się za pięć trzecia.

2. Spotkamy się o szóstej.

        a. Spotkamy się pięć po szóstej.
        b. Spotkamy się dziesięć po szóstej.
        c. Spotkamy się piętnaście po szóstej.
           Spotkamy się kwadrans po szóstej.
        d. Spotkamy się dwadzieścia po szóstej.
           Spotkamy się za dziesięć wpół do
           siódmej.
        e. Spotkamy się dwadzieścia pięć po
           szóstej.
           Spotkamy się za pięć wpół do siódmej.
        f. Spotkamy się o wpół do siódmej.
        g. Spotkamy się za dwadzieścia pięć
           siódma.
           Spotkamy się pięć po wpół do siódmej.
        h. Spotkamy się za dwadzieścia siódma.
           Spotkamy się dziesięć po wpół do
           siódmej.
        i. Spotkamy się za piętnaście siódma.
           Spotkamy się za kwadrans siódma.
        j. Spotkamy się za dziesięć siódma.
        k. Spotkamy się za pięć siódma.

R.   Drill for announcing 'time when' with prepositions <u>na</u> and <u>od</u>.

Tutor:	Spotkamy się o pierwszej.
Student a:	Umawiamy się na pierwszą.
Student b:	Będę czekał od pierwszej.

1. Spotkamy się o pierwszej.

    a. Umawiamy się na pierwszą.
    b. Będę czekał od pierwszej.

2. Spotkamy się dziesięć po
   drugiej.

    a. Umawiamy się na dziesięć po drugiej.
    b. Będę czekał od dziesięć po drugiej.

3. Spotkamy się o wpół do
   trzeciej.

    a. Umawiamy się na wpół do trzeciej.
    b. Będę czekał od wpół do trzeciej.

4. Spotkamy się za dwadzieścia
   czwarta.

    a. Umawiamy się za dwadzieścia
       czwarta.
    b. Będę czekał od za dwadzieścia czwarta.

5. Spotkamy się za kwadrans piąta.

   a. Umawiamy się za kwadrans piąta.
   b. Będę czekał od za kwadrans piąta.

6. Spotkamy się za dziesięć szósta.

   a. Umawiamy się za dziesięć szósta.
   b. Będę czekał od za dziesięć szósta.

7. Spotkamy się piętnaście po siódmej.

   a. Umawiamy się na piętnaście po siódmej.
   b. Będę czekał od piętnaście po siódmej.

8. Spotkamy się o ósmej.

   a. Umawiamy się na ósmą.
   b. Będę czekał od ósmej.

9. Spotkamy się pięć po dziewiątej.

   a. Umawiamy się na pięć po dziewiątej.
   b. Będę czekał od pięć po dziewiątej.

10. Spotkamy się za piętnaście dziesiąta.

   a. Umawiamy się za piętnaście dziesiąta.
   b. Będę czekał od za piętnaście dziesiąta.

11. Spotkamy się o wpół do jedenastej.

   a. Umawiamy się na wpół do jedenastej.
   b. Będę czekał od wpół do jedenastej.

12. Spotkamy się o dwunastej.

   a. Umawiamy się na dwunastą.
   b. Będę czekał od dwunastej.

ĆWICZENIA   DRILLS

A. Drill for the 1st person singular of the conditional.

> Tutor: Zjem coś.
>
> Student a: Zjadłbym coś.
>
> Student b: Zjadłabym coś.

1. Zjem coś.   a. Zjadłbym coś.
                                      b. Zjadłabym coś.

2. Wolę nie.   a. Wolałbym nie.
                                      b. Wolałabym nie.

3. Poleżę chwilę.   a. Poleżałbym chwilę.
                                      b. Poleżałabym chwilę.

4. Posłucham muzyki.   a. Posłuchałbym muzyki.
                                      b. Posłuchałabym muzyki.

5. Pójdę na basen.   a. Poszedłbym na basen.
                                      b. Poszłabym na basen.

6. Zagram w brydża.   a. Zagrałbym w brydża.
                                      b. Zagrałabym w brydża.

7. Pojadę nad morze.   a. Pojechałbym nad morze.
                                      b. Pojechałabym nad morze.

B. Drill for the 2nd person singular of the conditional.

> Tutor: Zrobisz nam zdjęcie?
>
> Student a: Zrobiłbyś nam zdjęcie?
>
> Student b: Zrobiłabyś nam zdjęcie?

1. Zrobisz nam zdjęcie?   a. Zrobiłbyś nam zdjęcie?
                                     b. Zrobiłabyś nam zdjęcie?

2. Pójdziesz z nami do kawiarni?   a. Poszedłbyś z nami do kawiarni?
                                     b. Poszłabyś z nami do kawiarni?

3. Wstąpisz po mnie?   a. Wstąpiłbyś po mnie?
                                     b. Wstąpiłabyś po mnie?

4. Przeczytasz nam to?   a. Przeczytałbyś nam to?
                                     b. Przeczytałabyś nam to?

5. Opowiesz nam tę historię?   a. Opowiedziałbyś nam tę historię?
                                    b. Opowiedziałabyś nam tę historię?

6. Wytłumaczysz mi to?   a. Wytłumaczyłbyś mi to?
                                    b. Wytłumaczyłabyś mi to?

7. Pomożesz mi?   a. Pomógłbyś mi?
                                    b. Pomogłabyś mi?

8. Wolisz iść do kina?   a. Wolałbyś iść do kina?
                                    b. Wolałabyś iść do kina?

C. Drill for the 3rd person singular of the conditional.

> Tutor: Poczeka pan chwilę?
>
> Student: Poczekałby pan chwilę?

1. Poczeka pan chwilę?   Poczekałby pan chwilę?

2. Pomoże mi pan?   Pomógłby mi pan?

3. Pojedzie pan z nami?   Pojechałby pan z nami?

4. Może pan otworzyć okno?   Mógłby pan otworzyć okno?

5. Pójdzie pani na basen?   Poszłaby pani na basen?

6. Pokaże nam pani swoje   Pokazałaby nam pani swoje zdjęcia?
   zdjęcia?

7. Zje pani z nami obiad?   Zjadłaby pani z nami obiad?

8. Chce pani pójść na mecz?   Chciałaby pani pójść na mecz?

D. Drill for the 1st person plural of the conditional.

> Tutor: Pójdziemy na koncert.
>
> Student a: Poszlibyśmy na koncert.
>
> Student b: Poszłybyśmy na koncert.

1. Pójdziemy na koncert.   a. Poszlibyśmy na koncert.
                                    b. Poszłybyśmy na koncert.

2. Zagramy w tenisa.   a. Zagralibyśmy w tenisa.
                                    b. Zagrałybyśmy w tenisa.

3. Wolimy pójść do kina.   a. Wolelibyśmy pójść do kina.
                                    b. Wolałybyśmy pójść do kina.

4. Możemy tu posiedzieć.   a. Moglibyśmy tu posiedzieć.
                                    b. Mogłybyśmy tu posiedzieć.

5. Pojedziemy na wycieczkę.   a. Pojechalibyśmy na wycieczkę.
                                      b. Pojechałybyśmy na wycieczkę.

6. Wstąpimy po pana.   a. Wstąpilibyśmy po pana.
                                      b. Wstąpiłybyśmy po pana.

7. Musimy się ubrać.   a. Musielibyśmy się ubrać.
                                      b. Musiałybyśmy się ubrać.

8. Zjemy jabłko.   a. Zjedlibyśmy jabłko.
                                      b. Zjadłybyśmy jabłko.

E.   Drill for the 2nd person plural of the conditional.

> Tutor: Chcecie do nich pójść?
>
> Student a: Chcielibyście do nich pójść?
>
> Student b: Chciałybyście do nich pójść?

1. Chcecie do nich pójść?   a. Chcielibyście do nich pójść?
                                      b. Chciałybyście do nich pójść?

2. Zapłacicie tyle pieniędzy?   a. Zapłacilibyście tyle pieniędzy?
                                      b. Zapłaciłybyście tyle pieniędzy?

3. Pozwolicie im pojechać?   a. Pozwolilibyście im pojechać?
                                      b. Pozwoliłybyście im pojechać?

4. Pożyczycie mu trochę   a. Pożyczylibyście mu trochę pieniędzy?
   pieniędzy?   b. Pożyczyłybyście mu trochę pieniędzy?

5. Pójdziecie z nami do   a. Poszlibyście z nami do kawiarni?
   kawiarni?   b. Poszłybyście z nami do kawiarni?

6. Wstąpicie po mnie?   a. Wstąpilibyście po mnie?
                                      b. Wstąpiłybyście po mnie?

7. Otworzycie drzwi?   a. Otworzylibyście drzwi?
                                      b. Otworzyłybyście drzwi?

8. Możecie mi pomóc?   a. Moglibyście mi pomóc?
                                      b. Mogłybyście mi pomóc?

F.   Drill for the 3rd person plural of the conditional.

> Tutor: Pójdą państwo na koncert?
>
> Student: Poszliby państwo na koncert?

1. Pójdą państwo na koncert?   Poszliby państwo na koncert?

2. Wstąpią państwo do nas?   Wstąpiliby państwo do nas?

3. Chcą państwo iść na mecz?   Chcieliby państwo iść na mecz?

4. Wolą państwo iść na plażę?   Woleliby państwo iść na plażę?

5. Mogą panie pójść na spacer?   Mogłyby panie pójść na spacer?

6. Posłuchają panie radia?   Posłuchałyby panie radia?

7. Zagrają panie w brydża?   Zagrałyby panie w brydża?

8. Pojadą panie na wakacje?   Pojechałyby panie na wakacje?

G.   Drill for the movable conditional particle by.

Tutor: Zrobimy przyjęcie.

Student a: Może byśmy zrobili przyjęcie?

Student b: Z przyjemnością bym zrobił przyjęcie.

---

1. Zrobimy przyjęcie.
   a. Może byśmy zrobili przyjęcie?
   b. Z przyjemnością bym zrobił przyjęcie.

2. Umówimy się na wycieczkę.
   a. Może byśmy się umówili na wycieczkę?
   b. Z przyjemnością bym się umówił na wycieczkę.

3. Spędzimy urlop nad morzem.
   a. Może byśmy spędzili urlop nad morzem?
   b. Z przyjemnością bym spędził urlop nad morzem.

4. Przeczytamy to.
   a. Może byśmy to przeczytali?
   b. Z przyjemnością bym to przeczytał.

5. Zjemy coś.
   a. Może byśmy coś zjedli?
   b. Z przyjemnością bym coś zjadł.

6. Pomożemy mu.
   a. Może byśmy mu pomogli?
   ł. Z przyjemnością bym mu pomógł.

7. Weźmiemy go.
   a. Może byśmy go wzięli?
   b. Z przyjemnością bym go wziął.

8. Zagram w tenisa.
   a. Może byśmy zagrali w tenisa?
   b. Z przyjemnością bym zagrał w tenisa.

9. Przyjdę do was.
   a. Może byśmy przyszli do was?
   b. Z przyjemnością bym przyszedł do was.

10. Posłuchamy tego.
    a. Może byśmy tego posłuchali?
    b. Z przyjemnością bym tego posłuchał.

H.   Drill for sentences containing a condition; see GRAMMAR 3 (a).

Tutor: Jeśli pan chce, możemy pójść do kina.

Student a: Jak pan chce, możemy pójść do kina.

Student b: Jeżeli pan chce, możemy pójść do kina.

---

1. Jeśli pan chce, możemy pójść
    do kina.

a. Jak pan chce, możemy pójść do kina.

b. Jeżeli pan chce, możemy pójść do
   kina.

2. Jeśli pani ma ochotę, możemy
    zagrać w tenisa.

a. Jak pani ma ochotę, możemy zagrać
   w tenisa.

b. Jeżeli pani ma ochotę, możemy zagrać
   w tenisa.

3. Jeśli będę potrzebował
    pieniędzy, pożyczę od pana.

a. Jak będę potrzebował pieniędzy,
   pożyczę od pana.

b. Jeżeli będę potrzebował pieniędzy,
   pożyczę od pana.

4. Jeśli pan będzie głodny,
    proszę coś zjeść.

a. Jak pan będzie głodny, proszę coś
   zjeść.

b. Jeżeli pan będzie głodny, proszę
   coś zjeść.

5. Jeśli pani będzie mogła,
    proszę do mnie zadzwonić.

a. Jak pani będzie mogła, proszę do
   mnie zadzwonić.

b. Jeżeli pani będzie mogła, proszę do
   mnie zadzwonić.

I.   Drill for sentences containing a condition with the main clause introduced
     by the particle to.

Tutor: Pójdziemy dziś albo jutro.

Student: Jeśli dziś nie pójdziemy, to pójdziemy jutro.

---

1. Pójdziemy dziś albo jutro.

Jeśli dziś nie pójdziemy, to pójdziemy
jutro.

2. Zjemy coś teraz albo potem.

Jeśli teraz czegoś nie zjemy, to zjemy
potem.

3. Wygramy albo przegramy.

Jeśli nie wygramy, to przegramy.

4. Skończymy albo nie
    skończymy.

Jeśli nie skończymy, to nie skończymy.

5. Będzie burza albo ulewa.

Jeśli nie będzie burzy, to będzie ulewa.

6. Ja pojadę albo pan.

Jeśli ja nie pojadę, to pan pojedzie.

7. Wezmę płaszcz albo parasol.   Jeśli nie wezmę płaszcza, to wezmę
                                 parasol.

8. Sam zrobię ale ty mi   Jeśli sam nie zrobię, to ty mi pomożesz.
   pomożesz.

9. Spotkamy Wilczków albo   Jeśli nie spotkamy Wilczków, to spotkamy
   Zielińskich.   Zielińskich.

10. On pojedzie do Filadelfii   Jeśli on nie pojedzie do Filadelfii, to
    albo Nowego Jorku.   pojedzie do Nowego Jorku.

11. Napiszę list albo widokówkę. Jeśli nie napiszę listu, to napiszę
                                 widokówkę.

12. Zagramy w szachy albo w   Jeśli nie zagramy w szachy, to zagramy
    karty.   w karty.

J.   Drill for sentences containing a condition; see GRAMMAR 3 (a), (b), (c).

Tutor: Jeśli nie będę zajęty, pójdę do kina.

Student a: Gdybym nie był zajęty, pójdę do kina.

Student b: Jeśli nie będę zajęty, poszedłbym do kina.

---

1. Jeśli nie będę zajęty, pójdę   a. Gdybym nie był zajęty, pójdę do kina.
   do kina.   b. Jeśli nie będę zajęty, poszedłbym do
                                     kina.

2. Jeśli będę miał czas, pójdę   a. Gdybym miał czas, pójdę na mecz.
   na mecz.   b. Jeśli będę miał czas, poszedłbym na
                                     mecz.

3. Jeśli będzie padało, pojedziemy a. Gdyby padało, pojedziemy taksówką.
   taksówką.   b. Jeśli będzie padało, pojechalibyśmy
                                     taksówką.

4. Jeśli dziś nie pójdziemy, to   a. Gdybyśmy dziś nie poszli, to jutro
   jutro pójdziemy.   pójdziemy
                                  b. Jeśli dziś nie pójdziemy, to byśmy
                                     jutro poszli.

5. Jeśli będę się źle czuł, pójdę a. Gdybym się źle czuł, pójdę do lekarza.
   do lekarza.   b. Jeśli będę się źle czuł, poszedłbym do
                                     lekarza.

K.   Drill for sentences containing a condition; see GRAMMAR 3 (a), (d).

Tutor: Jeśli nie będę zajęty, pójdę do teatru.

Student: Gdybym nie był zajęty poszedłbym do teatru.

---

1. Jeśli nie będę zajęty, pójdę do   Gdybym nie był zajęty, poszedłbym do
   teatru.   teatru.

2. Jeśli będą bilety, pójdziemy   Gdyby były bilety, poszlibyśmy na
   na koncert.   koncert.

3. Jeśli będę bez pieniędzy,   Gdybym był bez pieniędzy, wziąłbym od
   wezmę od pana.   pana.

4. Jeśli będą mnie bolały zęby,   Gdyby mnie bolały zęby, poszedłbym do
   pójdę do dentysty.   dentysty.

5. Jeśli przyjdziesz, to będzie   Gdybyś przyszedł, toby był czwarty do
   czwarty do brydża.   brydża.

6. Jeśli państwo chcą, kupię   Gdyby państwo chcieli, kupiłbym bilety
   bilety na mecz.   na mecz.

7. Jeśli się spóźnię na ten   Gdybym się spóźnił na ten pociąg,
   pociąg, pojadę następnym.   pojechałbym następnym.

8. Jeśli zarobię trochę pieniędzy,   Gdybym zarobił trochę pieniędzy,
   pojadę do Francji.   pojechałbym do Francji.

9. Jeśli zacznę, to skończę.   Gdybym zaczął, tobym skończył.

10. Jeśli kupię, to zapłacę.   Gdybym kupił, tobym zapłacił.

11. Jeśli wygram, to oddam.   Gdybym wygrał, tobym oddał.

12. Jeśli zaraz nie zasnę, to jutro   Gdybym zaraz nie zasnął, tobym się
    się nie zbudzę.   jutro nie zbudził.

L. Drill for sentences containing a condition; see GRAMMAR 3 (d), (a), (f).

Tutor: Gdybym miał bilety, zaprosiłbym panią na koncert.

Student a: Gdybym miał bilety, byłbym zaprosił panią na koncert.

Student b: Gdyby nie to, że nie miałem biletów, zaprosiłbym panią
            na koncert.

---

1. Gdybym miał bilety,   a. Gdybym miał bilety, byłbym zaprosił
   zaprosiłbym panią na koncert.   panią na koncert.
                                    b. Gdyby nie to, że nie miałem biletów,
                                       zaprosiłbym panią na koncert.

2. Gdybym był w Warszawie,   a. Gdybym był w Warszawie, byłbym
   pomógłbym panu.   panu pomógł.
                                    b. Gdyby nie to, że nie byłem w
                                       Warszawie, pomógłbym panu.

3. Gdybym nie był chory,   a. Gdybym nie był chory, byłbym
   przyszedłbym do pana.   przyszedł do pana.
                                    b. Gdyby nie to, że byłem chory,
                                       przyszedłbym do pana.

4. Gdybym miał pieniądze,
   pożyczyłbym panu.

    a. Gdybym miał pieniądze, byłbym panu
      pożyczył.

    b. Gdyby nie to, że nie miałem pieniędzy,
      pożyczyłbym panu.

5. Gdybym wiedział co grają,
   poszedłbym do kina.

    a. Gdybym wiedział co grają, byłbym
      poszedł do kina.

    b. Gdyby nie to, że nie wiedziałem co
      grają, poszedłbym do kina.

6. Gdybym nie był zajęty,
   poszedłbym z panem.

    a. Gdybym nie był zajęty, byłbym
      poszedł z panem.

    b. Gdyby nie to, że byłem zajęty,
      poszedłbym z panem.

M. Drill for sentences containing a condition; see GRAMMAR 3 (d), (g).

> Tutor: Gdybym miał bilety, zaprosiłbym panią na koncert.
>
> Student: Gdyby nie to, że nie mam biletów, zaprosiłbym panią
>   na koncert.

1. Gdybym miał bilety,
   zaprosiłbym panią na
   koncert.

   Gdyby nie to, że nie mam biletów,
   zaprosiłbym panią na koncert.

2. Gdybym był w Warszawie,
   pomógłbym panu.

   Gdyby nie to, że nie jestem w Warszawie,
   pomógłbym panu.

3. Gdybym nie był chory,
   przyszedłbym do pana.

   Gdyby nie to, że jestem chory,
   przyszedłbym do pana.

4. Gdybym miał pieniądze,
   pożyczyłbym panu.

   Gdyby nie to, że nie mam pieniędzy,
   pożyczyłbym panu.

5. Gdybym wiedział co grają,
   poszedłbym do kina.

   Gdyby nie to, że nie wiem co grają,
   poszedłbym do kina.

6. Gdybym nie był zajęty,
   poszedłbym z panem.

   Gdyby nie to, że jestem zajęty,
   poszedłbym z panem.

N. Drill for sentences with a 'but' clause replacing the 'if' clause; see GRAMMAR 3 Note.

> Tutor: Gdyby nie to, że nie miałem biletów, zaprosiłbym panią
>   na koncert.
>
> Student a: Zaprosiłbym panią na koncert, ale nie miałem biletów.
>
> Student b: Zaprosiłbym panią na koncert, tylko nie miałem biletów.

1. Gdyby nie to, że nie miałem biletów, zaprosiłbym panią na koncert.

   a. Zaprosiłbym panią na koncert, ale nie miałem biletów.
   b. Zaprosiłbym panią na koncert, tylko nie miałem biletów.

2. Gdyby nie to, że nie mam biletów, zaprosiłbym panią na koncert.

   a. Zaprosiłbym panią na koncert, ale nie mam biletów.
   b. Zaprosiłbym panią na koncert, tylko nie mam biletów.

3. Gdyby nie to, że nie byłem w Warszawie, pomógłbym panu.

   a. Pomógłbym panu, ale nie byłem w Warszawie.
   b. Pomógłbym panu, tylko nie byłem w Warszawie.

4. Gdyby nie to, że nie jestem w Warszawie, pomógłbym panu.

   a. Pomógłbym panu, ale nie jestem w Warszawie.
   b. Pomógłbym panu, tylko nie jestem w Warszawie.

5. Gdyby nie to, że byłem chory, przyszedłbym do pana.

   a. Przyszedłbym do pana, ale byłem chory.
   b. Przyszedłbym do pana, tylko byłem chory.

6. Gdyby nie to, że jestem chory, przyszedłbym do pana.

   a. Przyszedłbym do pana, ale jestem chory.
   b. Przyszedłbym do pana, tylko jestem chory.

7. Gdyby nie to, że nie miałem pieniędzy, pożyczyłbym panu.

   a. Pożyczyłbym panu, ale nie miałem pieniędzy.
   b. Pożyczyłbym panu, tylko nie miałem pieniędzy.

8. Gdyby nie to, że nie mam pieniędzy, pożyczyłbym panu.

   a. Pożyczyłbym panu, ale nie mam pieniędzy.
   b. Pożyczyłbym panu, tylko nie mam pieniędzy.

9. Gdyby nie to, że nie wiedziałem, co grają, poszedłbym do kina.

   a. Poszedłbym do kina, ale nie wiedziałem, co grają.
   b. Poszedłbym do kina, tylko nie wiedziałem, co grają.

10. Gdyby nie to, że nie wiem co grają, poszedłbym do kina.

    a. Poszedłbym do kina, ale nie wiem, co grają.
    b. Poszedłbym do kina, tylko nie wiem, co grają.

11. Gdyby nie to, że byłem zajęty, poszedłbym z panem.

    a. Poszedłbym z panem, ale byłem zajęty.
    b. Poszedłbym z panem, tylko byłem zajęty.

12. Gdyby nie to, że jestem   a. Poszedłbym z panem, ale jestem
     zajęty, poszedłbym z panem.   zajęty.
                                        b. Poszedłbym z panem, tylko jestem
                                           zajęty.

O. Drill for sentences containing an 'if' clause or a 'but' clause referring to
the past.

> Tutor: Byłem zajęty i dlatego nie poszedłem do kina.
>
> Student a: Gdybym nie był zajęty, byłbym poszedł do kina.
>
> Student b: Poszedłbym do kina, ale byłem zajęty.

1. Byłem zajęty i dlatego nie   a. Gdybym nie był zajęty, byłbym
poszedłem do kina.   poszedł do kina.
                                          b. Poszedłbym do kina, ale byłem
                                           zajęty.

2. Nie widziałem jej i dlatego   a. Gdybym ją widział, byłbym jej
nie powiedziałem o swoich   powiedział o swoich kłopotach.
kłopotach.   b. Powiedziałbym jej o swoich kłopotach,
                                           ale jej nie widziałem.

3. Nie miałem czasu i dlatego   a. Gdybym miał czas, byłbym pojechał
nie pojechałem do Bostonu.   do Bostonu.
                                           b. Pojechałbym do Bostonu, ale nie
                                           miałem czasu.

4. Musiałem robić porządki i   a. Gdybym nie musiał robić porządków,
dlatego nie poszedłem do   byłbym poszedł do znajomych.
znajomych.   b. Poszedłbym do znajomych, ale
                                           musiałem robić porządki.

5. Poszedłem późno spać i   a. Gdybym nie poszedł późno spać,
dlatego nie wstałem wcześnie.   byłbym wcześnie wstał.
                                           b. Wstałbym wcześnie, ale poszedłem
                                           późno spać.

6. Nie kupiłem gazety i dlatego   a. Gdybym kupił gazetę, byłbym wiedział
nie wiedziałem, co się   co się dzieje na świecie.
dzieje na świecie.   b. Wiedziałbym, co się dzieje na świecie,
                                           ale nie kupiłem gazety.

7. On nie miał doświadczenia   a. Gdyby on miał doświadczenie, byłby
i dlatego więcej nie zarobił.   więcej zarobił.
                                           b. On by zarobił więcej, ale nie miał
                                           doświadczenia.

8. Ona nie wzięła okularów i   a. Gdyby ona wzięła okulary, byłaby
dlatego dobrze nie widziała.   dobrze widziała.
                                           b. Ona by dobrze widziała, ale nie
                                           wzięła okularów.

P.   Drill for sentences containing an 'if' clause or a 'but' clause referring to
     the future.

Tutor: Jestem zajęty i dlatego nie pójdę do kina.

Student a: Gdyby nie to, że jestem zajęty, poszedłbym do kina.

Student b: Poszedłbym do kina, ale jestem zajęty.

---

1. Jestem zajęty i dlatego nie   a. Gdyby nie to, że jestem zajęty,
    pójdę do kina.   poszedłbym do kina.
                                       b. Poszedłbym do kina, ale jestem
                                          zajęty.

2. Nie mam pieniędzy i dlatego   a. Gdyby nie to, że nie mam pieniędzy,
    nie pojadę na wakacje.   pojechałbym na wakacje.
                                       b. Pojechałbym na wakacje, ale nie mam
                                          pieniędzy.

3. Boję się egzaminu i dlatego   a. Gdyby nie to, że boję się egzaminu,
    nie pójdę na tenisa.   poszedłbym na tenisa.
                                       b. Poszedłbym na tenisa, ale boję się
                                          egzaminu.

4. Zawsze wygrywasz i dlatego   a. Gdyby nie to, że zawsze wygrywasz,
    nie zagram z tobą.   zagrałbym z tobą.
                                       b. Zagrałbym z tobą, ale ty zawsze
                                          wygrywasz.

5. Nie znam jej dobrze i   a. Gdyby nie to, że jej dobrze nie znam,
    dlatego nie pójdę na jej   poszedłbym na jej urodziny.
    urodziny.   b. Poszedłbym na jej urodziny, ale jej
                                          dobrze nie znam.

6. Nie jestem głodny i dlatego   a. Gdyby nie to, że nie jestem głodny,
    nie zjem z wami obiadu.   zjadłbym z wami obiad.
                                       b. Zjadłbym z wami obiad, ale nie
                                          jestem głodny.

7. Sam nie wiem, jak to zrobić   a. Gdyby nie to, że sam nie wiem, jak to
    i dlatego ci nie pomogę.   zrobić, pomógłbym ci.
                                       b. Pomógłbym ci, ale sam nie wiem jak
                                          to zrobić.

8. Jestem chory i dlatego nie   a. Gdyby nie to, że jestem chory,
    pójdę na zajęcia.   poszedłbym na zajęcia.
                                       b. Poszedłbym na zajęcia, ale jestem
                                          chory.

Q.   Drill for <u>potrzebuję</u> + genitive and <u>trzeba</u> + genitive.

Tutor: Mam czas.

Student a: Potrzebuję czasu.

Student b: Na to trzeba czasu.

---

1. Mam czas.   a. Potrzebuję czasu.
         b. Na to trzeba czasu.

2. Masz pieniądze?   a. Potrzebujesz pieniędzy?
         b. Na to trzeba pieniędzy?

3. On ma doświadczenie.   a. On potrzebuje doświadczenia.
         b. Na to trzeba doświadczenia.

4. Mamy szczęście.   a. Potrzebujemy szczęścia.
         b. Na to trzeba szczęścia.

R.   Drill for <u>mam</u> + inf. and <u>trzeba</u> + inf.

```
Tutor:      Muszę zacząć.
Student a:  Mam zacząć.
Student b:  Trzeba zacząć.
```

1. Muszę zacząć.   a. Mam zacząć.
         b. Trzeba zacząć.

2. Musisz skończyć.   a. Masz skończyć.
         b. Trzeba skończyć.

3. On musi się uczyć.   a. On ma się uczyć.
         b. Trzeba się uczyć.

4. Musimy coś zjeść.   a. Mamy coś zjeść.
         b. Trzeba coś zjeść.

5. Musicie kupić gazetę.   a. Macie kupić gazetę.
         b. Trzeba kupić gazetę.

6. Oni muszą pracować.   a. Oni mają pracować.
         b. Trzeba pracować.

7. Pan musi mu podziękować.   a. Pan ma mu podziękować.
         b. Trzeba mu podziękować.

8. Państwo muszą to zobaczyć.   a. Państwo mają to zobaczyć.
         b. Trzeba to zobaczyć.

S.   Drill for the tense of <u>trzeba</u>.

```
Tutor:      Trzeba kupić gazetę.
Student a:  Trzeba było kupić gazetę.
Student b:  Trzeba będzie kupić gazetę.
```

1. Trzeba kupić gazetę.   a. Trzeba było kupić gazetę.
         b. Trzeba będzie kupić gazetę.

2. Trzeba pojechać tam.

    a. Trzeba było pojechać tam.
    b. Trzeba będzie pojechać tam.

3. Trzeba pójść do nich.

    a. Trzeba było pójść do nich.
    b. Trzeba będzie pójść do nich.

4. Trzeba więcej się uczyć.

    a. Trzeba było więcej się uczyć.
    b. Trzeba będzie więcej się uczyć.

5. Trzeba popracować.

    a. Trzeba było popracować.
    b. Trzeba będzie popracować.

6. Trzeba napisać więcej.

    a. Trzeba było napisać więcej.
    b. Trzeba będzie napisać więcej.

7. Trzeba wstąpić po nich.

    a. Trzeba było wstąpić po nich.
    b. Trzeba będzie wstąpić po nich.

8. Trzeba iść.

    a. Trzeba było iść.
    b. Trzeba będzie iść.

9. Trzeba wcześnie wstać.

    a. Trzeba było wcześnie wstać.
    b. Trzeba będzie wcześnie wstać.

10. Trzeba wziąć płaszcz.

    a. Trzeba było wziąć płaszcz.
    b. Trzeba będzie wziąć płaszcz.

T.   Drill for _muszę_ + inf. and _powinien_ + inf.

Tutor: Mam napisać zadanie.

Student a: Muszę napisać zadanie.

Student b: Powinienem napisać zadanie.

---

1. Mam napisać zadanie.

    a. Muszę napisać zadanie.
    b. Powinienem napisać zadanie.

2. Masz zaprosić ją na kolację.

    a. Musisz zaprosić ją na kolację.
    b. Powinieneś zaprosić ją na kolację.

3. Ona ma pójść do muzeum.

    a. Ona musi pójść do muzeum.
    b. Ona powinna pójść do muzeum.

4. Mamy wrócić przed jedenastą.

    a. Musimy wrócić przed jedenastą.
    b. Powinniśmy wrócić przed jedenastą.

5. Macie się ubrać.

    a. Musicie się ubrać.
    b. Powinniście się ubrać.

6. Oni mają spotkać się z
   profesorem.

    a. Oni muszą spotkać się z profesorem.
    b. Oni powinni spotkać się z profesorem.

7. Pan ma być w laboratorium
   cały dzień.

    a. Pan musi być w laboratorium cały
       dzień.
    b. Pan powinien być w laboratorium
       cały dzień.

8. Państwo mają tu przyjść.   a. Państwo muszą tu przyjść.
                                   b. Państwo powinni tu przyjść.

U. Drill for the genders of powinien.

> Tutor: Muszę zrobić porządek w pokoju.
>
> Student a: Powinienem zrobić porządek w pokoju.
>
> Student b: Powinnam zrobić porządek w pokoju.

1. Muszę zrobić porządek w   a. Powinienem zrobić porządek w pokoju.
   pokoju.   b. Powinnam zrobić porządek w pokoju.

2. Musisz pisać często do domu.   a. Powinieneś pisać często do domu.
                                  b. Powinnaś pisać często do domu.

3. On musi wstać o siódmej.   a. On powinien wstać o siódmej.
                                  b. Ona powinna wstać o siódmej.

4. Musimy porozmawiać z nim.   a. Powinniśmy porozmawiać z nim.
                                  b. Powinnyśmy porozmawiać z nim.

5. Musicie zawsze być na   a. Powinniście zawsze być na zajęciach.
   zajęciach.   b. Powinnyście zawsze być na zajęciach.

6. Oni muszą zadzwonić do   a. Oni powinni zadzwonić do znajomych.
   znajomych.   b. One powinny zadzwonić do znajomych.

7. Pan musi mu to powiedzieć.   a. Pan powinien mu to powiedzieć.
                                  b. Pani powinna mu to powiedzieć.

8. Panowie muszą więcej   a. Panowie powinni więcej pracować.
   pracować.   b. Panie powinny więcej pracować.

V. Drill for the past tense of powinien, powinna.

> Tutor: Powinienem wstać.
>
> Student a: Powinienem był wstać.
>
> Student b: Powinnam była wstać.

1. Powinienem wstać.   a. Powinienem był wstać.
                                  b. Powinnam była wstać.

2. Powinieneś dużo tańczyć.   a. Powinieneś był dużo tańczyć.
                                  b. Powinnaś była dużo tańczyć.

3. On powinien często pływać.   a. On powinien był często pływać.
                                  b. Ona powinna była często pływać.

4. Powinniśmy się umówić.   a. Powinniśmy byli się umówić.
                                  b. Powinnyśmy były się umówić.

5. Powinniście się pożegnać.   a. Powinniście byli się pożegnać.
                                   b. Powinnyście były się pożegnać.

6. Oni powinni tu przyjść.   a. Oni powinni byli tu przyjść.
                                   b. One powinny były tu przyjść.

7. Pan powinien to wypić.   a. Pan powinien był to wypić.
                                   b. Pani powinna była to wypić.

8. Panowie powinni pójść na   a. Panowie powinni byli pójść na wykłady.
   wykłady.   b. Panie powinny były pójść na wykłady.

W.   Drill for <u>sam</u> in subjectless constructions.

Tutor: Nudzę się sam.

Student: Nudzi mi się samemu.

---

1. Nudzę się sam.   Nudzi mi się samemu.

2. Nudzę się sama.   Nudzi mi się samej.

3. Nie chcę iść sam.   Nie chce mi się iść samemu.

4. Nie chcę iść sama.   Nie chce mi się iść samej.

5. Nie mogę tego sam zrobić.   Nie można tego samemu zrobić.

6. Muszę to sam zrobić.   Trzeba to samemu zrobić.

ĆWICZENIA   DRILLS

A. Drill for the present-tense forms of consonantal verbs.

Tutor:	Kładę się o dwunastej.
Student a:	On kładzie się o dwunastej.
Student b:	Oni kładą się o dwunastej.

1. Kładę się o dwunastej.
   - a. On kładzie się o dwunastej.
   - b. Oni kładą się o dwunastej.

2. Mogę to zrobić.
   - a. On może to zrobić.
   - b. Oni mogą to zrobić.

3. Przyniosę to panu.
   - a. On przyniesie to panu.
   - b. Oni przyniosą to panu.

4. Idę do domu.
   - a. On idzie do domu.
   - b. Oni idą do domu.

5. Przywiozę dzieciom prezenty.
   - a. On przywiezie dzieciom prezenty.
   - b. Oni przywiozą dzieciom prezenty.

6. Pojadę do Warszawy.
   - a. On pojedzie do Warszawy.
   - b. Oni pojadą do Warszawy.

7. Siądę do stołu o siódmej.
   - a. On siądzie do stołu o siódmej.
   - b. Oni siądą do stołu o siódmej.

8. Pomogę Wandzie.
   - a. On pomoże Wandzie.
   - b. Oni pomogą Wandzie.

B. Drill for the infinitive of consonantal verbs.

| Tutor: | Pomogę panu Karolowi. |
| Student: | Muszę pomóc panu Karolowi. |

1. Pomogę panu Karolowi.   Muszę pomóc panu Karolowi.

2. Przyniosę książki do domu.   Muszę przynieść książki do domu.

3. Pojadę po Zosię.   Muszę pojechać po Zosię.

4. Przyjdę wcześnie.   Muszę przyjść wcześnie.

5. Siądę koło okna.   Muszę siąść koło okna.

6. Kładę się wcześnie.   Muszę położyć się wcześnie.

7. Przywiozę żonę.   Muszę przywieźć żonę.

8. Już idę.   Muszę już iść.

C. Drill for the past-tense forms of consonantal verbs.

> Tutor: Karol przywiezie przyjaciół.
>
> Student: Karol przywiózł przyjaciół.

1. Karol przywiezie przyjaciół.   Karol przywiózł przyjaciół.

2. Marta przywiezie znajomych.   Marta przywiozła znajomych.

3. Zielińscy przywiozą Wilczków.   Zielińscy przywieźli Wilczków.

4. Jurek przyniesie wódkę.   Jurek przyniósł wódkę.

5. Wanda przyniesie papierosy.   Wanda przyniosła papierosy.

6. Wilczkowie przyniosą wino.   Wilczkowie przynieśli wino.

7. Bodgan siądzie obok Joanny.   Bogdan siadł obok Joanny.

8. Joanna siądzie obok Bogdana.   Joanna siadła obok Bogdana.

9. Zielińscy siądą obok siebie.   Zielińscy siedli obok siebie.

10. Leon pomoże Alinie.   Leon pomógł Alinie.

11. Alina pomoże Leonowi.   Alina pomogła Leonowi.

12. Oni pomogą sobie.   Oni pomogli sobie.

13. Jan wyjdzie o ósmej.   Jan wyszedł o ósmej.

14. Zosia wyjdzie o dziewiątej.   Zosia wyszła o dziewiątej.

15. Chełmiccy wyjdą o dziesiątej.   Chełmiccy wyszli o dziesiątej.

16. Tadek przyjedzie wcześnie.   Tadek przyjechał wcześnie.

17. Maria przyjedzie późno.   Maria przyjechała późno.

18. Morganowie nie przyjadą.   Morganowie nie przyjechali.

19. Michał nic nie je.   Michał nic nie jadł.

20. Krysia dużo nie je.   Krysia dużo nie jadła.

21. Dzieci mało jedzą.   Dzieci mało jadły.

22. Zdzisław kładzie się o   Zdzisław kładł się o dwunastej.
    dwunastej.

23. Jego żona też kładzie się o   Jego żona też kładła się o dwunastej.
    dwunastej.

24. Oni kładą się o dwunastej.   Oni kładli się o dwunastej.

D.   Drill for the masculine, feminine and virile, nonvirile past-tense forms of
     iść and its compounds.

> Tutor: Przyjdę wcześnie.
>
> Student a: Przyszedłem wcześnie.
>
> Student b: Przyszłam wcześnie.

1. Przyjdę wcześnie.   a. Przyszedłem wcześnie.
                                         b. Przyszłam wcześnie.

2. Przyjdziemy wcześnie.   a. Przyszliśmy wcześnie.
                                         b. Przyszłyśmy wcześnie.

3. Kiedy pójdziesz?   a. Kiedy poszedłeś?
                                         b. Kiedy poszłaś?

4. Kiedy pójdziecie?   a. Kiedy poszliście?
                                         b. Kiedy poszłyście?

5. Wyjdę o pierwszej.   a. Wyszedłem o pierwszej.
                                         b. Wyszłam o pierwszej.

6. Wyjdziemy o pierwszej.   a. Wyszliśmy o pierwszej.
                                         b. Wyszłyśmy o pierwszej.

7. Dokąd on idzie?   a. Dokąd on szedł?
                                         b. Dokąd ona szła?

8. Dokąd oni idą?   a. Dokąd oni szli?
                                         b. Dokąd one szły?

E.   Drill for the nondetermined verb _chodzić_ 'go (x).'

> Tutor: Idę na basen.
>
> Student: Chodzę często na basen.

1. Idę na basen.   Chodzę często na basen.

2. Idziesz na plażę?   Chodzisz często na plażę?

3. On idzie do kina.   On chodzi często do kina.

4. Idziemy na pływalnię.   Chodzimy często na pływalnię.

5. Idziecie do kościoła?   Chodzicie często do kościoła?

6. Oni idą do teatru.   Oni chodzą często do teatru.

7. Szedłem z biura.   Chodziłem często z biura.

8. On szedł na pocztę.   On chodził często na pocztę.

9. Ona szła do sklepu.   Ona chodziła często do sklepu.

10. Oni szli na łyżwy.   Oni chodzili często na łyżwy.

F.   Drill for the nondetermined verb jeździć 'go (o=o).'

> Tutor: Jadę na wieś.
> Student: Jeżdżę nieraz na wieś.

1. Jadę na wieś.   Jeżdżę nieraz na wieś.

2. Jedziesz samochodem?   Jeździsz nieraz samochodem.

3. On jedzie za granicę.   On jeździ nieraz za granicę.

4. Jedziemy w góry.   Jeździmy nieraz w góry.

5. Jedziecie nad morze?   Jeździcie nieraz nad morze.

6. Oni jadą do rodziców.   Oni jeżdżą nieraz do rodziców.

7. Jechałem do Francji.   Jeździłem nieraz do Francji.

8. On jechał pociągiem.   On jeździł nieraz pociągiem.

9. Ona jechała taksówką.   Ona jeździła nieraz taksówką.

10. Oni jechali do parku.   Oni jeździli nieraz do parku.

G.   Drill for the nondetermined verb latać 'fly.'

> Tutor: Lecę do Warszawy.
> Student: Dużo latam.

1. Lecę do Warszawy.   Dużo latam.

2. Lecisz do Warszawy?   Dużo latasz?

3. On leci do Warszawy.   On dużo lata.

4. Lecimy do Warszawy.   Dużo latamy.

5. Lecicie do Warszawy?   Dużo latacie?

6. Oni lecą do Warszawy.   Oni dużo latają.

7. Leciałem do Warszawy.   Dużo latałem.

8. On leciał do Warszawy.   On dużo latał.

9. Ona leciała do Warszawy.   Ona dużo latała.

10. Oni lecieli do Warszawy.   Oni dużo latali.

H.   Drill for the nondetermined verb pływać 'swim.'

> Tutor: Płynę na drugi brzeg.
> Student: Dobrze pływam.

1. Płynę na drugi brzeg.   Dobrze pływam.

2. Płyniesz na drugi brzeg?   Dobrze pływasz?

3. On płynie na drugi brzeg.   On dobrze pływa.

4. Płyniemy na drugi brzeg.   Dobrze pływamy.

5. Płyniecie na drugi brzeg?   Dobrze pływacie?

6. Oni płyną na drugi brzeg.   Oni dobrze pływają.

7. Płynąłem na drugi brzeg.   Dobrze pływałem.

8. On płynął na drugi brzeg.   Dobrze pływał.

9. Ona płynęła na drugi brzeg.   Dobrze pływała.

10. Oni płynęli na drugi brzeg.   Dobrze pływali.

I.   Drill for the nondetermined verb <u>nosić</u> 'carry.'

> Tutor: Niosę jej rzeczy.
>
> Student: Zawsze noszę jej rzeczy.

1. Niosę jej rzeczy.   Zawsze noszę jej rzeczy.

2. Niesiesz jej rzeczy?   Zawsze nosisz jej rzeczy?

3. On niesie jej rzeczy.   On zawsze nosi jej rzeczy.

4. Niesiemy jej rzeczy.   Zawsze nosimy jej rzeczy.

5. Niesiecie jej rzeczy?   Zawsze nosicie jej rzeczy?

6. Oni niosą jej rzeczy.   Oni zawsze noszą jej rzeczy.

7. Niosłem jej rzeczy.   Zawsze nosiłem jej rzeczy.

8. On niósł jej rzeczy.   On zawsze nosił jej rzeczy.

9. Ona niosła jej rzeczy.   Ona zawsze nosiła jej rzeczy.

10. Oni nieśli jej rzeczy.   Oni zawsze nosili jej rzeczy.

J.   Drill for the nondetermined verb <u>wozić</u> 'transport.'

> Tutor: Wiozę psa w samochodzie.
>
> Student: Nigdy nie wożę psów w samochodzie.

1. Wiozę psa w samochodzie.   Nigdy nie wożę psów w samochodzie.

2. Wieziesz psa w samochodzie?   Nigdy nie wozisz psów w samochodzie?

3. On wiezie psa w samochodzie.   On nigdy nie wozi psów w samochodzie.

4. Wieziemy psa w samochodzie.   Nigdy nie wozimy psów w samochodzie.

5. Wieziecie psa w samochodzie?   Nigdy nie wozicie psów w samochodzie?

6. Wiozą psa w samochodzie.   Oni nigdy nie wożą psów w samochodzie.

7. Wiozłem psa w samochodzie.   Nigdy nie woziłem psów w samochodzie.

8. On wiózł psa w samochodzie.   On nigdy nie woził psów w samochodzie.

9. Ona wiozła psa w samochodzie.   Ona nigdy nie woziła psów w samochodzie.

10. Oni wieźli psa w samochodzie.   Oni nigdy nie wozili psów w samochodzie.

K.   Drill for the perfective form of <u>iść</u> 'go (x).'

Tutor: Idę do kina.
Student: Pójdę do kina.

1. Idę do kina.   Pójdę do kina.

2. Idziesz do kina?   Pójdziesz do kina?

3. Kto idzie do kina?   Kto pójdzie do kina?

4. Idziemy do kina.   Pójdziemy do kina.

5. Idziecie do kina?   Pójdziecie do kina?

6. Idą państwo do kina?   Pójdą państwo do kina?

7. Szedłem do kina.   Poszedłem do kina.

8. Szłam do kina.   Poszłam do kina.

9. Szliśmy do kina.   Poszliśmy do kina.

10. Dokąd on szedł?   Dokąd on poszedł?

L.   Drill for the perfective form of <u>jechać</u> 'go (o=o).'

Tutor: Jadę po Wandę.
Student: Pojadę po Wandę.

1. Jadę po Wandę.   Pojadę po Wandę.

2. Jedziesz po Wandę?   Pojedziesz po Wandę?

3. Kto jedzie po Wandę?   Kto pojedzie po Wandę?

4. Jedziemy po Wandę.   Pojedziemy po Wandę.

5. Jedziecie po Wandę?   Pojedziecie po Wandę?

6. Jadą państwo po Wandę?   Pojadą państwo po Wandę?

7. Jechałam po Wandę.   Pojechałam po Wandę.

8. Jechałem po Wandę.   Pojechałem po Wandę.

9. Jechaliśmy po Wandę.   Pojechaliśmy po Wandę.

10. Dokąd on jechał?   Dokąd on pojechał?

M. Drill for the perfective form of _lecieć_ 'fly' and _płynąć_ 'swim.'

> Tutor: Lecę do Paryża.
> Student: Polecę do Paryża.

1. Lecę do Paryża.   Polecę do Paryża.

2. On leci do Paryża.   On poleci do Paryża.

3. Lecimy do Paryża.   Polecimy do Paryża.

4. Oni lecą do Paryża.   Oni polecą do Paryża.

5. On leciał do Paryża.   On poleciał do Paryża.

6. Oni lecieli do Paryża.   Oni polecieli do Paryża.

7. Płynę na tamten brzeg.   Popłynę na tamten brzeg.

8. On płynie na tamten brzeg.   On popłynie na tamten brzeg.

9. Płyniemy na tamten brzeg.   Popłyniemy na tamten brzeg.

10. Oni płyną na tamten brzeg.   Oni popłyną na tamten brzeg.

11. On płynął na tamten brzeg.   On popłynął na tamten brzeg.

12. Oni płynęli na tamten brzeg.   Oni popłynęli na tamten brzeg.

N. Drill for the compound perfective and compound imperfective verbs of motion.

> Tutor: Wyjdę z domu o ósmej.
> Student: Wychodzę z domu o ósmej.

1. Wyjdę z domu o ósmej.   Wychodzę z domu o ósmej.

2. Przyniosę coś dzieciom.   Przynoszę coś dzieciom.

3. Przyjadę o piątej.   Przyjeżdżam o piątej.

4. Przywiozę sąsiadów.   Przywożę sąsiadów.

5. Przyjdę wcześnie.   Przychodzę wcześnie.

6. Wyjadę późno.   Wyjeżdżam późno.

7. Samolot do Warszawy odleci   Samolot do Warszawy odlatuje w południe.
    w południe.

8. Pociąg do Berlina odejdzie   Pociąg do Berlina odchodzi rano.
    rano.

9. Karol wyjdzie przed śniadaniem.   Karol wychodzi przed śniadaniem.

10. Maria przyjedzie samochodem.   Maria przyjeżdża samochodem.

11. Jan odjedzie o czwartej po   Jan odjeżdża o czwartej po południu.
    południu.

12. Kto przyniesie gazetę?   Kto przynosi gazetę?

13. Kto przywiezie dzieci?   Kto przywozi dzieci?

14. Oni przyjdą tu.   Oni przychodzą tu.

O. Drill for the subjectless expressions <u>idzie</u> or <u>chodzi</u> o + acc.

> Tutor: O co pan pyta?
>
> Student a: O co panu idzie?
>
> Student b: O co panu chodzi?

1. O co pan pyta?   a. O co panu idzie?
                                 b. O co panu chodzi?

2. O nic nie pytam.   a. O nic mi nie idzie.
                                 b. O nic mi nie chodzi.

3. Pytam o pana.   a. Idzie mi o pana.
                                 b. Chodzi mi o pana.

4. Nie pytamy o to.   a. Nie idzie nam o to.
                                 b. Nie chodzi nam o to.

5. Czy państwo pytali o pieniądze? a. Czy państwu szło o pieniądze?
                                     b. Czy państwu chodziło o pieniądze.

6. Nikt o to nie pytał.   a. Nikomu o to nie szło.
                                 b. Nikomu o to nie chodziło.

P. Drill for the imperfective verbs <u>móc</u> 'be able' and <u>umieć</u> 'know how.'

> Tutor: Kto to potrafi zrobić?
>
> Student a: Kto to może zrobić?
>
> Student b: Kto to umie zrobić?

1. Kto to potrafi zrobić?   a. Kto to może zrobić?
                                 b. Kto to umie zrobić?

2. Nie potrafię tego napisać.   a. Nie mogę tego napisać.
                                 b. Nie umiem tego napisać.

3. Oni potrafią dużo wypić.   a. Oni mogą dużo wypić.
                                 b. Oni umieją dużo wypić.

4. On nie potrafił być sam.   a. On nie mógł być sam.
            b. On nie umiał być sam.

5. Ona potrafiła być miła.   a. Ona mogła być miła.
            b. Ona umiała być miła.

6. Nie potrafiłem tego opowiedzieć. a. Nie mogłem tego opowiedzieć.
            b. Nie umiałem tego opowiedzieć.

7. Oni potrafili dobrze zjeść.   a. Oni mogli dobrze zjeść.
            b. Oni umieli dobrze zjeść.

8. Czy potrafił mu pan to   a. Czy mógł mu pan to wytłumaczyć?
 wytłumaczyć?   b. Czy umiał mu pan to wytłumaczyć?

Q. Drill for tylko 'but' and zamiast 'instead.'

> Tutor: Nie jeżdżę samochodem; jeżdżę rowerem.
>
> Student a: Nie jeżdżę samochodem, tylko rowerem.
>
> Student b: Zamiast samochodem, jeżdżę rowerem.

1. Nie jeżdżę samochodem;   a. Nie jeżdżę samochodem, tylko rowerem.
 jeżdżę rowerem.   b. Zamiast samochodem, jeżdżę rowerem.

2. Nie słucham radia; słucham a. Nie słucham radia, tylko magnetofonu.
 magnetofonu.   b. Zamiast radia, słucham magnetofonu.

3. Nie dam jemu prezentu; dam a. Nie dam jemu prezentu, tylko jej.
 jej prezent.   b. Zamiast jemu dać prezent, dam jej.

4. Nie powiem o tym Wandzie; a. Nie powiem o tym Wandzie, tylko
 powiem o tym Jurkowi.   Jurkowi.
            b. Zamiast Wandzie, powiem o tym
             Jurkowi.

5. Nie polecę do Paryża; polecę a. Nie polecę do Paryża, tylko do Londynu.
 do Londynu.   b. Zamiast do Paryża, polecę do Londynu.

6. Nie przywiozę wódki; przywiozę a. Nie przywiozę wódki, tylko wino.
 wino.   b. Zamiast wódki, przywiozę wino.

7. Nie przyjdę o pierwszej;   a. Nie przyjdę o pierwszej, tylko o drugiej.
 przyjdę o drugiej.   b. Zamiast o pierwszej, przyjdę o drugiej.

8. Nie palę papierosów; palę   a. Nie palę papierosów, tylko fajkę.
 fajkę.   b. Zamiast papierosów, palę fajkę.

R. Drill for zanim 'before.'

> Tutor: Przyjdę przed profesorem.
>
> Student: Przyjdę zanim przyjdzie profesor.

1. Przyjdę przed profesorem.   Przyjdę zanim przyjdzie profesor.

2. Obudzę się przed Jurkiem.   Obudzę się zanim obudzi się Jurek.

3. Zasnę przed Wandą.   Zasnę zanim Wanda zaśnie.

4. Będę gotów przed nim.   Będę gotów zanim on będzie gotów.

5. Wyjadę przed nią.   Wyjadę zanim ona wyjedzie.

6. Wrócę przed wami.   Wrócę zanim wy wrócicie.

7. Skończę przed tobą.   Skończę zanim ty skończysz.

8. Zacznę przed nimi.   Zacznę zanim oni zaczną.

S.   Drill for dopóki 'while, as long as.'

> Tutor: Jak długo jest pogoda, trzeba z niej korzystać.
>
> Student: Dopóki jest pogoda, trzeba z niej korzystać.

1. Jak długo jest pogoda, trzeba   Dopóki jest pogoda, trzeba z niej
   z niej korzystać.   korzystać.

2. Będę tu jak długo pan mi   Będę tu dopóki pan mi pozwoli.
   pozwoli.

3. Będę tu mieszkał jak długo   Będę tu mieszkał dopóki będę chodził
   będę chodził na uniwersytet.   na uniwersytet.

4. Zostanę nad morzem jak   Zostanę nad morzem dopóki będzie
   długo będzie ciepło.   ciepło.

5. Nie mogę wyjechać jak długo   Nie mogę wyjechać dopóki żona jest
   żona jest chora.   chora.

6. Będę czekał na ciebie, jak   Będę czekał na ciebie, dopóki będę miał
   długo będę miał czas.   czas.

T.   Drill for aż 'till' and dopóki nie 'until.'

> Tutor: Poczekam; on wróci.
>
> Student a: Poczekam aż on wróci.
>
> Student b: Poczekam dopóki on nie wróci.

1. Poczekam; on wróci.   a. Poczekam aż on wróci.
                                        b. Poczekam dopóki on nie wróci.

2. Będę się uczył; nauczę się.   a. Będę się uczył, aż się nauczę.
                                        b. Będę się uczył dopóki się nie nauczę.

3. Nie wyjdę z domu; będzie   a. Nie wyjdę z domu aż będzie słońce.
   słońce.   b. Nie wyjdę z domu dopóki nie będzie
                                           słońca.

4. Będziemy grać w tenisa;
   zrobi się ciemno.

    a. Będziemy grać w tenisa, aż się zrobi
   ciemno.

    b. Będziemy grać w tenisa dopóki nie
   zrobi się ciemno.

5. Nie pojadę do Polski; nauczę
   się po polsku.

    a. Nie pojadę do Polski aż nauczę się po
   polsku.

    b. Nie pojadę do Polski dopóki nie nauczę
   się po polsku.

6. Nie kupię sobie samochodu;
   będę więcej zarabiał.

    a. Nie kupię sobie samochodu aż będę
   więcej zarabiał.

    b. Nie kupię sobie samochodu dopóki nie
   będę więcej zarabiał.

U. Drill for telling time on formal occasions (A.M.)

> Tutor: Za dwadzieścia dwunasta.
> Student: Jedenasta czterdzieści.

1. Za dwadzieścia dwunasta.   Jedenasta czterdzieści.

2. Piętnaście po piątej.   Piąta piętnaście.

3. O kwadrans na dziewiątą.   O ósmej piętnaście.

4. O dziesięć po drugiej.   O drugiej dziesięć.

5. O wpół do pierwszej.   O dwunastej trzydzieści.

6. Za pięć czwarta.   Trzecia pięćdziesiąt pięć.

7. Osiem po trzeciej.   Trzecia zero osiem.

8. Za kwadrans druga.   Pierwsza czterdzieści pięć.

V. Drill for telling time on formal occasions (P.M.)

> Tutor: Za dwadzieścia siódma.
> Student: Osiemnasta czterdzieści.

1. Za dwadzieścia siódma.   Osiemnasta czterdzieści.

2. Piętnaście po piątej.   Siedemnasta piętnaście.

3. O kwadrans na szóstą.   O siedemnastej piętnaście.

4. O wpół do drugiej.   O trzynastej trzydzieści.

5. Za pięć trzecia.   Czternasta pięćdziesiąt pięć.

6. Osiem po czwartej.   Szesnasta osiem.

7. O dziesięć po drugiej.   Czternasta dziesięć.

8. Za kwadrans szósta.   Siedemnasta czterdzieści pięć.

ĆWICZENIA   DRILLS

A. Drill for the verbs of motion with the preverb przy-.

> Tutor: Stefan; do Marka na kolację
> Student: Stefan przyszedł do Marka na kolację.

1. Stefan; do Marka na kolację   Stefan przyszedł do Marka na kolację.

2. Joanna; do Kowalskich na   Joanna przyszła do Kowalskich na obiad.
    obiad

3. Zielińscy; do Brownów na   Zielińscy przyszli do Brownów na kawę.
    kawę

4. Tomek; do Zosi o ósmej   Tomek przyszedł do Zosi o ósmej.

5. Marta i Teresa; do nas o   Marta i Teresa przyszły do nas o
    trzeciej   trzeciej.

> Tutor: Janek; po Irenę o piątej
> Student: Janek przyjechał po Irenę o piątej.

6. Janek; po Irenę o piątej   Janek przyjechał po Irenę o piątej.

7. Karol; po siostrę wieczorem   Karol przyjechał po siostrę wieczorem.

8. Kowalikowie; do Gdyni wczoraj   Kowalikowie przyjechali do Gdyni
                                       wczoraj.

9. Alina; do Nowego Jorku w   Alina przyjechała do Nowego Jorku w
    zimie   zimie.

10. Danka i Hela; do Polski w   Danka i Hela przyjechały do Polski w
    grudniu   grudniu.

B. Drill for the verbs of motion with the preverb od-.

> Tutor: chłopiec; od stołu
> Student: Chłopiec odszedł od stołu.

1. chłopiec; od stołu   Chłopiec odszedł od stołu.

2. Maria; od stoiska z parasolami   Maria odeszła od stoiska z parasolami.

3. dziecko; od domu   Dziecko odeszło od domu.

4. Kowalscy; od swojego samochodu Kowalscy odeszli od swojego samochodu.

5. obie dziewczyny; od okna   Obie dziewczyny odeszły od okna.

> Tutor: autobus; z przystanku.
>
> Student: Autobus odjechał z przystanku.

6. autobus; z przystanku   Autobus odjechał z przystanku.

7. wszystkie pociągi; przed   Wszystkie pociągi odjechały przed
   południem   południem.

8. chłopcy; samochodem Ryśka   Chłopcy odjechali samochodem Ryśka.

9. Halina i Basia; godzinę temu   Halina i Basia odjechały godzinę temu.

10. Wanda; z dworca taksówką   Wanda odjechała z dworca taksówką.

C. Drill for the verbs of motion with the preverb roz-.

> Tutor: studenci; po Warszawie
>
> Student: Studenci rozejdą się po Warszawie.

1. studenci; po Warszawie   Studenci rozejdą się po Warszawie.

2. plotki; po mieście   Plotki rozejdą się po mieście.

3. dzieci; po lesie   Dzieci rozejdą się po lesie.

4. przechodnie; po chwili   Przechodnie rozejdą się po chwili.

5. wycieczka; po muzeum   Wycieczka rozejdzie się po muzeum.

> Tutor: znajomi; po całej Europie
>
> Student: Znajomi rozjadą się po całej Europie.

6. znajomi; po całej Europie   Znajomi rozjadą się po całej Europie.

7. dziennikarze; po Polsce   Dziennikarze rozjadą się po Polsce.

8. uczennice; do domów   Uczennice rozjadą się do domów.

9. jego synowie; po świecie   Jego synowie rozjadą się po świecie.

10. wszyscy; do pracy   Wszyscy rozjadą się do pracy.

D.   Drill for the verbs of motion with the preverb <u>do</u>-.

> Tutor: Ewa; do dworca
>
> Student: Ewa doszła do dworca.

1. Ewa; do dworca   Ewa doszła do dworca.

2. Edward; do tego wniosku   Edward doszedł do tego wniosku.

3. Leon i Anna; do samego   Leon i Anna doszli do samego końca
   końca ulicy   ulicy.

4. Krysia; do samego brzegu   Krysia doszła do samego brzegu.

5. Elżbieta i Olga; do stacji   Elżbieta i Olga doszły do stacji.

> Tutor: Karol; do uniwersytetu tramwajem
>
> Student: Karol dojechał do Uniwersytetu tramwajem.

6. Karol; do uniwersytetu   Karol dojechał do uniwersytetu tramwajem.
   tramwajem

7. my; ledwie do domu   Dojechaliśmy ledwie do domu.

8. Tomek i Marek; do lasu i   Tomek i Marek dojechali do lasu i
   zatrzymali się   zatrzymali się.

9. Irena; do muzeum autobusem   Irena dojechała do muzeum autobusem.

10. Maria i Wanda; do jeziora   Maria i Wanda dojechały do jeziora
    rowerami   rowerami.

E.   Drill for the verbs of motion with the preverb <u>z</u>-.

> Tutor: moi koledzy; w tej kawiarni w piątki
>
> Student: Moi koledzy schodzą się w tej kawiarni w piątki.

1. moi koledzy; w tej kawiarni   Moi koledzy schodzą się w tej kawiarni
   w piątki   w piątki.

2. sąsiedzi; u Chełmickich   Sąsiedzi schodzą się u Chełmickich.

3. studentki prawa; w tym   Studentki prawa schodzą się w tym
   klubie w soboty   klubie w soboty.

4. wszyscy; tu wieczorami   Wszyscy schodzą się tu wieczorami.

5. nasza rodzina; przy obiedzie   Nasza rodzina schodzi się przy obiedzie.

> Tutor: na mecz; ludzie z całej Polski
> Student: Na mecz zjeżdżają się ludzie z całej Polski.

6. na mecz; ludzie z całej   Na mecz zjeżdżają się ludzie z całej
   Polski   Polski.

7. rodzina Lednickich; z całego   Rodzina Lednickich zjeżdża się z całego
   świata   świata.

8. jego synowie; co roku   Jego synowie zjeżdżają się co roku.

9. lekarze; na zjazd co dwa lata Lekarze zjeżdżają się na zjazd co dwa
                                  lata.

10. (my); w naszej szkole co   Zjeżdżamy się w naszej szkole co pięć
    pięć lat   lat.

F.   Drill for the verbs of motion with the preverb w-.

> Tutor: Andrzej; do środka
> Student: Andrzej wszedł do środka.

1. Andrzej; do środka   Andrzej wszedł do środka.

2. Barbara; do pokoju   Barbara weszła do pokoju.

3. Adam i Jurek; do sklepu   Adam i Jurek weszli do sklepu.

4. Ewa i Marta; do biblioteki   Ewa i Marta weszły do biblioteki.

5. pies; do łazienki   Pies wszedł do łazienki.

> Tutor: samochód; do garażu
> Student: Samochód wjechał do garażu.

6. samochód; do garażu   Samochód wjechał do garażu.

7. Kasia; rowerem do bramy   Kasia wjechała rowerem do bramy.

8. o szóstej pociąg; na stację   O szóstej pociąg wjechał na stację.

9. pod koniec dnia (my); do   Pod koniec dnia wjechaliśmy do miasta.
   miasta

10. Stefan; do parku   Stefan wjechał do parku.

G.   Drill for the verbs of motion with the preverb wy-.

> Tutor: uczniowie; ze szkoły
> Student: Uczniowie wychodzą ze szkoły.

1. uczniowie; ze szkoły   Uczniowie wychodzą ze szkoły.

2. Leśkiewiczowie; z mieszkania   Leśkiewiczowie wychodzą z mieszkania.

3. Joanna; ze sklepu z futrami   Joanna wychodzi ze sklepu z futrami.

4. ja; właśnie z domu   Wychodzę właśnie z domu.

5. Ewa i Marta; z biblioteki   Ewa i Marta wychodzą z biblioteki.

Tutor: Zielińscy; z Krakowa

Student: Zielińscy wyjeżdżają z Krakowa.

---

6. Zielińscy; z Krakowa   Zielińscy wyjeżdżają z Krakowa.

7. wiele dzieci; z Warszawy nad   Wiele dzieci wyjeżdża z Warszawy nad
   morze   morze.

8. Pani Wanda; z Polski   Pani Wanda wyjeżdża z Polski.

9. Staszek i Krysia; z Nowego   Staszek i Krysia wyjeżdżają z Nowego
   Jorku   Jorku.

10. Marek; z garażu   Marek wyjeżdża z garażu.

H.   Drill for the verbs of motion with the preverb za-.

Tutor: po drodze do domu ja: na pocztę

Student: Po drodze do domu zaszedłem na pocztę.

---

1. po drodze do domu ja; na   Po drodze do domu zaszedłem na pocztę.
   pocztę

2. po drodze na wykłady Rysiek;   Po drodze na wykłady Rysiek zaszedł po
   po Janka   Janka.

3. po drodze do kina Danka i   Po drodze do kina Danka i Olga zaszły
   Olga; do kawiarni   do kawiarni.

4. po drodze do Ireny Jacek;   Po drodze do Ireny Jacek zaszedł po
   po ciastka   ciastka.

5. po drodze na mecz Tadek i   Po drodze na mecz Tadek i Olek zaszli
   Olek; na lody   na lody.

Tutor: po drodze do Szczecina my; do Poznania na obiad

Student: Po drodze do Szczecina zajechaliśmy do Poznania na obiad.

---

6. po drodze do Szczecina my;   Po drodze do Szczecina zajechaliśmy do
   do Poznania na obiad   Poznania na obiad.

7. w Warszawie Kwiatkowscy;   W Warszawie Kwiatkowscy zajechali do
   do hotelu   hotelu.

8. po drodze do teatru Julek;   Po drodze do teatru Julek zajechał po
   po Teresę   Teresę.

9. po drodze nad jezioro pan   Po drodze nad jezioro pan Karol zajechał
   Karol; na godzinę do Jurka   na godzinę do Jurka.

10. po drodze do parku Maria i   Po drodze do parku Maria i Alina
    Alina; nad Wisłę   zajechały nad Wisłę.

I.   Drill for the verbs of motion with the preverb pod-.

> Tutor: Zosia; do telewizora
>
> Student: Zosia podeszła do telewizora.

1. Zosia; do telewizora   Zosia podeszła do telewizora.

2. profesor; do mapy   Profesor podszedł do mapy.

3. obaj chłopcy; do tablicy   Obaj chłopcy podeszli do tablicy.

4. kilka osób; do przystanku   Kilka osób podeszło do przystanku.

5. jakiś przechodzień; do mnie   Jakiś przechodzień podszedł do mnie.

> Tutor: tramwaj; do przystanku
>
> Student: Tramwaj podjechał do przystanku.

6. tramwaj; do przystanku   Tramwaj podjechał do przystanku.

7. taksówki; do stacji po kolei   Taksówki podjechały do stacji po kolei.

8. ja; rowerem do jeziora   Podjechałem rowerem do jeziora.

9. Matysiakowie właśnie; pod   Matysiakowie właśnie podjechali pod
   nasz dom   nasz dom.

10. Władek; pod teatr autobusem   Władek podjechał pod teatr autobusem.

J.   Drill for the verbs of motion with the preverb w-.

> Tutor: Marysia; na drugie piętro.
>
> Student: Marysia weszła na drugie piętro.

1. Marysia; na drugie piętro   Marysia weszła na drugie piętro.

2. kot; na łóżko   Kot wszedł na łóżko.

3. Chełmiccy; na górę   Chełmiccy weszli na górę.

4. Janusz; na drzewo   Janusz wszedł na drzewo.

5. Pani Wanda; na piąte piętro   Pani Wanda weszła na piąte piętro.

> Tutor: pociąg; na dworzec o drugiej
>
> Student: Pociąg wjechał na dworzec o drugiej.

6. pociąg; na dworzec o drugiej   Pociąg wjechał na dworzec o drugiej.

7. Jurek i Basia; windą na   Jurek i Basia wjechali windą na szóste
    szóste piętro   piętro.

8. dzieci; na samą górę   Dzieci wjechały na samą górę.

9. Tomek; rowerem na chodnik   Tomek wjechał rowerem na chodnik.

10. samochód; na most   Samochód wjechał na most.

K.   Drill for the verbs of motion with the preverb z-.

> Tutor: Ludwik i Jacek; na dół
>
> Student: Ludwik i Jacek schodzą na dół.

1. Ludwik i Jacek; na dół   Ludwik i Jacek schodzą na dół.

2. obie dziewczyny; na parter   Obie dziewczyny schodzą na parter.

3. Maria; z góry   Maria schodzi z góry.

4. marynarze; ze statku   Marynarze schodzą ze statku.

5. Piotruś; z drzewa   Piotruś schodzi z drzewa.

> Tutor: Marta i Ewa; z góry na nartach
>
> Student: Marta i Ewa zjeżdżają z góry na nartach.

6. Marta i Ewa; z góry na   Marta i Ewa zjeżdżają z góry na nartach.
    nartach

7. winda; na dół   Winda zjeżdża na dół.

8. Witek i Adela; z piątego   Witek i Adela zjeżdżają z piątego piętra.
    piętra

9. Olek; z szosy w prawo   Olek zjeżdża z szosy w prawo.

10. (ja) nigdy; z pierwszego   Nigdy nie zjeżdżam z pierwszego piętra
    piętra windą.   windą.

L.   Drill for the verbs of motion with the preverb na-.

> Tutor: autobus; na psa
>
> Student: Autobus najechał na psa.

1. autobus; na psa	Autobus najechał na psa.
2. Elżbieta; na gwóźdź	Elżbieta najechała na gwóźdź.
3. tramwaj; na samochód	Tramwaj najechał na samochód.
4. Jadzia; mi na nogę	Jadzia najechała mi na nogę.
5. Wilczkowie; na kota	Wilczkowie najechali na kota.

M.   Drill for the verbs of motion with the preverb ob-.

> Tutor: żołnierze; koszary
>
> Student: Żołnierze obeszli koszary.

1. żołnierze; koszary	Żołnierze obeszli koszary.
2. policja; budynki	Policja obeszła budynki.
3. Karol; garaż	Karol obszedł garaż.
4. chłopcy; las	Chłopcy obeszli las.
5. Zosia i Halina; park	Zosia i Halina obeszły park.

> Tutor: Morganowie; miasto
>
> Student: Morganowie objechali miasto.

0. Morganowie; miasto	Morganowie objechali miasto.
7. my; tę wieś z daleka	Objechaliśmy tę wieś z daleka.
8. Leon i Marek; całą Europę	Leon i Marek objechali całą Europę.
9. te studentki; prawie cały świat.	Te studentki objechały prawie cały świat.
10. Jacek; plac	Jacek objechał plac.

N.   Drill for the verbs of motion with the preverb prze-.

> Tutor: Maria codziennie; obok tej kawiarni
>
> Student: Maria codziennie przechodzi obok tej kawiarni.

1. Maria codziennie; obok tej kawiarni

    Maria codziennie przechodzi obok tej kawiarni.

2. po drodze do domu ja; przez park

    Po drodze do domu przechodzę przez park.

3. w tym miejscu ona zawsze; na drugą stronę ulicy

    W tym miejscu ona zawsze przechodzi na drugą stronę ulicy.

4. latem tłumy ludzi; tą ulicą

    Latem tłumy ludzi przechodzą tą ulicą.

5. Rysiek często; obok tej księgarni

    Rysiek często przechodzi obok tej księgarni.

Tutor: Pan Jan codziennie; obok klubu ‚Wisła’

Student: Pan Jan codziennie przejeżdża obok klubu ‚Wisła.’

---

6. Pan Jan codziennie; obok klubu ‚Wisła’

    Pan Jan codziennie przejeżdża obok klubu ‚Wisła.’

7. autobus; tą drogą o ósmej

    Autobus przejeżdża tą drogą o ósmej.

8. Piotr często; koło mojego domu

    Piotr często przejeżdża koło mojego domu.

9. tramwaj; przez miasto w dwie godziny

    Tramwaj przejeżdża przez miasto w dwie godziny.

10. zimą samochody nie; tędy

    Zimą samochody nie przejeżdżają tędy.

O. Drill for compounds of iść (perfective, 3 sg. masc. past).

Tutor: Jan; z drugiego piętra.

Student: Jan zszedł z drugiego piętra.

---

1. Jan; z drugiego piętra

    Jan zszedł z drugiego piętra.

2. Jan; na drugą stronę ulicy

    Jan przeszedł na drugą stronę ulicy.

3. Jan; z domu

    Jan wyszedł z domu.

4. Jan; pod pocztę

    Jan podszedł pod pocztę.

5. Jan; jezioro

    Jan obszedł jezioro.

6. Jan; do domu późno

    Jan przyszedł do domu późno.

7. Jan; do łazienki

    Jan wszedł do łazienki.

8. Jan; do tego wniosku

    Jan doszedł do tego wniosku.

9. Jan; od stoiska z parasolami

    Jan odszedł od stoiska z parasolami.

10. po drodze do teatru Jan; po Elżbietę

    Po drodze do teatru Jan zaszedł po Elżbietę.

P.   Drill for compounds of <u>jechać</u> (perfective, 3 sg. masc. past).

> Tutor: Karol; z garażu
>
> Student: Karol wyjechał z garażu.

1. Karol; z garażu   Karol wyjechał z garażu.

2. Karol; na chodnik   Karol wjechał na chodnik.

3. Karol; po żonę   Karol przyjechał po żonę.

4. Karol; na gwóźdź   Karol najechał na gwóźdź.

5. Karol; przez Paryż   Karol przejechał przez Paryż.

6. po drodze do domu Karol;   Po drodze do domu Karol zajechał do
    do Kowalskich na kawę   Kowalskich na kawę.

7. Karol; do parku i zatrzymał   Karol dojechał do parku i zatrzymał się.
    się

8. Karol; Poznań   Karol objechał Poznań.

9. Karol; pod mój dom o piątej   Karol podjechał pod mój dom o piątej.

10. Karol; na nartach   Karol zjechał na nartach.

Q.   Drill for compounds of <u>iść</u> (imperfective, 3 sg. pres.).

> Tutor: Jan; właśnie z domu
>
> Student: Jan wychodzi właśnie z domu.

1. Jan; właśnie z domu   Jan wychodzi właśnie z domu.

2. Jan; właśnie od telefonu   Jan odchodzi właśnie od telefonu.

3. Jan; właśnie do mieszkania   Jan wchodzi właśnie do mieszkania.

4. Jan; z drugiego piętra   Jan schodzi z drugiego piętra.

5. Jan; bibliotekę   Jan obchodzi bibliotekę.

6. Jan; codziennie pod jej okno   Jan podchodzi codziennie pod jej okno.

7. Jan; tędy codziennie   Jan przechodzi tędy codziennie.

8. Jan; do domu o piątej   Jan przychodzi do domu o piątej.

9. Jan; pieszo do pracy   Jan dochodzi pieszo do pracy.

10. Jan; właśnie na spacer   Jan wychodzi właśnie na spacer.

11. po drodze do domu Jan; tu   Po drodze do domu Jan zachodzi tu
    często na kawę   często na kawę.

R. Drill for compounds of <u>jechać</u> (imperfective, 3 sg. pres.).

> Tutor: Karol; z Krakowa
>
> Student: Karol wyjeżdża z Krakowa.

1. Karol; z Krakowa   Karol wyjeżdża z Krakowa.
2. Karol; już windą na dół   Karol zjeżdża już windą na dół.
3. Karol; do pracy autobusem   Karol dojeżdża do pracy autobusem.
4. Karol codziennie; obok tej   Karol codziennie przejeżdża obok tej
   biblioteki   biblioteki.
5. Karol; do garażu   Karol wjeżdża do garażu.
6. Karol; właśnie pod nasz dom   Karol podjeżdża właśnie pod nasz dom.
7. Karol; zawsze z tego   Karol odjeżdża zawsze z tego przystanku.
   przystanku
8. Karol często; do hotelu   Karol często zajeżdża do hotelu.

S. Drill for the expression <u>wyjść</u>/<u>wychodzić (za mąż) za</u> + acc.

> Tutor: Jan żeni się z Martą.
>
> Student: Marta wychodzi (za mąż) za Jana.

1. Jan żeni się z Martą.   Marta wychodzi (za mąż) za Jana.
2. Andrzej ożenił się z Zosią.   Zosia wyszła (za mąż) za Andrzeja.
3. Stefan nie żeni się z Julią.   Julia nie wychodzi (za mąż) za Stefana.
4. Tomek nie ożenił się z Ewą.   Ewa nie wyszła (za mąż) za Tomka.
5. Marian ożeni się z Heleną.   Helena wyjdzie (za mąż) za Mariana.
6. Jurek chce się ożenić z Zosią.   Zosia chce wyjść (za mąż) za Jurka.

T. Drill for the expression <u>pochodzić z</u> + gen.

> Tutor: Ten pan jest Polakiem.
>
> Student: On pochodzi z Polski.

1. Ten pan jest Polakiem.   On pochodzi z Polski.
2. Ten pan jest Francuzem.   On pochodzi z Francji.
3. Ta pani jest Niemką.   Ona pochodzi z Niemiec.
4. Ta pani jest Włoszką.   Ona pochodzi z Włoch.

5. Ci państwo są Szwedami.   Oni pochodzą ze Szwecji.

6. Te panie są Angielkami.   One pochodzą z Anglii.

7. Ci panowie są Amerykanami.   Oni pochodzą z Ameryki.

8. Ci państwo są Kanadyjczykami.   Oni pochodzą z Kanady.

U.   Drill for the verb dojeżdżać do 'commute to.'

> Tutor: Nie mieszkam w Łodzi.
> Student: Dojeżdżam do Łodzi.

1. Nie mieszkam w Łodzi.   Dojeżdżam do Łodzi.

2. Michał nie mieszka w Gdyni.   Michał dojeżdża do Gdyni.

3. Jadzia nie mieszka w   Jadzia dojeżdża do Warszawy.
   Warszawie.

4. Kowalscy nie mieszkają w   Kowalscy dojeżdżają do Opola.
   Opolu.

5. One nie mieszkają w   One dojeżdżają do Bydgoszczy.
   Bydgoszczy.

6. Nie mieszkamy w Krakowie.   Dojeżdżamy do Krakowa.

V.   Drill for the expressions interesować + acc. 'interest' and obchodzić +
     acc. 'concern.'

> Tutor: On się tym nie interesuje.
> Student a: Jego to nie interesuje.
> Student b: Jego to nie obchodzi.

1. On się tym nie interesuje.   a. Jego to nie interesuje.
                                    b. Jego to nie obchodzi.

2. Irena tym się interesuje.   a. Irenę to interesuje.
                                    b. Irenę to obchodzi.

3. Ty się tym nie interesujesz.   a. To cię nie interesuje.
                                    b. To cię nie obchodzi.

4. Ja się tym interesuję.   a. To mnie interesuje.
                                    b. To mnie obchodzi.

5. One się tym interesują.   a. To je interesuje.
                                    b. To je obchodzi.

6. Nie interesujemy się tym.   a. To nas nie interesuje.
                                    b. To nas nie obchodzi.

W. Drill for the vocalic form of preverbs ending in a consonant.

Tutor: zszedł

Student a: zejść

Student b: zeszli

1. zszedł   a. zejść
                                   b. zeszli

2. odszedł   a. odejść
                                   b. odeszli

3. wszedł   a. wejść
                                   b. weszli

4. rozszedł się   a. rozejść się
                                   b. rozeszli się

5. podszedł   a. podejść
                                   b. podeszli

6. obszedł   a. obejść
                                   b. obeszli

X. Drill for the consonantal verbs.

Tutor: Pójdę do fryzjera.

Student: Ostrzygę się.

1. Pójdę do fryzjera.   Ostrzygę się.

2. Poszedłem do fryzjera.   Ostrzygłem się.

3. On pójdzie do fryzjera.   On ostrzyże się.

4. Poszliśmy do fryzjera.   Ostrzygliśmy się.

5. Muszę pójść do fryzjera.   Muszę się ostrzyc.

Tutor: Pojadę autobusem.

Student: Wsiądę do autobusu.

6. Pojadę autobusem.   Wsiądę do autobusu.

7. Pojechałem autobusem.   Wsiadłem do autobusu.

8. On pojedzie autobusem.   On wsiądzie do autobusu.

9. Pojechaliśmy autobusem.   Wsiądziemy do autobusu.

10. Muszę pojechać autobusem.   Muszę wsiąść do autobusu.

Y.   Drill for the verbs in <u>Cn</u> and <u>Cm</u>.

> Tutor: Włożę buty.
> Student: Zdejmę buty.

1. Włożę buty.   Zdejmę buty.
2. Włożyłem buty.   Zdjąłem buty.
3. On włoży buty.   On zdejmie buty.
4. Włożyliśmy buty.   Zdjęliśmy buty.
5. Muszę włożyć buty.   Muszę zdjąć buty.

> Tutor: Uczeszę się.
> Student: Zetnę sobie włosy.

6. Uczeszę się.   Zetnę sobie włosy.
7. Uczesałam się.   Ścięłam sobie włosy.
8. Ona uczesze się.   Ona zetnie sobie włosy.
9. Uczesałyśmy się.   Ścięłyśmy sobie włosy.
10. Muszę się uczesać.   Muszę sobie ściąć włosy.

> Tutor: Kupię lekarstwo.
> Student: Wezmę lekarstwo.

11. Kupię lekarstwo.   Wezmę lekarstwo.
12. Kupiłem lekarstwo.   Wziąłem lekarstwo.
13. On kupi lekarstwo.   On weźmie lekarstwo.
14. Kupiliśmy lekarstwo.   Wzięliśmy lekarstwo.
15. Muszę kupić lekarstwo.   Muszę wziąć lekarstwo.

> Tutor: Skończę pracować.
> Student: Zacznę pracować.

16. Skończę pracować.   Zacznę pracować.
17. Skończyłem pracować.   Zacząłem pracować.
18. On skończy pracować.   On zacznie pracować.

19. Skończyliśmy pracować.   Zaczęliśmy pracować.

20. Muszę skończyć pracować.   Muszę zacząć pracować.

Z.   Drill for the indication of regular intervals.

Tutor: godzina
Student a: Co godzina.
Student b: Co godzinę.

1. godzina   a. Co godzina.
                                  b. Co godzinę.

2. niedziela   a. Co niedziela.
                                  b. Co niedzielę.

3. chwila   a. Co chwila.
                                  b. Co chwilę.

4. minuta   a. Co minuta.
                                  b. Co minutę.

5. mila   a. Co mila.
                                  b. Co milę.

6. środa   a. Co środa.
                                  b. Co środę.

7. rok   a. Co rok.
                                  b. Co roku.

8. wieczór   a. Co wieczór.
                                  b. Co wieczora.

ĆWICZENIA   DRILLS

A.   Drill for the singular imperative in -ǿ (Conjugation I).

> Tutor: Niech pan pisze do niego po polsku.
>
> Student: Pisz do niego po polsku.

1. Niech pan pisze do niego po   Pisz do niego po polsku.
   polsku.

2. Niech się pan ostrzyże.   Ostrzyż się.

3. Niech się pan uczesze.   Uczesz się.

4. Niech mu pan pomoże.   Pomóż mu.

5. Niech się pan przygotuje.   Przygotuj się.

6. Niech pan więcej pracuje.   Pracuj więcej.

7. Niech pan przyniesie trochę   Przynieś trochę wody.
   wody.

8. Niech pan tego nie pije.   Nie pij tego.

B.   Drill for the singular imperative in -ǿ (Conjugation II).

> Tutor: Niech pan otworzy okno.
>
> Student: Otwórz okno.

1. Niech pan otworzy okno.   Otwórz okno.

2. Niech pan się nie boi.   Nie bój się.

3. Niech pan to zrobi.   Zrób to.

4. Niech pan tu nie tańczy.   Nie tańcz tu.

5. Niech mu pan nie wierzy.   Nie wierz mu.

6. Niech pan tyle nie pali.   Nie pal tyle.

7. Niech pan kupi mu książkę.   Kup mu książkę.

8. Niech pan mówi po polsku.   Mów po polsku.

C.   Drill for the singular imperative in -ϕ (Conjugation III).

> Tutor: Niech pan tego nie czyta.
> Student: Nie czytaj tego.

1. Niech pan tego nie czyta.   Nie czytaj tego.
2. Niech pan tego nie otwiera.   Nie otwieraj tego.
3. Niech pan tu nie pływa.   Nie pływaj tu.
4. Niech pan tyle nie gra.   Nie graj tyle.
5. Niech pan zamyka okna.   Zamykaj okna.
6. Niech pan się go zapyta.   Zapytaj go.
7. Niech pan słucha.   Słuchaj.
8. Niech pan mi nie pomaga.   Nie pomagaj mi.

D.   Drill for the singular imperative in -yj/-ij.

> Tutor: Niech pani wytrze okulary.
> Student: Wytrzyj okulary.

1. Niech pani wytrze okulary.   Wytrzyj okulary.
2. Niech pani tyle nie śpi.   Nie śpij tyle.
3. Niech pani zacznie.   Zacznij.
4. Niech pani nie zapomni.   Nie zapomnij.
5. Niech pani przyrzeknie.   Przyrzeknij.
6. Niech pani zamknie drzwi.   Zamknij drzwi.
7. Niech pani zetnie sobie włosy.   Zetnij sobie włosy.
8. Niech pani pośle mu swoje   Poślij mu swoje zdjęcie.
   zdjęcie.

E.   Drill for the irregular imperatives.

> Tutor: Niech mi pan o tym opowie.
> Student: Opowiedz mi o tym.

1. Niech mi pan o tym opowie.   Opowiedz mi o tym.
2. Niech pan to zje.   Zjedz to.

3. Niech mi pan nie ma tego   Nie miej mi tego za złe.
   za złe.

4. Niech pan nie wstaje.   Nie wstawaj.

5. Niech pan to weźmie.   Weź to.

6. Niech mi pan odda pieniądze.   Oddaj mi pieniądze.

7. Niech pan to powie po polsku.   Powiedz to po polsku.

8. Niech pan tyle nie wydaje.   Nie wydawaj tyle.

F.   Drill for the proszę + infinitive and singular imperative expressions.

> Tutor: Niech pan wstanie.
>
> Student a: Proszę wstać.
>
> Student b: Wstań.

1. Niech pan wstanie.   a. Proszę wstać.
                                     b. Wstań.

2. Niech pan tego nie bierze.   a. Proszę tego nie brać.
                                     b. Nie bierz tego.

3. Niech pan zdejmie płaszcz.   a. Proszę zdjąć płaszcz.
                                     b. Zdejm płaszcz.

4. Niech pan tego nie je.   a. Proszę tego nie jeść.
                                     b. Nie jedz tego.

5. Niech pan tu tego nie kładzie.   a. Proszę nie kłaść tu tego.
                                     b. Nie kładź tu tego.

6. Niech pan tu będzie o piątej.   a. Proszę tu być o piątej.
                                     b. Bądź tu o piątej.

7. Niech pan wysiądzie koło   a. Proszę wysiąść koło poczty.
   poczty.   b. Wysiądź koło poczty.

8. Niech pan tu nie stoi.   a. Proszę tu nie stać.
                                     b. Nie stój tu.

9. Niech pan przyjdzie wcześnie.   a. Proszę przyjść wcześnie.
                                     b. Przyjdź wcześnie.

10. Niech pan pojedzie wieczorem.   a. Proszę pojechać wieczorem.
                                     b. Pojedź wieczorem.

G.   Drill for the imperfective aspect in negated commands.

> Tutor: Zjedz to.
>
> Student: Nie jedz tego.

1. Zjedz to.	Nie jedz tego.
2. Przeczytaj ten list.	Nie czytaj tego listu.
3. Kup mi gazetę.	Nie kupuj mi gazety.
4. Weź mnie pod rękę.	Nie bierz mnie pod rękę.
5. Daj mu wina.	Nie dawaj mu wina.
6. Skończ to.	Nie kończ tego.
7. Przejdź na drugą stronę.	Nie przechodź na drugą stronę.
8. Przyjedź do nas.	Nie przyjeżdżaj do nas.

H. Drill for the perfective aspect in nonnegated commands.

> Tutor: Nie zapraszaj go.
> Student: Zaproś go.

1. Nie zapraszaj go.	Zaproś go.
2. Nie zdejmuj płaszcza.	Zdejm płaszcz.
3. Nie gaś światła.	Zgaś światło.
4. Nie opowiadaj mi tego.	Opowiedz mi to.
5. Nie dzwoń do mnie.	Zadzwoń do mnie.
6. Nie budź mnie.	Obudź mnie.
7. Nie odprowadzaj mnie.	Odprowadź mnie.
8. Nie kładź się.	Połóż się.

I. Drill for the frequentative aspect (1st pers. sg.).

> Tutor: Zawsze go tu widzę.
> Student: Rzadko go tu widuję.

1. Zawsze go tu widzę.	Rzadko go tu widuję.
2. Zawsze czytam „Kulturę."	Rzadko czytuję „Kulturę."
3. Zawsze jem w restauracji.	Rzadko jadam w restauracji.
4. Zawsze piszę do rodziców.	Rzadko pisuję do rodziców.
5. Zawsze mam z nim kłopot.	Rzadko miewam z nim kłopot.
6. Zawsze gram z nim w tenisa.	Rzadko grywam z nim w tenisa.
7. Zawsze jestem wieczorem w domu.	Rzadko bywam wieczorem w domu.
8. Zawsze śpię po południu.	Rzadko sypiam po południu.

J. Drill for the frequentative aspect (3rd pers. sg.).

> Tutor: On stale czyta ‚Kulturę.'
>
> Student: On często czytuje ‚Kulturę.'

1. On stale czyta „Kulturę."   On często czytuje „Kulturę."

2. On stale je śniadanie w domu.   On często jada śniadanie w domu.

3. On stale tu jest.   On często tu bywa.

4. On stale gra w karty.   On często grywa w karty.

5. On stale ma bóle głowy.   On często miewa bóle głowy.

6. On się stale z nią widzi.   On się często z nią widuje.

7. On tu stale śpi.   On tu często sypia.

8. On stale pisze do mnie.   On często pisuje do mnie.

K. Drill for the verb forms expressing action habitually repeated and action sporadically repeated.

> Tutor: Teraz jem w restauracji.
>
> Student a: Zwykle jem w restauracji.
>
> Student b: Od czasu do czasu jadam w restauracji.

1. Teraz jem w restauracji.
   a. Zwykle jem w restauracji.
   b. Od czasu do czasu jadam w restauracji.

2. Teraz jadę na wieś.
   a. Zwykle jeżdżę na wieś.
   b. Od czasu do czasu jeżdżę na wieś.

3. Teraz piszę listy.
   a. Zwykle piszę listy.
   b. Od czasu do czasu pisuję listy.

4. Teraz czytam polskie gazety.
   a. Zwykle czytam polskie gazety.
   b. Od czasu do czasu czytuję polskie gazety.

5. Teraz idę do kina.
   a. Zwykle chodzę do kina.
   b. Od czasu do czasu chodzę do kina.

6. Teraz pracuję w domu.
   a. Zwykle pracuję w domu.
   b. Od czasu do czasu pracuję w domu.

7. Teraz mam bóle głowy.
   a. Zwykle mam bóle głowy.
   b. Od czasu do czasu miewam bóle głowy.

8. Teraz wychodzę o ósmej.
   a. Zwykle wychodzę o ósmej.
   b. Od czasu do czasu wychodzę o ósmej.

L.   Drill for the verbs in <u>Cr</u>.

> Tutor: Niech pan umyje ręce.
>
> Student: Niech pan wytrze ręce.

1. Niech pan umyje ręce.   Niech pan wytrze ręce.

2. Niech państwo umyją ręce.   Niech państwo wytrą ręce.

3. Umyłem ręce.   Wytarłem ręce.

4. Muszę umyć ręce.   Muszę wytrzeć ręce.

5. Umyj ręce.   Wytrzyj ręce.

6. Umyjemy ręce.   Wytrzemy ręce.

7. Umyliśmy ręce.   Wytarliśmy ręce.

8. Oni umyli ręce.   Oni wytarli ręce.

> Tutor: On jest chory.
>
> Student: On umrze.

9. On jest chory.   On umrze.

10. On był chory.   On umarł.

11. Oni są chorzy.   Oni umrą.

12. Ona była chora.   Ona umarła.

13. Nikt nie chce być chory.   Nikt nie chce umrzeć.

14. Oni byli chorzy.   Oni umarli.

M.   Drill for the demonstrative adverbs.

> Tutor: Kiedy to było?
>
> Student: To wtedy było.

1. Kiedy to było?   To wtedy było.

2. Gdzie on mieszkał?   On tam mieszkał.

3. Skąd idziesz?   Stamtąd idę.

4. Którędy jedziesz?   Tamtędy jadę.

5. Jak się to pisze?   Tak się to pisze.

N.   Drill for the indefinite particle -ś.

```
Tutor:    Kto tu jest?
Student:  Tu ktoś jest.
```

1. Kto tu jest?   Tu ktoś jest.
2. Gdzie on był?   On gdzieś był.
3. Komu on to dał?   On to komuś dał.
4. Kiedy on tu mieszkał?   On tu kiedyś mieszkał.
5. Na kogo on czeka?   On na kogoś czeka.
6. Z kim on mówi?   On z kimś mówi.
7. Czego on chce?   On czegoś chce.
8. O jakiej książce on mówił?   On mówił o jakiejś książce.
9. Co on opowiada?   On coś opowiada.
10. Skąd on go zna?   On go skądś zna.
11. Dokąd on pojechał?   On dokądś pojechał.
12. Czyje to jest pióro?   To jest czyjeś pióro.

O.   Drill for the indefinite particle -kolwiek.

```
Tutor:    Usiądź gdzieś.
Student:  Usiądź gdziekolwiek.
```

1. Usiądź gdzieś.   Usiądź gdziekolwiek.
2. Niech ktoś to zrobi.   Niech ktokolwiek to zrobi.
3. Daj to komuś.   Daj to komukolwiek.
4. Przyjdź kiedyś.   Przyjdź kiedykolwiek.
5. Daj mi coś do czytania.   Daj mi cokolwiek do czytania.
6. Idź z kimś na spacer.   Idź z kimkolwiek na spacer.
7. Napij się czegoś.   Napij się czegokolwiek.
8. Kup mu jakąś książkę.   Kup mu jakąkolwiek książkę.
9. Opowiedz mi o czymś.   Opowiedz mi o czymkolwiek.
10. Weź czyjeś rękawiczki.   Weź czyjekolwiek rękawiczki.

P.   Drill for the indefinite particle <u>bądź</u>.

> Tutor: Dajmy to komuś.
>
> Student: Dajmy to komu bądź.

1. Dajmy to komuś.   Dajmy to komu bądź.

2. Połóżmy to gdzieś.   Połóżmy to gdzie bądź.

3. Chodźmy do kogoś.   Chodźmy do kogo bądź.

4. Weź coś na kaszel.   Weź co bądź na kaszel.

5. Włóż jakiś kapelusz.   Włóż jaki bądź kapelusz.

6. Przyjdź do nas kiedyś.   Przyjdź do nas kiedy bądź.

7. Pożycz od kogoś pieniądze.   Pożycz od kogo bądź pieniądze.

8. Zajmij się czymś.   Zajmij się czym bądź.

R.   Drill for the indefinite particle <u>byle</u>.

> Tutor: On czegoś chce.
>
> Student: On byle czego nie chce.

1. On czegoś chce.   On byle czego nie chce.

2. On gdzieś będzie mieszkał.   On byle gdzie nie będzie mieszkał.

3. On o coś się gniewa.   On o byle co się nie gniewa.

4. Kto to zrobił?   Byle kto tego nie zrobił.

5. Jaki adwokat to napisze?   Byle jaki adwokat tego nie napisze.

6. On z kimś będzie o tym mówił.   On z byle kim nie będzie o tym mówił.

7. On komuś to da.   On byle komu tego nie da.

8. On czymś się interesuje.   On byle czym się nie interesuje.

S.   Drill for the preposition <u>o</u> + acc. in requests.

> Tutor: Potrzebuję pomocy.
>
> Student: Proszę o pomoc.

1. Potrzebuję pomocy.   Proszę o pomoc.

2. Potrzebuję stypendium.   Proszę o stypendium.

3. Potrzebuję pracy.   Proszę o pracę.

4. Potrzebuję pieniędzy.   Proszę o pieniądze.

5. Potrzebuję papieru.   Proszę o papier.

6. Potrzebuję spokoju.   Proszę o spokój.

7. Potrzebuję lekarstwa.   Proszę o lekarstwo.

8. Potrzebuję parasola.   Proszę o parasol.

ĆWICZENIA   DRILLS

A.   Drill for the comparative degree of adverbs.

> Tutor: Tam było zimno.
> Student: Tu jest zimniej.

1. Tam było zimno.	Tu jest zimniej.
2. Tam było trudno pracować.	Tu jest trudniej pracować.
3. Tam było tanio.	Tu jest taniej.
4. Tam mi nie było łatwo.	Tu mi jest łatwiej.
5. Tam wstawałem wcześnie.	Tu wstaję wcześniej.
6. Tam wychodziłem późno.	Tu wychodzę później.
7. Tam ubierałem się grubo.	Tu ubieram się grubiej.
8. Tam jeździłem wolno.	Tu jeżdżę wolniej.

> Tutor: Wczoraj było gorąco.
> Student: Dzisiaj będzie goręcej.

9. Wczoraj było gorąco.	Dzisiaj będzie goręcej.
10. Wczoraj było ciepło.	Dzisiaj będzie cieplej.
11. Wczoraj u Jana było wesoło.	Dzisiaj u Jana będzie weselej.
12. Wczoraj wieczorem czytałem długo.	Dzisiaj wieczorem będę czytał dłużej.

> Tutor: Wczoraj on wyglądał blado.
> Student: Dzisiaj on wygląda bladziej.

13. Wczoraj on wyglądał blado.	Dzisiaj on wygląda bladziej.
14. Wczoraj ona wyglądała młodo.	Dzisiaj ona wygląda młodziej.
15. Wczoraj on wyglądał staro.	Dzisiaj on wygląda starzej.
16. Wczoraj to ćwiczenie wyglądało prosto.	Dzisiaj to ćwiczenie wygląda prościej.

B.   Drill for the comparative degree of adverbs in -k-, -ek-, -ok-.

> Tutor: Tu jest głeboko.
>
> Student: Tam jest głębiej.

1. Tu jest głęboko.	Tam jest głębiej.
2. Tu jest wąsko.	Tam jest węźej.
3. Tu jeżdżą prędko.	Tam jeżdżą prędzej.
4. Tu mi jest ciężko.	Tam mi jest ciężej.
5. Tu jest wysoko.	Tam jest wyżej.
6. Tu jest nisko.	Tam jest niżej.
7. Tu jest szeroko.	Tam jest szerzej.
8. Tu było mi lekko.	Tam było mi lżej.

> Tutor: Ten dom jest blisko.
>
> Student: Tamten dom jest bliżej.

9. Ten dom jest blisko.	Tamten dom jest bliżej.
10. Ten sklep jest daleko.	Tamten sklep jest dalej.
11. Ta dziewczyna mieszka tu krótko.	Tamta dziewczyna mieszka tu krócej.
12. Ten człowiek pracuje ciężko.	Tamten człowiek pracuje ciężej.
13. Ten chłopiec chodzi prędko.	Tamten chłopiec chodzi prędzej.
14. Ten pan ubrał się lekko.	Tamten pan ubrał się lżej.
15. To miasto leży wysoko.	Tamto miasto leży wyżej.
16. Ta wieś leży nisko.	Tamta wieś leży niżej.

C.   Drill for the comparative degree of adverbs using bardziej.

> Tutor: Tu jest głęboko.
>
> Student: Tam jest bardziej głęboko.

1. Tu jest głęboko.	Tam jest bardziej głęboko.
2. Tu jest szeroko.	Tam jest bardziej szeroko.
3. Tu jest wąsko.	Tam jest bardziej wąsko.
4. Tu jest wysoko.	Tam jest bardziej wysoko.

5. Tu jest nisko.   Tam jest bardziej nisko.

6. Tu było mi lekko.   Tam było mi bardziej lekko.

7. Tu jeżdżą prędko.   Tam jeżdżą bardziej prędko.

8. Tu jest ciężko żyć.   Tam jest bardziej ciężko żyć.

D. Drill for the irregularities in the formation of the comparative degree of adverbs.

> Tutor: Ja dużo pracuję.
>
> Student: On więcej pracuje.

1. Ja dużo pracuję.   On więcej pracuje.

2. Ja umiem mało.   On umie mniej.

3. Ja czytam dobrze.   On czyta lepiej.

4. Ja piszę źle.   On pisze gorzej.

E. Drill for the superlative degree of adverbs.

> Tutor: On pływa lepiej od nas.
>
> Student: On pływa najlepiej z nas.

1. On pływa lepiej od nas.   On pływa najlepiej z nas.

2. On chodzi szybciej od nich.   On chodzi najszybciej z nich.

3. On mówi więcej od wszystkich.   On mówi najwięcej ze wszystkich.

4. On je wolniej od nas.   On je najwolniej z nas.

5. On uczy się mniej od nas.   On uczy się najmniej z nas.

6. On czyta gorzej od nich.   On czyta najgorzej z nich.

7. On mieszka dalej od   On mieszka najdalej ze wszystkich.
   wszystkich.

8. On ma szkołę bliżej od nich.   On ma szkołę najbliżej z nich.

F. Drill for the comparative degree of adjectives suffix (-ejsz-).

> Tutor: Ten samochód jest ładny.
>
> Student: Tamten samochód jest ładniejszy.

1. Ten samochód jest ładny.   Tamten samochód jest ładniejszy.

2. Ten pies jest mądry.   Tamten pies jest mądrzejszy.

3. Ten tekst jest trudny.   Tamten tekst jest trudniejszy.

4. Te jabłka są kwaśne.   Tamte jabłka są kwaśniejsze.

5. Ten pokój jest zimny.   Tamten pokój jest zimniejszy.

6. To mieszkanie jest ciepłe.   Tamto mieszkanie jest cieplejsze.

7. To zadanie jest łatwe.   Tamto zadanie jest łatwiejsze.

8. Ten pan pojedzie wczesnym   Tamten pan pojedzie wcześniejszym
   pociągiem.   pociągiem.

9. Ta pani pojedzie późnym   Tamta pani pojedzie późniejszym
   pociągiem.   pociągiem.

10. Ten nóż jest ostry.   Tamten nóż jest ostrzejszy.

11. Te papiery są ważne.   Tamte papiery są ważniejsze.

12. Ta walizka jest lekka.   Tamta walizka jest lżejsza.

13. Ten słownik jest mały.   Tamten słownik jest mniejszy.

14. Ten Anglik jest sympatyczny.   Tamten Anglik jest sympatyczniejszy.

G.   Drill for the comparative degree of adjectives suffix (-sz-).

```
Tutor:   Mój długopis jest drogi.
Student: Jego długopis jest droższy.
```

1. Mój długopis jest drogi.   Jego długopis jest droższy.

2. Mój kapelusz jest tani.   Jego kapelusz jest tańszy.

3. Mój płaszcz jest długi.   Jego płaszcz jest dłuższy.

4. Mój krawat jest krótki.   Jego krawat jest krótszy.

5. Mój brat jest wysoki.   Jego brat jest wyższy.

6. Mój ojciec jest niski.   Jego ojciec jest niższy.

7. Mój profesor jest młody.   Jego profesor jest młodszy.

8. Mój dziadek jest stary.   Jego dziadek jest starszy.

H.   Drill for the comparative degree of adjectives using bardziej.

```
Tutor:   Ten chłopiec jest śpiący.
Student: Tamten chłopiec jest bardziej śpiący.
```

1. Ten chłopiec jest śpiący.   Tamten chłopiec jest bardziej śpiący.

2. Tu woda jest słona.   Tam woda jest bardziej słona.

3. Te drzewa są zielone.   Tamte drzewa są bardziej zielone.

4. Ten człowiek jest
   zdenerwowany.

   Tamten człowiek jest bardziej
   zdenerwowany.

5. Ta dziewczyna jest opalona.

   Tamta dziewczyna jest bardziej opalona.

6. Ta studentka jest przeziębiona.

   Tamta studentka jest bardziej
   przeziębiona.

7. Ten student jest zmęczony.

   Tamten student jest bardziej zmęczony.

8. Ten szalik jest kolorowy.

   Tamten szalik jest bardziej kolorowy.

I. Drill for the comparative degree of adjectives using bardziej.

Tutor: Janek jest zajęty.

Student: Ja jestem jeszcze bardziej zajęty.

---

1. Janek jest zajęty.

   Ja jestem jeszcze bardziej zajęty.

2. Pan Roman przyjechał
   zmęczony.

   Ja przyjechałem jeszcze bardziej
   zmęczony.

3. Halina jest śpiąca.

   Ja jestem jeszcze bardziej śpiący.

4. Jurek ma kolorową koszulę.

   Ja mam jeszcze bardziej kolorową
   koszulę.

5. Marta wróciła z wakacji
   brązowa.

   Ja wróciłem z wakacji jeszcze bardziej
   brązowy.

6. Witek był głodny.

   Ja byłem jeszcze bardziej głodny.

7. Ewa ma niebieskie oczy.

   Ja mam jeszcze bardziej niebieskie oczy.

8. Alina była zdenerwowana.

   Ja byłem jeszcze bardziej zdenerwowany.

J.   Drill for the comparative degree of adjectives.

Tutor: Jego szalik jest cienki.

Student: Jej szalik jest cieńszy.

---

1. Jego szalik jest cienki.

   Jej szalik jest cieńszy.

2. Jego pokój jest jasny.

   Jej pokój jest jaśniejszy.

3. On ma długie palce.

   Ona ma dłuższe palce.

4. On ma ciemne włosy.

   Ona ma ciemniejsze włosy.

5. On jest chudy.

   Ona jest chudsza.

6. On ma proste zadanie.

   Ona ma prostsze zadanie.

7. Jego ojciec jest przystojny.

   Jej ojciec jest przystojniejszy.

8. On ma wąskie spodnie.

   Ona ma węższe spodnie.

K.   Drill for the superlative degree of adjectives.

> Tutor: Wanda jest dobrą uczennicą.
>
> Student: Wanda jest najlepszą uczennicą w klasie.

1. Wanda jest dobrą uczennicą.   Wanda jest najlepszą uczennicą w klasie.

2. Tomek jest wysoki.   Tomek jest najwyższy w klasie.

3. Wiktor i Alfred są młodzi.   Wktor i Alfred są najmłodsi w klasie.

4. Olga jest niska.   Olga jest najniższa w klasie.

5. Staszek jest złym uczniem.   Staszek jest najgorszym uczniem w klasie.

6. Zosia jest ładna.   Zosia jest najładniejsza w klasie.

7. Edek jest religijny.   Edek jest najbardziej religijny w klasie.

8. Marta jest opalona.   Marta jest najbardziej opalona w klasie.

L.   Drill for the comparison with od.

> Tutor: Mój sweter jest gruby; twój sweter jest cienki
>
> Student a: Mój sweter jest grubszy od twojego.
>
> Student b: Twój sweter jest cieńszy od mojego.

1. Mój sweter jest gruby; twój   a. Mój sweter jest grubszy od twojego.
    sweter jest cienki   b. Twój sweter jest cieńszy od mojego.

2. Lipiec był ciepły; czerwiec był   a. Lipiec był cieplejszy od czerwca.
    zimny   b. Czerwiec był zimniejszy od lipca.

3. Marta jest niska; Teresa jest   a. Marta jest niższa od Teresy.
    wysoka   b. Teresa jest wyższa od Marty.

4. To pióro jest drogie; tamto   a. To pióro jest droższe od tamtego.
    pióro jest tanie   b. Tamto pióro jest tańsze od tego.

5. Marek jest mały; Witek jest   a. Marek jest mniejszy od Witka.
    duży   b. Witek jest większy od Marka.

6. List Wandy jest długi; list   a. List Wandy jest dłuższy od listu Jana.
    Jana jest krótki   b. List Jana jest krótszy od listu Wandy.

7. Mój ojciec jest młody; twój   a. Mój ojciec jest młodszy od twojego
    ojciec jest stary   ojca.
                                        b. Twój ojciec jest starszy od mojego
                                            ojca.

M.   Drill for the comparison with <u>od</u> or <u>niż</u>.

> Tutor: Jurek uczy się dobrze; Ewa uczy się źle
>
> Student a: Jurek uczy się lepiej od Ewy.
>
> Student b: Ewa uczy się gorzej od Jurka.

1. Jurek uczy się dobrze; Ewa uczy się źle
   a. Jurek uczy się lepiej od Ewy.
   b. Ewa uczy się gorzej od Jurka.

2. Pływam szybko; Michał pływa wolno
   a. Pływam szybciej od Michała.
   b. Michał pływa wolniej ode mnie.

3. Tu jest ciepło; tam jest chłodno
   a. Tu jest cieplej niż tam.
   b. Tam jest chłodniej niż tu.

4. Warszawa jest duża; Gdynia jest mała
   a. Warszawa jest większa od Gdyni.
   b. Gdynia jest mniejsza od Warszawy.

5. W zeszłym roku zima była ostra; w tym roku zima jest lekka
   a. W zeszłym roku zima była ostrzejsza niż w tym roku.
   b. W tym roku zima jest lżejsza niż w zeszłym roku.

6. Wanda jest zmęczona; Tomek nie jest zmęczony
   a. Wanda jest bardziej zmęczona od Tomka.
   b. Tomek jest mniej zmęczony od Wandy.

7. To piwo jest mocne; tamto piwo jest słabe
   a. To piwo jest mocniejsze od tamtego.
   b. Tamto piwo jest słabsze od tego.

8. Wiktor jest sympatyczny; Marek nie jest sympatyczny
   a. Wiktor jest sympatyczniejszy od Marka.
   b. Marek jest sympatyczniejszy od Wiktora.

N.   Drill for the comparison with <u>od</u> and <u>niż</u>.

> Tutor: Jan jest wysoki; Tomek nie jest wysoki
>
> Student a: Jan jest wyższy od Tomka.
>
> Student b: Jan jest wyższy niż Tomek.

1. Jan jest wysoki; Tomek nie jest wysoki
   a. Jan jest wyższy od Tomka.
   b. Jan jest wyższy niż Tomek.

2. Bristol jest drogi; Europejski nie jest drogi
   a. Bristol jest droższy od Europejskiego.
   b. Bristol jest droższy niż Europejski.

3. Czytam szybko; mój brat nie czyta szybko
   a. Ja czytam szybciej od mojego brata.
   b. Ja czytam szybciej niż mój brat.

4. Wanda dobrze gra w tenisa,   a. Wanda gra lepiej ode mnie w tenisa.
   Ja nie gram dobrze w tenisa   b. Wanda gra lepiej niż ja w tenisa.

5. Teresa dobrze pływa; Marek   a. Teresa pływa lepiej od Marka.
   niedobrze pływa   b. Teresa pływa lepiej niż Marek.

6. Maj jest ciepły; kwiecień nie   a. Maj jest cieplejszy od kwietnia.
   jest ciepły   b. Maj jest cieplejszy niż kwiecień.

7. Jestem młody; on nie jest   a. Jestem młodszy od niego.
   młody   b. Jestem młodszy niż on.

8. Ta lekcja jest ciężka; tamta   a. Ta lekcja jest cięższa od tamtej.
   nie jest ciężka.   b. Ta lekcja jest cięższa niż tamta.

O. Drill for the constructions im + comparative tym + comparative.

> Tutor: wcześnie; dobrze
>
> Student: Im wcześniej tym lepiej.

1. wcześnie; dobrze   Im wcześniej tym lepiej.

2. daleko; źle   Im dalej tym gorzej.

3. dużo; tanio   Im więcej tym taniej.

4. mało; drogo   Im mniej tym drożej.

5. krótko; prosto   Im krócej tym prościej.

6. długo; trudno   Im dłużej tym trudniej.

7. wysoko; chłodno   Im wyżej tym chłodniej.

8. nisko; ciepło   Im niżej tym cieplej.

P. Drill for the construction coraz + comparative.

> Tutor: Dni są krótkie.
>
> Student: Dni są coraz krótsze.

1. Dni są krótkie.   Dni są coraz krótsze.

2. Noce są długie.   Noce są coraz dłuższe.

3. Często pada deszcz.   Coraz częściej pada deszcz.

4. Dużo palę.   Coraz więcej palę.

5. Matka Adama źle się czuje. Matka Adama coraz gorzej się czuje.

6. Ta książka robi się ciekawa. Ta książka robi się coraz ciekawsza.

7. Ewa dobrze się ubiera.   Ewa coraz lepiej się ubiera.

8. Rozmawialiśmy głośno.   Rozmawialiśmy coraz głośniej.

Q.   Drill for the construction jak + superlative.

> Tutor: Chcę kupić dobre pióro.
>
> Student: Chcę kupić jak najlepsze pióro.

1. Chcę kupić dobre pióro.   Chcę kupić jak najlepsze pióro.

2. Wanda musi ubierać się   Wanda musi ubierać się jak najcieplej.
   ciepło.

3. Pojedziemy szybko.   Pojedziemy jak najszybciej.

4. Teresa powinna iść tam   Teresa powinna iść tam jak najwcześniej.
   wcześnie.

5. Ona chciała kupić to tanio.   Ona chciała kupić to jak najtaniej.

6. Piotr chciał mieszkać daleko   Piotr chciał mieszkać jak najdalej od
   od miasta.   miasta.

7. Zielińscy postanowili być tu   Zielińscy postanowili być tu jak
   krótko.   najkrócej.

8. Kup jej drogi prezent.   Kup jej jak najdroższy prezent.

R.   Drill for the adjectives with the suffix -utk-.

> Tutor: Ona ma cienki notes.
>
> Student: On ma cieniutki notes.

1. Ona ma cienki notes.   On ma cieniutki notes.

2. Ona ma małego brata.   On ma malutkiego brata.

3. Ona ma krótki ołówek.   On ma króciutki ołówek.

4. Ona ma młodą siostrę.   On ma młodziutką siostrę.

5. Ona ma blisko do szkoły.   On ma bliziutko do szkoły.

6. Ona ma prędko to zjeść.   On ma prędziutko to zjeść.

7. Ona ma lekki rower.   On ma leciutki rower.

8. Ona ma tanie pióro.   On ma taniutkie pióro.

S.   Drill for the adverbs of extent.

> Tutor: już
>
> Student a: Mam już pięć tysięcy złotych.
>
> Student b: Jan pracuje już dwie godziny.

1. już

    a. Mam już pięć tysięcy złotych.
    b. Jan pracuje już dwie godziny.

2. aż

    a. Mam aż pięć tysięcy złotych.
    b. Jan pracuje aż dwie godziny.

3. zaledwie

    a. Mam zaledwie pięć tysięcy złotych.
    b. Jan pracuje zaledwie dwie godziny.

4. dopiero

    a. Mam dopiero pięć tysięcy złotych.
    b. Jan pracuje dopiero dwie godziny.

5. prawie

    a. Mam prawie pięć tysięcy złotych.
    b. Jan pracuje prawie dwie godziny.

6. ponad

    a. Mam ponad pięć tysięcy złotych.
    b. Jan pracuje ponad dwie godziny.

ĆWICZENIA   DRILLS

A.   Drill for the present gerund.

Tutor: Szedłem do kina i spotkałem Jurka.

Student: Idąc do kina spotkałem Jurka.

---

1. Szedłem do kina i spotkałem   Idąc do kina spotkałem Jurka.
    Jurka.

2. Czytałem książkę i zasnąłem.   Czytając książkę zasnąłem.

3. Jechałem pociągiem i   Jadąc pociągiem zgubiłem parasol.
    zgubiłem parasol.

4. Byłem w Warszawie i   Będąc w Warszawie obejrzałem dobrą
    obejrzałem dobrą sztukę.   sztukę.

5. Widziałem to i zatrzymałem   Widząc to zatrzymałem się.
    się.

6. Wracałem ze szkoły i wstąpiłem   Wracając ze szkoły wstąpiłem do Piotra.
    do Piotra.

7. Zjeżdżałem na nartach i   Zjeżdżając na nartach złamałem nogę.
    złamałem nogę.

8. Schodziłem na dół i zgubiłem   Schodząc na dół zgubiłem okulary.
    okulary.

B.   Drill for the past gerund.

Tutor: Przeczytałem książkę i oddałem ją Wandzie.

Student: Przeczytawszy książkę oddałem ją Wandzie.

---

1. Przeczytałem książkę i   Przeczytawszy książkę oddałem ją
    oddałem ją Wandzie.   Wandzie.

2. Napisałem list i zaniosłem   Napisawszy list zaniosłem go na pocztę.
    go na pocztę.

3. Zjadłem obiad i wypiłem   Zjadłszy obiad wypiłem kawę.
    kawę.

4. Wróciłem z kina i poszedłem   Wróciwszy z kina poszedłem spać.
    spać.

5. Podszedłem do drzwi i   Podszedłszy do drzwi zobaczyłem
    zobaczyłem Staszka.   Staszka.

6. Nie obejrzałem sztuki do
   końca i wyszedłem z teatru.

   Nie obejrzawszy sztuki do końca
   wyszedłem z teatru.

7. Wypiłem kieliszek wódki i
   poczułem się lepiej.

   Wypiwszy kieliszek wódki poczułem
   się lepiej.

8. Otworzyłem kopertę i
   przeczytałem list od Jana.

   Otworzywszy kopertę przeczytałem list
   od Jana.

C. Drill for present and past gerund.

> Tutor: Leon zapalił światło i usiadł przy biurku.
>
> Student: Zapaliwszy światło Leon usiadł przy biurku.

1. Leon zapalił światło i usiadł
   przy biurku.

   Zapaliwszy światło Leon usiadł przy
   biurku.

2. Przeszedłem pięć kilometrów
   i zrobiłem się głodny.

   Przeszedłszy pięć kilometrów zrobiłem
   się głodny.

3. Szedłem ulicą i spotkałem
   Marię.

   Idąc ulicą spotkałem Marię.

4. Nie chciałem mu przeszkadzać
   i wyszedłem.

   Nie chcąc mu przeszkadzać wyszedłem.

5. Zobaczyłem Tomka i
   przeszedłem na drugą stronę
   ulicy.

   Zobaczywszy Tomka przeszedłem na
   drugą stronę ulicy.

6. Jadłem ciastka i piłem kawę.

   Jedząc ciastka piłem kawę.

7. Widziałem, że pada i zabrałem
   parasol.

   Widząc, że pada zabrałem parasol.

8. Stefan skończył czytać i
   zapalił fajkę.

   Skończywszy czytać Stefan zapalił fajkę.

D. Drill for the present participle.

> Tutor: Pani, która czytała książkę . . .
>
> Student: Pani czytająca książkę . . .

1. Pani, która czytała książkę . . .   Pani czytająca książkę . . .

2. Chłopiec, który trzymał
   psa . . .

   Chłopiec trzymający psa . . .

3. Dziewczyna, która mówiła
   po angielsku . . .

   Dziewczyna mówiąca po angielsku . . .

4. Ludzie, którzy szli szybko . . .   Ludzie idący szybko . . .

5. Studenci, którzy mieszkają   Studenci mieszkający za miastem . . .
   za miastem . . .

6. Człowiek, który niósł   Człowiek niosący paczkę . . .
   paczkę . . .

7. Samochód, który jedzie przed   Samochód jadący przed nami . . .
   nami . . .

8. Samolot, który leci do   Samolot lecący do Warszawy . . .
   Warszawy . . .

E. Drill for the passive participle in -on-.

```
Tutor:    Jan ogolił się.
Student:  Jan jest ogolony.
```

1. Jan ogolił się.   Jan jest ogolony.

2. Jan zmęczył się.   Jan jest zmęczony.

3. Jan przeziębił się.   Jan jest przeziębiony.

4. Jan ostrzygł się.   Jan jest ostrzyżony.

5. Jan umówił się.   Jan jest umówiony.

6. Jan opalił się.   Jan jest opalony.

7. Jan rozwiódł się.   Jan jest rozwiedziony.

8. Jan spóźnił się.   Jan jest spóźniony.

9. Jan zdziwił się.   Jan jest zdziwiony.

10. Jan zmartwił się.   Jan jest zmartwiony.

F. Drill for the passive participle in -an-.

```
Tutor:    Podali obiad.
Student:  Obiad był podany.
```

1. Podali obiad.   Obiad był podany.

2. Przegrali partię.   Partia była przegrana.

3. Wykąpali dziecko.   Dziecko było wykąpane.

4. Przeczytali wszystkie   Wszystkie książki były przeczytane.
   książki.

5. Napisali list w sobotę.   List był napisany w sobotę.

6. Ubrali dzieci ciepło.   Dzieci były ciepło ubrane.

7. Powiedzieli to dobrze.   To było dobrze powiedziane.

8. Wysłali paczkę dawno.   Paczka była wysłana dawno.

9. Zainteresowali Janka.   Janek był zainteresowany.

10. Obejrzeli wszystko, co było w domu.   Wszystko, co było w domu, było obejrzane.

G.   Drill for the passive participle in subjectless constructions.

```
Tutor:    Potem podali ciastka.
Student:  Potem podano ciastka.
```

1. Potem podali ciastka.   Potem podano ciastka.

2. Wieczorem zabrali nas do teatru.   Wieczorem zabrano nas do teatru.

3. Moje walizki przywieźli za późno.   Moje walizki przywieziono za późno.

4. Koło plaży sprzedawali lody.   Koło plaży sprzedawano lody.

5. Na drugi dzień przynieśli naszego psa.   Na drugi dzień przyniesiono naszego psa.

6. Po obiedzie pokazali nam film.   Po obiedzie pokazano nam film.

7. U Kowalskich śpiewali.   U Kowalskich śpiewano.

8. Piętro niżej tańczyli.   Piętro niżej tańczono.

9. Opowiadali mi to wczoraj.   Opowiadano mi to wczoraj.

10. Dawali mu po dwa złote.   Dawano mu po dwa złote.

H.   Drill for the passive participle in -t-, and -ęt-.

```
Tutor:    Zepsułem zegarek.
Student:  Zegarek jest zepsuty.
```

1. Zepsułem zegarek.   Zegarek jest zepsuty.

2. Umyłem owoce.   Owoce są umyte.

3. Zacząłem zebranie.   Zebranie jest zaczęte.

4. Zająłem to miejsce.   To miejsce jest zajęte.

5. Otworzyłem drzwi.   Drzwi są otwarte.

6. Podarłem spodnie.   Spodnie są podarte.

7. Przebiłem oponę.   Opona jest przebita.

8. Ściąłem drzewo.   Drzewo jest ścięte.

9. Wytarłem tablicę.   Tablica jest wytarta.

10. Nic nie wziąłem.   Nic nie jest wzięte.

> Tutor: Janek uśmiechał się.
> Student: Janek był uśmiechnięty.

11. Janek uśmiechał się.   Janek był uśmiechnięty.

12. Zamknęli sklep.   Sklep był zamknięty.

13. Talerz pękł.   Talerz był pęknięty.

14. Karol zmókł.   Karol był zmoknięty.

15. Kwiaty zwiędły.   Kwiaty były zwiędnięte.

16. Jezioro wyschło.   Jezioro było wyschnięte.

I.   Drill for the passive participle in subjectless constructions.

> Tutor: Pisało się o tym.
> Student: Pisano o tym.

1. Pisało się o tym.   Pisano o tym.

2. Mówiło się o tym.   Mówiono o tym.

3. Dużo się wtedy pracowało.   Dużo wtedy pracowano.

4. Chodziło się wtedy w długich   Chodzono wtedy w długich płaszczach.
   płaszczach.

5. Nosiło się wtedy duże   Noszono wtedy duże kapelusze.
   kapelusze.

6. W klubie grało się w karty.   W klubie grano w karty.

7. Dawniej nie jadało się dużo   Dawniej nie jadano dużo owoców.
   owoców.

8. Tu nie znało się tego.   Tu nie znano tego.

9. Nie pomyślało się o tym   Nie pomyślano o tym wcześniej.
   wcześniej.

10. Rozmawiało się bardzo   Rozmawiano bardzo głośno.
    głośno.

J.   Drill for the passive participle in subjectless constructions.

> Tutor: Zabawa zaczęła się o szóstej.
> Student: Zabawę zaczęto o szóstej.

1. Zabawa zaczęła się o szóstej.   Zabawę zaczęto o szóstej.

2. Praca skończyła się w maju.   Pracę skończono w maju.

3. Imieniny zaczęły się wesoło.   Imieniny zaczęto wesoło.

4. Przyjęcie skończyło się wcześnie.   Przyjęcie skończono wcześnie.

5. Pogrzeb zaczął się o dziesiątej.   Pogrzeb zaczęto o dziesiątej.

6. Lekcja skończyła się o ósmej.   Lekcję skończono o ósmej.

7. Tańce zaczęły się po obiedzie.   Tańce zaczęto po obiedzie.

8. Koncert skończył się późno.   Koncert skończono późno.

9. Zebranie jeszcze się nie zaczęło.   Zebrania jeszcze nie zaczęto.

10. Obiad jeszcze się nie skończył.   Obiadu jeszcze nie skończono.

K.   Drill for the verbal noun.

Tutor: Lubię czytać.

Student: Nie mam czasu na czytanie.

---

1. Lubię czytać.   Nie mam czasu na czytanie.

2. Lubię podróżować.   Nie mam czasu na podróżowanie.

3. Lubię jadać w restauracjach.   Nie mam czasu na jadanie w restauracjach.

4. Lubię pływać.   Nie mam czasu na pływanie.

5. Lubię pisać listy.   Nie mam czasu na pisanie listów.

6. Lubię grać w golfa.   Nie mam czasu na granie w golfa.

7. Lubię słuchać muzyki.   Nie mam czasu na słuchanie muzyki.

8. Lubię pić.   Nie mam czasu na picie.

9. Lubię chodzić do kina.   Nie mam czasu na chodzenie do kina.

10. Lubię jeździć na nartach.   Nie mam czasu na jeżdżenie na nartach.

11. Lubię tańczyć.   Nie mam czasu na tańczenie.

12. Lubię rozmawiać.   Nie mam czasu na rozmawianie.

13. Lubię kupować.   Nie mam czasu na kupowanie.

14. Lubię gotować.   Nie mam czasu na gotowanie.

L.   Drill for the past tense and verbal noun.

```
Tutor:      Umyję się.

Student a:  Umył się.

Student b:  Wyszedł zaraz po umyciu się.
```

1. Umyję się.
                   a. Umył się.
                   b. Wyszedł zaraz po umyciu się.

2. Ogolę się.
                   a. Ogolę się.
                   b. Wyszedł zaraz po ogoleniu się.

3. Ubiorę się.
                   a. Ubrał się.
                   b. Wyszedł zaraz po ubraniu się.

4. Ostrzygę się.
                   a. Ostrzygł się.
                   b. Wyszedł zaraz po ostrzyżeniu się.

5. Uczeszę się.
                   a. Uczesał się.
                   b. Wyszedł zaraz po uczesaniu się.

6. Pożegnam się.
                   a. Pożegnał się.
                   b. Wyszedł zaraz po pożegnaniu się.

7. Przywitam się.
                   a. Przywitał się.
                   b. Wyszedł zaraz po przywitaniu się.

8. Wykąpię się.
                   a. Wykąpał się.
                   b. Wyszedł zaraz po wykąpaniu się.

M.   Drill for the passive participle and verbal noun.

```
Tutor:      Napiszę list.

Student a:  List już jest napisany.

Student b:  Napisanie listu długo trwało.
```

1. Napiszę list.
                   a. List już jest napisany.
                   b. Napisanie listu długo trwało.

2. Zrobię porządki.
                   a. Porządki już są zrobione.
                   b. Zrobienie porządków długo trwało.

3. Skończę zadanie.
                   a. Zadanie już jest skończone.
                   b. Skończenie zadania długo trwało.

4. Przeczytam gazetę.
                   a. Gazeta już jest przeczytana.
                   b. Przeczytanie gazety długo trwało.

5. Wyczyszczę ubranie.
                   a. Ubranie już jest wyczyszczone.
                   b. Wyczyszczenie ubrania długo trwało.

6. Ugotuję obiad.

   a. Obiad już jest ugotowany.
   b. Ugotowanie obiadu długo trwało.

7. Przywiozę meble.

   a. Meble są już przywiezione.
   b. Przywiezienie mebli długo trwało.

8. Znajdę pieniądze.

   a. Pieniądze są już znalezione.
   b. Znalezienie pieniędzy długo trwało.

N. Drill for the days of the week.

> Tutor: Dzisiaj jest niedziela.
>
> Student a: Przedwczoraj był piątek.
>
> Student b: Pojutrze będzie wtorek.

1. Dzisiaj jest niedziela.

   a. Przedwczoraj był piątek.
   b. Pojutrze będzie wtorek.

2. Dzisiaj jest poniedziałek.

   a. Przedwczoraj była sobota.
   b. Pojutrze będzie środa.

3. Dzisiaj jest wtorek.

   a. Przedwczoraj była niedziela.
   b. Pojutrze będzie czwartek.

4. Dzisiaj jest środa.

   a. Przedwczoraj był poniedziałek.
   b. Pojutrze będzie piątek.

5. Dzisiaj jest czwartek.

   a. Przedwczoraj był wtorek.
   b. Pojutrze będzie sobota.

6. Dzisiaj jest piątek.

   a. Przedwczoraj była środa.
   b. Pojutrze będzie niedziela.

7. Dzisiaj jest sobota.

   a. Przedwczoraj był czwartek.
   b. Pojutrze będzie poniedziałek.

O. Drill for the names of the months.

> Tutor: Teraz jest styczeń.
>
> Student a: Za dwa miesiące będzie marzec.
>
> Student b: Za miesiąc będzie luty.

1. Teraz jest styczeń.

   a. Za dwa miesiące będzie marzec.
   b. Za miesiąc będzie luty.

2. Teraz jest grudzień.

   a. Za dwa miesiące będzie luty.
   b. Za miesiąc będzie styczeń.

3. Teraz jest luty.

   a. Za dwa miesiące będzie kwiecień.
   b. Za miesiąc będzie marzec.

4. Teraz jest czerwiec.   a. Za dwa miesiące będzie sierpień.
                                        b. Za miesiąc będzie lipiec.

5. Teraz jest lipiec.   a. Za dwa miesiące będzie wrzesień.
                                        b. Za miesiąc będzie sierpień.

6. Teraz jest marzec.   a. Za dwa miesiące będzie maj.
                                        b. Za miesiąc będzie kwiecień.

7. Teraz jest sierpień.   a. Za dwa miesiące będzie październik.
                                        b. Za miesiąc będzie wrzesień.

8. Teraz jest listopad.   a. Za dwa miesiące będzie styczeń.
                                        b. Za miesiąc będzie grudzień.

9. Teraz jest październik.   a. Za dwa miesiące będzie grudzień.
                                        b. Za miesiąc będzie listopad.

10. Teraz jest kwiecień.   a. Za dwa miesiące będzie czerwiec.
                                        b. Za miesiąc będzie maj.

11. Teraz jest wrzesień.   a. Za dwa miesiące będzie listopad.
                                        b. Za miesiąc będzie październik.

12. Teraz jest maj.   a. Za dwa miesiące będzie lipiec.
                                        b. Za miesiąc będzie czerwiec.

P.   Drill for the alternate ways of naming a date.

> Tutor: Dzisiaj jest dwudziesty.
>
> Student a: Dzisiaj jest dwudziestego.
>
> Student b: Dzisiaj mamy dwudziestego.

1. Dzisiaj jest dwudziesty.   a. Dzisiaj jest dwudziestego.
                                        b. Dzisiaj mamy dwudziestego.

2. Wczoraj był dziewiętnasty.   a. Wczoraj było dziewiętnastego.
                                        b. Wczoraj mieliśmy dziewiętnastego.

3. Przedwczoraj był osiemnasty. a. Przedwczoraj było osiemnastego.
                                        b. Przedwczoraj mieliśmy osiemnastego.

4. Jutro będzie dwudziesty   a. Jutro będzie dwudziestego pierwszego.
    pierwszy.   b. Jutro będziemy mieli dwudziestego
                                                      pierwszego.

5. Pojutrze będzie dwudziesty   a. Pojutrze będzie dwudziestego drugiego.
    drugi.   b. Pojutrze będziemy mieli dwudziestego
                                                    drugiego.

6. Popojutrze będzie dwudziesty a. Popojutrze będzie dwudziestego
    trzeci.   trzeciego.
                                        b. Popojutrze będziemy mieli dwudziestego
                                                      trzeciego.

Q.   Drill for the dates specifying the day and the month.

> Tutor: Dzisiaj jest czternasty marca; wczoraj
> Student: Wczoraj był trzynasty marca.

1. Dzisiaj jest czternasty   Wczoraj był trzynasty marca.
    marca; wczoraj

2. Dzisiaj jest czternasty   Jutro będzie piętnasty marca.
    marca; jutro

3. Dzisiaj jest czternasty   Przedwczoraj był dwunasty marca.
    marca; przedwczoraj

4. Dzisiaj jest czternasty   Pojutrze będzie szesnasty marca.
    marca; pojutrze

5. Dzisiaj jest czternasty   Tydzień temu był siódmy marca.
    marca; tydzień temu

6. Dzisiaj jest czternasty   Za tydzień będzie dwudziesty pierwszy
    marca; za tydzień   marca.

7. Dzisiaj jest czternasty   Dziesięć dni temu był czwarty marca.
    marca; dziesięć dni temu

8. Dzisiaj jest czternasty   Za sześć dni będzie dwudziesty marca.
    marca; za sześć dni

9. Dzisiaj jest czternasty   Miesiąc temu był czternasty lutego.
    marca; miesiąc temu

10. Dzisiaj jest czternasty   Za miesiąc będzie czternasty kwietnia.
    marca; za miesiąc

R.   Drill for 'time when' specifying the year.

> Tutor: Urodziłem się w 1939.
> Student: Urodziłem się w tysiąc dziewięćset
>   trzydziestym dziewiątym roku.

1. Urodziłem się w 1939.   Urodziłem się w tysiąc dziewięćset
                                          trzydziestym dziewiątym roku.

2. Rysiek urodził się w 1948.   Rysiek urodził się w tysiąc dziewięćset
                                          czterdziestym ósmym roku.

3. Irena urodziła się w 1953.   Irena urodziła się w tysiąc dziewięćset
                                          pięćdziesiątym trzecim roku.

4. On urodził się w 1865.   On urodził się w tysiąc osiemset
                                          sześćdziesiątym piątym roku.

5. Ten chłopiec urodził się   Ten chłopiec urodził się w tysiąc
   w 1961.   dziewięćset sześćdziesiątym
                                      pierwszym roku.

6. Ona urodziła się w 1917.   Ona urodziła się w tysiąc dziewięćset
                                      siedemnastym roku.

7. Ta kobieta urodziła się   Ta kobieta urodziła się w tysiąc
   w 1930.   dziewięćset trzydziestym roku.

8. Mój dziadek urodził się   Mój dziadek urodził się w tysiąc osiemset
   w 1886.   osiemdziesiątym szóstym roku.

S.   Drill for 'time when' specifying the day and the month.

Tutor: Dzisiaj jest trzeci maja; Wanda przyjedzie za miesiąc.

Student: Wanda przyjedzie trzeciego czerwca.

---

1. Dzisiaj jest trzeci maja;   Wanda przyjedzie trzeciego czerwca.
   Wanda przyjedzie za miesiąc.

2. Dzisiaj mamy siódmego   Wanda przyjedzie czternastego stycznia.
   stycznia; Wanda przyjedzie
   za tydzień.

3. Dzisiaj jest dwunasty; Wanda   Wanda przyjedzie dwudziestego.
   przyjedzie za osiem dni.

4. Dzisiaj mamy dwudziestego   Wanda przyjedzie dwudziestego piątego
   lipca; Wanda przyjedzie   lipca.
   za pięć dni.

5. Dzisiaj jest piętnastego   Wanda przyjedzie trzydziestego
   listopada; Wanda przyjedzie   listopada.
   za dwa tygodnie.

6. Dzisiaj mamy pierwszego   Wanda przyjedzie pierwszego czerwca.
   kwietnia; Wanda przyjedzie
   za dwa miesiące.

7. Dzisiaj jest dziewiąty; Wanda   Wanda przyjedzie dziesiątego.
   przyjedzie jutro.

8. Dzisiaj mamy drugiego;   Wanda przyjedzie czwartego.
   Wanda przyjedzie pojutrze.

T.   Drill for 'time when' specifying the month and the year.

Tutor: styczeń 1939

Student: To było w styczniu tysiąc dziewięćset
         trzydziestego dziewiątego roku.

---

1. styczeń 1939   To było w styczniu tysiąc dziewięćset
   trzydziestego dziewiątego roku.

2. luty 1921   To było w lutym tysiąc dziewięćset
   dwudziestego pierwszego roku.

3. marzec 1931   To było w marcu tysiąc dziewięćset
   trzydziestego pierwszego roku.

4. kwiecień 1934   To było w kwietniu tysiąc dziewięćset
   trzydziestego czwartego roku.

5. sierpień 1938   To było w sierpniu tysiąc dziewięćset
   trzydziestego ósmego roku.

6. wrzesień 1943   To było we wrześniu tysiąc dziewięćset
   czterdziestego trzeciego roku.

7. październik 1958   To było w październiku tysiąc dziewięćset
   pięćdziesiątego ósmego roku.

8. grudzień 1966   To było w grudniu tysiąc dziewięćset
   sześćdziesiątego szóstego roku.

U.   Drill for the specification of time in terms of years.

Tutor: 1948

Student a: Od tysiąc dziewięćset czterdziestego
ósmego roku mieszkam w mieście.

Student b: Przed tysiąc dziewięćset czterdziestym
ósmym rokiem mieszkałem na wsi.

---

1. 1948   a. Od tysiąc dziewięćset czterdziestego
   ósmego roku mieszkam w mieście.
   b. Przed tysiąc dziewięćset czterdziestym
   ósmym rokiem mieszkałem na wsi.

2. 1950   a. Od tysiąc dziewięćset pięćdziesiątego
   roku mieszkam w mieście.
   b. Przed tysiąc dziewięćset pięćdziesiątym
   rokiem mieszkałem na wsi.

3. 1953   a. Od tysiąc dziewięćset pięćdziesiątego
   trzeciego roku mieszkam w mieście.
   b. Przed tysiąc dziewięćset pięćdziesiątym
   trzecim rokiem mieszkałem na wsi.

4. 1956   a. Od tysiąc dziewięćset pięćdziesiątego
   szóstego roku mieszkam w mieście.
   b. Przed tysiąc dziewięćset pięćdziesiątym
   szóstym rokiem mieszkałem na wsi.

5. 1959   a. Od tysiąc dziewięćset pięćdziesiątego
   dziewiątego roku mieszkam w mieście.
   b. Przed tysiąc dziewięćset pięćdziesiątym
   dziewiątym rokiem mieszkałem na wsi.

6. 1961   a. Od tysiąc dziewięćset sześćdziesiątego
                       pierwszego roku mieszkam w mieście.
          b. Przed tysiąc dziewięćset sześćdziesiątym
                       pierwszym rokiem mieszkałem na wsi.

7. 1965   a. Od tysiąc dziewęćset sześćdziesiątego
                       piątego roku mieszkam w mieście.
          b. Przed tysiąc dziewęćset sześćdziesiątym
                       piątym rokiem mieszkałem na wsi.

8. 1967   a. Od tysiąc dziewięćset sześćdziesiątego
                       siódmego roku mieszkam w mieście.
          b. Przed tysiąc dziewięćset sześćdziesiątym
                       siódmym rokiem mieszkałem na wsi.

V.   Drill for the specification of time in terms of years.

Tutor: 1800

Student a: Wojna trwała do tysiąc osiemsetnego roku.

Student b: Wojna skończyła się w tysiąc osiemsetnym roku.

---

1. 1800   a. Wojna trwała do tysiąc osiemsetnego roku.
          b. Wojna skończyła się w tysiąc osiemsetnym
             roku.

2. 1801   a. Wojna trwała do tysiąc osiemset pierwszego
             roku.
          b. Wojna skończyła się w tysiąc osiemset
             pierwszym roku.

3. 1803   a. Wojna trwała do tysiąc osiemset trzeciego
             roku.
          b. Wojna skończyła się w tysiąc osiemset
             trzecim roku.

4. 1805   a. Wojna trwała do tysiąc osiemset piątego
             roku.
          b. Wojna skończyła się w tysiąc osiemset
             piątym roku.

5. 1807   a. Wojna trwała do tysiąc osiemset siódmego
             roku.
          b. Wojna skończyła się w tysiąc osiemset
             siódmym roku.

6. 1809   a. Wojna trwała do tysiąc osiemset dziewiątego
             roku.
          b. Wojna skończyła się w tysiąc osiemset
             dziewiątym roku.

7. 1810   a. Wojna trwała do tysiąc osiemset dziesiątego
             roku.
          b. Wojna skończyła się w tysiąc osiemset
             dziesiątym roku.

8. 1812　　　　　　　　　　　　a. Wojna trwała do tysiąc osiemset dwunastego
　　　　　　　　　　　　　　　　　　roku.
　　　　　　　　　　　　　　　b. Wojna skończyła się w tysiąc osiemset
　　　　　　　　　　　　　　　　　dwunastym roku.

W.　Drill for relative clauses.

Tutor:　　Marcin, przyjaciel Karola.

Student:　Marcin, który jest przyjacielem Karola.

---

1. Marcin, przyjaciel Karola.　　Marcin, który jest przyjacielem Karola.

2. Pan Jan, kolega mojego　　Pan Jan, który jest kolegą mojego ojca.
　　ojca.

3. Olga, znajoma Teresy.　　Olga, która jest znajomą Teresy.

4. Chełmiccy, sąsiedzi　　Chełmiccy, którzy są sąsiadami Wilczków.
　　Wilczków.

5. Pani Krystyna, znacie ją　　Pani Krystyna, którą znacie z Poznania.
　　z Poznania.

6. Państwo Kowalikowie,　　Państwo Kowalikowie, których pamiętacie z
　　pamiętacie ich z Gdyni.　　Gdyni.

7. Marek, opowiadałem wam　　Marek, o którym wam opowiadałem.
　　o nim.

8. Pan Stefan i pani Maria,　　Pan Stefan i pani Maria, którzy przyjechali z
　　oni przyjechali z　　Ameryki.
　　Ameryki.

X.　Drill for relative clauses.

Tutor:　　To znany pisarz, mówiłem ci o nim.

Student:　To ten znany pisarz, o którym ci mówiłem.

---

1. To znany pisarz, mówiłem　To ten znany pisarz, o którym ci mówiłem.
　　ci o nim.

2. To znany adwokat,　　To ten znany adwokat, o którym czytałeś
　　czytałeś o nim wczoraj.　　wczoraj.

3. To znany profesor,　　To ten znany profesor, o którym słyszałeś
　　słyszałeś o nim od　　od Piotra.
　　Piotra.

4. To znany człowiek,　　To ten znany człowiek, którego widziałeś w
　　widziałeś go w Krakowie.　　Krakowie.

5. To znana historia, opowiadała ją nam Maria.   To ta znana historia, którą opowiadała nam Maria.

6. To znany lekarz, studiowałem u niego.   To ten znany lekarz, u którego studiowałem.

7. To znana szkoła, Piotr do niej chodził.   To ta znana szkoła, do której Piotr chodził.

8. To znany film, byłem na nim rok temu.   To ten znany film, na którym byłem rok temu.

ĆWICZENIA

A. Drill for reported statements with the main verb in the present tense.

> Tutor: Oni już są.
>
> Student: On mówi, że oni już są.

1. Oni już są.   On mówi, że oni już są.

2. Ich jeszcze nie ma.   On mówi, że ich jeszcze nie ma.

3. Oni tu będą.   On mówi, że oni tu będą.

4. Ich tam nie było.   On mówi, że ich tam nie było.

5. Oni przyjdą wcześnie.   On mówi, że oni przyjdą wcześnie.

6. Oni przyszli późno.   On mówi, że oni przyszli późno.

7. Oni zawsze przychodzą o   On mówi, że oni zawsze przychodzą o
   ósmej.   ósmej.

8. Ich widziano razem.   On mówi, że ich widziano razem.

B. Drill for reported statements with the main verb in the past tense.

> Tutor: Oni już są.
>
> Student: Ona powiedziała, że oni już są.

1. Oni już są.   Ona powiedziała, że oni już są.

2. Ich jeszcze nie ma.   Ona powiedziała, że ich jeszcze nie ma.

3. Oni tu będą.   Ona powiedziała, że oni tu będą.

4. Ich tam nie było.   Ona powiedziała, że ich tam nie było.

5. Oni przyjdą wcześnie.   Ona powiedziała, że oni przyjdą wcześnie.

6. Oni przyszli późno.   Ona powiedziała, że oni przyszli późno.

7. Oni zawsze przychodzą   Ona powiedziała, że oni zawsze przychodzą
   o ósmej.   o ósmej.

8. Ich widziano razem.   Ona powiedziała, że ich widziano razem.

C.   Drill for reported questions with the main verb in the present tense.

```
┌─────────────────────────────────────────────────────────────┐
│   Tutor:    Wanda przyjdzie?                                 │
│   Student: Karol pyta, czy Wanda przyjdzie.                 │
└─────────────────────────────────────────────────────────────┘
```

1. Wanda przyjdzie?   Karol pyta, czy Wanda przyjdzie.

2. Kiedy Wanda przyszła?   Karol pyta, kiedy Wanda przyszła.

3. Kto przyszedł z Wandą?   Karol pyta, kto przyszedł z Wandą.

4. Jak długo Wanda tam była?   Karol pyta, jak długo Wanda tam była.

5. Czym Wanda przyjechała?   Karol pyta, czym Wanda przyjechała.

6. Gdzie Wanda mieszka?   Karol pyta, gdzie Wanda mieszka.

7. Wanda będzie tu o ósmej?   Karol pyta, czy Wanda będzie tu o ósmej.

8. Wanda zna adres?   Karol pyta, czy Wanda zna adres.

D.   Drill for reported questions with the main verb in the past tense.

```
┌─────────────────────────────────────────────────────────────┐
│   Tutor:    Karol przyjdzie?                                 │
│   Student: Wanda spytała, czy Karol przyjdzie.             │
└─────────────────────────────────────────────────────────────┘
```

1. Karol przyjdzie?   Wanda spytała, czy Karol przyjdzie.

2. Kiedy Karol przyszedł?   Wanda spytała, kiedy Karol przyszedł.

3. Kto przyszedł z Karolem?   Wanda spytała, kto przyszedł z Karolem.

4. Jak długo Karol tam był?   Wanda spytała, jak długo Karol tam był.

5. Czym Karol przyjechał?   Wanda spytała, czym Karol przyjechał.

6. Gdzie Karol mieszka?   Wanda spytała, gdzie Karol mieszka.

7. Karol będzie tu o ósmej?   Wanda spytała, czy Karol będzie tu o
                                       ósmej.

8. Karol zna adres?   Wanda spytała, czy Karol zna adres.

E.   Drill for reported commands with the main verb in the present tense.

```
┌─────────────────────────────────────────────────────────────┐
│   Tutor:    Napisz do niego.                                │
│   Student: Mówię, żebyś napisał do niego.                  │
└─────────────────────────────────────────────────────────────┘
```

1. Napisz do niego.   Mówię, żebyś napisał do niego.

2. Przejdźmy na drugą stronę.   Mówię, żebyśmy przeszli na drugą
                                       strone.

3. Pojedźcie do miasta.	Mówię, żebyście pojechali do miasta.
4. Weź lekarstwo.	Mówię, żebyś wziął lekarstwo.
5. Nie bierz parasola.	Mówię, żebyś nie brał parasola.
6. Nie bójcie się.	Mówię, żebyście się nie bali.
7. Niech pan zadzwoni do mnie.	Mówię, żeby pan do mnie zadzwonił.
8. Niech państwo przyjdą do nas wieczorem.	Mówię, żeby państwo przyszli do nas wieczorem.
9. Niech mu pani nic nie mówi.	Mówię, żeby mu pani nic nie mówiła.
10. Kup mi gazetę.	Mówię, żebyś mi kupił gazetę.

F. Drill for reported commands with the main verb in the past tense.

```
Tutor:    Niech mi pan to da.
Student:  Powiedziałem, żeby mi pan to dał.
```

1. Niech mi pan to da.	Powiedziałem, żeby mi pan to dał.
2. Przynieś mi szklankę wody.	Powiedziałem, żebyś mi przyniósł szklankę wody.
3. Opowiedz mi o tym.	Powiedziałem, żebyś mi o tym opowiedział.
4. Niech pani nie zapomni.	Powiedziałem, żeby pani nie zapomniała.
5. Zróbcie to dla mnie.	Powiedziałem, żebyście to dla mnie zrobili.
6. Zamknijmy okna.	Powiedziałem, żebyśmy zamknęli okna.
7. Niech się państwo przebiorą.	Powiedziałem, żeby się państwo przebrali.
8. Skręćcie w lewo.	Powiedziałem, żebyście skręcili w lewo.
9. Zjedz wyszystko.	Powiedziałem, żebyś zjadł wszystko.
10. Posiedźmy godzinę u Zielińskich.	Powiedziałem, żebyśmy posiedzieli godzinę u Zielińskich.

G. Drill for subordinate clauses indicating purpose; the subject of the subordinate clause differs from the subject of the main clause.

```
Tutor:    Pożyczę mu dolara; będzie miał na obiad.
Student:  Pożyczę mu dolara, żeby miał na obiad.
```

1. Pożyczę mu dolara; będzie miał na obiad.	Pożyczę mu dolara, żeby miał na obiad.
2. Ona da mi książkę; nie będę się nudził.	Ona da mi książkę, żebym się nie nudził.

3. On się spieszy; zdążę na pociąg.

On się spieszy, żebym zdążył na pociąg.

4. Napiszę mu; zrobi to.

Napiszę mu, żeby to zrobił.

5. Pójdę do Karola; nie będzie sam.

Pójdę do Karola, żeby nie był sam.

6. Wrócę wcześnie; nie będziesz długo czekał.

Wrócę wcześnie, żebyś długo nie czekał.

7. On jej pomaga; ona zda egzamin.

On jej pomaga, żeby zdała egzamin.

8. Zamknąłem okno; nie będzie tak zimno.

Zamknąłem okno, żeby nie było tak zimno.

H.   Drill for subordinate clauses indicating purpose; the subject of the subordinate clause coincides with the subject of the main clause.

> Tutor: Pożyczę sobie dolara; będę miał na obiad.
>
> Student: Pożyczę sobie dolara, żeby mieć na obiad.

1. Pożyczę sobie dolara; będę miał na obiad.

Pożyczę sobie dolara, żeby mieć na obiad.

2. Wstała wcześnie; pomoże bratu.

Wstała wcześnie, żeby pomóc bratu.

3. Pojadę taksówką; nie spóźnię się.

Pojadę taksówką, żeby się nie spóźnić.

4. Umówię się z nim; opowiem mu o tym.

Umówię się z nim, żeby opowiedzieć mu o tym.

5. Weź środek nasenny; będziesz lepiej spać.

Weź środek nasenny, żeby lepiej spać.

6. Poczekam na nią; odprowadzę ją do domu.

Poczekam na nią, żeby odprowadzić ją do domu.

7. Ona długo będzie spała; odpocznie.

Ona długo będzie spała, żeby odpocząć.

8. Pracujemy; żyjemy.

Pracujemy, żeby żyć.

I.   Drill for constructions with <u>chcieć</u>, <u>pragnąć</u>, <u>woleć</u>, <u>starać się</u> in the main clause.

> Tutor: chcę; czegoś się napiję
>
> Student: Chcę się czegoś napić.

1. chcę; czegoś się napiję

Chcę się czegoś napić.

2. chcę; czegoś się napijesz   Chcę żebyś się czegoś napił.

3. on pragnie; on z nią pracuje   On pragnie z nią pracować.

4. on pragnie; ona z nim pracuje   On pragnie, żeby ona z nim pracowała.

5. wolimy; nie mówimy o tym   Wolimy nie mówić o tym.

6. wolimy; nie mówią o tym   Wolimy, żeby nie mówili o tym.

7. staram się; dostanę dla niej pracę.   Staram się dostać dla niej pracę.

8. staram się; ona dostanie dla mnie pracę.   Staram się, żeby ona dostała dla mnie pracę.

J. Drill for constructions with <u>prosić</u>, <u>błagać</u>, <u>żądać</u>, <u>namawiać</u>, <u>ostrzegać</u> in the main clause.

> Tutor: prosił; niech Karol jej pomoże.
>
> Student: Prosił, żeby Karol jej pomógł.

1. prosił; niech Karol jej pomoże.   Prosił, żeby Karol jej pomógł.

2. błagam; niech pan mi to da.   Błagam, żeby pan mi to dał.

3. żądaliśmy; niech oddadzą nam pieniądze.   Żądaliśmy, żeby oddali nam pieniądze.

4. on ją namawiał; niech ona pojedzie z nim.   On ją namawiał, żeby z nim pojechała.

5. ostrzegałem ją; niech ona z nim nie jedzie.   Ostrzegałem ją, żeby z nim nie jechała.

6. Zielińscy proszą nas; przyjedźcie do Warszawy.   Zielińscy proszą nas, żebyśmy przyjechali do Warszawy.

7. Anna żądała; niech Michał zostanie.   Anna żądała, żeby Michał został.

8. ostrzegam was; nie róbcie tego.   Ostrzegam was, żebyście tego nie robili.

K. Drill for constructions with <u>kazać</u>, <u>pozwolić</u>, <u>zabronić</u> in the main clause.

> Tutor: kazał; daj to Pawłowi.
>
> Student a: Kazał mi to dać Pawłowi.
>
> Student b: Kazał, żebym to dał Pawłowi.

1. kazał; daj to Pawłowi   a. Kazał mi to dać Pawłowi.
     b. Kazał, żebym to dał Pawłowi.

2. pozwolił; zostań w domu
    a. Pozwolił mi zostać w domu.
    b. Pozwolił, żebym został w domu.

3. zabronił; nie chodź tam
    a. Zabronił mi tam chodzić.
    b. Zabronił, żebym tam chodził.

4. kazałem; niech on nic nie mówi
    a. Kazałem mu nic nie mówić.
    b. Kazałem, żeby nic nie mówił.

5. pozwoliłem; niech on tu mieszka
    a. Pozwoliłem mu tu mieszkać.
    b. Pozwoliłem, żeby tu mieszkał.

6. zabroniłem; niech on tego nie czyta
    a. Zabroniłem mu to czytać.
    b. Zabroniłem, żeby to czytał.

L. Drill for constructions with the past tense of negated verbs of thinking in the main clause.

> Tutor: nie myślałem; on przyjdzie
>
> Student: Nie myślałem, że on przyjdzie.

1. nie myślałem; on przyjdzie
    Nie myślałem, że on przyjdzie.

2. nie sądziłem; ona mu to powie
    Nie sądziłem, że ona mu to powie.

3. nie przypuszczałem; tak się to skończy
    Nie przypuszczałem, że tak się to skończy.

4. nie wierzyłem; on nie miał czasu
    Nie wierzyłem, że on nie miał czasu.

5. nie wyobrażałem sobie; to jest tak drogie
    Nie wyobrażałem sobie, że to jest tak drogie.

M. Drill for constructions with the present tense of negated verbs of thinking in the main clause.

> Tutor: nie myślę; on to zrobi
>
> Student a: Nie myślę, że on to zrobi
>
> Student b: Nie myślę, żeby on to zrobił.

1. nie myślę; on to zrobi
    a. Nie myślę, że on to zrobi.
    b. Nie myślę, żeby on to zrobił.

2. nie sądzę; ona tu przyjedzie
    a. Nie sądzę, że ona tu przyjedzie
    b. Nie sądzę, żeby ona tu przyjechała.

3. nie przypuszczam; tak będzie
    a. Nie przypuszczam, że tak będzie.
    b. Nie przypuszczam, żeby tak było.

4. nie wierzę; on to może
   zrobić

       a. Nie wierzę, że on to może zrobić.
       b. Nie wierzę, żeby on to mógł zrobić.

5. nie wyobrażam sobie; on
   się z nią ożeni

       a. Nie wyobrażam sobie, że on się z nią
          ożeni.
       b. Nie wyobrażam sobie, żeby on się z
          nią ożenił.

N.   Drill for constructions with <u>wątpić</u> in the main clause.

> Tutor: On przyjdzie.
>
> Student a: Wątpię, czy on przyjdzie.
>
> Student b: Wątpię, czyby on przyszedł.

1. On przyjdzie.

       a. Wątpię, czy on przyjdzie.
       b. Wątpię, czyby on przyszedł.

2. Wanda to zrobi.

       a. Wątpię, czy Wanda to zrobi.
       b. Wątpię, czyby Wanda to zrobiła.

3. To pomoże.

       a. Wątpię, czy to pomoże.
       b. Wątpię, czyby to pomogło.

4. To się uda.

       a. Wątpię, czy to się uda.
       b. Wątpię, czyby to się udało.

5. Piotr zadzwoni do mnie.

       a. Wątpię, czy Piotr zadzwoni do mnie.
       b. Wątpię, czyby Piotr zadzwonił do mnie.

6. Ona wróci.

       a. Wątpię, czy ona wróci.
       b. Wątpię, czyby ona wróciła.

7. Oni zapłacą za to.

       a. Wątpię, czy oni zapłacą za to.
       b. Wątpię, czyby oni zapłacili za to.

8. On to potrafi naprawić.

       a. Wątpię, czy on to potrafi naprawić.
       b. Wątpię, czyby on to potrafił naprawić.

O.   Drill for constructions with verbs of fearing in the main clause.

> Tutor: boję się; on się spóźni
>
> Student a: Boję się, że on się spóźni.
>
> Student b: Boję się, żeby on się nie spóźnił.

1. boję się; on się spóźni

       a. Boję się, że on się spóźni.
       b. Boję się, żeby on się nie spóźnił.

2. boję się; zacznie mnie
   boleć głowa

       a. Boję się, że zacznie mnie boleć głowa.
       b. Boję się, żeby mnie nie zaczęła boleć
          głowa.

3. obawiam się; on dostanie kataru
   a. Obawiam się, że on dostanie kataru.
   b. Obawiam się, żeby on nie dostał kataru.

4. obawiam się; będziesz się nudził
   a. Obawiam się, że będziesz się nudził.
   b. Obawiam się, żebyś się nie nudził.

5. boję się; on mnie za krótko ostrzyże
   a. Boję się, że on mnie za krótko ostrzyże.
   b. Boję się, żeby on mnie za krótko nie ostrzygł.

6. obawiam się; będzie lało
   a. Obawiam się, że będzie lało.
   b. Obawiam się, żeby nie lało.

7. boję się; ona przyjedzie
   a. Boję się, że ona przyjedzie.
   b. Boję się, żeby ona nie przyjechała.

8. obawiam się; to się źle skończy
   a. Obawiam się, że to się źle skończy.
   b. Obawiam się, żeby to się źle nie skończyło.

P.   Drill for subjectless expressions of the type <u>nie ma</u> + question word + infinitive.

> Tutor: Co robisz?
>
> Student: Nie ma co robić.

1. Co robisz?   Nie ma co robić.

2. Czemu się dziwisz?   Nie ma czemu się dziwić.

3. Z kim idziesz?   Nie ma z kim iść.

4. Dokąd jedziesz?   Nie ma dokąd jechać.

5. Kiedy pracujesz?   Nie ma kiedy pracować.

6. Gdzie siedzisz?   Nie ma gdzie siedzieć.

7. Na co narzekasz?   Nie ma na co narzekać.

8. Po co się spieszysz?   Nie ma po co się spieszyć.

9. Do kogo piszesz?   Nie ma do kogo pisać.

10. Komu to dać?   Nie ma komu tego dać.

Q.   Drill for the past and future tense of subjectless expressions of the type <u>nie ma</u> + question word + infinitive.

> Tutor: Nie ma na co czekać.
>
> Student a: Nie było na co czekać.
>
> Student b: Nie będzie na co czekać.

1. Nie ma na co czekać.

    a. Nie było na co czekać.
    b. Nie będzie na co czekać.

2. Nie ma z kim porozmawiać.

    a. Nie było z kim porozmawiać.
    b. Nie będzie z kim porozmawiać.

3. Nie ma kiedy się uczyć.

    a. Nie było kiedy się uczyć.
    b. Nie będzie kiedy się uczyć.

4. Nie ma gdzie usiąść.

    a. Nie było gdzie usiąść.
    b. Nie będzie gdzie usiąść.

5. Nie ma dokąd iść.

    a. Nie było dokąd iść.
    b. Nie będzie dokąd iść.

6. Nie ma czym pisać.

    a. Nie było czym pisać.
    b. Nie będzie czym pisać.

7. Nie ma kogo zaprosić.

    a. Nie było kogo zaprosić.
    b. Nie będzie kogo zaprosić.

8. Nie ma czego się bać.

    a. Nie było czego się bać.
    b. Nie będzie czego się bać.

R.   Drill for the subjectless expressions of the type nie ma (po) co + infinitive.

> Tutor: Nie denerwuj się.
>
> Student a: Nie ma co się denerwować.
>
> Student b: Nie ma po co się denerwować.

1. Nie denerwuj się.

    a. Nie ma co się denerwować.
    b. Nie ma po co się denerwować.

2. Nie chodź tam.

    a. Nie ma co tam chodzić.
    b. Nie ma po co tam chodzić.

3. Nie spiesz się.

    a. Nie ma co się spieszyć.
    b. Nie ma po co się spieszyć.

4. Nie mów o tym.

    a. Nie ma co o tym mówić.
    b. Nie ma po co o tym mówić.

5. Nie pracuj tyle.

    a. Nie ma co tyle pracować.
    b. Nie ma po co tyle pracować.

6. Nie kłam.

    a. Nie ma co kłamać.
    b. Nie ma po co kłamać.

7. Nie siedź tu.

    a. Nie ma co tu siedzieć.
    b. Nie ma po co tu siedzieć.

8. Nie zabieraj psa.

    a. Nie ma co zabierać psa.
    b. Nie ma po co zabierać psa.

S.   Drill for the vocative form of feminine nouns.

> Tutor: Gdzie jest pani Zofia?
>
> Student: Pani Zofio!

1.	Gdzie jest pani Zofia?	Pani Zofio!
2.	Gdzie jest pani Olga?	Pani Olgo!
3.	Gdzie jest pani Wanda?	Pani Wando!
4.	Gdzie jest pani Anna?	Pani Anno!
5.	Gdzie jest pani Helena?	Pani Heleno!
6.	Gdzie jest Zosia?	Zosiu!
7.	Gdzie jest Wandzia?	Wandziu!
8.	Gdzie jest Ania?	Aniu!
9.	Gdzie jest Hela?	Helu!
10.	Gdzie jest ciocia?	Ciociu!

T.   Drill for the vocative form of masculine nouns (suffix -e).

> Tutor: Gdzie jest pan Filip?
>
> Student: Panie Filipie!

1.	Gdzie jest pan Filip?	Panie Filipie!
2.	Gdzie jest pan Józef?	Panie Józefie!
3.	Gdzie jest pan Wacław?	Panie Wacławie!
4.	Gdzie jest pan Adam?	Panie Adamie!
5.	Gdzie jest pan Zygmunt?	Panie Zygmuncie!
6.	Gdzie jest pan Alfred?	Panie Alfredzie!
7.	Gdzie jest pan Klemens?	Panie Klemensie!
8.	Gdzie jest pan Leon?	Panie Leonie!
9.	Gdzie jest pan Wiktor?	Panie Wiktorze!
10.	Gdzie jest pan Paweł?	Panie Pawle!

U.   Drill for the vocative form of masculine nouns (suffix -u).

> Tutor: Gdzie jest pan Ludwik?
>
> Student: Panie Ludwiku.

1. Gdzie jest pan Ludwik?   Panie Ludwiku!

2. Gdzie jest pan Wojciech?   Panie Wojciechu!

3. Gdzie jest pan Tadeusz?   Panie Tadeuszu!

4. Gdzie jest pan Włodzimierz?   Panie Włodzimierzu!

5. Gdzie jest pan Staś?   Panie Stasiu!

6. Gdzie jest pan Karol?   Panie Karolu!

7. Gdzie jest pan Andrzej?   Panie Andrzeju!

8. Gdzie jest pan Tomasz?   Panie Tomaszu!

9. Gdzie jest pan Kazimierz?   Panie Kazimierzu!

10. Gdzie jest pan Franciszek?   Panie Franciszku!

V.   Drill for the nom. pl. of virile nouns with or without alternation.

Tutor:	warszawiak
Student a:	warszawiacy
Student b:	warszawiaki

1. warszawiak   a. warszawiacy
                          b. warszawiaki

2. Francuz   a. Francuzi
                          b. Francuzy

3. sąsiad   a. sąsiedzi
                          b. sąsiady

4. adwokat   a. adwokaci
                          b. adwokaty

5. Anglosas   a. Anglosasi
                          b. Anglosasy

6. dyrektor   a. dyrektorzy
                          b. dyrektory

7. Anglik   a. Anglicy
                          b. Angliki

8. Szwed   a. Szwedzi
                          b. Szwedy

ĆWICZENIA

DRILLS

Drill for verb stem alternations (basic stems or stem-finals are underlined).

A. -owa-

Tutor:	Oni fotografowali.
Student:	Oni fotografują.

1. Oni fotografowali.   Oni fotografują.

2. Oni telefonowali.   Oni telefonują.

3. Oni podróżowali.   Oni podróżują.

4. Oni chorowali.   Oni chorują.

5. Oni studiowali.   Oni studiują.

6. Oni kupowali.   Oni kupują.

7. Oni proponowali.   Oni proponują.

8. Oni prostowali.   Oni prostują.

9. Oni próbowali.   Oni próbują.

10. Oni gotowali.   Oni gotują.

11. Oni pracowali.   Oni pracują.

12. Oni całowali się.   Oni całują się.

13. Oni orientowali się.   Oni orientują się.

14. Oni publikowali.   Oni publikują.

15. Oni obserwowali.   Oni obserwują.

16. Oni interesowali się.   Oni interesują się.

17. Oni denerwowali się.   Oni denerwują się.

18. Oni częstowali.   Oni częstują.

19. Oni żartowali.   Oni żartują.

20. Oni żałowali.   Oni żałują.

21. Oni znajdowali.   Oni znajdują.

22. Oni decydowali.   Oni decydują.

23. Oni zdejmowali.   Oni zdejmują.

24. Oni zajmowali się.   Oni zajmują się.

25. Oni dziękowali.   Oni dziękują.

B.   -ywa-/-iwa-

```
┌─────────────────────────────────────────────┐
│  Tutor:    On czytywał powieści.            │
│  Student:  On czytuje powieści.             │
└─────────────────────────────────────────────┘
```

1. On czytywał powieści.   On czytuje powieści.

2. On odpisywał na listy.   On odpisuje na listy.

3. On otrzymywał prezenty.   On otrzymuje prezenty.

4. On odlatywał do Londynu.   On odlatuje do Londynu.

5. On widywał Martę.   On widuje Martę.

6. On pokazywał zdjęcia.   On pokazuje zdjęcia.

7. On podpisywał się.   On podpisuje się.

8. On przewidywał to.   On przewiduje to.

9. On dowiadywał się.   On dowiaduje się.

10. On wyskakiwał z autobusu.   On wyskakuje z autobusu.

11. On zasługiwał na to.   On zasługuje na to.

12. On zakochiwał się często.   On zakochuje się często.

13. On wykorzystywał sytuację.   On wykorzystuje sytuację.

14. On przekonywał Pawła.   On przekonuje Pawła.

15. On zachowywał się   On zachowuje się spokojnie.
    spokojnie.

16. On porównywał obie   On porównuje obie fotografie.
    fotografie.

17. On zapytywał o zdrowie.   On zapytuje o zdrowie.

18. On podsłuchiwał rozmowę.   On podsłuchuje rozmowę.

19. On zatrzymywał samochody.   On zatrzymuje samochody.

20. On przeszukiwał kieszenie.   On przeszukuje kieszenie.

21. On opisywał Nowy Jork.   On opisuje Nowy Jork.

C.   awa

```
┌─────────────────────────────────────────────┐
│  Tutor:    Podawałem do stołu.              │
│  Student:  Podaję do stołu.                 │
└─────────────────────────────────────────────┘
```

1. Podawałem do stołu.   Podaję do stołu.

2. Nie poznawałem jej.   Nie poznaję jej.

3. Wstawałem wcześnie.	Wstaję wcześnie.
4. Dodawałem cukru.	Dodaję cukru.
5. Zostawałem w domu.	Zostaję w domu.
6. Zdawałem egzamin.	Zdaję egzamin.
7. Oddawałem długi.	Oddaję długi.
8. Udawałem, że nie słyszę.	Udaję, że nie słyszę.
9. Wydawałem dużo pieniędzy.	Wydaję dużo pieniędzy.
10. Nadawałem list polecony.	Nadaję list polecony.
11. Przyznawałem się do winy.	Przyznaję się do winy.
12. Dostawałem mało listów.	Dostaję mało listów.

D. Ca

```
Tutor:   Paweł pisał.
Student: Paweł pisze.
```

1. Paweł pisał.	Paweł pisze.
2. Paweł gwizdał.	Paweł gwiżdże.
3. Paweł płakał.	Paweł płacze.
4. Paweł szeptał.	Paweł szepcze.
5. Paweł kąpał się.	Paweł kąpie się.
6. Paweł kłamał.	Paweł kłamie.
7. Paweł karał.	Paweł karze.
8. Paweł kazał.	Paweł każe.
9. Paweł skakał.	Paweł skacze.
10. Paweł czesał się.	Paweł czesze się.
11. Paweł odpisał.	Paweł odpisze.
12. Paweł złapał go.	Paweł złapie go.

E. y/i

```
Tutor:   On uczył się fizyki.
Student: Oni uczą się fizyki.
```

1. On uczył się fizyki.	Oni uczą się fizyki.
2. On robił zdjęcia.	Oni robią zdjęcia.

3. On dzwonił do Wandy.	Oni dzwonią do Wandy.
4. On kupił radio.	Oni kupią radio.
5. On modlił się często.	Oni modlą się często.
6. On mówił wolno.	Oni mówią wolno.
7. On leczył się długo.	Oni leczą się długo.
8. On liczył na to.	Oni liczą na to.
9. On lubił dobre wino.	Oni lubią dobre wino.
10. On gubił pieniądze.	Oni gubią pieniądze.
11. On dziwił się.	Oni dziwią się.
12. On golił się rano.	Oni golą się rano.
13. On cieszył się.	Oni cieszą się.
14. On męczył się od upału.	Oni męczą się od upału.
15. On ważył się często.	Oni ważą się często.
16. On wierzył Tomkowi.	Oni wierzą Tomkowi.
17. On ruszył do przodu.	Oni ruszą do przodu.
18. On naprawił radio.	Oni naprawią radio.
19. On zostawił okulary.	Oni zostawią okulary.
20. On życzył mi zdrowia.	Oni życzą mi zdrowia.
21. On zrobił zabawę.	Oni zrobią zabawę.
22. On pozwolił jej iść.	Oni pozwolą jej iść.
23. On kończył tę szkołę.	Oni kończą tę szkołę.
24. On uspokoił ojca.	Oni uspokoją ojca.

F. C_3i

Tutor: On płacił dużo.
Student a: Płacę dużo.
Student b: Oni płacą dużo.

1. On płacił dużo.	a. Płacę dużo.
	b. Oni płacą dużo.
2. On czyścił ubranie.	a. Czyszczę ubranie.
	b. Oni czyszczą ubranie.
3. On woził dzieci nad morze.	a. Wożę dzieci nad morze.
	b. Oni wożą dzieci nad morze.
4. On nosił kalosze.	a. Noszę kalosze.
	b. Oni noszą kalosze.

5. On kłócił się z Wandą.   a. Kłócę się z Wandą.
                                 b. Oni kłócą się z Wandą.

6. On chodził pieszo.   a. Chodzę pieszo.
                                 b. Oni chodzą pieszo.

7. On budził się późno.   a. Budzę się późno.
                                 b. Oni budzą się późno.

8. On gasił papierosy.   a. Gaszę papierosy.
                                 b. Oni gaszą papierosy.

9. On jeździł do Krakowa.   a. Jeżdżę do Krakowa.
                                 b. Oni jeżdżą do Krakowa.

10. On odwiedził Marka.   a. Odwiedzę Marka.
                                 b. Oni odwiedzą Marka.

11. On nudził się strasznie.   a. Nudzę się strasznie.
                                 b. Oni nudzą się strasznie.

12. On obchodził imieniny.   a. Obchodzę imieniny.
                                 b. Oni obchodzą imieniny.

13. On przenosił się do Gdyni. a. Przenoszę się do Gdyni.
                                 b. Oni przenoszą się do Gdyni.

14. On sądził, że ten hotel jest tani.   a. Sądzę, że ten hotel jest tani.
                                          b. Oni sądzą, że ten hotel jest tani.

15. On prosił o ciastko.   a. Proszę o ciastko.
                                 b. Oni proszą o ciastko.

16. On przeszkodził temu.   a. Przeszkodzę temu.
                                 b. Oni przeszkodzą temu.

17. On spędził tu lato.   a. Spędzę tu lato.
                                 b. Oni spędzą tu lato.

18. On zgodził się.   a. Zgodzę się.
                                 b. Oni zgodzą się.

19. On spłacił dług.   a. Spłacę dług.
                                 b. Oni spłacą dług.

20. On odprowadził Irenę.   a. Odprowadzę Irenę.
                                 b. Oni odprowadzą Irenę.

21. On wyrzucił go z domu.   a. Wyrzucę go z domu.
                                 b. Oni wyrzucą go z domu.

22. On urządził zabawę.   a. Urządzę zabawę.
                                 b. Oni urządzą zabawę.

G. $\underline{C_3e}$

Tutor:	Widzieliśmy to.
Student a:	Widziałem to.
Student b:	Widzę to.

1. Widzieliśmy to.
   a. Widziałem to.
   b. Widzę to.

2. Patrzeliśmy na Jurka.
   a. Patrzałem na Jurka.
   b. Patrzę na Jurka.

3. Woleliśmy kawę.
   a. Wolałem kawę.
   b. Wolę kawę.

4. Krzyczeliśmy głośno.
   a. Krzyczałem głośno.
   b. Krzyczę głośno.

5. Słyszeliśmy jej głos.
   a. Słyszałem jej głos.
   b. Słyszę jej głos.

6. Lecieliśmy ponad chmurami.
   a. Leciałem ponad chmurami.
   b. Lecę ponad chmurami.

7. Leżeliśmy na plaży.
   a. Leżałem na plaży.
   b. Leżę na plaży.

8. Myśleliśmy o wakacjach.
   a. Myślałem o wakacjach.
   b. Myślę o wakacjach.

9. Musieliśmy iść.
   a. Musiałem iść.
   b. Muszę iść.

10. Przejrzeliśmy wszystkie gazety.
   a. Przejrzałem wszystkie gazety.
   b. Przejrzę wszystkie gazety.

11. Siedzieliśmy w bibliotece.
   a. Siedziałem w bibliotece.
   b. Siedzę w bibliotece.

H.   -ej-

> Tutor: Zestarzałem się.
> Student: Zestarzeję się.

1. Zestarzałem się.   Zestarzeję się.
2. Zestarzałeś się.   Zestarzejesz się.
3. On zestarzał się.   On zestarzeje się.
4. Zestarzeliśmy się.   Zestarzejemy się.
5. Zestarzeliście się.   Zestarzejecie się.
6. Oni zestarzeli się.   Oni zestarzeją się.

I.   ej

> Tutor: Rozgrzałem się herbatą.
> Student: On rozgrzeje się herbatą.

1. Rozgrzałem się herbatą.   On rozgrzeje się herbatą.

2. Śmiałem się z Marka.   On śmieje się z Marka.

3. Działo się to w Warszawie.   Dzieje się to w Warszawie.

4. Nalałem mleka do szklanki.   On naleje mleka do szklanki.

J.   uj, yj, ij

> Tutor: Czułem się źle.
>
> Student a: Czujemy się źle.
>
> Student b: Czuję się źle.

1. Czułem się źle.   a. Czujemy się źle.
        b. Czuję się źle.

2. Zepsułem mu rower.   a. Zepsujemy mu rower.
        b. Zepsuję mu rower.

3. Myłem się w łazience.   a. Myjemy się w łazience.
        b. Myję się w łazience.

4. Zakryłem tekst ćwiczenia.   a. Zakryjemy tekst ćwiczenia.
        b. Zakryję tekst ćwiczenia.

5. Piłem dużo mleka.   a. Pijemy dużo mleka.
        b. Piję dużo mleka.

6. Zbiłem swego psa.   a. Zbijemy swego psa.
        b. Zbiję swego psa.

7. Użyłem dużo mydła i wody.   a. Użyjemy dużo mydła i wody.
        b. Użyję dużo mydła i wody.

8. Przebiłem oponę.   a. Przebijemy oponę.
        b. Przebiję oponę.

9. Wypiłem lekarstwo.   a. Wypijemy lekarstwo.
        b. Wypiję lekarstwo.

10. Przeżyłem trudne chwile.   a. Przeżyjemy trudne chwile.
         b. Przeżyję trudne chwile.

K.   oj

> Tutor: Stałem przy oknie.
>
> Student: Stoję przy oknie.

1. Stałem przy oknie.   Stoję przy oknie.

2. Stały przy oknie.   Stoją przy oknie.

3. Staliśmy przy oknie.   Stoimy przy oknie.

4. Stała przy oknie.   Stoi przy oknie.

5. Bałem się tego psa.   Boję się tego psa.

6. Bały się tego psa.   Boją się tego psa.

7. Baliśmy się tego psa.   Boimy się tego psa.

8. Bała się tego psa.   Boi się tego psa.

L.   <u>aj</u>

```
Tutor:       Wiktor czytał gazetę.
Student a:   Oni czytają gazetę.
Student b:   Czytam gazetę.
```

1. Wiktor czytał gazetę.   a. Oni czytają gazetę.
                                      b. Czytam gazetę.

2. Wiktor znał Wilczków.   a. Oni znają Wilczków.
                                      b. Znam Wilczków.

3. Wiktor grał w brydża.   a. Oni grają w brydża.
                                      b. Gram w brydża.

4. Wiktor umawiał się z Marią.   a. Oni umawiają się z Marią.
                                      b. Umawiam się z Marią.

5. Wiktor urządzał przyjęcie.   a. Oni urządzają przyjęcie.
                                      b. Urządzam przyjęcie.

6. Wiktor siadał do stołu.   a. Oni siadają do stołu.
                                      b. Siadam do stołu.

7. Wiktor poznał ją zaraz.   a. Oni poznają ją zaraz.
                                      b. Poznam ją zaraz.

8. Wiktor wzywał milicję.   a. Oni wzywają milicję.
                                      b. Wzywam milicję.

9. Wiktor spłacał długi.   a. Oni spłacają długi.
                                      b. Spłacam długi.

10. Wiktor spotykał go często.   a. Oni spotykają go często.
                                      b. Spotykam go często.

11. Wiktor słuchał radia.   a. Oni słuchają radia.
                                      b. Słucham radia.

12. Wiktor skręcał w prawo.   a. Oni skręcają w prawo.
                                      b. Skręcam w prawo.

13. Wiktor sypiał w hotelu.   a. Oni sypiają w hotelu.
                                      b. Sypiam w hotelu.

14. Wiktor przeżywał to bardzo.
    a. Oni przeżywają to bardzo.
    b. Przeżywam to bardzo.

15. Wiktor pytał o brata.
    a. Oni pytają o brata.
    b. Pytam o brata.

16. Wiktor zapraszał ją do teatru.
    a. Oni zapraszają ją do teatru.
    b. Zapraszam ją do teatru.

17. Wiktor grywał w szachy.
    a. Oni grywają w szachy.
    b. Grywam w szachy.

18. Wiktor latał często do Paryża.
    a. Oni latają często do Paryża.
    b. Latam często do Paryża.

M. <u>Cm</u>, <u>Cn</u>

> Tutor: Zaczęliśmy nową lekcję.
>
> Student a: Zaczniemy nową lekcję.
>
> Student b: Zaczną nową lekcję.

1. Zaczęliśmy nową lekcję.
    a. Zaczniemy nową lekcję.
    b. Zaczną nową lekcję.

2. Zajęliśmy cały stół.
    a. Zajmiemy cały stół.
    b. Zajmą cały stół.

3. Wygięliśmy ten gwóźdź.
    a. Wygniemy ten gwóźdź.
    b. Wygną ten gwóźdź.

4. Ścięliśmy kwiaty.
    a. Zetniemy kwiaty.
    b. Zetną kwiaty.

5. Zdjęliśmy płaszcze.
    a. Zdejmiemy płaszcze.
    b. Zdejmą płaszcze.

N. <u>V-nę-</u>

> Tutor: Płynęliśmy do Gdyni.
>
> Student a: On płynął do Gdyni.
>
> Student b: Oni płyną do Gdyni.

1. Płynęliśmy do Gdyni.
    a. On płynął do Gdyni.
    b. Oni płyną do Gdyni.

2. Stanęliśmy pod lasem.
    a. On stanął pod lasem.
    b. Oni staną pod lasem.

3. Minęliśmy Poznań.
    a. On minął Poznań.
    b. Oni miną Poznań.

4. Zginęły nam rowery.   a. Zginął nam rower.
    b. Zginą nam rowery.

5. Lunęły deszcze.   a. Lunął deszcz.
    b. Luną deszcze.

6. Tonęliśmy.   a. On tonął.
    b. Oni toną.

O.   C-nę-

> Tutor: Krzyknęliśmy.
>
> Student a: On krzyknął.
>
> Student b: On krzyknie.

1. Krzyknęliśmy.   a. On krzyknął.
    b. On krzyknie.

2. Potknęliśmy się o kamień.   a. On potknął się o kamień.
    b. On potknie się o kamień.

3. Uścisnęliśmy go.   a. On uścisnął go.
    b. On uściśnie go.

4. Pragnęliśmy już iść.   a. On pragnął już iść.
    b. On pragnie już iść.

5. Uśmiechnęliśmy się do niej.   a. On uśmiechnął się do niej.
    b. On uśmiechnie się do niej.

6. Zasnęliśmy zaraz.   a. On zasnął zaraz.
    b. On zaśnie zaraz.

7. Zamknęliśmy drzwi.   a. On zamknął drzwi.
    b. On zamknie drzwi.

8. Ciągnęliśmy wózek.   a. On ciągnął wózek.
    b. On ciągnie wózek.

P.   C-ną-

> Tutor: wyschnąć zaraz; parasol
>
> Student a: Parasol wysechł zaraz.
>
> Student b: Parasol wyschnie zaraz.

1. wyschnąć zaraz; parasol   a. Parasol wysechł zaraz.
    b. Parasol wyschnie zaraz.

2. rosnąć szybko; dziecko   a. Dziecko rosło szybko.
    b. Dziecko rośnie szybko.

3. kwitnąć tu; co?   a. Co tu kwitło?
                            b. Co tu kwitnie?

4. pęknąć wzdłuż; pióro   a. Pióro pękło wzdłuż.
                            b. Pióro pęknie wzdłuż.

5. zwiędnąć bez wody; kwiat a. Kwiat zwiądł bez wody.
                            b. Kwiat zwiędnie bez wody.

6. przemoknąć; Jan   a. Jan przemókł.
                            b. Jan przemoknie.

Q. C-n-

```
Tutor:      upaść

Student a:  On upadł.

Student b:  On upadnie.
```

1. upaść   a. On upadł.
                            b. On upadnie.

2. przyrzec   a. On przyrzekł.
                            b. On przyrzeknie.

3. przysiąc   a. On przysiągł.
                            b. On przysięgnie.

4. uciec   a. On uciekł.
                            b. On ucieknie.

5. wyróść   a. On wyrósł.
                            b. On wyrośnie.

6. kraść   a. On kradł.
                            b. On kradnie.

7. przybiec   a. On przybiegł.
                            b. On przybiegnie.

R. C

```
Tutor:      Ewa niosła książki.

Student a:  Oni niosą książki.

Student b:  On niesie książki.
```

1. Ewa niosła książki.   a. Oni niosą książki.
                                b. On niesie książki.

2. Ewa kładła talerze na stół. a. Oni kładą talerze na stół.
                                b. On kładzie talerze na stół.

3. Ewa strzygła psa.

    a. Oni strzygą psa.
    b. On strzyże psa.

4. Ewa piekła ciastka.

    a. Oni pieką ciastka.
    b. On piecze ciastka.

5. Ewa wiozła prezenty.

    a. Oni wiozą prezenty.
    b. On wiezie prezenty.

6. Ewa wsiadła do taksówki.

    a. Oni wsiądą do taksówki.
    b. On wsiądzie do taksówki.

7. Ewa rozwiodła się.

    a. Oni rozwiodą się.
    b. On rozwiedzie się.

8. Ewa wysiadła z pociągu.

    a. Oni wysiądą z pociągu.
    b. On wysiądzie z pociągu.

S.   <u>r</u>

Tutor:	Wytarł ręce.
Student a:	Oni wytrą ręce.
Student b:	On wytrze ręce.

1. Wytarł ręce.

    a. Oni wytrą ręce.
    b. On wytrze ręce.

2. Podarł spodnie.

    a. Oni podrą spodnie.
    b. On podrze spodnie.

3. Oparł się.

    a. Oni oprą się.
    b. On oprze się.

4. Uparł się.

    a. Oni uprą się.
    b. On uprze się.

5. Umarł młodo.

    a. Oni umrą młodo.
    b. On umrze młodo.

T.   <u>sta</u>/<u>stan</u>

Tutor:	On wstał wcześnie.
Student a:	On wstanie wcześnie.
Student b:	Wstanę wcześnie.

1. On wstał wcześnie.

    a. On wstanie wcześnie.
    b. Wstanę wcześnie.

2. On nie zastał go.

    a. On nie zastanie go.
    b. Nie zastanę go.

3. On został.   a. On zostanie.
                                       b. Zostanę.

4. On przestał palić.   a. On przestanie palić.
                                       b. Przestanę palić.

5. On dostał paczkę.   a. On dostanie paczkę.
                                       b. Dostanę paczkę.

U. Anomalous verbs.

```
Tutor:    Wanda spała.
Student:  Wanda śpi.
```

1. Wanda spała.   Wanda śpi.

2. On miał katar.   On ma katar.

3. Oni chcieli kawy.   Oni chcą kawy.

4. On to wziął.   On to weźmie.

5. Jan szedł do miasta.   Jan idzie do miasta.

6. Maria jechała autem.   Maria jedzie autem.

7. Nikt tego nie znalazł.   Nikt tego nie znajdzie.

8. Marta usiadła przy oknie.   Marta usiądzie przy oknie.

V. Anomalous verbs.

```
Tutor:    Janusz dał mi prezent.
Student:  Janusz da mi prezent.
```

1. Janusz dał mi prezent.   Janusz da mi prezent.

2. Wilczkowie dali mi prezent.   Wilczkowie dadzą mi prezent.

3. Olek jadł mało.   Olek je mało.

4. Chełmiccy jedli mało.   Chełmiccy jedzą mało.

5. Tomek był studentem.   Tomek jest studentem.

6. Stefan i Bolek byli studentami.   Stefan i Bolek są studentami.

7. Roman umiał to zrobić.   Roman umie to zrobić.

8. Witek i Karol umieli to zrobić.   Witek i Karol umieją to zrobić.

9. Pan Kowalski wiedział o tym.   Pan Kowalski wie o tym.

10. Kowalscy wiedzieli o tym.   Kowalscy wiedzą o tym.

W. Anomalous verbs (imperative).

> Tutor: Spałeś dobrze?
> Student: Śpij dobrze.

1.	Spałeś dobrze?	Śpij dobrze.
2.	Dałeś mu sweter?	Daj mu sweter.
3.	Zjadłeś obiad?	Zjedz obiad.
4.	Wybrałeś kapelusz?	Wybierz kapelusz.
5.	Jechałeś wolno?	Jedź wolno.
6.	Szedłeś szybko?	Idź szybko.
7.	Wstałeś wcześnie?	Wstań wcześnie.
8.	Wziąłeś książkę?	Weź książkę.
9.	Byłeś spokojny?	Bądź spokojny.
10.	Wiedziałeś o tym?	Wiedz o tym.
11.	Znalazłeś klucze?	Znajdź klucze.
12.	Miałeś się dobrze?	Miej się dobrze.

ĆWICZENIA   DRILLS

Drill for the compound perfective–compound imperfective aspect pairs (basic stems or stem-finals are underlined).

> Tutor: Przygotowałem się do egzaminu.
>
> Student: Przygotowywałem się do egzaminu.

A. owa ~ owywa

1. Przygotowałem się do egzaminu.   Przygotowywałem się do egzaminu.

2. Wyprostowałem gwoździe.   Wyprostowywałem gwoździe.

3. Przygotuję się na jutro.   Przygotowuję się na jutro.

4. Wyprostuję łyżkę.   Wyprostowuję łyżkę.

B. Dissyllabic Ca ~ Cywa/Ciwa

1. Pokazałem mu zdjęcie.   Pokazywałem mu zdjęcie.

2. Podpisałem dokumenty.   Podpisywałem dokumenty.

3. Ona opłakała śmierć matki.   Ona opłakiwała śmierć matki.

4. Okazało się, że nie miał racji. Okazywało się, że nie miał racji.

5. Zapisałem wszystkie adresy.   Zapisywałem wszystkie adresy.

6. Odpisałem mu natychmiast.   Odpisywałem mu natychmiast.

C. Monosyllabic CCa ~ CyCaj

1. Ona przysłała mi książki.   Ona przysyłała mi książki.

2. Zerwałem kwiaty.   Zrywałem kwiaty.

3. Nazwałem psa Burek.   Nazywałem psa Burek.

4. Posłałem jej kwiaty.   Posyłałem jej kwiaty.

5. Przerwałem rozmowę.   Przerywałem rozmowę.

6. Nikt się nie odezwał.   Nikt się nie odzywał.

7. Wezwałem lekarza.   Wzywałem lekarza.

D. C_3y/i ~ C_5aj

1. Domyśliliśmy się prawdy.   Domyślaliśmy się prawdy.

2. Nie wystarczyło pieniędzy.   Nie wystarczało pieniędzy.

3. Nie wyrzuciłem tych rzeczy.   Nie wyrzucałem tych rzeczy.

4. Kto mógł przypuścić?   Kto mógł przypuszczać?

5. Lato spędziłem na wsi.   Lato spędzałem na wsi.

6. On mi nigdy nic nie pożyczył.   On mi nigdy nic nie pożyczał.

7. Zarobiłem dużo pieniędzy.   Zarabiałem dużo pieniędzy.

8. Odwiedziłem rodzinę.   Odwiedzałem rodzinę.

9. Nie mogę go namówić.   Nie mogę go namawiać.

10. Musiałem go przeprosić.   Musiałem go przepraszać.

11. Czy nie przeszkodziłem panu?   Czy nie przeszkadzałem panu?

12. Karol zostawił swoje rzeczy   Karol zostawiał swoje rzeczy na wsi.
    na wsi.

13. Zgodziłem się z nim.   Zgadzałem się z nim.

14. Umówiliśmy się na piątą.   Umawialiśmy się na piątą.

15. Spłaciłem powoli długi.   Spłacałem powoli długi.

16. Nie odprowadziłem jej do domu.   Nie odprowadzałem jej do domu.

17. Powtórzyłem mu to.   Powtarzałem mu to.

18. On nie zaprosił go do siebie.   On nie zapraszał go do siebie.

19. Nie pozwoliłem mu na to.   Nie pozwalałem mu na to.

20. Urządziłem wycieczkę.   Urządzałem wycieczkę.

21. Ona mi nie wybaczyła.   Ona mi nie wybaczała.

22. Uspokoiłem ją.   Uspakajałem ją.

E. $\underline{C_3e(C_3y/i)} \sim \underline{C_3ywa/iwa}$

1. Karol właśnie przyleciał do   Karol właśnie przylatywał do Londynu.
   Londynu.

2. Przewidziałem to.   Przewidywałem to.

3. Samolot właśnie odleciał.   Samolot właśnie odlatywał.

4. On nie zasłużył na to.   On nie zasługiwał na to.

5. Kot nam wyskoczył z samochodu.   Kot nam wyskakiwał z samochodu.

6. Dowiedziałem się, kto to jest.   Dowiadywałem się, kto to jest.

F. $\underline{ej} \sim \underline{ewaj}$

1. Adam wylał wodę.   Adam wylewał wodę.

2. Rozgrzałem sobie uszy rękami.   Rozgrzewałem sobie uszy rękami.

3. Nie wylejcie wina.   Nie wylewajcie wina.

4. Rozgrzejmy się przy pracy.   Rozgrzewajmy się przy pracy.

G. <u>uj</u> ~ <u>uwaj</u>

1. On przeczuł, że tak będzie.   On przeczuwał, że tak będzie.
2. Dziecko wypluło lekarstwo.   Dziecko wypluwało lekarstwo.
3. Ja to zawsze przeczuję.   Ja to zawsze przeczuwam.
4. Nie wypluj lekarstwa.   Nie wypluwaj lekarstwa.

H. <u>yj</u> ~ <u>ywaj</u>

1. Zebrania odbyły się w jesieni.   Zebrania odbywały się w jesieni.
2. Dużo wtedy przeżyłem.   Dużo wtedy przeżywałem.
3. Zakryłem polski tekst.   Zakrywałem polski tekst.
4. Czego on użył?   Czego on używał?

I. <u>ij</u> ~ <u>ijaj</u>

1. Wielu zabiło się na szosach.   Wielu zabijało się na szosach.
2. Karol lubił się upić.   Karol lubił się upijać.
3. Nie przebij opony.   Nie przebijaj opony.
4. Karol przepił pieniądze żony.   Karol przepijał pieniądze żony.

J. <u>Caj</u> ~ <u>Cywa</u>/<u>iwa</u>

1. Odczytałem listy.   Odczytywałem listy.
2. Ona się zakochała podczas   Ona się zakochiwała podczas wakacji.
   wakacji.
3. Przekonałem go, że tak nie   Przekonywałem go, że tak nie jest.
   jest.
4. On wykorzystał ją.   On wykorzystywał ją.
5. Ona się okropnie zachowała.   Ona się okropnie zachowywała.
6. Porównaliśmy film z książką.   Porównywaliśmy film z książką.
7. Karol zapytał o zdrowie.   Karol zapytywał o zdrowie.
8. Podsłuchałem rozmowę dwóch   Podsłuchiwałem rozmowę dwóch
   studentek.   studentek.
9. Pociąg nigdzie się nie   Pociąg nigdzie się nie zatrzymywał.
   zatrzymał.
10. Przeszukałem wszystkie   Przeszukiwałem wszystkie kieszenie.
    kieszenie.

K. <u>Cn</u> ~ <u>Cynaj</u>/<u>inaj</u>

1. Zaczęło padać.   Zaczynało padać.

2. Maria krótko sobie ścięła   Maria krótko sobie ścinała włosy.
   włosy.

3. Obciąłem sobie paznokcie.   Obcinałem sobie paznokcie.

4. Zacznę się uczyć.   Zaczynam się uczyć.

5. Kto tu dobrze zetnie włosy?   Kto tu dobrze ścina włosy?

6. Obetnij paznokcie.   Obcinaj paznokcie.

L. V-nę ~ V-waj (V-jaj)

1. Statek właśnie odpłynął.   Statek właśnie odpływał.

2. Wyminęliśmy się.   Wymijaliśmy się.

3. Przepłynąłem łatwo na drugi   Przepływałem łatwo na drugi brzeg.
   brzeg.

4. Jutro odpłynę.   Jutro odpływam.

5. On nas wyminie.   On nas wymija.

M. C-nę- ~ Caj

1. Wyciągnęliśmy go na brzeg.   Wyciągaliśmy go na brzeg.

2. Nic z tego nie wyniknęło.   Nic z tego nie wynikało.

3. Ścisnęli sobie ręce.   Ściskali sobie ręce.

4. Uśmiechnęliśmy się do siebie.   Uśmiechaliśmy się do siebie.

5. Jan zamknął drzwi.   Jan zamykał drzwi.

6. Marta zasnęła wcześnie.   Marta zasypiała wcześnie.

7. Wanda oglądnęła się za siebie.   Wanda oglądała się za siebie.

8. Wanda potknęła się.   Wanda potykała się.

N. C-ną- ~ Caj

1. Przekwitły już drzewa.   Przekwitały już drzewa.

2. Buty mi przemokły.   Buty mi przemakały.

3. Już wyrosły kwiaty.   Już wyrastały kwiaty.

4. Buty nie wyschły.   Buty nie wysychały.

O. C-n- ~ C-aj

1. Wanda się potknęła i upadła.   Wanda się potykała i upadała.

2. Marta przyrzekła mu, że   Marta przyrzekała mu, że będzie pisać.
   będzie pisać.

3. Jan przysiągł jej, że jej nie   Jan przysięgał jej, że jej nie zapomni.
   zapomni.

4. Kiedy byłem mały, uciekłem   Kiedy byłem mały, uciekałem z domu.
   z domu.

5. Pieniądze wypadły mu z   Pieniądze wypadały mu z kieszeni.
   kieszeni.

P. $C \sim Caj$ or C_3i

1. Wysiadłem z tramwaju.   Wysiadałem z tramwaju.

2. Brat mi pomógł.   Brat mi pomagał.

3. Wsiadłem na rower.   Wsiadałem na rower.

4. Siostra mnie ostrzegła.   Siostra mnie ostrzegała.

5. Zsiadłem z roweru.   Zsiadałem z roweru.

6. Niemcy wywieźli ich do obozów.   Niemcy wywozili ich do obozów.

7. Przenieśliśmy się do miasta.   Przenosiliśmy się do miasta.

8. Oni się właśnie rozwiedli.   Oni się właśnie rozwodzili.

9. Przywiozłem dzieciom prezenty.   Przywoziłem dzieciom prezenty.

10. Tadek przyniósł mi jedzenie.   Tadek przynosił mi jedzenie.

Q. $Cr \sim C_1eraj$

1. Karol uparł się.   Karol upierał się.

2. Marta wytarła tablicę.   Marta wycierała tablicę.

3. Chłopcy zdarli plakaty ze ścian.   Chłopcy zdzierali plakaty ze ścian.

4. Kiedy przyjechałem, dziadek   Kiedy przyjechałem, dziadek już
   już umarł.   umierał.

5. Jan oparł się o ścianę.   Jan opierał się o ścianę.

R. $bra \sim biera$

1. Karol rozebrał się.   Karol rozbierał się.

2. Marta przebrała się.   Marta przebierała się.

3. Jurek ubrał się.   Jurek ubierał się.

4. Nabrałem sił.   Nabierałem sił.

5. Proszę wybrać.   Proszę wybierać.

6. Kto zabierze książki?   Kto zabiera książki?

S. $jm \sim jmowa$

1. Dyrektor go nie przyjął.   Dyrektor go nie przyjmował.

2. Maria zajęła się chorym.   Maria zajmowała się chorym.

3. Jurek zdjął obraz ze ściany.   Jurek zdejmował obraz ze ściany.

4. Nie przyjmę pana.   Nie przyjmuję pana.

5. Ona zajmie się dziećmi.   Ona zajmuje się dziećmi.

6. Zdejm płaszcz.   Zdejmuj płaszcz.

dadz ~ dawa

1. Janusz zdał egzaminy.   Janusz zdawał egzaminy.

2. Czy już nadali wiadomości?   Czy już nadawali wiadomości?

3. On nie oddał mi pieniędzy.   On nie oddawał mi pieniędzy.

4. Oni nie podali sobie rąk.   Oni nie podawali sobie rąk.

5. Udałem, że go nie widzę.   Udawałem, że go nie widzę.

6. W zeszłym roku wydałem   W zeszłym roku wydawałem dużo
   dużo pieniędzy.   pieniędzy.

U. sta/stan ~ stawa

1. On nie przestał o tym mówić.   On nie przestawał o tym mówić.

2. Alina wstała późno.   Alina wstawała późno.

3. Kto tu zostanie?   Kto tu zostaje?

4. Janek dostał listy z Polski.   Janek dostawał listy z Polski.

5. Już kilka razy byłem u niego,   Już kilka razy byłem u niego, ale nie
   ale nie zastałem go w domu.   zastawałem go w domu.

V. znaj ~ znawa

1. On mnie nie poznał.   On mnie nie poznawał.

2. Anglia nie uznała nowego   Anglia nie uznawała nowego rządu.
   rządu.

3. Jan nie przyznał się do winy.   Jan nie przyznawał się do winy.

4. Nikt nas tu nie pozna.   Nikt nas tu nie poznaje.

5. Czy uznają pana studia w Polsce?   Czy uznają pana studia w Polsce?

6. Oni się nigdy nie przyznają   Oni się nigdy nie przyznają do winy.
   do winy.

W. pomnie ~ pominaj

1. Przypomniałem sobie, kto to   Przypominałem sobie, kto to jest.
   jest.

2. On zapomniał o wszystkim.   On zapominał o wszystkim.

3. Oni nic o tym nie wspomnieli.   Oni nic o tym nie wspominali.

4. Nie przypomnę sobie.   Nie przypominam sobie.

5. Nie zapomnij!   Nie zapominaj!

6. Niech pan o tym nie wspomni   Nie pan o tym nie wspomina mojej
   mojej żonie.   żonie.

X. szd/jd ~ chodzi

1. Kto tu przyjdzie?   Kto tu przychodzi?

2. Nic z tego nie wyjdzie.   Nic z tego nie wychodzi.

3. On nie podszedł do mnie.   On nie podchodził do mnie.

4. Pociąg właśnie odszedł.   Pociąg właśnie odchodził.

5. Weszliśmy do pokoju.   Wchodziliśmy do pokoju.

6. Wszyscy zeszli się na kawę   Wszyscy schodzili się na kawę u
   u Wilczków.   Wilczków.

7. Obszedłem dom.   Obchodziłem dom.

8. Jan przeszedł na drugą stronę.   Jan przechodził na drugą stronę.

Y. jecha/jad ~ jeżdżaj

1. Kto przyjechał?   Kto przyjeżdżał?

2. Ojciec wyjedzie jutro.   Ojciec wyjeżdża jutro.

3. Podjechaliśmy do wejścia.   Podjeżdżaliśmy do wejścia.

4. On objedzie całą Europę.   On objeżdża całą Europę.

5. Wjechaliśmy na górę windą.   Wjeżdżaliśmy na górę windą.

6. Oni zjechali na nartach.   Oni zjeżdżali na nartach.

7. Wszyscy już odjechali.   Wszyscy już odjeżdżali.

8. Dojechaliśmy z żoną do miasta.   Dojeżdżaliśmy z żoną do miasta.

Z. Varia

1. Dużo przegrałem.   Dużo przegrywałem.

2. Kto wygra?   Kto wygrywa?

3. Nie mogę tego opowiedzieć.   Nie mogę tego opowiadać.

4. Kto za to odpowie?   Kto za to odpowiada?

5. Marta włożyła kapelusz.   Marta wkładała kapelusz.

6. Założę się, że tak nie jest.   Zakładam się, że tak nie jest.

7. Znalazłem pieniądze na ulicy.   Znajdowałem pieniądze na ulicy.

8. Spotkaliśmy się w kawiarni.   Spotykaliśmy się w kawiarni.

9. Nie otworzyłem drzwi.   Nie otwierałem drzwi.

10. Zebranie odbyło się w klubie.   Zebranie odbywało się w klubie.

SURVEY OF GRAMMAR

SOUNDS AND SPELLING

As in all languages which have a literary tradition there is no one-to-one relationship between the sounds of Polish and their graphic representation. In the exposition below the sounds of Polish which have no special letter in the Polish alphabet are enclosed in square brackets: [ ].

1. ALPHABET

Polish has seven vowel sounds and thirty-six consonant sounds. These sounds are written in traditional orthography with twenty-three letters of the medieval Latin alphabet (q, v, and x are not used except in foreign names and as symbols). In order to represent adequately the whole inventory of Polish sounds, the alphabet is enlarged by additional signs (diacritics). Also some combinations of letters are used to denote single sounds.

The diacritics are:

A. ogonek 'hook' written under certain letters:
   ę, ą are nasal counterparts of e, o

B. kreska 'acute accent' written over certain letters:
   ó equals u
   ś, ź, ć, ń are palatal counterparts of s, z, c, n

C. kropka 'dot' written over z:
   ż is the alveolar counterpart of z

D. 'bar' written across l
   ł is the semivowel [u̯]

The alphabet is:

Capital	Small	Name	Capital	Small	Name
A	a	a	I	i	i
(Ą)*	ą	ą	J	j	jot
B	b	be	K	k	ka
C	c	ce	L	l	el
Ć	ć	cie	Ł	ł	eł
D	d	de	M	m	em
E	e	e	N	n	en
(Ę)*	ę	ę	(Ń)†	ń	eń
F	f	ef	O	o	o
G	g	gie	Ó	ó	o kreskowane
H	h	ha	P	p	pe

Capital	Small	Name	Capital	Small	Name
R	r	er	W	w	wu
S	s	es	(Y)*	y	y, igrek, ipsylon
Ś	ś	eś	Z	z	zet
T	t	te	Ź	ź	ziet
U	u	u	Ż	ż	żet

* The vowels ą, ę, y do not appear at the beginning of a word.
† The consonant ń in word-initial position is written ni (see H below).

The combinations of letters representing single sounds are:

E. z written after certain letters:
    sz, rz, cz are alveolar counterparts of s, z, c

F. d written before certain letters:
    dz, dź, dż are voiced counterparts of c, ć, cz

G. c written before h:
    ch equals h

H. i written after certain letters:
    (1) pi, bi, fi, wi, mi, ki, gi, hi are palatalized counterparts of p, b, f,
        w, m, k, g, h, i.e. [p', b', f', m', k', g', h']
    (2) si, zi, ci, ni equal ś, ź, ć, ń

2. WRITING IN LONGHAND

The longhand shape of some letters and numbers differs from the Anglo-American usage:

Letters

A   usually *A*, seldom *a*
G   careful *G*, rapid *G*
H   careful *H*, rapid *H*
I   *I*, not *9*
J   *J*
Ł   *Ł*
ł   careful *ł*, rapid *ł*
M   *M*

r   *r* or *z*
S   careful *S*, rapid *S*
T   *T*
t   *t* (shorter than *ł*)
Y   *Y*
z   *z*, not *z*
Z   *Z*, not *z*
ż   usually *ż*, seldom *z*

Numbers

1   *1*

7   *7*

3. WORD DIVISION

Words are divided by syllables; it is desirable to avoid (1) splitting roots or affixes, and (2) carrying over only one syllable to the beginning of a line.

hi-po-po-tam	hippopotamus
wy-czer-pa-ny	exhausted
war-szaw-ski	Warsaw-*
przed-o-stat-ni	prefinal
prze-do-sta-li się	they got through
roz-wa-li	he'll break up
po-zwo-li	he'll allow
za-drze-wia	he reforests
od-rzek-ła	she answered
naj-młod-szy	the youngest

4. WORD STRESS

In a sequence of syllables some syllables are pronounced louder than others. Such syllables are called stressed. Most Polish words stress one of their syllables (the only one in the case of monosyllables). Polysyllabic words usually stress the prefinal syllable (penult). In the examples below the vowel of the stressed syllable is underlined.

tam	dam (gen. pl.)
tama	(nom. sg.)
tamami	(instr. pl.)
hipopotam	hippopotamus (nom. sg.)
hipopotama	(gen. sg.)
hipopotamami	(instr. pl.)
hipopotamowego	hippopotamus-(gen. sg. nonfem.)

The penultimate stress is regular and (except for the examples above) is not recorded. Departures from the regular pattern will be shown by an underline. Following are the most important instances of irregularity:

A. Polysyllables not stressed on the prefinal syllable

(1) The conditional suffix -by- (with or without personal endings) is en-

---

* Hyphen after a noun shows that the Polish form is an adjective.

clitic, i.e. is never stressed and does not cause any change in the place of stress in the word it follows.

| czytał | he read | czytałby | he would read |
| czytałam | I (f) read | czytałabym | I (f) would read |

(2) The 1st and 2d person plural suffixes in the past tense -śmy and -ście are enclitic.

| czytali | they (m) read | czytaliśmy | we (m) read |
| czytały | they (f) read | czytałyście | you (f) read |

(3) The postconsonantal variants of the 1st and 2d person singular suffixes in the past tense -em and -eś (e is an inserted vowel) are enclitic when not added to verb forms. Compare

| Nazajutrz wyjechałem. | The following day I left. |
| Nieraz to mówiłeś. | You said it often enough. |

and

| Nazajutrzem wyjechał. | |
| Nieraześ to mówił. | [as above] |

(4) st- 'hundred' is enclitic when monosyllabic.

cztery	4	czterysta	400 (acc. nonvir.)
		czterystu	(other)
siedem	7 (acc. nonvir.)	siedemset	700 (acc. nonvir.)
siedmiu	(other)	siedmiuset	(other)

(5) Borrowed nouns in the suffix -yk-/-ik- stress the pre-prefinal syllable (antepenult) when the inflectional ending has one vowel. Otherwise the stress of these words conforms to the regular pattern.

klinik-a	clinic (nom. sg.)	polityk-a	politician (gen. sg.)
klinik-i	(nom. pl.)	polityc-y	(nom. pl.)
klinik-ach	(loc. pl.)	polityk-ach	(loc. pl.)

but:

kl**i**nik	(gen. pl.)	pol**i**tyk	(nom. sg.)
klinik-**a**mi	(instr. pl.)	polityk-**a**mi	(instr. pl.)

(6) A few nouns, mostly borrowed, stress the antepenult in the nominative singular and in those case-forms which contain the same number of syllables as the nominative singular.

oper-a	opera (nom. sg.)	uniw**e**rsytet	university (nom. sg.)
oper-y	(nom. pl.)		
oper-ach	(loc. pl.)		

but:

oper	(gen. pl.)	uniwersytet-y	(nom. pl.)
oper-**a**mi	(instr. pl.)	uniwersytet-ach	(loc. pl.)
		uniwersytet-**a**mi	(instr. pl.)

(7) Some set phrases stress the antepenult.

w og**ó**le	in general

Note: Though all these departures from the regular pattern are recommended by normative grammars, there is a growing tendency to make these words conform to the general rule and stress the penult. In some words the unstressed penultimate vowel is slurred over or even dropped entirely in pronunciation.

m**u**zyka	and	muz**y**ka	music
ok**o**lica	and	okol**i**ca	environment
uniw**e**rsytet	and	[uniwerstet]	university
prez**y**dent	and	[prezdent]	president
w og**ó**le	and	[w ogle]	in general

B. Unstressed monosyllables

   (1) The conditional by

Kto by to zrobił?	Who'd do it?
Komu by to dać?	Whom should one give it to?

   (2) Short forms of personal pronouns and the reflexive particle się.

Znam go.	I know him.
Kocham cię.	I love you.
On mię widzi.	He sees me.
Jak się pan ma?	How are you?
Dam mu to.	I'll give it to him.
Pokażę ci.	I'll show you.
Ona mi się podoba.	I like her.

Exception:

Jak się masz?	How are you (fam.)?

   (3) The particles że, no.

Idź że.	Get going!
Chodź no.	Come! (with impatience)

   (4) The negative particle nie is unstressed unless it precedes a monosyllabic verb form, in which case nie is stressed and the verb is not stressed.

Nie czytam gazet.	I don't read newspapers.
Nie ja.	Not I.
Nie dziś.	Not today.

but:

Nie dam.	I won't give (it).
Nie wiesz.	You don't know.
Nie ma.	There isn't.
Nie chciał.	He didn't want.
Nie pij.	Don't drink!
Być albo nie być.	To be or not to be.

(5) Monosyllabic prepositions are not stressed unless they precede a mono-syllabic form of a pronoun.   In the latter instance the preposition and the pro-noun are treated as a single word with respect to stress.

do pana	to you (m)
od pani	from you (f)
przez niego	because of him
przed studentami	in front of the students
przy tobie	next to you

but:

do nas	to us
ode mnie	from me
przez nich	because of them
przede mną	in front of me
przy niej	next to her

(6) In some stock prepositional phrases the preposition is stressed and the noun is not stressed.

jechać na wieś	go to the country
wyrzucić za drzwi	throw out of the room
wyjść za mąż	get married
robić na złość	spite

5. CLASSIFICATION AND DESCRIPTION OF VOWELS

Polish vowels distinguish five tongue positions: high-front, high-back, mid-front, mid-back, and low.   The vowels in the mid position distinguish between oral and nasal resonance.

			Front	Back
(a)	High		y/i	u/ó
(b)	Mid	Oral	e	o
(c)	Mid	Nasal	ę	ą [Q̨]
(d)	Low		a

Notes:

(a)   y/i

The high-front vowel has two variants: y occurs after hard consonants (see 7 below). It is midway between English i in sit and e in set.

pysk	mug
był	he was

psy	dogs
my	we

i occurs after soft consonants (see 7 below). It is like the initial part of the vowel in English he (that is, the sound in he without the y-glide at the end).

pisk	squeal
bił	he hit

psi	canine
mi	to me

u, ó

The high-back vowel sounds like the initial portion of the vowel in English do (i.e. without the w-glide at the end).   It is usually spelled u; when it alternates with o, it is spelled ó.

wuj	uncle
but	shoe
kuł	he forged

mój	my
robót	jobs (gen.)
kół	wheels (gen.)

(b)   e

Like English e in let.

eter	ether		efekt	effect
sen	dream		pies	dog

o

Like the initial portion of the diphthong in English <u>low</u> (i.e. without the w-glide at the end).

obok	next to		on	he
okno	window		koń	horse

(c)

ę ą

The nasal vowels are nasal ę and o followed by the nasal semivowel [u̯]. ą is close to English <u>ow</u> in <u>known</u>. The diphthongal character of Polish nasal vowels makes them quite different from the "pure" nasals of French.

często	often		wąsy	mustache
język	language		brązowy	brown
węszy	he noses about		chrabąszcz	beetle
węże	snakes		ciąża	pregnancy
gęsi	geese		siąść	sit down
więzienie	prison		wąziutki	very narrow
stęchły	stale		wącha	he sniffs
			wąwóz	canyon
			panią	lady (acc.)

(d)

a

Like English <u>a</u> in <u>father</u> but shorter.

atak	attack		rama	frame
taka	such (fem.)		miara	measure

6. CLASSIFICATION AND DESCRIPTION OF CONSONANTS

Polish consonants are classified into consonants proper and two semivowels j and [u̯] (i.e. the consonantal counterparts of the high vowels i and u).

Consonants proper are classified according to the following features:

Point of articulation:
    labial, dental, alveolar, palatal, and velar.

Mode of articulation:
    stops (air passage stopped and suddenly released);
    spirants (air passage obstructed and narrow but not stopped);
    affricates (air passage stopped and gradually released);
    nasals (air passage through the nose);
    trill (air passage obstructed by the vibrating tip of the tongue);
    lateral (air passage obstructed by the tip of the tongue; air escapes on both
        sides of the tongue).

Presence or absence of voice (i.e. vibration of the vocal cords vs. no vibration);

Presence or absence of palatalization (i.e. raising of the middle portion of the tongue toward the hard palate vs. no raising). Palatalization is marked by a raised comma: [p'], [m'], etc.). Consonants which are not palatalized are called plain.

Notes:

(a)   p, t, k

Like English p, t, c in spar, star, scar: that is, without the puff of breath that accompanies English par, tar, car. In t the tip of the tongue touches the back of the upper front teeth.

pyta	he asks	kłopot	trouble
typy	types	patyk	stick
potop	deluge	tupet	nerve
kot	cat	kopyt	hoofs (gen.)
tak	yes	spotyka	he meets

[p', k']

Palatalized p, k. Like English p, k in spew, skew. [p' k'] are spelled pi ki.

piki	spades	pióro	pen
kipi	boils	kiosk	newspaper stand
pies	dog	pieszo	on foot
kiedy	when	kieszeń	pocket
piaski	sands	piorun	thunderbolt

Point of Articulation / Mode of Articulation		Labial		Dental	Alveolar	Palatal	Velar	
		Plain	Palatalized				Plain	Palatalized
(a)	Stop	Voiceless	p	[p']	t			k	[k']
(b)		Voiced	b	[b']	d			g	[g']
(c)	Spirant	Voiceless	f	[f']	s	sz	ś	h/ch	[h'/ch']
(d)		Voiced	w	[w']	z	ż/rz	ź		
(e)	Affricate	Voiceless			c	cz	ć		
(f)		Voiced			dz	dż	dź		
(g)	Nasal		m	[m']	n		ń		
(h)	Trill				r				
(i)	Lateral					l			
(j)	Semivowel						j	ł/u	

(b)   b, d, g

Voiced p, t, k.   Like English b, d, g in bay, width, gay.   In d the tip of the
tongue touches the back of the upper teeth.

buda	shack	groby	graves
bada	he investigates	ogrody	gardens
gada	he talks	dobry	good
droga	road	pogoda	weather
broda	beard	gdyby	if

[b', g']

Palatalized b, g.   Like English b, g in imbue, ague.   [b' g'] are spelled bi gi.

biegiem	on a run	biurko	desk
giełda	stock exchange	biały	white
bilet	ticket	ubiory	garments
gips	gypsum	nogi	legs

(c)   f, s, sz

Like English f, s, sh in foe, so, show.

In the production of sz the front part of the tongue (either the tip or the part
immediately behind it) points toward the alveolar ridge; the middle and back
parts of the tongue are flat.

fasola	beans	fałsz	falsehood
festyn	county fair	szósty	sixth
szafa	wardrobe	szarfa	ribbon
szef	chief	szeryf	sheriff
zeszyt	notebook	słyszysz	you hear

ś, h/ch

ś is like German ch in ich but further front. In its production the whole tongue
is pushed forward, the middle and front part curve up toward the hard palate, the
tip hangs loosely behind the lower teeth.

siwy	grey	osiem	eight
siódmy	seventh	ośmiu	eight (gen.)
siedem	seven	śpi	he sleeps
siostra	sister	wieś	village
siano	hay	pierś	breast

h/ch is a breathy h-like sound similar to German ch in ach but weaker. The tongue is retracted and its back curves up toward the soft palate. The spelling ch is usual; h occurs in foreign borrowings only.

chyba	perhaps	kocha	he loves
chudy	lean	chłop	peasant
herbata	tea	dach	roof
hotel	hotel	chrom	chrome
chata	hut	chmura	cloud

[f', h'/ch']

Palatalized f, h/ch. Like English f in few and h in hue but breathier. [f' h'/ch'] are spelled fi hi/chi.

film	film	Chiny	China
kalafior	cauliflower	chichot	giggle
szafie	wardrobe (loc.)	Hiszpan	Spaniard
ofiara	victim	Hindus	Indian
sfinks	sphinx	Hilary	Hilary

(d)   w, z, ż/rz

Voiced f, s, sz. Like English v, z, z in vest, zest, azure.

waza	vase	zważy	he'll weigh
ważny	important	zrazy	meatballs
żywy	alive	wróży	he tells fortunes
wożę	I transport	żwawy	lively
zażył	he took	towarzysz	comrade

ź

Voiced ś.

zima	winter		jezioro	lake
ziółka	herbs		źródło	spring
ziemia	earth		źle	badly
ziomek	countryman		późno	late
ziarno	grain		groźba	threat

[w']

Palatalized w. Like English v in view.

wino	wine		dwie	two
wiewiórka	squirrel		wezwie	he'll call
wiosna	spring		urwie	he'll tear off
wiara	faith		rwie	he tears

(e)   c, cz

Like English tz, tch in Switzerland, switch.

cyrk	circus		noc	night
córka	daughter		palce	fingers
cena	price		filc	felt
co	what		cło	duty
cały	all		cnota	virtue

czyta	he reads		karczma	inn
czoło	forehead		płacz	crying
czas	time		płaszcz	overcoat
oczu	eyes (gen.)		czeka	he waits
tarcza	shield		szczeka	he barks

ć

Affricate counterpart of ś i.e. [t'ś]; ć is to c as ś is to s with respect to tongue position.

cicho	quietly	śmiecie	trash
ciociu	auntie!	ściana	wall
ciepły	warm	kość	bone
ciało	body	wściekły	mad
mieć	have	garść	fistful

(f)   dz, dż

Voiced c, cz. Like English ds in ads, j in jam.

koledzy	friends	sadza	soot
nodze	leg (loc.)	dzban	jug
widzowie	spectators	dzwon	bell

dżungla	jungle	kindżał	dagger
dżazowy	jazz–	drożdże	yeast
brydża	bridge (gen.)	gwiżdżesz	you whistle

dź

Voiced ć.

dziwny	strange	bardziej	more
dziura	hole	windzie	elevator (loc.)
dziecko	child	dźwiga	he lifts
dziobu	beak (gen.)	ludźmi	people (instr.)
dziadek	grandfather	jeździ	he rides

(g)   m, [m']

Like English m in moot, mute.

myła	she washed		miła	nice (fem.)
mecz	game		miecz	sword
modzie	fashion (loc.)		miodzie	honey (loc.)
mamut	mammoth		milami	miles (instr.)
msza	mass		mniej	less

<u>n</u>, <u>ń</u>

<u>N</u> is like English <u>nn</u> in <u>cannon</u>; <u>ń</u> is like <u>ny</u> in <u>canyon</u> but further front and with a weaker y-glide.

nudny	boring		nigdy	never
nocny	nocturnal		pomnik	monument
rana	wound		końmi	horses (instr.)
znowu	again		zaśnie	he'll fall asleep
pan	sir		pań	ladies (gen.)

(h)   <u>r</u>

A rolled <u>r</u> with the tip of the tongue vibrating behind the upper teeth and touching the alveolar ridge.

ryba	fish		ser	cheese
róża	rose		serce	heart
rekrut	recruit		proza	prose
rower	bicycle		rdza	rust
koral	coral		bardzo	very

(i)   <u>l</u>

Like <u>l</u> in German <u>die Lampe</u> or French <u>la lampe</u>. Before <u>i</u>, like English <u>lli</u> in <u>million</u>.

lokal	premises		list	letter
ludzie	people		stali	they stood
laska	cane		wiedli	they led
wielki	great		myśleli	they thought
lwica	lioness		lali	they poured

(j)   <u>j</u>

Like English <u>y</u> in <u>yet</u>.

jestem	I am		moja	my (f.)
jutro	tomorrow		mój	my (m.)
jajko	egg		Francja	France

(k)   <u>ł/u</u>

Like English <u>w</u> in <u>wet</u>. It is commonly spelled <u>ł</u>; the <u>u</u> spelling occurs after vowels in foreign borrowings.

łysy	bald		wełna	wool
łupa	peel		Europa	Europe
ładny	pretty		zły	bad
Bałtyk	Baltic Sea		pływał	he swam
auto	car		kładła	she put

Note: <u>ł</u> used to sound like English <u>l</u> in <u>wool</u> and is still so pronounced in stage Polish. In the colloquial language such a pronunciation exists as a regionalism or an affectation.

7. FUNCTIONAL CLASSIFICATION OF CONSONANTS

According to the way in which consonants function, they are divided into sonants and nonsonants, hard and soft, alternating and nonalternating.

a. Sonants are neutral as to voicing; nonsonants are either voiced or voiceless. Except for the plain and palatalized <u>ch/h</u>, all nonsonants occur in pairs distinguished by the presence or absence of voice. The consonant <u>ch/h</u> is voiceless but in certain environments (see 10.b (2) below) it has a voiced counterpart transcribed phonetically as [γ].

b. Soft consonants are the palatalized consonants, palatal consonants, and <u>l</u>. When they occur before the high-front vowel, they are spelled with <u>i</u> rather than <u>y</u>: see 5 (a). All other consonants are hard.

c. Alternating consonants are those which are replaced by other consonants before certain endings and suffixes. Contrast e.g. the consonants which appear before the nominative singular ending -a and those before the locative singular ending -e in the following feminine nouns:

p~[p']	zupa	zupie	soup
b~[b']	ryba	rybie	fish
f~[f']	szafa	szafie	wardrobe
w~[w']	trawa	trawie	grass
k~c	rzeka	rzece	river
g~dz	noga	nodze	leg
ch/h~sz	mucha	musze	fly
t~ć	gazeta	gazecie	newspaper
d~dź	woda	wodzie	water
s~ś	kasa	kasie	box office
z~ź	wiza	wizie	visa
m~[m']	zima	zimie	winter
n~ń	rana	ranie	wound
r~rz	kara	karze	punishment
ł~l	piła	pile	saw

The consonants in the extreme left-hand column are the alternating consonants. All other consonants are nonalternating.

	Alternating	Hard	Nonalternating	Soft
Nonsonants	p b			[p' b']
	f w			[f' w']
	k g			[k' g']
	h/ch			[h'/ch']
	t d			ć dź
	s z			ś ź
		c dz		
		cz dż		
		sz ż/rz		
Sonants	m			[m']
	n			ń
	r			l
	ł			j

8. SPELLING OF SOFT CONSONANTS

A. Spelling of j.

The sound j is written j—

a. after vowels, when the vowel i does not follow.

żmija	viper	aleja	avenue
myją	they wash	moja	my (f)
czują	they feel	pajac	clown
mój	my (m)	sejm	diet
czyj	whose	wojsko	army

b. after s z c.

Rosja	Russia	Rosji (gen.)		Rosją (instr.)	
Azja	Asia	Azji		Azją	
racja	reason	racji		racją	

c. at the prefix-root boundary.

objaśnić	explain	zjem	I'll eat up
odjechał	he drove off	zjazd	congress
zdjęcie	snapshot	wjazd	entrance

The sound j is not written when the vowel i follows.

Spelling	Pronunciation		
żmii	żmiji	viper (gen.)	
alei	aleji	boulevard (gen.)	
moi	moji	my (vir.)	
rodzai	rodzaji	kinds (gen.)	

The sound j is written i after consonants other than s z c, except at the prefix-root boundary.

Spelling	Pronunciation	
kopia	kopja	copy
fobia	fobja	phobia
partia	partja	party
melodia	melodja	melody
autarkia	autarkja	self-sufficiency
orgia	orgja	orgy
mafia	mafja	mafia
Jugosławia	Jugosławja	Yugoslavia
monarchia	monarchja	monarchy
premia	premja	prize
Hiszpania	Hiszpańja	Spain
historia	historja	history
Anglia	Anglja	England

Note: This spelling is ambiguous, since between a labial, a velar, or n and a non-i vowel, the letter i can be interpreted either as j (see above) or as an indication of the softness of the preceding consonant (see C, c below). In such instances the letter i has the value of j in borrowings only. Compare:

Spelling	Pronunciation	
kopię	ko[p']e	I kick
kopię	kopje	copy (acc.)
panią	pań[ǫ]	lady (instr.)
Hiszpanią	Hiszpańj[ǫ]	Spain (instr.)

B. Spelling of l

The sound l is written l in all positions.

pudel	poodle	lusterko	mirror
film	film	lewy	left
plecy	shoulders	lotnik	flier
list	letter	lato	summer

C. Spelling of other soft consonants

a. Before a consonant or at the end of a word, the palatalized consonants (labial [p' b' f' w' m'], velar [k' g' ch'/h']) do not occur (see S. & S. 11). Other soft consonants are written with kreska: ć dź ś ź ń.

być	be	ćma	moth
chodź	come!	ludźmi	people (instr.)
wieś	village	pośle	he'll send
groź	threaten!	groźny	fierce
koń	horse	końmi	horses (instr.)

b. Before the vowel y/i, kreska is omitted and the vowel i is written.

[p']	pić	drink	[ch'/h']	Chiny	China
[b']	bić	beat		Hiszpan	Spaniard
[f']	film	film	ć	ci	these
[w']	wino	wine	dź	dziś	today
[m']	mila	mile	ś	silny	strong
[k']	kino	movie house	ź	zima	winter
[g']	nogi	legs	ń	nisko	low

c. Before other vowels kreska is omitted and the letter i interposed between the consonant and the vowel.

[p']	pies	dog	[g']	giąć	bend
[b']	biodro	hip	ć	ciocia	aunt
[f']	fiołek	violet	dź	dzień	day
[w']	więc	so	ś	siostra	sister
[m']	miasto	city	ź	ziemia	earth
[k']	kiosk	stand	ń	nie	no

9. RESTRICTIONS IN THE OCCURRENCE OF SOUNDS

In some phonetic or grammatical environments certain sounds are replaced by other sounds. In most instances these replacements are not shown by the traditional orthography. Such replacements occur when the sounds in question come into contact with each other either within words or both within words and at boundaries between words.

The replacements described in S. & S. 10-31 occur within words unless their occurrence across a word boundary is specifically mentioned.

Note that the boundaries between the following units function (barring some exceptions) as word boundaries:

a. a preverb and a verb stem;

b. a verb stem and -<u>my</u> (1st pl. impv.);

c. a verb form and an enclitic ending.

10. ASSIMILATION OF VOICED TO VOICELESS AND VOICELESS TO VOICED CONSONANTS

As a result of consonant assimilation with respect to voicing, groups of consonants are pronounced as either all voiced or all voiceless.

Notice that in rapid speech this assimilation takes place across a sonant.

a. Within words.

(1) Before a pause or before a voiceless consonant, voiced consonants are replaced by their voiceless counterparts.

	Spelling	Pronunciation	
b~p	chleb	chlep	bread
	bóbr	bópr	beaver
	grubszy	grupszy	thicker
d~t	pod	pot	under
	brzydko	brzytko	ugly
g~k	śnieg	śniek	snow
w~f	lew	lef	lion
	ołówka	ołófka	pencil (gen.)
z~s	raz	ras	once
	optymizm	optymism	optimism
	obrazka	obraska	picture (gen.)
ż/rz~sz	też	tesz	also
	talerz	talesz	plate
	gorzki	goszki	bitter

ź ~ ś	weź	weś	take!
	jaźń	jaśń	ego
	weźcie	weście	take! (pl.)
dz ~ c	widz	wic	spectator
	jedzcie	jeccie	eat! (pl.)
dź ~ ć	chodź	choć	come!
	chodźcie	choćcie	come! (pl.)

(2) Before voiced consonants except w, [w'], rz, voiceless consonants are re-placed by their voiced counterparts.

	Spelling	Pronunciation	
ś ~ ź	prośba	proźba	request
cz ~ dż	liczba	lidżba	number

(3) After voiceless consonants, w, [w'], rz are replaced by their voiceless counterparts.

	Spelling	Pronunciation	
w ~ f	twoja	tfoja	your (fem.)
	swoja	sfoja	one's own (fem.)
	chwast	chfast	weed
[w' ~ f']	kwiat	kfiat	flower
	świat	śfiat	world
	krwi	krfi	blood (gen.)
rz ~ sz	przed	pszet	before
	trzy	czszy (see 13)	three
	krzyk	kszyk	shout

b. Across word boundaries.

(1) Before voiceless consonants, voiced consonants are replaced by their voiceless counterparts.

	Spelling	Pronunciation	
b~p	zrób to	zróp to	do it!
d~t	podpiszę	potpiszę	I'll sign
	módl się	mótl się	pray!
g~k	śnieg taje	śniek taje	snow's melting
w~f	wstanę	fstanę	I'll get up
z~s	z tyłu	s tyłu	from behind
ż/rz~sz	aż tak	asz tak	that far
ź~ś	paź królowej	paś królowej	swallowtail
dz~c	zjedz to	zjec to	eat it up!
dź~ć	wstydź się	fstyć się	shame on you!

(2) Before voiced consonants (including w̲, [w'], r̲z̲) voiceless consonants are replaced by their voiced counterparts.

	Spelling	Pronunciation	
p~b	kup zeszyt	kub zeszyt	buy a notebook!
t~d	kot w butach	kod w butach	puss'n'boots
	wiatr zachodni	wiadr zachodni	west wind
k~g	także	tagże	also
f~w	szef rządu	szew rządu	head of the gov't.
s~z	nas widzą	naz widzą	they see us
	pomysł dał	pomyz dał	he gave an idea
sz~ż	masz gazetę	maż gazetę	here's the newspaper
ś~ź	ktoś był	ktoź był	somebody was
ch/h~[γ]	tych domów	tyγ domóf	these houses (gen.)
c~dz	noc zimowa	nodz zimowa	winter night
cz~dż	mecz bokserski	medż bokserski	boxing match
ć~dź	powieść Brandysa	powieźdź Brandysa	novel by Brandys

(3) Before vowels and sonants different dialect regions have different treatments of voiced and voiceless consonants.

In Warsaw voiceless consonants remain and voiced consonants are replaced by their voiceless counterparts (except in prepositions and preverbs). In Cracow, 'Poznań, and Silesia voiced consonants remain and voiceless consonants are replaced by their voiced counterparts. The Warsaw usage is standard in the theater and on radio and television.

| Spelling | Pronunciation | |
	Warsaw	Cracow
	p	b

kup ołówek
    buy a pencil!
 	
zrób mi to
    do it for me!
	kup ołówek
	
	zróp mi to
		kub ołówek
		
		zrób mi to

	t	d

rzut oszczepem
    javelin throw
 	
Piotr i Paweł
    Peter and Paul
 	
lud rosyjski
    Russian people
	rzut oszczepem
	
	Piotr i Poweł
	
	lut rosyjski
		rzud oszczepem
		
		Piodr i Paweł
		
		lud rosyjski

	k	g

jak nie, to nie
    if not, it's OK too
 	
szereg lat
    many years
	jak nie, to nie
	
	szerek lat
		jag nie, to nie
		
		szereg lat

	f	w

szef armii
    chief of the army
 	
lew afrykański
    African lion
	szef armii
	
	lef afrykański
		szew armii
		
		lew afrykański

	s	z

nas i was
    us and you (acc.)
 	
raz on, raz ja
    one for him, one for me
	nas i was
	
	ras on, ras ja
		naz i was
		
		raz on, raz ja

	sz	ż/rz

kosz na śmiecie
    wastepaper basket
 	
talerz rosołu
    plate of broth
	kosz na śmiecie
	
	talesz rosołu
		koż na śmiecie
		
		talerz rosołu

	ś	ź
ktoś nam dał somebody gave (it) to us	ktoś nam dał	ktoź nam dał
weźmy let's take	weśmy	weźmy
tych miast these cities (gen.)	ch/h tych miast	[γ] tyγ miast
noc letnia summer night	c noc letnia	dz nodz letnia
powiedz mi tell me!	powiec mi	powiedz mi
nie płacz już don't cry any more	cz nie płacz jusz	dż nie pładż jusz
powieść Reymonta novel by Reymont	ć powieść Rejmonta*	dź powieźdź Rejmonta
chodźmy let's go	choćmy	chodźmy

11. PALATALIZED CONSONANTS REPLACED BY PLAIN CONSONANTS

At the end of a word or before a consonant, palatalized consonants are replaced by their plain counterparts.

[p']~p	kupi (3 sg. pres.)	kup (impv. sg.) kupcie (impv. pl.)	buy
	pies (nom.)	psa (gen.)	dog
[b']~b	robi (3 sg. pres.)	rób (impv. sg.) róbcie (impv. pl.)	do
	gołębia (gen.)	gołąb (nom.)	pigeon
[f']~f	trafi (3 sg. pres.)	traf (impv. sg.) trafcie (impv. pl.)	hit

*In some Polish last names the sound j is written y: Mayewski, Choynowski,
Domeyko, etc.

[m']~m	karmi (3 sg. pres.)	karm (impv. sg.)	feed
		karmcie (impv. pl.)	
	Niemiec (nom.)	Niemca (gen.)	German
	siedmiu (gen.)	siedem (nom.)	seven
[k']~k	cukier (nom.)	cukru (gen.)	sugar
[g']~g	gier (gen.)	gry (nom.)	games

12. K̲ G̲ REPLACED BY [K' G']

k̲ and g̲ are replaced by their palatalized counterparts:

a. Before y̲/i̲ (consequently i̲, not y̲, is written after them):

| k~[k'] | ręka (nom.) | ręki (gen.) | hand |
| g~[g'] | noga (nom.) | nogi (gen.) | leg |

b. Before inflectional endings beginning with e̲:

k~[k']	oko (nom.)	okiem (instr.)	eye
	krótka (fem.)	krótkie (neut.)	short
g~[g']	tango (nom.)	tangiem (instr.)	tango
	długa (fem.)	długie (neut.)	long

13. Ł DROPPED

In colloquial Polish ł̲ is not pronounced between consonants or between a consonant and a pause.

Spelling	Pronunciation	
jabłko	japko	apple
pomysł	pomys	idea
pomógłbym	pomógbym	I would help
pomógłszy	pomókszy	having helped
pomógł	pomók	he helped
wniósłbym	wniózbym	I would carry in
wniósłszy	wniószszy (see 17)	having carried in
wniósł	wniós	he carried in

14. T̲ D̲ REPLACED BY CZ̲ DŻ̲

In fast speech t̲ and d̲ are replaced by c̲z̲ and d̲ż̲ before s̲z̲ and r̲z̲: see S.& S. 10(3). This change does not occur before ż̲ since the combination d̲ż̲ denotes a unit sound: see S.& S.6(f).

Spelling	Pronunciation	
krótszy	króczszy	shorter
trzeba	czszeba	it is needed
młodszy	młoczszy	younger
drzewo	dżrzewo	tree

but brydża̲ 'bridge' (gen.).

Compare:

Spelling	Pronunciation	
trzy	czszy	three
czy	czy	whether
trzech	czszech	three (gen.)
Czech	Czech	Czech
drzemie	dżrzemie	he naps
dżemie	dżemie	jam (loc.)
drzecie	dżrzecie	you tear
dżecie	dżecie	jet (loc.)

15. S̲Z̲ R̲Z̲ DROPPED

After c̲z̲ and d̲ż̲ (see S.& S.14) before a consonant or at the end of a word, s̲z̲ and r̲z̲ are dropped.

Spelling	Pronunciation	
trzmiel	czmiel	bumblebee
patrz	pacz	look!
drzwi	dżwi	door
nie mądrz się	nie mącz się	don't show off!

16. S Z REPLACED BY SZ Ż

s and z are replaced by their alveolar counterparts, sz and ż, before alveolar consonants within words or across word boundaries.

Spelling	Pronunciation	
mistrz	miszcz (see 14–15)	master
wniósłszy	wniószszy (see 13)	having carried in.
zszedł	szszet	he descended
z czego	szczego	from where?
z drzewa	żdżrzewa	from a tree
przez rzekę	pszeżrzeke	across the river
pies czeka	piesz czeka	dog's waiting
pies szczeka	piesz szczeka	dog's barking

17. S Z REPLACED BY Ś Ź

s and z are replaced by their palatal counterparts ś and ź:

a. before palatal spirants or affricates within one word (spelling: ś, ź);

most (nom.)	moście (loc.)	bridge
gwiazda	gwiaździe	star

b. before palatal spirants or affricates across the boundary between a prefix or preposition and what follows;

Spelling	Pronunciation	
zsiada	śsiada	he gets off
z ziemi	źziemi	from the ground
przez ciebie	psześciebie	because of you
rozdziela	roździela	he distributes

c. before ń [m'] l when not preceded by r ł (spelling: ś ź).

snu (gen.)	śnie (loc.)	sleep
pismo (nom.)	piśmie (loc.)	periodical
posła (gen.)	pośle (loc.)	envoy
blizna (nom.)	bliźnie (loc.)	scar
turyzm (nom.)	turyźmie (loc.)	tourism
zły (fem.)	źli (vir.)	bad

Compare instances where s̲ and ź̲ do not occur (across a word boundary including the boundary between a prefix and what follows, and after r̲ and ł̲).

Spelling	Pronunciation	
zniknł	znik	he disappeared
rozmiar	rozmiar	size
z lasu	zlasu	from the forest
marznie	marznie	he freezes
pełznie	pełznie	he crawls

18. NASAL VOWELS Ę̲ Ą̲

a. In word-final position,

ę̲ is regularly replaced by its oral counterpart e̲ except in stage pronunciation and in very deliberate, somewhat affected speech.

Spelling	Pronunciation	
proszę	prosze	please
żonę	żone	wife (acc.)
trochę	troche	a little
widzę	widze	I see
myję	myje	I wash
imię	imie	name

ą̲ remains (as [ǫ]) except in the most relaxed style, where it is replaced by the oral diphthong o̲u̲.

Spelling	Pronunciation	
zimą	zim[ǫ]	in winter
jesienią	jesieni[ǫ]	in the fall
dobrą	dobr[ǫ]	good (acc. sg. f.)
złą	zł[ǫ]	bad (acc. sg. f.)
widzą	widz[ǫ]	they see
myją	myj[ǫ]	they wash

b. Before spirants, ę and ą remain.

Spelling	Pronunciation	
mięso	mięso	meat
często	często	often
męża	męża	husband (gen.)
gęś	gęś	goose
wiązał	wi[ǫ]zał	he tied
wiaże	wi[ǫ]że	he ties
wziąwszy	wzi[ǫ]fszy	having taken
wąwóz	w[ǫ]wós	canyon

c. Before ł and l, ę and ą are replaced by their oral counterparts e and o.

Spelling	Pronunciation	
wzięła	wzieła	she took
wzięli	wzieli	they took
cięli	cieli	they cut
wziął	wzioł	he took
ciął	cioł	he cut
zaczął	zaczoł	he began

d. Before labial stops, ę and ą are replaced by em and om.

Spelling	Pronunciation	
tępy	tempy	dull
zęby	zemby	teeth
tępi	tempi	he exterminates
skąpy	skompy	miserly
trąba	tromba	trumpet
kąpie	kompie	he bathes

e. Before dental stops and affricates, ę and ą are replaced by en and on.

Spelling	Pronunciation	
pięta	pienta	heel
będę	bende	I'll be
ręce	rence	hands
pędzel	pendzel	brush
kąt	kont	corner
prądu	prondu	current (gen.)
będąc	bendonc	while being
pieniądze	pieniondze	money

f. Before palatal affricates, ę and ą are replaced by eń and oń.

Spelling	Pronunciation	
pięć	pieńć	five
będzie	beńdzie	he'll be
płynąć	płynońć	swim
rządzi	rzońdzi	he rules

g. Before velar stops, ę and ą are replaced by e[ŋ] and o[ŋ] ([ŋ] is like English n in anchor, anger).

Spelling	Pronunciation	
ręka	re[ŋ]ka	hand
sięga	sie[ŋ]ga	he reaches
mąka	mo[ŋ]ka	flour
pociągu	pocio[ŋ]gu	train (gen.)

19. VOWEL + N OR M REPLACED BY NASAL VOWEL

en and on before a dental, alveolar, or palatal spirant, and em and om before a labial spirant are replaced by ę and [ǫ]. In analogous environments, yn in un an and ym im um am are replaced by corresponding nasal vowels [ỹ į ų ą].

Spelling	Pronunciation	
sens	sęs	sense
emfaza	ęfaza	emphasis
konsul	k[ǫ]sul	consul
komfort	k[ǫ]fort	comfort
czynsz	cz[ỹ]sz	rent
symfonia	s[ỹ]fońja	symphony
instruktor	[į]struktor	instructor
nimfa	n[į]fa	nymph
kunszt	k[ų]szt	artistry
triumf	trj[ų]f	triumph
szansa	sz[ą]sa	opportunity
tramwaj	tr[ą]waj	street car

20. N REPLACED BY [ŋ]

n is replaced by [ŋ] (velar nasal) before velar stops:

a. in Warsaw Polish, when the velar stop is never preceded by the inserted vowel e (see S. & S. 26).

b. in Cracow Polish in all positions.

Spelling	Pronunciation		
	Warsaw	Cracow	
bank	ba[ŋ]k		bank
ranga	ra[ŋ]ga		rank
ganku	ganku	ga[ŋ]ku	balcony (gen.)
sukienka	sukienka	sukie[ŋ]ka	dress

Cf. ganek (nom.), sukienek (gen. pl.).

21. <u>N</u> REPLACED BY <u>Ń</u>

<u>n</u> is replaced by <u>ń</u> before <u>ć</u> <u>dź</u> <u>ń</u>.

	Spelling	Pronunciation	
student (nom. sg.)	studenci (nom. pl.)	studeńci	student
winda (nom.)	windzie (loc.)	wińdzie	elevator
inny (nom. sg. masc.)	inni (nom. pl. vir.)	ińni	other

22. <u>Ń</u> REPLACED BY [J̃]

<u>ń</u> is replaced by [j̃] (nasal front semivowel) before a spirant (cf. S. & S. 19).

Spelling	Pronunciation	
londyński	londy[j̃]ski	London-
chiński	chi[j̃]ski	Chinese
duński	du[j̃]ski	Danish
cieńszy	cie[j̃]szy	thinner
koński	ko[j̃]ski	horse-
pański	pa[j̃]ski	your

23. <u>Ń</u> REPLACED BY <u>JŃ</u>

In rapid speech <u>ń</u> is replaced by <u>jń</u> before <u>c</u> and <u>cz</u>.

Spelling	Pronunciation	
słońce	słojńce	sun
pończocha	pojńczocha	stocking

24. CONSONANT ALTERNATIONS BEFORE SPECIFIC ENDINGS AND SUF-FIXES

Before certain endings and suffixes various consonants are replaced by non-alternating consonants. Five patterns of alternation are distinguished.

$C \sim C_1$	$C \sim C_2$	$C \sim C_3$	$C \sim C_4$	$C_3 \sim C_5$
	t~ć		t~cz	ć~c
	st~ść		st~szcz	ść~szcz
	d~dż		—	dź~dz
	zd~źdź		zd~żdż	źdź~żdż
	s~ś		s~sz	ś~sz
	z~ź		z~ż	ź~ż
	p~[p']			
	b~[b']			
	f~[f']			
	w~[w']			
	m~[m']			
	n~ń			
	r~rz			
	ł~l			
k~c			k~cz	
g~dz			g~ż	
ch~ś	ch~sz			
sz~ś				

a. Alternations of the type $C \sim C_1$ occur before the ending -y/-i (nominative plural virile). The forms in the first column are nominative singular masculine.

t~ć	zajęty	zajęci	occupied
st~ść	prosty	prości	simple
d~dź	młody	młodzi	young
s~ś	bosy	bosi	barefoot
z~ź	Francuz	Francuzi	Frenchman
p~[p']	tępy	tępi	dull
b~[b']	słaby	słabi	weak
w~[w']	zdrowy	zdrowi	healthy
m~[m']	znajomy	znajomi	acquaintance
n~ń	czarny	czarni	black

r ~ rz	stary	starzy	old
ł ~ l	mały	mali	small
k ~ c	wielki	wielcy	great
g ~ dz	drugi	drudzy	other
ch ~ ś	głuchy	głusi	deaf
sz ~ ś	starszy	starsi	older

b. Examples of alternations of the type $\underline{C} \sim \underline{C}_2$ appear in S. & S. 7 c.

c. Alternations of the type $\underline{C} \sim \underline{C}_3$ occur in Conjugation I before endings beginning with an oral vowel. The forms in the first column are 1st person singular present, those in the second column are 3d singular present.

t ~ ć	plotę	plecie	weave
d ~ dź	kładę	kładzie	put
s ~ ś	niosę	niesie	carry
z ~ ź	wiozę	wiezie	transport
w ~ [w']	rwę	rwie	tear
m ~ [m']	zajmę	zajmie	occupy
n ~ ń	wstanę	wstanie	get up
r ~ rz	biorę	bierze	take
k ~ cz	piekę	piecze	bake
g ~ ż	mogę	może	be able

d. Alternations of the type $\underline{C} \sim \underline{C}_4$ occur e.g. in the present stem of verbs whose past-tense stem ends in $\underline{Ca}$. The forms in the first column are 3d singular masculine past, those in the second column are 3d singular present.

t ~ cz	szeptał	szepcze	whisper
st ~ szcz	chłostał	chłoszcze	whip
zd ~ żdż	gwizdał	gwiżdże	whistle
s ~ sz	pisał	pisze	write
z ~ ż	kazał	każe	order
p ~ [p']	kąpał	kąpie	bathe
b ~ [b']	skrobał	skrobie	scrape
m ~ [m']	kłamał	kłamie	lie
r ~ rz	karał	karze	punish
ł ~ l	posłał	pośle	send
k ~ cz	płakał	płacze	cry

e. Alternations of the type $\underline{C}_3 \sim \underline{C}_5$ occur e.g. in Conjugation II before mid vowels. The forms in the first column are 3d singular present, those in the second column are 1st singular present.

ć ~ c	płaci	płacę	pay
śc ~ szcz	czyści	czyszczę	clean
dź ~ dz	widzi	widzę	see
źdź ~ żdż	jeździ	jeżdżę	ride
ś ~ sz	prosi	proszę	ask
ź ~ ż	grozi	grożę	threaten

25. O~E, A~E.

In some words, the alternations involving dental consonants or ł, (see 24 above) are accompanied by the alternations $\underline{o} \sim \underline{e}$ or $\underline{a} \sim \underline{e}$. The vowel $\underline{e}$ is selected after a nonalternating consonant and before a nonalternating consonant or consonant group. These alternations occur:

a. in some nouns

o ~ e	kościoła (gen.)	kościele (loc.)	church
	przyjaciołom (dat.)	przyjaciele (nom.)	friends
a ~ e	lato (nom.)	lecie (loc.)	summer
	miasto (nom.)	mieście (loc.)	town
	sąsiad (nom. sg.)	sąsiedzi (nom. pl.)	neighbors
	obiad (nom.)	obiedzie (loc.)	dinner
	odjazd (nom.)	odjeździe (loc.)	departure
	las (nom.)	lesie (loc.)	forest

b. in Conjugation I verbs. The forms in the first column are 1st singular present and 3d singular feminine past, those in the second column are 3d singular present and 3d plural virile past.

o ~ e	plotę	plecie	weave
	plotła	pletli	
	wiodę	wiedzie	lead
	wiodła	wiedli	
	niosę	niesie	carry
	niosła	nieśli	

o~e	wiozę	wiezie	transport
	wiozła	wieźli	
	biorę	bierze	take
a~e	jadę	jedzie	ride
	jadła	jedli	eat

c. in the passive participle suffix -on-.

ostrzyżony	ostrzyżeni	sheared
przyniesiony	przyniesieni	brought
zapłacony	zapłaceni	payed
zmęczony	zmęczeni	tired

d. in the past tense of verbs in -eć. The forms in the first column are 3d singular masculine and feminine past, those in the second column are infinitive and 3d plural virile past.

miał	mieć	have
miała	mieli	
chciał	chcieć	want
chciała	chcieli	
widział	widzieć	see
widziała	widzieli	
słyszał	słyszeć	hear
słyszała	słyszeli	
myślał	myśleć	think
myślała	myśleli	

26. INSERTED VOWEL

The vowel e is inserted between the last two consonants of a stem before the ending -∅ (zero):

a. when the stem contains no vowel:

lw-a (gen.)	lew-∅ (nom.)	lion
ps-a (gen.)	pies-∅ (nom.)	dog
gr-y (nom.)	gier-∅ (gen.)	games

b. when the last consonant of the stem is a suffix:

chłop-c-a (gen.)	chłopi-ec-∅ (nom.)	boy
ołów-k-a (gen.)	ołów-ek-∅ (nom.)	pencil
ucz-ni-a (gen.)	ucz-eń-∅ (nom.)	pupil
woj-n-y (nom.)	woj-en-∅ (gen.)	wars
miot-ł-y (nom.)	miot-eł-∅ (gen.)	brooms

c. in certain other words.

rynk-u (gen.)	rynek-∅ (nom.)	market square
kaszl-u (gen.)	kaszel-∅ (nom.)	cough
cukr-u (gen.)	cukier-∅ (nom.)	sugar
futr-a (nom.)	futer-∅ (gen.)	fur coats
siedmi-u (gen.)	siedem-∅ (nom.)	seven

27. O REPLACED BY Ó

o is replaced by ó:

a. in many words, when o is followed in the same syllable by a voiced consonant (including the consonants which are unvoiced because of assimilation; see
S. & S. 10) or r, ł, l, j.

robi (3 sg. pres.)	rób (impv.)	do !
ogrodu (gen.)	ogród (nom.)	garden
rogu (gen.)	róg (nom.)	corner
słowa (nom.)	słów (gen.)	words
wozu (gen.)	wóz (nom.)	car
pomoże (3 sg. pres.)	pomóż (impv.)	help !
wodza (gen.)	wódz (nom.)	leader
Łodzi (gen.)	Łódź (nom.)	Lodz
utworu (gen.)	utwór (nom.)	work
przyjaciołom (dat.)	przyjaciółmi (instr.)	friends
soli (gen.)	sól (nom.)	salt
moja (fem.)	mój (masc.)	my

b. when o̲ is followed by a consonant, the past-tense suffix -ł-, and the 3d singular masculine ending -∅̲. The forms in the first column are 3d singular feminine past.

wiodła	wiódł	lead
zmokła	zmókł	get wet
mogła	mógł	be able
wyrosła	wyrósł	grow
wiozła	wiózł	transport

c. i̱n some other words.

roboty (nom.)	robót (gen.)	jobs

28. Ę̱ REPLACED BY Ą̱

ę̱ is replaced by ą̱:

a. in masculine nouns when the nasal vowel is followed in the same syllable by a voiced consonant.

zęba (gen.)	ząb (nom.)	tooth
błędu (gen.)	błąd (nom.)	mistake
męża (gen.)	mąż (nom.)	husband
księdza (gen.)	ksiądz (nom.)	priest

b. in past-tense verb stems before -ć̱ (infinitive), -w̲s̲z̲y̲ (past gerund), and -ł- (past) followed by the singular masculine endings. The forms in the first column are: passive participle, verbal noun, 1st and 3d singular feminine past.

zaczęty	zacząć	
zaczęcie	zacząwszy	begin
zaczęłam	zacząłem	
zaczęła	zaczął	

zamknięty	zamknąć	
zamknięcie	zamknąwszy	
zamknęłam	zamknąłem	close
zamknęła	zamknął	

c. in some other instances:

rękami (instr.)	rąk (gen.)	hands
święta (nom.)	świąt (gen.)	holidays
zwierzęta (nom.)	zwierząt (gen.)	animals

29. U REPLACED BY [Ụ]

In some borrowed words the vowel u in the sequences eu au is non-syllabic, i.e. has the value of the semivowel [ụ]; cf. ł, S. & S. 6 (k).

Spelling	Pronunciation	
Europa	E[ụ]ropa	Europe
reumatyzm	re[ụ]matyzm	rheumatism
auto	a[ụ]to	automobile
pauza	pa[ụ]za	pause

30. EJ REPLACED BY YJ/IJ

In rapid speech the unstressed ej (in word-final position) is replaced by yj/ ij.

Spelling	Pronunciation	
złodziej	złodzij	thief
więcej	wiencyj	more
lepiej	lepij	better
dobrej	dobryj	good (gen. sg. fem.)
długiej	długij	long (gen. sg. fem.)

31. -AJ REPLACED BY -EJ

In rapid speech, the unstressed adverbial suffix -aj is replaced by -ej.

Spelling	Pronunciation	
dzisiaj	dzisiej	today
wczoraj	wczorej	yesterday
tutaj	tutej	here

MORPHOLOGY

NOUN

1. **Case.** With the exception of a few borrowings and foreign place names which are uninflected, Polish nouns are inflected for case. Six cases occur: nominative, accusative, genitive, dative, locative, and instrumental. However, no noun expresses formally all the possible case distinctions. The number of distinct forms in any given noun, whether singular or plural, varies from five, as in kobieta 'woman,' to two, as in pani 'lady.'

	Nom.	kobieta	
	Gen.	kobiety	pani
Sg.	Dat.	kobiecie	
	Loc.		
	Acc.	kobietę	panią
	Instr.	kobietą	

Some examples of uninflected nouns are:

mambo	'mambo'
menu	'menu'
Monachium	'Munich'
Chicago	'Chicago'

2. **Stems and endings.** The inflected nouns contain a stem and an ending. The addition of a particular ending to a stem is in some instances accompanied by a sound alternation in the final syllable of the stem. Thus, before the loc. sg. ending -e, the stem kościoł- 'church' shows the alternations: ł~l and o~e; before the nom. sg. ending -∅, it has the alternations o~ó. Similarly, before the loc. sg. ending -e and the nom. pl ending -y/-i, the stem sąsiad- 'neighbor' shows the alternations d~dź and a~e.

Nom. Sg.	kościół	sąsiad
Loc. Sg.	kościele	sąsiedzie
Nom. Pl.	kościoły	sąsiedzi

Various stem alternations are set forth in S. & S. 24-28.

3. **Number.** In addition to being inflected for case, the great majority of
Polish nouns are inflected for the singular and plural number:

kobieta	'woman'	kobiety	'women'
kobiety	'woman's'	kobiet	'women's'

Nouns which are plural only and which therefore are not inflected for number are an exception. Outside of <u>rodzice</u> 'parents' and nouns in the collective
suffix - <u>stwo,</u> like <u>państwo</u> 'Mr. and Mrs.,' they do not refer to living beings:

okulary	'glasses'
nożyczki	'scissors'

4. **Gender.** Polish nouns fall into three classes according to the gender of
the adjectives accompanying them or pronouns replacing them. The three
classes are: feminine, masculine, and neuter. The assignment of a particular
gender to inanimate nouns does not depend on their meaning.

Fem.	gazeta	'newspaper'	ta gazeta	'this newspaper'
Masc.	zeszyt	'notebook'	ten zeszyt widzę go	'this notebook' 'I see it'
Neut.	pióro	'pen'	to pióro widzę je	'this pen' 'I see it'

Among animate nouns, those designating male beings are, as a rule, masculine, and those designating female beings are feminine. Neuter has no sex
reference.

Fem.	córka	'daughter'	ta córka widzę ją	'this daughter' 'I see her'
Masc.	syn	'son'	ten syn widzę go	'this son' 'I see him'
Neut.	dziecko	'child'	to dziecko widzę je	'this child' 'I see it'

5. **Inanimate, animal, virile.** Polish nouns are divided into two classes
according to the form of the accusative:

| accusative coincides with genitive | acc. = gen. |
| accusative does not coincide with genitive | acc. ≠ gen. |

With respect to this classification, masculine nouns distinguish the following subdivisions:

(a) inanimate nouns are those whose singular belongs to the acc.≠ gen. class.

| acc. sg. | widzę zeszyt | 'I see a notebook' |
| gen. sg. | nie widzę zeszytu | 'I don't see a notebook' |

Inanimate nouns refer to things, activities, and abstractions. Their plural belongs to the acc. ≠ gen. class also.

| acc. sg. | widzę zeszyty | 'I see notebooks' |
| gen. pl. | nie widzę zeszytów | 'I don't see notebooks' |

(b) animal nouns are those whose singular belongs to the acc.= gen. class and plural to the acc. ≠ gen. class.

acc. sg.	widzę psa	'I see a dog'
gen. sg.	nie widzę psa	'I don't see a dog'
acc. pl.	widzę psy	'I see dogs'
gen. pl.	nie widzę psów	'I don't see dogs'

Animal nouns refer chiefly to animals, among those which do not, are names of games, dances, currencies, brand names, and the noun papieros 'cigarette.'

(c) virile nouns are those whose plural belongs to the acc. = gen. class.

| acc. pl. | widzę studentów | 'I see students' |
| gen. pl. | nie widzę studentów | 'I don't see students' |

Virile nouns refer to male persons or to groups of people which include male persons. The singular of most virile nouns belongs to the acc. = gen. class also. For those which do not, see 9 (a) below.

| acc. sg. | widzę studenta | 'I see a student' |
| gen. sg. | nie widzę studenta | 'I don't see a student' |

6. **Suppletion.** In some nouns the distinction between the singular and the plural is marked not only by different endings but also by different stems. For such nouns two distinct stems have to be set up, a singular and a plural one. The difference between the singular and the plural stems consists either in a phonetic alternation, e.g. oko/oczy 'eye'; or in the presence vs. absence of a suffix, e.g. Amerykanin/Amerykanie 'American'; or in the use of totally different words, e.g. człowiek/ludzie 'person.' In the list which follows, the singular stem is separated from the plural one by a slash.

(a) Neuter nouns in the suffix -ęć-/-ęt-. Except for zwierzę 'animal' these nouns denote human and animal younglings:

dziewczęć-/dziewczęt-	'girl'
kurczęć-/kurczęt-	'chick'

For the nom. acc. sg. see 11 (a).

(b) Neuter nouns in mień/mion:

imień-/imion-	'name'
ramień-/ramion-	'shoulder'

For the nom. acc. sg. see 11 (b).

(c) Neuter nouns whose singular ends in the suffix -um and is uninflected and whose plural drops the suffix:

muzeum/muze-	'museum'
gimnazjum/gimnazj-	'high school'

(d) The following neuter nouns:

dzieck-/dzieć-	'child'
ok-/ocz-	'eye'
uch-/usz-	'ear'

(e) Virile nouns in the suffix -<u>anin</u>-/-<u>an</u>-. These nouns denote members
of communities (nations, cities, monastic orders):

Amerykanin-/Amerykan-	'American'
krakowianin-/krakowian-	'Cracovian'
dominikanin-/dominikan-	'Dominican monk'

(f) The following virile nouns:

przyjaciel-/przyjacioł-	'friend'
brat-/brać-	'brother'
ksiądz-/księż-	'priest'
księć-/książęt-	'prince'
człowiek-/ludź-	'person'

The nom. sg. of <u>księć-</u>/<u>książęt-</u> 'prince' is <u>książę</u>.

(g) The masculine inanimate noun

rok-/lat-	'year'

7. **Vocative.** Some singular nouns distinguish also a special form of address
commonly known as the vocative. Though not a case form itself, the vocative
can be conveniently described within the framework of noun inflection. The
meaning of the vocative restricts its occurrence to living beings, primarily
persons. With other nouns the vocative is used as a stylistic device of personal-
ization. Plural nouns do not have a special vocative form and use the nominative
as the form of address.

Panie profesorze!	'Sir!'
Pani Wando!	'Wanda!'
Panowie i Panie!	'Ladies and Gentlemen!'

8. **Declensions.** According to the shape of their endings, Polish nouns are
divided into four declensions. Declensions I and II, to which all the feminine
nouns belong, are called feminine. Declensions III and IV, to which only the
nonfeminine nouns belong, are called nonfeminine. Declension I contains feminine nouns and the singular of some virile nouns; Declension II contains feminine nouns only; Declension III contains masculine nouns only; Declension IV
contains neuter and some virile nouns.

In the chart below, the broken lines show that the accusative may have the shape of the nominative or of the genitive depending on the class to which it belongs (see 5 above).

	Feminine I	Feminine II	Nonfeminine III	Nonfeminine IV
Singular				
Nom.	-a, -i, -o	-∅	∅	-o, -e, -ę
Acc.	-ę			
Gen.	-y/-i	-y/-i	-a, -u	-a
Dat.	-e, -y/-i	-e, -y/-i	-owi, -u	-u
Loc.	-e, -y/-i	-e, -y/-i	-e, -u	-e, -u
Instr.	-ą	-ą	-em	-em
Voc.	-o, -u, -i	-y/-i	-e, -u	
Plural				
Nom.	-y/-i, -e	-e, -y/-i	-y/-i, e, -owie	-a
Acc.				
Gen.	-∅, -y/-i	-y/-i	-ów, -y/-i, -∅	-∅, -y/-i, -ów
Dat.	-om	-om	-om	-om
Loc.	-ach	-ach	-ach	-ach
Instr.	-ami, -mi	-ami, -mi	-ami, -mi	-ami, -mi

9. **Bi-declensional nouns.** Some nouns follow different declensions in the singular and in the plural.

(a) Virile nouns whose singular is inflected according to Declension I follow Declension III in the plural:

		Sg.	Pl.
koleg- 'friend'	Nom.	kolega	koledzy
	Gen.	kolegi	kolegów
dentyst- 'dentist'	Nom.	dentysta	dentyści
	Gen.	dentysty	dentystów

(b) In two nouns the singular and plural stems are inflected according to different declensions:

		Sg.	Pl.
rok- (III)/lat- (IV) 'year'	Nom.	rok	lata
	Gen.	roku	lat
dzieck- (IV)/dzieć- (II) 'child'	Nom.	dziecko	dzieci
	Gen.	dziecka	dzieci

(c) Two virile nouns follow a modified adjectival declension in the singular and Declension III in the plural: <u>sędzia</u> 'judge,' <u>hrabia</u> 'count.'

	Sg.	Pl.
Nom.	sędzia	sędziowie
Acc.	sędziego	sędziów
Gen.		
Dat.	sędziemu	sędziom
Loc.	sędzi or sędzim	sędziach
Instr.	sędzią	sędziami

Following are notes on the selection of particular endings.

10. In the **Nom. Sg. of Declension I** the ending -a is typical. It occurs with most feminine and virile nouns belonging to this declension:

Fem.	gazet-	'newspaper'	gazeta
	studentk-	'female student'	studentka
Vir.	dentyst-	'dentist'	dentysta
	koleg-	'colleague'	kolega

The ending -i occurs with some personal feminine nouns in ń:

gospodyń-	'hostess'	gospodyni
pań-	'lady'	pani

The ending -o occurs with some family names:

Kościuszk-	'Kosciusko'	Kościuszko
Moniuszk-	'Moniuszko'	Moniuszko

11. In the **Nom. Acc. Sg. of Declension IV** the ending -o occurs after alternating consonants, the ending -e after nonalternating:

piór-	'pen'	pióro
pudełk-	'box'	pudełko
morz-	'sea'	morze
zdjęć-	'snapshot'	zdjęcie

There are several exceptions:

radj-	'radio'	radio

The ending -ę occurs with some nouns whose singular and plural stems are different; see 9 (a) and (b).

(a) with stems in -ęć-/ęt-, the suffix -ęć- drops before -ę:

zwierzęć-/zwierzęt-	'animal'	zwierzę

(b) with stems in <u>mień</u>/<u>mion</u>, stem final <u>eń</u> drops before -ę:

imień/imion-	'name'	imię

12. In the **Gen. Sg. of Declension III** the ending -<u>a</u> occurs with all virile and animal nouns. With inanimate nouns the ending -<u>u</u> is usual; however the ending -<u>a</u> also occurs especially with nouns denoting objects which can be easily handled, with many Slavic place names, and with the names of the months. Some inanimate nouns admit both endings.

Vir.	student-	'student'	studenta
Anim.	kot-	'cat'	kota
Inan.	zeszyt-	'notebook'	zeszytu
	noż-	'knife'	noża
	krawat-	'necktie'	krawata <u>or</u> krawatu

13. In the **Dat. Loc. Sg. of the feminine declensions** the ending -<u>e</u> occurs after alternating consonants and is accompanied by the $C \sim C_2$ type alternation of the stem-final consonant; the ending -<u>y</u>/-<u>i</u> occurs after nonalternating consonants (see S. & S. 5 (a) for the selection of <u>y</u> or <u>i</u> in spelling):

Decl. I	gazet-	'newspaper'	gazecie
	koleg-	'colleague'	koledze
	tablic-	'blackboard'	tablicy
	pań-	'lady'	pani
Decl. II	rzecz-	'thing'	rzeczy
	powieść-	'novel'	powieści

The ending -<u>y</u>/-<u>i</u> is general in Declension II since all the stems of Declension II end in nonalternating consonants.

14. In the **Dat. Sg. of Declension III** the ending -<u>owi</u> is general, the ending -<u>u</u> goes with a few virile and animal nouns: <u>Bóg</u> 'God,' <u>brat</u> 'brother,' <u>chłopiec</u> 'boy,' <u>ojciec</u> 'father,' <u>pan</u> 'Mister,' <u>kot</u> 'cat,' <u>pies</u> 'dog,' <u>ksiądz</u> 'priest.'

student-	'student'	studentowi
syn-	'son'	synowi
ojćc-	'father'	ojcu

15. In the **Loc. Sg. of the nonfeminine declensions** the ending -e occurs after alternating consonants, except the velars k, g, ch, and is accompanied by the C~C2 type alternation of the stem-final consonant; the ending -u occurs after nonalternating consonants and after k, g, ch.

Decl. III	zeszyt-	'notebook'	zeszycie
	ps-	'dog'	psie
	uczń-	'pupil'	uczniu
	ołówk-	'pencil'	ołówku
Decl. IV	piór-	'pen'	piórze
	słow-	'word'	słowie
	zdjęć-	'snapshot'	zdjęciu
	lusterk-	'mirror'	lusterku

The following nouns take the ending -u instead of the expected -e: dom 'house,' pan 'Mister,' syn 'son'; państwo 'Mr. and Mrs.'

16. In the **Voc. of Declension I** the suffix -u occurs with affectionate formations in ś, ź, ć, dź, ń, l; the suffix -i occurs with the nouns which have -i in the Nom. Sg.; the suffix -o occurs elsewhere.

Wand-	'Wanda'	Wando
Zofj-	'Sophia'	Zofio
Kryś-	'Chris'	Krysiu
Ań-	'Annie'	Aniu
pań-	'lady'	pani

17. In the **Voc. of Declension III** the suffix -e occurs after alternating consonants, except the velars k, g, ch, and is accompanied by the C~C2 type alternation of the stem-final consonant; the suffix -u occurs after nonalternating consonants and k, g, ch.

Jan-	'John'	Janie
Michał-	'Michael'	Michale
Karol-	'Charles'	Karolu
Mark-	'Mark'	Marku

The nouns <u>Bóg</u> 'God' and <u>ojciec</u> 'father' take -<u>e</u> instead of the expected -<u>u</u>; the noun <u>syn</u> 'son' takes -<u>u</u> instead of the expected -<u>e</u>: <u>Boże</u>, <u>ojcze</u>; <u>synu</u>.

18. In the **Nom. Acc. Pl. of Declension I** the ending -<u>y</u>/-<u>i</u> occurs after alternating consonants, the ending -<u>e</u> after nonalternating.

gazet-	'newspaper'	gazety
książk-	'book'	książki
pomarańcz-	'orange'	pomarańcze
restauracj-	'restaurant'	restauracje

Nouns in <u>ans</u> take the ending -<u>e</u> rather than the expected -<u>y</u>:

szans-	'opportunity'	szanse

19. In the **Nom. Acc. Pl. of Declension II** the ending -<u>y</u>/-<u>i</u> occurs with nouns in the suffix -<u>ość</u> and a certain number of other nouns which must be listed; otherwise the ending -<u>e</u> is regular.

kieszeń-	'pocket'	kieszenie
postać-	'personage'	postacie
noc-	'night'	noce
przykrość-	'annoyance'	przykrości
powieść-	'novel'	powieści
rzecz-	'thing'	rzeczy

20. In the **Nom. Pl. of Declension III** the ending -<u>y</u>/-<u>i</u> occurs after alternating consonants, the ending -<u>e</u> after nonalternating, the ending -<u>owie</u> with some virile nouns which, except for kinship terms and nonadjectival personal names, must be listed. In most instances the ending -<u>owie</u> has an honorific value. Before the ending -<u>y</u>/-<u>i</u> the stem-final consonant of virile nouns is replaced according to the <u>C</u> ~ <u>C</u>$_1$ type alternation.

zeszyt-	'notebook'	zeszyty
kot-	'cat'	koty
student-	'student'	studenci
stolik-	'table'	stoliki
Anglik-	'Englishman'	Anglicy
fotel-	'armchair'	fotele

koń-	'horse'	konie
nauczyciel-	'teacher'	nauczyciele
pan-	'Mister'	panowie
marszałk-	'marshal'	marszałkowie
uczń-	'pupil'	uczniowie
król-	'king'	królowie

The following departures from these rules are noted:

(a) Some inherently pejorative or jocular virile nouns whose stems end in alternating consonants have the nom. pl. forms of nonvirile masculine nouns, i.e. they show no alternations before the ending -y/-i. Adjectives accompanying such nouns also have the form of the nom. pl. nonvirile. In expressive speech, as a mark of scorn, slight, or irony, any virile noun ending in an alternating consonant may have, beside its regular nom. pl., a form in -y/-i without alternation of the stem-final consonant.

łobuz-	'rascal'	łobuzy
Szwed-	'Swede'	Szwedzi (neutral) Szwedy (slighting)
bohater-	'hero'	bohaterzy (neutral) bohaterowie (honorific) bohatery (slighting)

(b) Virile nouns whose stems end in a consonant followed by c take the ending -y rather than the expected -e:

chłopc-	'boy'	chłopcy
szewc-	'shoemaker'	szewcy

(c) Virile nouns in -anin-/-an- and the noun przyjaciel-/przyjacioł- 'friend' take the ending -e and show $C \sim C_1$ type alternation of the last consonant of the stem.

Amerykanin-/Amerykan-	'American'	Amerykanie
Rosjanin-/Rosjan-	'Russian'	Rosjanie
przyjaciel-/przyjacioł-	'friend'	przyjaciele

(d) The virile nouns brat-/brać- 'brother' and ksiądz-/księż- 'priest' take the ending -a: bracia, księża.

(e) Nouns in <u>ans</u> or <u>ons</u> take the ending -<u>e</u> rather than the expected -<u>y</u>:

kwadrans-	'quarter hour'	kwadranse
anons-	'notice'	anonse

21. In the **Gen. Pl. of Declension I** the ending -$\emptyset$ is general with nouns in alternating consonants and predominates with nouns in nonalternating consonants; the ending -<u>y</u>/-<u>i</u> occurs with Latin borrowings in a consonant followed by <u>j</u>, with most nouns in a consonant followed by <u>ń</u>, and with some other nouns in nonalternating consonants.

lamp-	'lamp'	lamp
paczk-	'parcel'	paczek
koszul-	'shirt'	koszul
ulic-	'street'	ulic
stacj-	'station'	stacji
armj-	'army'	armii
pralń-	'laundry'	pralni
kawiarń-	'cafe'	kawiarni
nadziej-	'hope'	nadziei

22. In the **Gen. Pl. of Declension III** the ending -<u>ów</u> is general with nouns in alternating consonants and <u>c</u>, <u>dz</u>, <u>j</u>; it occurs also with the virile nouns which take -<u>owie</u> in the Nom.Pl. ;elsewhere the ending -<u>y</u>/-<u>i</u> predominates.

stoł-	'table'	stołów
ołówk-	'pencil'	ołówków
palc-	'finger'	palców
tramwaj-	'streetcar'	tramwajów
uczń-	'pupil'	uczniów
cień-	'shadow'	cieni
gość-	'guest'	gości
wiersz-	'poem'	wierszy
korytarz-	'corridor'	korytarzy

The following departures from these rules should be noted:

(a) Many nouns which are expected to take the ending -y/-i take also the ending -ów as a stylistic variant:

deszcz-	'rain'	deszczy _and_ deszczów
mecz-	'game'	meczy _and_ meczów
pudl-	'poodle'	pudli _and_ pudlów
pisarz-	'writer'	pisarzy _and_ pisarzów

(b) The nouns miesiąc- 'month,' tysiąc- 'thousand,' zając- 'hare,' pieniądz- 'money' take -y rather than the expected -ów: miesięcy, tysięcy, zajęcy, pieniędzy (for ą ∼ ę see p. 32).

(c) Some virile nouns in -anin-/-an- and the nouns przyjaciel-/przyjacioł- 'friend' and mężczyzn- 'man' take the ending -∅:

Rosjanin-/Rosjan-	'Russian'	Rosjan
krakowianin-/krakowian-	'Cracovian'	krakowian
przyjaciel-/przyjacioł-	'friend'	przyjaciół
mężczyzn-	'man'	mężczyzn

Most nouns in -anin-/-an- take the expected ending -ów:

| Amerykanin-/Amerykan- | 'American' | Amerykanów |

23. In the **Gen. Pl. of Declension IV** the regular ending is -∅; the ending -y/-i occurs with some derived nouns in a nonalternating consonant:

piór-	'pen'	piór
okn-	'window'	okien
zdjęć-	'snapshot'	zdjęć
zdań-	'sentence'	zdań
zwierzęć-/zwierzęt-	'animal'	zwierząt
imień-/imion-	'name'	imion
oblicz-	'face'	obliczy
narzędź-	'instrument'	narzędzi

The ending -ów occurs with the noun radj- 'radio' and with nouns in the suffix -um which is regularly dropped in the plural:

radj-	'radio'	radiów
laboratorium/laboratorj-	'laboratory'	laboratoriów
muzeum/muze-	'museum'	muzeów

24. In the **Instr. Pl.** the regular ending is -ami:

gazet-	'newspaper'	gazetami
zdjęć-	'snapshot'	zdjęciami

A few nouns take the ending -mi: pieniądz- 'money,' koń- 'horse,' gość- 'guest,' brat-/brać- 'brother,' człowiek-/ludź- 'person,' dzieck-/dzieć- 'child,' przyjaciel-/przyjacioł- 'friend.'

pieniędzmi	braćmi
końmi	dziećmi
gośćmi	przyjaciółmi

25. **Anomalous endings.** The following nouns have anomalous forms:

(a) Three plural nouns denoting countries take the loc. pl. ending -ech rather than the expected -ach.

Niemcy	'Germany'	Niemczech
Węgry	'Hungary'	Węgrzech
Włochy	'Italy'	Włoszech

(b) The plural variants of ok-/ocz- and uch-/usz- take the nom. pl. ending -y, gen. pl. -u rather than the expected -a and -∅. These nouns admit also the literary instr. pl. ending -yma next to the regular -ami.

	Nom.	oczy	uszy
	Gen.	oczu	uszu
Pl.	Instr.	oczami or oczyma	uszami or uszyma

(c) The feminine noun ręka 'hand', arm' has the nom. pl. ręce and admits the syntactically masculine loc. sg. ręku next to the regular ręce and the literary instr. pl. rękoma next to the regular rękami.

(d) The feminine noun pani 'lady' has the acc. sg. ending -ą rather than the expected -ę:

| Znam panią Wandę. | I know Wanda. |

26. **Specimen paradigms.**

Declension I

1. Nouns in -a (feminine):

   a. stems in alternating consonants: gazeta 'newspaper,' książka 'book'

	Sg.	Pl.
Nom.	gazeta	gazety
Acc.	gazetę	
Gen.	gazety	gazet
Dat.	gazecie	gazetom
Loc.		gazetach
Instr.	gazetą	gazetami

	Sg.	Pl.
Nom.	książka	książki
Acc.	książkę	
Gen.	książki	książek
Dat.	książce	książkom
Loc.		książkach
Instr.	książką	książkami

   b. stems in nonalternating consonants: koszula 'shirt,' kuchnia 'kitchen,' legitymacja 'identification,' fotografia 'photograph,' tablica 'blackboard'

	Sg.	Pl.
Nom.	koszula	koszule
Acc.	koszulę	
Gen.		koszul
Dat.	koszuli	koszulom
Loc.		koszulach
Instr.	koszulą	koszulami

	Sg.	Pl.
Nom.	kuchnia	kuchnie
Acc.	kuchnię	
Gen.		kuchni
Dat.	kuchni	kuchniom
Loc.		kuchniach
Instr.	kuchnią	kuchniami

	Sg.	Pl.
Nom.	legitymacja	legitymacje
Acc.	legitymację	
Gen.		legitymacji
Dat.	legitymacji	legitymacjom
Loc.		legitymacjach
Instr.	legitymacją	legitymacjami

	Sg.	Pl.
Nom.	fotografia	fotografie
Acc.	fotografię	
Gen.		fotografii
Dat.	fotografii	fotografiom
Loc.		fotografiach
Instr.	fotografią	fotografiami

	Sg.	Pl.
Nom.	tablica	tablice
Acc.	tablicę	tablice
Gen.	tablicy	tablic
Dat.	tablicy	tablicom
Loc.	tablicy	tablicach
Instr.	tablicą	tablicami

2. Nouns in -a (virile): kolega 'colleague'

	Sg.	Pl.
Nom.	kolega	koledzy
Acc.	kolegę	kolegów
Gen.	kolegi	kolegów
Dat.	koledze	kolegom
Loc.	koledze	kolegach
Instr.	kolegą	kolegami

3. Nouns in ni (feminine): gospodyni 'hostess, housekeeper'

	Sg.	Pl.
Nom.	gospodyni	gospodynie
Acc.	gospodynię	gospodynie
Gen.	gospodyni	gospodyń
Dat.	gospodyni	gospodyniom
Loc.	gospodyni	gospodyniach
Instr.	gospodynią	gospodyniami

Declension II (feminine)

All Declension II nouns are feminine and end in nonalternating consonants.

1. stems in hard consonants: rzecz 'thing,' noc 'night'

	Sg.	Pl.
Nom.	rzecz	
Acc.		rzeczy
Gen.	rzeczy	
Dat.		rzeczom
Loc.		rzeczach
Instr.	rzeczą	rzeczami

	Sg.	Pl.
Nom.	noc	noce
Acc.		
Gen.		nocy
Dat.	nocy	nocom
Loc.		nocach
Instr.	nocą	nocami

2. stems in soft consonants: <u>wieś</u> 'village,' <u>powieść</u> 'novel'

	Sg.	Pl.
Nom.	wieś	wsie
Acc.		
Gen.		wsi
Dat.	wsi	wsiom
Loc.		wsiach
Instr.	wsią	wsiami

	Sg.	Pl.
Nom.	powieść	
Acc.		powieści
Gen.		
Dat.	powieści	powieściom
Loc.		powieściach
Instr.	powieścią	powieściami

Declension III (masculine)

1. Stems in alternating consonants:(virile) <u>student</u> 'student,' <u>lotnik</u> 'flier,' <u>syn</u> 'son';(animal) <u>pies</u> 'dog,' <u>buldog</u> 'bulldog'; (inanimate) <u>list</u> 'letter,' <u>słownik</u> 'dictionary'

     a. virile:

	Sg.	Pl.
Nom.	student	studenci
Acc.	studenta	studentów
Gen.		
Dat.	studentowi	studentom
Loc.	studencie	studentach
Instr.	studentem	studentami

	Sg.	Pl.
Nom.	lotnik	lotnicy
Acc.	lotnika	lotników
Gen.		
Dat.	lotnikowi	lotnikom
Loc.	lotniku	lotnikach
Instr.	lotnikiem	lotnikami

	Sg.	Pl.
Nom.	syn	synowie
Acc.	syna	synów
Gen.		
Dat.	synowi	synom
Loc.	synu	synach
Instr.	synem	synami

b. animal:

	Sg.	Pl.
Nom.	pies	psy
Acc.	psa	
Gen.		psów
Dat.	psu	psom
Loc.	psie	psach
Instr.	psem	psami

	Sg.	Pl.
Nom.	buldog	buldogi
Acc.	buldoga	
Gen.		buldogów
Dat.	buldogowi	buldogom
Loc.	buldogu	buldogach
Instr.	buldogiem	buldogami

c. inanimate:

	Sg.	Pl.
Nom.	list	listy
Acc.		
Gen.	listu	listów
Dat.	listowi	listom
Loc.	liście	listach
Instr.	listem	listami

	Sg.	Pl.
Nom.	słownik	słowniki
Acc.		
Gen.	słownika	słowników
Dat.	słownikowi	słownikom
Loc.	słowniku	słownikach
Instr.	słownikiem	słownikami

2. Stems in nonalternating consonants:(virile) <u>nauczyciel</u> 'teacher,' <u>uczeń</u> 'pupil,' <u>chłopiec</u> 'boy'; (animal) <u>koń</u> 'horse'; (inanimate) <u>portfel</u> 'wallet,' <u>klucz</u> 'key'

a. virile:

	Sg.	Pl.
Nom.	nauczyciel	nauczyciele
Acc.	nauczyciela	nauczycieli
Gen.		
Dat.	nauczycielowi	nauczycielom
Loc.	nauczycielu	nauczycielach
Instr.	nauczycielem	nauczycielami

	Sg.	Pl.
Nom.	uczeń	uczniowie
Acc.	ucznia	uczniów
Gen.		
Dat.	uczniowi	uczniom
Loc.	uczniu	uczniach
Instr.	uczniem	uczniami

	Sg.	Pl.
Nom.	chłopiec	chłopcy
Acc.	chłopca	chłopców
Gen.		
Dat.	chłopcu	chłopcom
Loc.		chłopcach
Instr.	chłopcem	chłopcami

b. animal:

	Sg.	Pl.
Nom.	koń	konie
Acc.	konia	
Gen.		koni
Dat.	koniowi	koniom
Loc.	koniu	koniach
Instr.	koniem	koniami

c. inanimate:

	Sg.	Pl.
Nom.	portfel	portfele
Acc.		
Gen.	portfelu	portfeli
Dat.	portfelowi	portfelom
Loc.	portfelu	portfelach
Instr.	portfelem	portfelami

	Sg.	Pl.
Nom.	klucz	klucze
Acc.		
Gen.	klucza	kluczy
Dat.	kluczowi	kluczom
Loc.	kluczu	kluczach
Instr.	kluczem	kluczami

Declension IV (neuter)

1. Nouns in -o (stems in alternating consonants): słowo 'word,' miasto 'city,' jabłko 'apple'

	Sg.	Pl.
Nom.	słowo	słowa
Acc.		
Gen.	słowa	słów
Dat.	słowu	słowom
Loc.	słowie	słowach
Instr.	słowem	słowami

	Sg.	Pl.
Nom.	miasto	miasta
Acc.		
Gen.	miasta	miast
Dat.	miastu	miastom
Loc.	mieście	miastach
Instr.	miastem	miastami

	Sg.	Pl.
Nom.	jabłko	jabłka
Acc.		
Gen.	jabłka	jabłek
Dat.	jabłku	jabłkom
Loc.		jabłkach
Instr.	jabłkiem	jabłkami

2. Nouns in -e (stems in nonalternating consonants): zadanie 'assignment,' zdjęcie 'photo,' morze 'sea'

	Sg.	Pl.
Nom.	zadanie	zadania
Acc.		
Gen.	zadania	zadań
Dat.	zadaniu	zadaniom
Loc.		zadaniach
Instr.	zadaniem	zadaniami

	Sg.	Pl.
Nom.	zdjęcie	zdjęcia
Acc.		
Gen.	zdjęcia	zdjęć
Dat.	zdjęciu	zdjęciom
Loc.		zdjęciach
Instr.	zdjęciem	zdjęciami

	Sg.	Pl.
Nom.	morze	morza
Acc.		
Gen.	morza	mórz
Dat.	morzu	morzom
Loc.		morzach
Instr.	morzem	morzami

3. Nouns in -ę: imię 'name,' zwierzę 'animal'

	Sg.	Pl.
Nom.	imię	imiona
Acc.		
Gen.	imienia	imion
Dat.	imieniu	imionom
Loc.		imionach
Instr.	imieniem	imionami

	Sg.	Pl.
Nom.	zwierzę	zwierzęta
Acc.		
Gen.	zwierzęcia	zwierząt
Dat.	zwierzęciu	zwierzętom
Loc.		zwierzętach
Instr.	zwierzęciem	zwierzętami

4. Nouns in -um: muzeum 'museum'

	Sg.	Pl.
Nom.		muzea
Acc.	muzeum	
Gen.		muzeów
Dat.		muzeom
Loc.		muzeach
Instr.		muzeami

PRONOUN

1. **Personal, interrogative, negative and reflexive.** Polish has five personal pronouns: ja 'I,' ty 'you (fam.),' my 'we,' wy 'you,' and on '3rd person'; two interrogative pronouns: kto 'who' and co 'what'; two negative pronouns nikt 'nobody' and nic 'nothing'; and one reflexive pronoun siebie 'self.' Of these the only one which distinguishes number and gender is: on 'he,' ona 'she,' ono 'it,' oni 'they (vir.),' one 'they (nonvir.).'

2. **Short and long forms.** The pronouns ja 'I,' ty 'you (fam.),' on 'he,' ono 'it,' and siebie 'self' have short and long forms of the gen. sg., acc. sg. (if it equals the gen. sg.), and dat. sg. The long forms are marked as emphatic; the short forms are not. The latter are stressless and occur at the end of the first stress group in their clause (see S. & S. 4 B 2).

   a.   When dependent on verbs, both short and long forms occur:

short	Znam go. Nie powiem mu.	I know 'im. I won't tell 'im.
long	Znam jego, ale jej nie znam. Jemu nie powiem.	I know him, but I don't know her. I won't tell him.

Where the pronoun lacks the long-short distinction, emphasis is marked by stress alone:

emphatic	Znam ją.	I know her.
neutral	Znam ją.	I know 'er.

   b.   Only long forms are used after prepositions:

Do ciebie mówię.	I am talking to you.

c. After <u>się</u> the short form <u>cię</u> is avoided:

| Nie boję się ciebie. | I'm not afraid of you. |

d. In the written language the short form <u>mię</u> is avoided and is regularly replaced by the long form <u>mnie</u>:

| On mnie nie zna. | He doesn't know me. (written) |
| On mię nie zna. | He doesn't know me. (coll.) |

e. The short form <u>się</u> is used regularly as the reflexive particle (see VIII 8).

f. The short form of the dative <u>sobie</u> is never written. In rapid speech it is heard as <u>soe</u> or even <u>se</u> though the latter is condemned by normative grammars as sloppy.

Consult also VIII W2, G2-6; XV 14; XVI 11-12; XXII 1.

3. **3rd person pronoun forms beginning with <u>ń</u>.** The accusative, genitive, and dative of the 3rd person pronoun distinguish between forms which begin with <u>ń</u> and those which do not. The <u>ń</u>-forms are used in prepositional phrases.

| Nie znam jej.
ich. | I don't know her.
them. |
| Piszę do niej.
nich. | I'm writing to her.
them. |

4. **Paradigms.**

<u>ja</u> 'I,' <u>my</u> 'we'

	long	short	
Nom.	ja		my
Acc.	mnie	mię	nas
Gen.			
Dat.	mnie	mi	nam
Loc.	mnie		nas
Instr.	mną		nami

on '3rd person'

		Singular			Plural	
		Nonfem.		Fem.	Virile	Nonvirile
		Masc.	Neut.			
Nom.		on	ono	ona	oni	one
Acc.	long	jego, niego	je, nie	ją, nią	ich, nich	je, nie
	short	go				
Gen.	long	jego, niego		jej, niej	ich, nich	ich, nich
	short	go				
Dat.	long	jemu, niemu		jej, niej	im, nim	im, nim
	short	mu				
Loc.		nim		niej	nich	nich
Instr.		nim		nią	nimi	nimi

ty 'you (fam.)', wy 'you'

	long	short	
Nom.	ty		wy
Acc.	ciebie	cię	was
Gen.			
Dat.	tobie	ci	wam
Loc.	tobie		was
Instr.	tobą		wami

kto 'who', co 'what'

Nom.	kto	co
Acc.	kogo	
Gen.		czego
Dat.	komu	czemu
Loc.	kim	czym
Instr.		

nikt 'nobody,' nic 'nothing'

Nom.	nikt	nic
Acc.	nikogo	
Gen.		niczego
Dat.	nikomu	niczemu
Loc.	nikim	niczym
Instr.		

siebie 'self'

	long	short
Acc.	siebie	się
Gen.		
Dat.	sobie	see 2f above
Loc.	sobie	
Instr.	sobą	

ADJECTIVES

1. **Inflection.** Adjectives are inflected for case, number, and gender. Of these only gender requires special discussion.

2. **Gender.** Two separate gender systems are distinguished, one for the singular and one for the plural.

In the singular the basic distinction is into the feminine and nonfeminine genders. In the nominative and accusative the nonfeminine is further sub-divided into the neuter and masculine genders. In the accusative a distinction between the animal and inanimate within the masculine is maintained. Following is a table of singular adjective endings:

	Feminine	Nonfeminine		
		Neuter	Masculine	
			Animal	Inanimate
Nom.	-a	-e, -o	-y/-i, -∅	
Acc.	-ą	-e, -o	-ego	-y/-i, -∅
Gen.	-ej	-ego		
Dat.	-ej	-emu		
Loc.	-ej	-ym/-im		
Instr.	-ą	-ym/-im		

In the plural gender distinctions are present in the nominative and accusative only. The two genders distinguished in these cases are the virile and nonvirile. The plural adjective endings are as follows:

	Virile	Nonvirile
Nom.	-y/-i	-e
Acc.	-ych/-ich	-e
Gen.	-ych/-ich	
Dat.	-ym/-im	
Loc.	-ych/-ich	
Instr.	-ymi/-imi	

3. **Selection of endings.**

(a) In the nom. sg. neut. the ending -o occurs with the demonstrative adjectives ten 'this, that,' tamten 'that over there'; the pronominal adjectives wszystek 'all,' sam 'alone'; and with the numeral adjective jeden 'one.' Other adjectives take -e.

wszystko jedno	it doesn't matter
to to samo	that's the same thing

(b) In the nom. sg. masc. and acc. sg. inan. the ending $\emptyset$ occurs with the following adjectives:

demonstrative	ten 'this, that' tamten 'that over there'
indefinite	pewien 'a, certain' (cf. <u>pewny</u> 'sure, certain')
negative	żaden 'none'
numeral	jeden 'one'
possessive	czyj 'whose' mój 'my' nasz 'our' swój 'one's own' twój 'your (fam.)' wasz 'your'
pronominal	sam 'alone' wszystek 'all'

(c) In the nom. sg. masc. of several adjectives the ending -$\emptyset$ specifies the predicative function of the adjective; the ending -y/-i which occurs alongside with it does not carry such a specification (see XIV 12).

	Predicative	General	
Nom. Sg. Masc.	ciekaw	ciekawy	curious
	gotów	gotowy	ready
	pełen	pełny	full
	winien	winny	indebted
	zdrów	zdrowy	healthy

4. Stem alternations.

(a) Before the nom. pl. virile ending -y/-i the last consonant of the stem is replaced according to the $\underline{C} \sim \underline{C}_1$ pattern of alternations (see S. & S. 24a).

	Stem	Nom. Pl. Vir.
młod-	'young'	młodzi
drog-	'dear'	drodzy
pierwsz-	'first'	pierwsi

In the adjective duży 'big' before the nom. pl. vir. ending, stem final ż is replaced by ź:

duż	'big'	duzi

(b) Before other endings beginning with front vowels, stem final k, g are replaced by their palatalized counterparts (see S. & S. 12).

	Stem	Nom. Sg. Masc.	Gen. Sg. Nonfem.
krótk-	'short'	krótki	krótkiego
dług-	'long'	długi	długiego

(c) The sound j is not written before i (see S. & S. 8c).

Stem	moj-	'my'
Nom. Sg. Fem.	moja	
Nom. Pl. Vir.	moi	[moji]
Dat. Pl.	moim	[mojim]

(d) Except before the nom. pl. vir. endings -y/-i and the nom. sg. masc. (acc. sg. inan.) ending -∅, the possessive adjectives mój 'my,' swój 'one's own,' and twój 'your (fam.)' have alternate literary forms based on the shorter stems m-, sw-, and tw- respectively (see XIX 7).

za moimi plecami	behind my back (neutral)
ża mymi plecami	behind my back (lit.)

(e) Before the ending -∅, the demonstrative adjectives t-, 'this, that' and tamt- 'that over there' have stems extended by en:

Nom. Sg.	Masc.	ten
	Fem.	ta

5. **Specimen paradigms:** star- 'old,' drog- 'dear,' tań- 'cheap'

Singular

	Nonfeminine — Masculine Inanimate	Nonfeminine — Masculine Animal	Nonfeminine — Neuter	Feminine
Nom.	stary drogi tani	stary drogi tani	stare drogie tanie	stara droga tania
Acc.	stary drogi tani	starego drogiego taniego	stare drogie tanie	starą drogą tanią
Gen.	starego drogiego taniego	starego drogiego taniego	starego drogiego taniego	starej drogiej taniej
Dat.	staremu drogiemu taniemu	staremu drogiemu taniemu	staremu drogiemu taniemu	starej drogiej taniej
Loc.	starym drogim tanim	starym drogim tanim	starym drogim tanim	starej drogiej taniej
Instr.	starym drogim tanim	starym drogim tanim	starym drogim tanim	starą drogą tanią

Plural

	Virile	Nonvirile
Nom.	starzy drodzy tani	stare drogie tanie
Acc.	starych drogich tanich	stare drogie tanie
Gen.	starych drogich tanich	starych drogich tanich
Dat.	starym drogim tanim	starym drogim tanim
Loc.	starych drogich tanich	starych drogich tanich
Instr.	starymi drogimi tanimi	starymi drogimi tanimi

NUMERALS

See XIV 1–10.

VERB

1. **Aspect.** All verbs distinguish between two major classes according to the way in which they view the action referred to. The verbs which specify completion of the action are called perfective; those which do not, are called imperfective (see XV 1–2, XVI 1–5).

	Perfective	Imperfective
do	zrobić	robić
send	posłać	posyłać
buy	kupić	kupować

In addition, the imperfective verbs of motion which specify the action as unbroken and unidirectional are called determined; those which do not, are called nondetermined (see XVIII 2–5).

	Determined	Nondetermined
walk	iść	chodzić
ride	jechać	jeździć
carry	nieść	nosić

Also, some imperfective verbs called frequentative, specify a sporadic recurrence of an action; those which do not, are called actual (see XX 1).

	Frequentative	Actual
be	bywać	być
have	miewać	mieć
see	widywać	widzieć

For a review of compound aspect pairs, see XXV 3.

2. **Person and number. Finite verb forms.** Some forms of the verb are inflected for person (1st-addresser, 2d-addressee, 3d-reference) and number (singular, plural). Such forms are called finite. They include the present and past tenses and the conditional and imperative moods. They are discussed in VIII 7–10, x 1–3, XVII 1–3, and XX 5–7 respectively.

In the paradigm below the past tense and conditional of czytać 'read' are given in the masculine and virile forms (cf. 3 below):

		Present	Past	Conditional	Imperative
Sg.	1	czytam	czytałem	czytałbym	
	2	czytasz	czytałeś	czytałbyś	czytaj
	3	czyta	czytał	czytałby	
Pl.	1	czytamy	czytaliśmy	czytalibyśmy	czytajmy
	2	czytacie	czytaliście	czytalibyście	czytajcie
	3	czytają	czytali	czytaliby	

3. **Gender.** The past tense and the conditional distinguish also gender: masculine, feminine, and neuter in the singular; virile and nonvirile in the plural. (See also the imperfective future in XV 2 (c) and 5 (c) below.

In the paradigm below the past tense and conditional forms are given in the 3rd person.

	Sg.			Pl.	
	Masc.	Fem.	Neut.	Vir.	Nonvir.
Past	czytał	czytała	czytało	czytali	czytały
Conditional	czytałby	czytałaby	czytałoby	czytaliby	czytałyby

4. **Nonfinite verb forms.** The forms of the Polish verb which are not inflected for person and number are called nonfinite. They include the infinitive (see X 5–6), present and past gerunds, present and passive participles, and the verbal noun (see XXII 2–7).

Infinitive	czytać
Pres. Ger.	czytając
Past Ger.	przeczytawszy
Pres. Pple.	czytający
Pass. Pple.	czytany
Verbal Noun	czytanie

5. **Correlation between verb form and aspect.**

(a) The present gerund and participle are formed from imperfective verbs only; the past gerund — from perfective verbs only.

	Imperf.	Perf.
Pres. Ger.	czytając	
Pres. Pple.	czytający	
Past Ger.		przeczytawszy

(b) Negated imperatives are usually imperfective.

Nie czytaj!	Don't read!

(c) The future tense of perfective verbs is expressed by present-tense forms; in imperfective verbs it is expressed by an analytic construction with the auxiliary <u>będę</u> accompanied by the 3rd person past tense forms or the infinitive. Consequently, the present tense is expressed by imperfective verbs only.

	Infinitive	Present	Future
Imperf.	czytać	czyta	będzie czytał (czytać)
Perf.	przeczytać		przeczyta

Because of the dual function of the present-tense forms (present in the imperfective, future in the perfective), it would be more precise to refer to the present-tense forms as nonpast contrasting with the past-tense forms which distinguish both aspects.

	Past	Nonpast
Imperf.	czytał	czyta
Perf.	przeczytał	przeczyta

6. **Classification of verb stems.** Polish verb forms distinguish between the present-tense and past-tense stems.

Present	Past
-uj-	-owa-
-uj-	-ywa-/iwa-
aj	awa
C_4	Ca
Cw	Cwa
C_3	C_3y/C_3i
C_3	C_3e
-ej-	-e-
ej	a
uj	u
yj/ij	y/i
oj	a
aj	a
Cm, Cn	$C_1ę$
V-n-	V-nę-
C-n-	C-nę-
C-n-	C-ną-
C-n-	C
C	C
Cr	Car

The stem from which the other is derived is considered basic. As a rule, it is the longer of the two. For a discussion of the relationship between the two stems and a review of verb stem alternations, see XXIV 2.

7. **Verb endings.** The following verb endings begin with a consonant:

past tense	-ł-
conditional	-łby-
past gerund	-łszy, -wszy

The following endings begin with a vowel:

present tense	-ę, -e-, -y-/-i-, -a-, -ą
present gerund	-ąc
present pple.	-ący

Other verb categories have mixed endings:

imperative	-∅-, -ij-, -j-
infinitive	-ć, -c, -eć
pass. pple.	-n-, -t-, -on-, -ęt-
verbal noun	-ń-, -ć-, -eń-, -ęć-

8. **Conjugations.** According to the initial vowel of 2, 3 Sg. and 1, 2 Pl. present-tense endings, Polish verbs are classified into three conjugations:

-e-	Conjugation I
-y-/-i-	Conjugation II
-a-	Conjugation III

For a detailed discussion of the three conjugations, see VIII 7.

9. **Specimen paradigms.** The following paradigms are arranged by conjugation with a further subdivision by stem types. This arrangement reverses the classification presented in XXIV 2. Basic stems are underlined. The forms in the paradigms are as follows:

1 Sg.		2 Sg. Impv.	3 Sg. Masc.	
2 Sg.	Pres.	Infinitive	3 Sg. Fem.	Past
3 Pl.		Pass. Pple. (o- form)	3 Pl. Vir.	

a. Conjugation I

1. -owa-

pracowa- 'work'

pracuję	prącuj	pracował
pracujesz	pracować	pracowała
pracują	pracowano	pracowali

2. -ywa-/-iwa-

zapisywa- 'note down'

zapisuję	zapisuj	zapisywał
zapisujesz	zapisywać	zapisywała
zapisują	zapisywano	zapisywali

3. <u>awa</u>

dawa- 'give'

daję	dawaj	dawał
dajesz	dawać	dawała
dają	dawano	dawali

4. <u>Ca</u>

pisa- 'write'

piszę	pisz	pisał
piszesz	pisać	pisała
piszą	pisano	pisali

5. <u>Cwa</u>

rwa- 'tear'

rwę	rwij	rwał
rwiesz	rwać	rwała
rwą	rwano	rwali

6. -<u>ej</u>-

istniej- 'exist'

istnieję	istniej	istniał
istniejesz	istnieć	istniała
istnieją	istniano	istnieli

7. <u>ej</u>

lej- 'pour'

leję	lej	lał
lejesz	lać	lała
leją	lano	lali

8. <u>uj</u>

psuj- 'ruin'

psuję	psuj	psuł
psujesz	psuć	psuła
psują	psuto	psuli

9. <u>yj</u>/<u>ij</u>

myj- 'wash'

myję	myj	mył
myjesz	myć	myła
myją	myto	myli

10. <u>Cm</u>, <u>Cn</u>

za-<u>jm</u>- 'occupy'

zajmę	zajmij	zajął
zajmiesz	zająć	zajęła
zajmą	zajęto	zajęli

<u>tn</u>- 'cut'

tnę	tnij	ciął
tniesz	ciąć	cięła
tną	cięto	cięli

11. <u>V-nę</u>-

płynę- 'swim'

płynę	płyń	płynął
płyniesz	płynąć	płynęła
płyną	płynięto	płynęli

12. <u>C-nę</u>-

ciągnę- 'pull'

ciągnę	ciągnij	ciągnął
ciągniesz	ciągnąć	ciągnęła
ciągną	ciągnięto	ciągnęli

13. <u>C-ną</u>-

więdną- 'wilt'

więdnę	więdnij	wiądł
więdniesz	więdnąć	więdła
więdną	-więdnięto	więdli

14. <u>C-n</u>

kradn- 'steal'

kradnę	kradnij	kradł
kradniesz	kraść	kradła
kradną	kradnięto	kradli

u-<u>ciekn</u>- 'run away'

ucieknę	ucieknij	uciekł
uciekniesz	uciec	uciekła
uciekną	ucieknięto	uciekli

15. <u>C</u>

<u>trzęs</u>- 'shake'

trzęsę	trzęś	trząsł
trzęsiesz	trząść	trzęsła
trzęsą	trzęsiono	trzęśli

<u>wioz</u>- 'transport'

wiozę	wieź	wiózł
wieziesz	wieźć	wiozła
wiozą	wieziono	wieźli

<u>strzyg</u>- 'cut hair'

strzygę	strzyż	strzygł
strzyżesz	strzyc	strzygła
strzygą	strzyżono	strzygli

16. <u>r</u>

<u>tr</u>- 'rub'

trę	trzyj	tarł
trzesz	trzeć	tarła
trą	tarto	tarli

17. Anomalous verbs

będ-/by- 'be'

będę	bądź	był
będziesz	być	była
będą		byli

bior-/bra- 'take'

biorę	bierz	brał
bierzesz	brać	brała
biorą	brano	brali

chc-/chciej- 'want'

chcę	chciej	chciał
chcesz	chcieć	chciała
chcą	chciano	chcieli

id-/szed- 'walk'

idę	idź	szedł
idziesz	iść	szła
idą		szli

jad-/jecha- 'ride'

jadę	jedź	jechał
jedziesz	jechać	jechała
jadą	jechano	jechali

z-na-jd-/z-na-laz- 'find'

znajdę	znajdź	znalazł
znajdziesz	znaleźć	znalazła
znajdą	znaleziono	znaleźli

siąd- / siad- 'sit down'

siądę	siądź	siadł
siądziesz	siąść	siadła
siądą		siedli

za-stan- / za-sta- 'find in'

zastanę	zastań	zastał
zastaniesz	zastać	zastała
zastaną	zastano	zastali

wezm- / weź- / wzią- 'take'

wezmę	weź	wziął
weźmiesz	wziąć	wzięła
wezmą	wzięto	wzięli

b. Conjugation II

1. y/i

uczy- 'teach'

uczę	ucz	uczył
uczysz	uczyć	uczyła
uczą	uczono	uczyli

robi- 'do'

robię	rób	robił
robisz	robić	robiła
robią	robiono	robili

2. e

krzycze- 'shout'

krzyczę	krzycz	krzyczał
krzyczysz	krzyczeć	krzyczała
krzyczą	krzyczano	krzyczeli

lecie- 'fly'

lecę	leć	leciał
lecisz	lecieć	leciała
lecą	leciano	lecieli

3. oj

stoj- 'stand'

stoję	stój	stał
stoisz	stać	stała
stoją	stano	stali

4. Anomalous verb

śpi-/spa- 'sleep'

śpię	śpij	spał
śpisz	spać	spała
śpią	spano	spali

c. Conjugation III

1. aj

znaj- 'know'

znam	znaj	znał
znasz	znać	znała
znają	znano	znali

2. Anomalous verb

maj-/miej- 'have'

mam	miej	miał
masz	mieć	miała
mają	miano	mieli

d. Other Anomalous Verbs not belonging to any one of the three conjugations

dadz-/daj- 'give'

dam	daj	dał
dasz	dać	dała
dadzą	dano	dali

jedz-/j-/jad- 'eat'

jem	jedz	jadł
jesz	jeść	jadła
jedzą	jedzono	jedli

kaszl-/kaszle- 'cough'

kaszlę	kaszl(aj)	kaszlał
kaszlesz	kaszleć	kaszlała
kaszlą	kaszlano	kaszleli

z-roz-umiej-/z-roz-um- 'understand'

zrozumiem	zrozum	zrozumiał
zrozumiesz	zrozumieć	zrozumiała
zrozumieją	zrozumiano	zrozumieli

w'-/wiedz-/wiedzie- 'know'

wiem	wiedz	wiedział
wiesz	wiedzieć	wiedziała
wiedzą	wiedziano	wiedzieli

s-/jest- 'am'

jestem
jesteś
są

SYNTAX

The following remarks are meant to summarize the most essential points of the syntax of Polish main clauses. For discussions of subordinate clauses, the student is referred to the appropriate lessons: III 11, XVII 2-3, XXII 1, and XXIII 1-3.

Four semantic terms are introduced:

a. **Action** is that part of the utterance which is typically expressed by the verb.

b. **Agent** is a noun phrase (noun with or without a modifier, pronoun) which refers to the source or performer of the action. The agent (sometimes called <u>actor</u>) is usually expressed by the nominative and fills the position of subject.

c. **Object** is a noun phrase which refers to the undergoer of the action. The object (or <u>patient</u>) is typically expressed by the accusative case.

d. **Recipient** is a noun phrase which refers to the person (or animal) at whom the action is aimed or for whom it is performed.

BASIC CONSTRUCTIONS

In the subject-predicate constructions it is useful to distinguish between the constructions of "doing" and those of "being."

1. The **"doing" subject-predicate constructions** include:

1.1 **Constructions requiring an object** or its equivalent. Four subdivisions can be distinguished in these constructions:

1.11 **Transitive constructions:** the agent fills the position of subject, and the object is expressed by the accusative or genitive depending on the verb.

Karol myje ręce.	Charles is washing his hands.
Karol zgubił książkę.	Charles lost his book.
Karol nie zgubił książki.	Charles didn't lose his book.
Karol używa słownika.	Charles uses a dictionary.

1.12 **Reflexive constructions:** the agent coincides with the object and the latter is replaced by the reflexive particle <u>się</u>.

Karol się myje.	Charles is washing himself.
Karol się położył.	Charles lay down.

427

1.13 **Agentless constructions:** the agent is not expressed; the object fills the position of subject and the verb is reflexive.

Książka się zgubiła.	The book got lost.
Kolacja się gotuje.	Dinner is being prepared.

1.14 **Passive constructions:** the agent is optional, and the object is emphasized. In these constructions the object fills the position of subject, the verb is expressed by the passive participle accompanied by a form of być 'to be' (state) or zostać 'to become' (action), and the agent, if specified, by the prepositional phrase przez + acc.

Kolacja była ugotowana (przez Wandę).	The dinner was prepared (by Wanda).
Książka została zgubiona (przez Karola).	The book was lost (by Charles).

1.2 **Constructions not admitting an object:** the agent fills the position of subject.

Karol choruje.	Charles is sick.
Dobrze pływam.*	I swim well.

1.3 **Constructions requiring a recipient of action:** the agent fills the position of subject and the recipient is a noun phrase usually in the dative.

Karol pomaga bratu.	Charles helps his brother.
Karol nie wierzy Wandzie.	Charles doesn't believe Wanda.
Karola boli głowa.	Charles has a headache.
Karol podoba się Wandzie.	Wanda likes Charles.

---

*Subject-predicate constructions include those in which the subject is expressed by the personal ending alone.

2. The **"being" subject-predicate constructions** include:

2.1 **Demonstrative constructions:** the demonstrative pronoun <u>to</u> 'this, that' is followed by a form of the verb <u>być</u> 'to be,' with or without a modal verb, and by a noun phrase which fills the position of subject. In questions this word order is modified so as to allot the initial position to the question word.

Co to jest?	What's that?
To jest ich dom.	That is their home.
To był ich dom.	That was their home.
To ma być ich dom.	That's supposed to be their home.
To musi być ich dom.	That must be their home.

2.2 **Constructions indicating presence:** that which is present fills the position of subject. (cf. 3.7 below).

Rodzice byli w domu.	The parents were at home.
Była burza.	There was a storm.
Jest co robić.	There's something to do.

2.3 **Descriptive constructions:** that which is being described fills the position of subject and that which describes is an adjective in the nominative (see XII 2 a).

Karol jest wysoki.	Charles is tall.
Wycieczka była przyjemna.	The excursion was pleasant.

2.4 **Equational constructions:** the first term of the equation fills the position of subject and the second one is a noun phrase in the instrumental case or, colloquially, in the nominative (see XII 2 a).

Wanda jest dobrą studentką.	Wanda is a good student.
Mój brat jest medykiem.	My brother is a medical student.
Mój brat jest medyk.	My brother is a medical student. (colloq.)

3. The **subjectless constructions** include:

3.1 **Constructions of involuntary agent,** i.e. constructions where the performer appears to be a passive tool motivated by an outside force. The verb is in 3 Sg. (neuter) and is accompanied by the reflexive particle się; the performer of the action is in the dative case.

Nie chce mi się.	I don't feel like it.
Jak się panu spało?	How did you sleep?
Dobrze mi się pracuje.	My work's going well.

3.2 **Constructions of unperceivable agent,** i.e. constructions which refer to the phenomena of nature, to bodily sensations and, in general, to events which are beyond one's control. The verb is in 3 sg. (neuter).

Lunęło.	It started pouring.
Błyska się i grzmi.	There's lightning and thunder.
Zabolało mnie w uchu.	I felt an earache.
Drogę zasypało śniegiem.	The road was snowed in.
Przebiło mu gwoździem oponę.	His tire was punctured by a nail.

3.3 **Constructions of omitted human agent,** i.e. constructions in which the slot for the agent is retained and, if filled, transforms them into subject-predicate constructions. These constructions are stylistically informal. The verb is in 3 pl. (virile); (see XI 6 e).

Tu go nie lubią.	They don't like him here.
Mówili, że Karol wyjechał.	They said that Charles had left.
Tam dużo tańczyli.	There was much dancing there.

3.4 **Constructions of unspecified human agent,** i.e. constructions which have no slot for the agent. They have past tense meaning only and stylistically are more formal than the preceding construction. The verb is in the -o form of the passive participle.

Widziano ich razem.	They were seen together.
Mówiono, że Karol wyjechał.	They said that Charles had left.
Tam dużo tańczono.	There was much dancing there.

3.5 **Constructions of generalized human agent,** i.e. constructions where the agent is general enough to involve the speaker. Thus, the construction is, in a sense, an impersonal 1 pl. The verb is in 3 sg. (neuter) and is accompanied by the reflexive particle <u>się</u>.

Tu się mówi po polsku.	Polish is spoken here.
Rozumie się.	It's understood.
Tam się dużo tańczyło.	There was much dancing there.

3.6 **Adverbial constructions:** the 3 sg. (neuter) of the verb <u>być</u> 'to be' is modified by an adverbial phrase or, exceptionally, a noun, pronoun, or verb. The form <u>jest,</u> when not negated, is frequently omitted (see IX 2, XI 6 b).

Trochę mi (jest) zimno.	I feel a bit cold.
Nie warto było się denerwować.	It was no use getting upset.
Jak panu (jest) na imię?	What's your name?
Żal mi go było.	I felt sorry for him.
Nic mi nie jest.	Nothing's the matter with me.
Czy było dobrze słychać?	Could you hear all right?

3.7 **Constructions indicating absence:** the verb is <u>nie ma</u> (<u>nie było</u>, <u>nie będzie</u>) (see X 11, XI 6 a, XXIII 4 and cf. 2.2 above).

Rodziców nie było w domu.	The parents were not at home.
Nie było burzy.	There was no storm.
Nie ma co robić.	There is nothing to do.

3.8 **Constructions with quantifiers:** the 3 sg. (neuter) of the verb is accompanied by the accusative of a plain numeral (see XIV 7) or a quantifying adverb.

Tam mieszka pięciu studentów.	Five students (masc.) live there.
Tam mieszkało pięć studentek.	Five students (fem.) lived there.
Zostało mi trochę chleba.	I have some bread left over.
Na rynku było masę ludzi.	There were crowds of people in the market square.

3.9 **Date naming constructions:** the 3 sg. (neuter) of the verb <u>być</u> 'to be'
is accompanied by the gen. sg. nonfem. of the day of the month (see XXII 8).

Dzisiaj jest ósmego.	Today is the eighth.
Którego było wczoraj?	What was the date yesterday?

USE OF CASES

1. **Nominative.**

    a. As subject:

<u>Mój brat</u> mieszka w Polsce.	My brother lives in Poland.
<u>Kolega</u> wyszedł.	My friend went out.

    b. With <u>być</u> 'to be' as the predicate adjective and, colloquially, as the
predicate noun:

Kolega jest <u>chory</u>.	My friend is sick.
Moi rodzice byli <u>wysocy</u>.	My parents were tall.
Ona jest <u>Polka</u>.	She is a Polish woman.
Karol jest <u>student</u>.	Charles is a student.

    c. In demonstrative sentences:

To jest <u>ołówek</u>.	That's a pencil.
To nie jest <u>pióro</u>.	That's not a pen.

    d. In sentences indicating presence:

Tu jest pana <u>zeszyt.</u>	Here's your notebook.
<u>Karol</u> jest w domu.	Charles is at home.

e. As quotation forms:

Dzisiaj jest piąty.	Today is the fifth.
Nazywam się Wanda.	My name is Wanda.
Nie znam powieści "Popiół i diament".	I don't know the novel Ashes and Diamonds.

f. In comparative sentences after niż 'than':

On jest wyższy niż ja.	He's taller than I.
Nie znam nikogo wyższego niż Karol.	I don't know anyone taller than Charles.

g. After co to za 'what sort of':

Co to za człowiek?	What sort of man is he?

2. **Accusative.**

a. As object of nonnegated transitive verbs:

Karol pisze list.	Charles is writing a letter.
Czytam książkę.	I'm reading a book.

b. In quantification:

To było rok temu.	That was a year ago.
Tam było pięć rowerów.	There were five bicycles there.
To kosztuje dolara.	That costs a dollar.

c. With prepositions:

między	between
na	on top of; for (purpose); in (in time expressions)
nad	above
o	for (goal of a request)
po	for, in order to bring
pod	under
ponad	over, above
przed	in front of
przez	through, across; for (indicating time used up); by (for agent in passive constructions)
w	on (in 'time when' expressions with days of the week)
za	behind, beyond (motion, telling time); for, in exchange for

3. **Genitive.**

a. As object of negated transitive verbs:

Karol nie napisał listu.	Charles didn't write a letter.
Nie mam książki.	I don't have the book.

b. As object of some verbs: bać się 'be afraid,' dostać 'receive, get,' potrzebować 'need,' słuchać 'listen,' szukać 'look for,' uczyć się 'study, learn,' używać 'use,' wystarczyć 'be enough,' żądać 'demand,' życzyć 'wish'

Boję się wody.	I'm afraid of water.
Uczę się polskiego.	I'm studying Polish.

c. In sentences indicating absence:

Tu nie ma ołówka.	There's no pencil here.
Karola nie ma w domu.	Charles is not at home.

d. As modifier of nouns:

Mam zeszyt kolegi.	I have a friend's notebook.
Wypiłem kieliszek wina.	I drank a glass of wine.
Biorę lekcje polskiego.	I take Polish lessons.

e. When quantity is specified or implied:

Mam dużo pieniędzy.	I have a lot of money.
Mam pięć zeszytów.	I have five notebooks.
Kup mi lodów.	Buy me some ice cream.
Daj mi noża. cf.	Give me a knife (for a limited time only).
Daj mi nóż (acc.).	Give me a knife.

f. Days of the month in 'time when' expressions:

Urodziłem się dwudziestego.	I was born on the twentieth.

g. Months and years:

Dziś jest piąty maja (tysiąc dziewięćset) czterdziestego dziewiątego roku.	Today is the fifth of May (19)49.

h. With prepositions:

bez	without
dla	for
do	to; up to, until
koło	near
mimo	in spite of, notwithstanding (in a few cases with the accusative: mimo to, mimo wszystko)

obok	next to
od	from; than (in comparison)
około	about, approximately
oprócz	besides, in addition to
podczas	during
spod	from under
sprzed	from in front of
u	at
wzdłuż	along
z	from; of, than any (in comparisons)
zamiast	instead
znad	from above
zza	from behind

4. **Dative.**

   a. As indirect object of transitive verbs:

Jan dał koledze zeszyt.	John gave his friend a notebook.
Zrobiłem mu czarną kawę	I made black coffee for him.

   b. As object of directional verbs: e.g. dziękować 'thank,' dziwić się 'wonder, be surprised,' kazać 'order,' podobać się 'like,' pomagać 'help,' przeszkadzać 'hinder,' wierzyć 'believe.'

Nie wierzę mu.	I don't believe him.
Proszę podziękować żonie.	Please say thanks to your wife.

   c. As person affected in subjectless constructions:

Dobrze panu tam było?	Were you all right there?
Na imię mu Karol.	His name's Charles.
Nie chce mi się.	I don't feel like it.

d. As the goal of greetings, wishes:

Dzień dobry panu.	Hello
Dobranoc państwu.	Good night.

e. Sobie 'self' when the action is performed without regard for others:

Chodźmy sobie.	Let's go.

f. Samemu 'alone' in subjectless constructions:

Samemu trudno to zrobić.	It's difficult to do that alone.

g. With prepositions:

po	according to, in the manner of (also with the -u form adjective)
przeciw(ko)	against

5. **Instrumental.**

a. As complement of the predicate być, zostać:

Karol był studentem.	Charles was a student.
Karol został profesorem.	Charles became a professor.
Oni są obywatelami polskimi.	They're Polish citizens.
Oni zostali obywatelami amerykańskimi.	They became American citizens.

b. As instrument or means:

On pisze ołówkiem.	He writes with a pencil.
Jan przyjedzie pociągiem.	John'll arrive by train.

c. As object of some verbs: <u>interesować się</u> 'be interested in,' <u>rządzić</u> 'govern,' <u>zajmować się</u> 'be occupied, busy oneself'

Nie interesuję się polityką.	I am not interested in politics.

d. With prepositions:

między	between
nad	above
pod	under
ponad	over, above
poza	behind; in addition to
przed	in front of
z	with (accompaniment)
za	behind

6. **Locative.**

With prepositions:

na	on top of
o	about, on; at (in time expressions)
po	after, past; about, along
przy	at, near, in the presence of, beside
w	inside of; in (in time expressions of units larger than a day)

7. **Location, movement to, movement from.** Cases serve also to distinguish among prepositional phrases denoting "location," "movement to," and "movement from." In prepositional phrases having the same basic meaning, the instrumental and locative are marked as the cases of "location," the accusative is marked as the case of "movement to," the genitive occurs in all three semantic categories but is specifically used as the case of "movement from."

Accusative		
Movement to	between	między
	on top of	na
	above	nad
	under	pod
	in front of	przed
	behind	za

Genitive		
Movement from	in company with	od
	under	spod
	between	spomiędzy
	in front of	sprzed
	inside of	z
	on top of	
	above	znad
	behind	zza
Movement to	in company with	do
	inside of	
Location	in company with	u

Instrumental		
Location	botwoon	między
	above	nad
	under	pod
	in front of	przed
	behind	za

Locative		
Location	on top of	na
	inside of	w

GLOSSARY OF GRAMMATICAL TERMS

rzeczownik, -a	noun
przymiotnik, -a	adjective
dzierżawczy	possessive
wskazujący	demonstrative
zaimek, -mka	pronoun
osobowy	personal
zwrotny	reflexive
względny	relative
pytajny	interrogative
nieokreślony	indefinite
liczebnik, -a	numeral
główny	cardinal
porządkowy	ordinal
czasownik, -a	verb
postać, -ci	aspect
niedokonana	imperfective
dokonana	perfective
częstotliwa	frequentative
określona	determined
nieokreślona	nondetermined
przysłówek, -wka	adverb
przyimek, -mka	preposition
spójnik, -a	conjunction
odmiana, -y	inflection
temat, -u	stem
końcówka, -i	ending
deklinacja, -ji	declension
przypadek, -dka	case
mianownik, -a	nominative
dopełniacz, -a	genitive
biernik, -a	accusative
celownik, -a	dative
miejscownik, -a	locative
narzędnik, -a	instrumental
liczba, -y	number
pojedyncza	singular
mnoga	plural
rodzaj, -u	gender
męski	masculine
ożywiony	animal
nieożywiony	inanimate
męskoosobowy	virile
żeński	feminine
nijaki	neuter

stopień, -pnia	degree
równy	positive
wyższy	comparative
najwyższy	superlative
wołacz, -a	vocative
koniugacja, -ji	conjugation
osoba, -y	person
pierwsza	first
druga	second
trzecia	third
czas, -u	tense
przeszły	past
teraźniejszy	present
przyszły	future
tryb, -u	mood
oznajmiający	indicative
warunkowy	conditional
rozkazujący	imperative
strona, -y	voice
czynna	active
bierna	passive
bezokolicznik, -a	infinitive
imiesłów, -łowu	
odmienny współczesny	present participle
nieodmienny współczesny	present gerund
nieodmienny uprzedni	past gerund
bierny	passive participle
rdzeń, -nia	root
sufiks, -u	suffix
podmiot, -u	subject
orzeczenie, -a	predicate
dopełnienie, -a	object

INDEX

This index contains references to Volumes I and II.
Numbers set in boldface are references to Volume II.